HELGA URBAN

EIN WEISSER GARTEN

Harmonie und Vielfalt

Mit Fotos von Klaus Urban

E.U.
VERLAG
EUGEN
ULMER

Paeonia lactiflora **'Carrara'**
> 2.160 <

Umschlagfotos: MAP/Clive Nichols (Vorderseite)
Marion Nickig (Rückseite)

Die Deutsche Bibliothek – CIP-Einheitsaufnahme

Ein **weißer Garten**: Harmonie und Vielfalt / Helga Urban. Mit Fotos von Klaus Urban. – Stuttgart (Hohenheim) : Ulmer, 1997
ISBN 3-8001-6626-7

Wollgrasweg 41, 70599 Stuttgart (Hohenheim)
Printed in Italy
Lektorat: Ingeborg Ulmer
Herstellung und DTP: Silke Reuter
Druck und Bindung: G. Canale & Co., Turin

Vorwort

**Erst war mein Traum ein weißer Garten,
jetzt ist mein weißer Garten ein Traum.**

Verwunderung, ja Unverständnis, sind oft die ersten Reaktionen, wenn die Sprache auf meinen weißen Garten kommt. Geht das denn überhaupt? Gibt es genügend weißblühende Pflanzen? Ist das nicht sehr eintönig, ganz ohne Farbe? So lauten oft die Fragen. Erst wenn ich von der Fülle der Pflanzen berichte, wenn unser kleiner Stadtgarten in Frankfurt besichtigt wird, und sei es nur der Vorgarten über den Zaun hinweg, ahnen viele Spaziergänger und Besucher die großen Möglichkeiten, mit weißblühenden Pflanzen zu gestalten.

Während ich an diesem Buch arbeitete, stellte ich allerdings mit Freude immer häufiger fest, daß Gartenliebhaber dabei sind, die Farbe Weiß zu entdecken. Vielleicht regt dieses Buch auch manchen Leser dazu an, der Farbe Weiß in seinem Garten – oder sei es auch nur eine Terrasse oder ein Balkon – größere Beachtung zu schenken. Ein ganzer Park in Weiß könnte vielleicht des Guten zuviel sein, aber warum nicht einen Teil des Gartens dieser Farbe reservieren, oder mit einigen weißen Pflanzen dem farbigen Garten einen ruhenden Pol geben?

Das Buch ist bewußt so aufgebaut, daß man, um sich Anregungen zu holen, an jeder beliebigen Stelle „einsteigen" kann: zu einer bestimmten Jahreszeit, bei einem bestimmten Thema oder auch bei einer bestimmten Pflanze. Querverweise stellen immer sicher, daß der Gesamtzusammenhang erkennbar wird.

Ich habe hauptsächlich Pflanzen ausgewählt, die ich aus eigener Erfahrung kenne, schöne und seltene, auch wenn sie bei uns nicht unbedingt als winterhart gelten. Erstens habe ich die Erfahrung gemacht, daß Winterhärte ein sehr dehnbarer Begriff ist, und zweitens läßt sich, wenn man eine

Überwinterungsmöglichkeit schafft, erstaunlich viel in Töpfen kultivieren. Etwas Experimentieren lohnt sich unbedingt. Darüber hinaus gilt meine ganz besondere Liebe allen Pflanzen, die duften.

Außerdem habe ich auf präzise Art- und Sortenbezeichnungen geachtet, denn immer wieder mußte ich feststellen, daß sowohl die Beschaffung einer seltenen Pflanze selbst als auch die Suche nach Informationen über ihre Pflege erheblich erleichtert wird, wenn man den genauen Namen der Pflanze kennt.

Es geht mir beim Gärtnern darum, mir eine eigene, kleine Welt zu schaffen und nicht darum, was „man“ macht. Und so sollte jeder sich sein kleines Gartenparadies schaffen, in dem er sich wohl fühlt, ohne Rücksicht auf die Meinung anderer.

Ohne die Hilfsbereitschaft und das Verständnis vieler Menschen ist ein Buch wie dieses gar nicht möglich.

Bedanken möchte ich mich zunächst bei all den Fachleuten im In- und Ausland, die mir geholfen haben, mich in der Welt des Gärtnerns, vor allem in der unermeßlichen Fülle der Gartenpflanzen, zurechtzufinden und darin heimisch zu werden: Marianne Beuchert, Alan Clark, Logan Edgar, Otto Eisenhut, Wolfgang Reich, Jens Röhl und Heinrich Schultheis, aber auch den vielen anderen, deren Namen ich oft nicht einmal kenne.

Martl und Wilhelm Winkler haben mir mit viel Verständnis und gutem Rat über manch schwierige Situation hinweggeholfen.

Besonders danken möchte ich meinem Mann: Für seine Fotos, die dieses Buch erst abrunden, auch für seine Geduld, für mich selbst das kleinste Pflänzchen am unzugänglichsten Standort aufzunehmen; für seine Unterstützung mit dem Computer, damit ich die vielen verschiedenen Pflanzen auch immer schön systematisch ordnen konnte; und für seine nie nachlassende Zuversicht, daß ich es schon schaffen werde.

Und schließlich Frau Ingeborg Ulmer. Sie hat als Verlegerin und Lektorin die Idee und den Mut gehabt, dieses Buch herauszubringen, und das Vertrauen in mich, daß meine Arbeit sich in das anspruchsvolle Verlagsprogramm einfügen werde. Es war mir ein besonderes Anliegen, dieses Vertrauen zu rechtfertigen.

Ich wünsche allen Garten- und Pflanzenfreunden viel Freude bei der Entdeckung immer neuer Möglichkeiten.

Helga Urban
Frankfurt am Main, im Frühjahr 1997

Wer einmal das Tal voller herrlichster Rhododendren im Garten der Familie Loder in Leonardslee in Südengland gesehen hat, wird fasziniert sein und konnte dem Angebot der dazugehörigen Gärtnerei sicher nicht widerstehen.

Inhaltsverzeichnis

Vorwort 5

Kapitel 1
Ein Garten ganz in Weiß 11

Ein Farbkonzept 11
Weiß – natürlich und elegant 14
Die Vielfalt weißblühender Pflanzen 15
Vom Zauber eines weißen Gartens 17

Kapitel 2
Das Jahr in meinem weißen Garten 19

Später Winter – Vorfrühling 19
Kamelien im Freiland 22
Frühling 25
Narzissen 35
Später Frühling – Frühsommer 38
Glyzinen 39
Rhododendren und Azaleen 46
Strauch- und Edelpäonien 50
Die ersten Rosen des Frühsommers 54
Rosen oder Kamelien? 55
Sommer 56
Die Rosen des Sommers 61
Campanula 72
Lilien 73
Spätsommer – Frühherbst 74
Hortensien 76
Fuchsien 79
Herbst 84
Heidekräuter 87
Spätherbst – Frühwinter 92
Winter 94

Kapitel 3
Überlegungen zur Gartengestaltung 101

Neuanlage und Umgestaltung 101
Lage, Größe, Umgebung 102
Formale oder naturnahe Gestaltung 103
Pflegeleichte oder arbeitsintensive Gestaltung 105
Das Laub 107

Kapitel 4
Besondere Gartensituationen 113

Rabatten 113
Zäune und Hecken 115
Mauern und Wände 118
Kletterhilfen 121
Wasser 122
Der Kräutergarten 128
Nordseite 130

Papaver alpinum 'White' > 2.179 <

Die alte Steinbank, streng und massiv, bildet mit den lockeren, ungezwungenen Margeriten eine Einheit. Große Gegensätze und doch eine vollkommene Harmonie

Kapitel 5

Gestaltung mit Töpfen 133

Eingangsbereich und Vorgarten 135
Treppen und Podeste 137
Balkon, Terrasse und Dachgarten 139
Wintergarten oder Gewächshaus 142
Fensterbank 145
Ampeln 146
Kamelien in Töpfen 147
Fuchsien 155

Kapitel 6

Weißblühende Pflanzen und ihr Duft 157

Warum weißblühende Pflanzen häufiger duften 157
Duftskala weißblühender Pflanzen 159

Kapitel 7

Farbakzente in einem weißen Garten 163

Die Umgebung 163
Die Knospen 163
Herbstfärbung und Früchte 164
Der ungewollte und der mutige Farbtupfer 166
Stilvoller Gartenschmuck 168

Kapitel 8

Beschaffung und Vermehrung weißblühender Pflanzen 171

Kapitel 9

Die schönsten Pflanzen für einen weißen Garten 173

Erläuterungen zu den Pflanzenbeschreibungen 173
Die schönsten Pflanzen für den weißen Garten 174

Verzeichnisse 187

Weiterführende Literatur 187
Ausgewählte Bezugsquellen 188
Weiße Gärten 189
Register 189

Die besten Pflanzen für einen weißen Garten sind nicht unbedingt die mit Blüten imposanter Größe und reinstem, glitzerndem Weiß. Besonders die weicher wirkenden Pflanzen sind es, die zu einem reizenden Bild beitragen, entweder durch ihre Wuchsform oder durch das Vorhandensein eines anderen Pigments, ebenso eine geglückte Mischung aus weißen Blüten und grünem, grauem oder panaschiertem Laub.
Foto Marion Nickig

Ein Garten ganz in Weiß

Einer der bekanntesten Gärten überhaupt ist ein weißer Garten. Eigentlich ist es nur ein Gartenteil, umschlossen von Mauern und Hecken in einer viel größeren Gartenanlage, aber in England zu einem Mythos geworden und eine Attraktion für Besucher aus aller Welt und ein Eldorado für Fotografen. Inzwischen ist das Interesse an diesem Garten so groß, daß die vielen Bewunderer schon als lästig empfunden werden. Die Rede ist natürlich von Sissinghurst, Vita Sackville-Wests weißem Garten.

Was macht diesen ungeheuren Reiz aus? Die Beschränkung auf nur eine Farbe kann es allein nicht sein, so außergewöhnlich ist Weiß nun auch wieder nicht, obwohl weiße Gärten immer noch sehr selten sind.

Ist es seine Form? In Sissinghurst wurde eine strenge, formale Struktur von Wegen und immergrünen Hecken gewählt, mit einem wechselnden Bild weißblühender Pflanzen. Oder ist es vielleicht nur die Faszination, das „gewisse Etwas“, der Zauber, der – besonders in den Abendstunden – von einem ganz in Weiß gehaltenen Garten ausgeht?

Gerade das Gegenteil einer formalen Gestaltung zeigen uns Vorbilder der Natur. Weiße Wolken am blauen Himmel, weiße Schaumkronen auf den Wellen des Meeres, die Blütenfülle eines Obstgartens, eine Sommerwiese voller Margeriten – können das nicht ebenfalls alles Anregungen sein, einen Garten zu schaffen, in dem Weiß die einzige Blütenfarbe ist?

Zwischen einer formalen, streng gegliederten Form und einer lockeren, leichten, wie zufällig anmutenden Gestaltung liegen Welten. Beide können schön sein, beide haben ihre Verehrer, und für beide bietet sich eine weiße Bepflanzung an. Zwischen beiden Extremen liegt eine Fülle von Möglichkeiten, in der Farbe Weiß zu schwelgen, ganz nach der eigenen Vorstellung, dem persönlichen Geschmack und den vorhandenen Gegebenheiten.

So einfach, wie man vielleicht denkt, sind weißblühende Pflanzen dennoch nicht zu einem harmonischen Ganzen zusammenzufügen. Weiße Gärten enthalten nicht nur Weiß und das Grün der Blätter, sondern auch viele andere Pastelltöne wie Zartgelb, Blaßrosa oder Zartviolett. Zudem haben viele weiße Blüten farbige Markierungen, eine Iris etwa ein kräftig gelbes Inneres oder ein Fingerhut purpurfarbene Tupfen.

Die besten Pflanzen für einen weißen Garten sind nicht unbedingt die mit Blüten imposanter Größe und reinstem, glitzerndem Weiß. Besonders die weicher wirkenden Pflanzen sind es, die zu einem reizenden Bild beitragen, entweder durch ihre Wuchsform oder durch das Vorhandensein eines anderen Pigments, ebenso eine geglückte Mischung aus weißen Blüten und grünem, grauem oder panaschiertem Laub.

Überwiegen die sanfteren Töne, können auffällige weiße Blüten durchaus den Blickpunkt setzen.

So verwirrend, wie man jetzt vielleicht denkt, sind die Möglichkeiten auch wieder nicht – und unmöglich, einen Garten ganz in Weiß zu gestalten, ist es schon gar nicht. Wer sollte nicht, angesichts so vieler Möglichkeiten, auch Lust bekommen, sich etwas näher mit der Farbe Weiß zu beschäftigen und sie im Garten einzuplanen?

Ein Farbkonzept

Versucht man herauszufinden, was einen besonders schönen Garten von einem Allerweltsgarten unterscheidet, stellt man meist bald fest, daß neben der Raumgestaltung die Farbzusammenstellung eine besondere Rolle spielt. Wenn die Farben miteinander harmonieren oder sich ergänzen, wirkt das auf unser Auge wohltuend, willkürliche oder auch nur gedankenlos angeordnete Pflanzen dagegen werden oft als grell und bunt empfunden.

Die Farbenlehre unterscheidet Grundfarben (Rot, Blau und Gelb) und Sekundärfarben (Grün, Orange und Violett, Mischungen aus jeweils zwei Grundfarben). Dabei werden die Farben in einem Farbkreis angeordnet, einander gegenüberliegende Farben werden als Komplementärfarben bezeichnet. Beim Licht addieren sich alle Farben zu Weiß, gut erkennbar bei einem Regenbogen oder durch ein Prisma. Weiß, Grau und Schwarz werden als nichtbunte Farben bezeichnet. Sie werden durch ihre Helligkeit voneinander unterschieden.

Weiß ist die hellste nichtbunte Farbe und das Vergänglichste, was man sich denken kann. Weiße Blüten werden durch Lufteinschlüsse in den Zellen zum Strahlen gebracht, nicht durch Farbpigmente. Reines Weiß entsteht, wenn alle Lichtstrahlen von der Oberfläche reflektiert werden, es absorbiert keine Farben aus dem Spektrum.

Vorschläge für Farbzusammenstellungen und für Überlegungen, welche Farben harmonieren und welche nicht, orientieren sich üblicherweise am Farbkreis. Versucht man diese Vorschläge jedoch in die Praxis umzusetzen, stellt man bald ernüchtert fest, daß das gar nicht so einfach ist, denn Rot ist nicht gleich Rot oder Blau nicht gleich Blau. Vielmehr gibt es bei jeder Farbe Abstufungen. Ein Blau kann mehr zu Violett (höherer Rotanteil) oder mehr zu Grün (höherer Gelbanteil) tendieren; die Übergänge sind fließend, nicht abrupt. Zusätzlich kommt es auf die Intensität eines Farbtons an, die vom Weißanteil abhängt. Rot reicht vom zartesten Rosa bis zum fast schwarzen Dunkelrot. Auch die Umgebung, der Hintergrund und dicht daneben angeordnete andere Farben, haben Einfluß auf den Farbton, können seine Farbwirkung abschwächen oder verstärken. Auch das Licht, das auf eine Pflanze fällt, spielt eine große Rolle: Bei grellem Sonnenschein kann sich eine andere Farbwirkung ergeben als bei bedecktem Himmel oder in der Dämmerung. Ebenso wichtig ist

Das Gegenteil einer formalen Gestaltung zeigen uns Vorbilder der Natur. Weiße Wolken am blauen Himmel, weiße Schaumkronen auf den Wellen des Meeres, die Blütenfülle eines Obstgartens, eine Sommerwiese voller Margeriten.

die Beschaffenheit der Oberfläche, auf die das Licht fällt, ob sie matt oder glänzend oder durchscheinend ist. Außerdem ist das Farbempfinden sehr individuell. Unterschiedliche Betrachter können ein und denselben Farbton ganz anders sehen, das gilt erst recht für Farbkombinationen. Aber selbst ein bestimmter Farbton kann von demselben Menschen, je nach Stimmungslage, sehr unterschiedlich wahrgenommen werden. Schließlich verändert sich bei Pflanzen der Farbton selbst im Wachstumsrhythmus. Der junge Neuaustrieb hat oft eine ganz andere Farbe als später die Blätter, die Knospe eine andere als die geöffnete Blüte, gar nicht zu sprechen von der Herbstfärbung oder den Früchten. Auch die sehr unterschiedlichen Blütezeiten sind zu berücksichtigen.

Eine harmonische Pflanzenzusammenstellung zu erreichen, erfordert deshalb beträchtliche Kenntnisse der Pflanzen selbst und ästhetisches Empfinden. So ist es nicht verwunderlich, daß berühmte Gartengestalterinnen, wie Gertrude Jekyll und Vita Sackville-West, selbst Künstlerinnen waren. Und der wiedererstandene Garten des Malers Claude Monet in Giverny ist heute ein Mekka für Gartenliebhaber.

Da wir leidenschaftlichen Gartenfreunde aber nicht alle Künstler sein können, tun wir gut daran, uns an bewährte Farbzusammenstellungen zu halten, beispielsweise an Weiß – Rosa – Mauve – Violett – Blau, oder auch nur an zwei Farben, wie Rosa – Mauve (harmonierend) oder Gelb – Violett (kontrastierend).

Je kleiner der Bereich ist, der zu gestalten ist, um so wichtiger ist es, sich zu beschränken. Bei einem sehr kleinen Garten oder bei einem abgeschlossenen Teil eines Gartens, zum Beispiel einem Vorgarten, einem Hauseingang oder einem Balkon, kann es zweckmäßig sein, sich sogar auf nur eine einzige Farbe zu konzentrieren. Die Gestaltung wirkt dann ruhiger, geschlossener, harmonischer, sogar größer. Das Auge findet eine Oase, es kann sich ausruhen.

Ganz einfarbig ist ein solcher „einfarbiger" Garten ohnehin nie, zumindest ist er zweifarbig durch das Grün der Blätter. Und würde man für einen Schattenbereich nur die Farbe Grün wählen, was ausgesprochen wohltuend wirkt, hätte man wiederum auch die verschiedensten Grüntöne.

Welche Farbe nun gewählt wird, hängt ganz vom persönlichen Geschmack ab, aber auch von den Möglichkeiten. Ein rosafarbener Garten wäre denkbar, oder ein blauer, wobei ein ganz in Rosa gehaltener Garten leicht etwas feminin wirkt und ein Garten ganz in Blau vielleicht etwas kühl. Der bekannte Staudengärtner Karl Foerster hat einmal einen gelben Garten angelegt, und in Hidcote Manor, in England, gibt es einen Bereich in auffallendem Rot.

Es ist aber gar nicht so einfach, das ganze Jahr hindurch in den genannten Farben etwas Blühendes zu finden. Bei Rot wäre es schwierig im zeitigen Frühjahr, bei Blau müßte man auf Rosen und Kamelien verzichten. Durch die Fülle der Neuzüchtungen gibt es zwar immer mehr Möglichkeiten – inzwischen sind sogar rosafarbene

Der weiße Garten ist friedlich und wohltuend. Er braucht nicht die Ruhe von Blau, die Heiterkeit von Gelb und die Kraft von Rot, denn Weiß hat seine eigenen Regeln, es lebt für sich. Alle bunten Farben brauchen ihre Gegen- und Nebenfarben für eine natürliche Harmonie. Weiß ist die Harmonie selbst.

Maiglöckchen und Narzissen, blaue Rhododendren und lilafarbene Christrosen auf dem Markt, sogar samtschwarze Stiefmütterchen – aber rosafarbene Maiglöckchen sind nicht jedermanns Geschmack.

Weiß – natürlich und elegant

Wenn man sich schon auf eine Farbe beschränken will, erfordert Weiß am wenigsten Kompromisse,denn viele Pflanzen blühen in ihrer Wildform weiß. Weiß ist am natürlichsten und – am schönsten.

Weiß symbolisiert oder signalisiert:
- Eleganz
- Jugend
- Unschuld
- Reinheit
- Freiheit
- Licht
- Freude
- Glanz
- das Gute
- Glück, aber auch Trauer
- und es soll Schutz bieten vor Hexen und Dämonen.

Weiß verkörpert Leichtigkeit und Transparenz, es ist flüchtig und unfaßbar. Wer Weiß wählt, sucht das Klare und Übersichtliche.

Der weiße Garten ist friedlich und wohltuend. Er braucht nicht die Ruhe von Blau, die Heiterkeit von Gelb und die Kraft von Rot, denn Weiß hat seine eigenen Regeln, es lebt für sich. Alle bunten Farben brauchen ihre Gegen- und Nebenfarben für eine natürliche Harmonie.

Weiß ist die Harmonie selbst.

Weiß hellt auf. Es macht dunkle Teile eines Gartens heller, macht sie sichtbar, hebt sie hervor.

'Rambling Rector' > 2.202 <

Die Vielfalt weißblühender Pflanzen

In der Natur blühen viele Pflanzen weiß. Davon kann sich jeder überzeugen, der im Frühling durch die Landschaft fährt. Wenn entlang der Autobahnen erst die Schlehen, dann die Felsenbirnen und später die Traubenkirschen und auf den Wiesen die Obstbäume blühen, verwandeln sich ganze Landschaften vorübergehend in einen gigantischen weißen „Garten".

Von den bekanntesten Pflanzengattungen gibt es Arten und Sorten in den verschiedensten Farben. So haben wir bei Rosen, Tulpen, Primeln oder Rhododendren die Wahl zwischen Rot, Rosa, Gelb oder Weiß. Weiß ist fast immer mit im Spiel. Aber bei manchen Pflanzen hat die Natur – oder auch der Züchter – ganz auf Weiß verzichtet. Goldregen, Zaubernuß und Forsythien leuchten aber ohnehin von Nachbarn herüber und sorgen für einen ungewollten Farbklecks, und auf den Löwenzahn wird sicherlich nicht nur in einem formalen Garten gern verzichtet.

Selbst Pflanzen, mit denen man automatisch eine bestimmte Farbe verbindet, sind in weißen Formen erhältlich. Bei Vergißmeinnicht, Blaustern, Leberblümchen, Kornblumen und Traubenhyanzinthen denken wir unwillkürlich an Blau. Mit Veilchen, Flieder, Lavendel und Glyzinen verbinden wir die Farbe Violett. Narzissen haben wir sofort in kräftigem Gelb vor Augen, und wer denkt bei Klatschmohn nicht an ein wogendes Kornfeld mit leuchtend roten Tupfen? – Von allen gibt es weißblühende Arten oder Sorten. Selbst hartgesottene Sonnenblumenfanatiker finden eine fast weiße Form. Und das Schöne ist, daß die weißen Formen oft besonders edel und grazil sind.

Auf wie viele Pflanzen müßte man dagegen verzichten, wollte man einen Garten in einer anderen Farbe gestalten, denn sie kommen nur in Weiß vor. Wie traurig wäre es, ohne die ersten

Davidia involucrata, **Taubenbaum**

Viele Pflanzen, wie der Taubenbaum *(Davidia), Schizophragma* (ähnlich einer Kletterhortensie) und die ebenso entzückende wie dankbare Orangenblume *(Choisya ternata)* kommen nur weißblühend vor.

Schneeglöckchen auskommen zu müssen. Sie sind der erste Lichtblick nach einem endlos scheinenden Winter. Auch Kletterhortensien und Kirschlorbeer blühen nur in Weiß. Wer möchte schon auf die Blütenwolken einer Sauerkirsche oder anderer Obstbäume verzichten, um ein Farbkonzept konsequent einzuhalten? Auch viele weniger bekannte Pflanzen, wie der Taubenbaum und *Schizophragma* (ähnlich einer Kletterhortensie) und die ebenso entzückende wie dankbare Orangenblume (*Choisya ternata*) kommen nur weißblühend vor.

Weiße Blüten sind nicht nur oft besonders schön. Es gibt sogar eine Theorie, wonach von Natur aus weiß blühende Pflanzen größer werden und starkwüchsiger sind, da sie keine Kraft in die Bildung der Blütenfarbe investieren müssen. So sei man nicht zuletzt auch aus diesem Grund dazu übergegangen, weiße Blüten, beispielsweise von Nelken, zu färben, anstatt ihnen durch Züchtung auf eine bestimmte Farbe, beispielsweise Gelb, etwas von ihrer Wuchskraft zu nehmen. Selbst Orchideen machen hier keine Ausnahme. Eine weiße wird größer als eine lilafarbene.

Hinzukommt, daß weiße Blüten oft besonders intensiv duften. Der Anteil weißblühender Pflanzen ist unter den duftenden Pflanzen extrem hoch. Kein Wunder, denn da die Farbe fehlt, ist der Duft das Lockmittel für die bestäubenden Insekten, und somit auch eine wunderbare Zugabe für uns Menschen. Die Blüten von Orangen- oder Zitronenbäumchen können einen gesamten Vorgarten mit ihrem herrlichen Duft erfüllen, sie sind weiß. Gardenie und Tuberose brauchen ebenfalls keine bunte Farbe, um aufzufallen.

In einem weißen Garten leuchten die Blüten bis in den Abend hinein, er ist deshalb ideal für Berufstätige.

Die Vielfalt der weißblühenden Pflanzen ist allein schon überwältigend, hinzu kommen aber noch Pflanzen mit panaschiertem Laub oder mit

Fragaria vesca > 2.60 <

Einen besonderen Reiz haben oft die ungeplanten Blumen. Deshalb dürfen sie auch bleiben, wie die Walderdbeeren – von den Vögeln als Dankeschön für ständig frisches Trink- und Badewasser eifrig „gesät".

weißen Beeren, so daß man es sich leisten kann, gezielt auszuwählen. Letztendlich kommt es auf den eigenen Geschmack an, auf Vorlieben und Abneigungen. Ich zum Beispiel finde, daß in unseren Garten keine großblumigen Astern und Dahlien passen, obwohl es davon viele weiße Sorten gibt. Sie würden in der ungezwungenen und romantischen Gestaltung nicht locker genug oder zu gekünstelt wirken. In jedem Garten sollte eine persönliche Note zu spüren sein.

Einen besonderen Reiz haben oft die ungeplanten Blumen. Deshalb dürfen sie auch bleiben. Die Gänseblümchen auf dem Rasen sehen entzückend aus, auch die Wilderdbeeren – von den Vögeln als Dankeschön für ständig frisches Trink- und Badewasser eifrig „gesät" – blühen weiß.

Vom Zauber eines weißen Gartens

Weiß symbolisiert Licht, Freude und Glanz. Ein weißer Garten spricht von Hingabe und Romantik und es geht ein gewisser Zauber von ihm aus und hält die Besucher gefangen. Man glaubt zu schweben, sich mit dem Garten zu verbinden, in ihm aufzugehen, ja man fühlt sich wie im Himmel.

Ein weißer Garten nimmt seine höchste ätherische Schönheit im abnehmenden Licht an, in der Dämmerung und bei Mondschein. Während die blauen und roten Blüten in den Gärten der Nachbarn schon lange nicht mehr zu sehen sind, leuchten die weißen noch lange. Sie sind Wegweiser, einige wie schwebende Engel, andere wie glitzernde Sterne, viele durch ihren Duft, der oft in den Abendstunden am intensivsten ist. In diesen Stunden, ganz besonders nach einem leichten Regen, ist der weiße Garten wie verzaubert, verwunschen wie im Märchen.

Ziehen dunkle Wolken hinter den weißen Blüten auf, ergibt sich eine zugleich gespenstische wie faszinierende Wirkung. Wird unser 'Schneewittchen' als letzte Rose des Winters in dichten Nebel gehüllt, fühle ich mich in doppeltem Sinn wie im Märchen.

Einmal fand ich es besonders geheimnisvoll, ganz allein bei Vollmond um Mitternacht die Moschata-Hybride 'Moonlight' zu pflanzen. Die Stimmung war unbeschreiblich schön. Ich kam mir fast vor wie eine Hexe, aber der Rose hat die Zauberhand ausgesprochen gut getan. Sie gedeiht prächtig, und ihre schlichten Blüten mit den auffallenden Staubgefäßen leuchten besonders schön im Dunkel der Nacht.

Weiß hellt auf. Es macht dunkle Teile eines Gartens heller, macht sie sichtbar, hebt sie hervor. Die Farbe Weiß vergrößert einen kleinen Raum. So wie eine kleine Wohnung mit weißen Wänden und Gardinen geräumiger wirkt, läßt sich auch ein kleiner Garten mit weißblühenden Pflanzen optisch vergrößern. Der Blick kann schweifen und wird nicht eingeengt. Wir haben einen ganz kleinen Garten, und Besucher sagen immer wieder, sie hätten sich ihn nicht so groß vorgestellt.

Für mich ist er sowieso der „größte" Garten: das Fleckchen Erde, in dem und an dem ich arbeite, das mich in trüben Stunden tröstet, das ich über alles liebe, das mich auch zuweilen meine letzte Kraft kostet, in dem ich auch schon vor Freude getanzt habe, das mich immer aufs Neue verzaubert: Mein weißer Garten.

Ramblerrose 'Bobbie James'
> 2.206 <

'Bobbie James' hat für einen Rambler ziemlich große Blüten, wunderschönes Laub und kann 8 m hoch und höher werden.

Das Jahr in meinem weißen Garten

Es war von Anfang an mein Wunsch und mein Bestreben, das ganze Jahr hindurch etwas Blühendes zu haben.

Allerdings hatte ich mir diese Aufgabe nicht so schwierig vorgestellt. Es dauerte Jahre, bis es endlich so weit war, und ganz zufrieden bin ich immer noch nicht. Aber das ist man als Gärtner sowieso nie. Irgend etwas findet man immer, was das kritische Auge nicht befriedigt, was nicht so optimal gelungen ist, ausgetauscht werden muß, weil es seinen Höhepunkt überschritten hat oder ganz einfach schöner gestaltet werden kann. Das macht aber gerade den Reiz aus. Wohin sollte man sonst mit all seinen Neuerwerbungen, seinen neuen Ideen, welchen Reiz hätten dann all die regelmäßig eintreffenden Samen- und Pflanzenkataloge, denen man sowieso nie widerstehen kann, wäre man jemals fertig. Und fertig ist man als Gärtner auch nie. Naiverweise kam mir das allerdings damals, vor über zehn Jahren, nicht in den Sinn, als unser Garten angelegt wurde. Ich hatte nicht die leiseste Ahnung, daß damit die Arbeit erst richtig begann. Wie oft habe ich seitdem umgepflanzt, ersetzt und neu gestaltet. Meine Leidenschaft zum Sammeln weißer, seltener, duftender Pflanzen hat sich erst danach entwickelt und „Blüten" getrieben. Und je mehr Pflanzen ich kennenlernte, desto mehr wurde mir bewußt, wie wenige aus einer unübersehbaren Vielfalt es eigentlich waren.

Natürlich ist es nicht schwierig, für die Monate April, Mai und Juni etwas Blühendes zu finden. Aber nach der verschwenderischen Blütenpracht des Frühlings das „Sommerloch" im Juli und August zu füllen, fällt einem Anfänger nicht leicht. Es erfordert viel Geduld und Suchen, zumal, wenn man auf die übliche Sommerbepflanzung in Form von einjährigen Blumen, aber auch auf die „obligatorischen" Teehybriden, möglichst verzichten will.

Der Schlüssel zur Lösung des Sommerproblems im weißen Garten sind die Stauden. Aber auch die übrige Zeit des Jahres, durchaus nicht nur der Winter, ist nicht ganz einfach.

Erst durch Ausschöpfen der gesamten Palette der Gartenpflanzen und durch geschickte Bepflanzung vieler, vieler Töpfe ist es mir gelungen, meinem Ziel einigermaßen nahe zu kommen.

Später Winter – Vorfrühling
Januar, Februar, März

Für einen Gartenliebhaber beginnt das Jahr eindeutig mit dem Vorfrühling. Es ist wie ein Erwachen aus der Starre des Winters. Fast möchte ich es mit einer Geburt vergleichen, den Winter als Vorbereitung bezeichnen. Das kann anfangs auch seinen Reiz haben: Die neue Gartensaison wird geplant, Samen- und Pflanzenkataloge werden studiert, man genießt die Qual der Wahl, man macht sich notgedrungen an Aufräumarbeiten und katalogisiert die Pflanzen. Aber einmal ist das alles getan. Das endlos scheinende Warten beginnt. Und je länger es dauert, um so unerträglicher wird es, allmählich wird jeder überzählige Tag zur Qual.

Und dann plötzlich ist es geschafft, neues Leben regt sich, mit dem ersten, fast nur geahnten Spitzchen eines Schneeglöckchens. Eine wunderschöne Belohnung für das Warten. Meine Stimmung hebt sich schon beträchtlich, wenn ich den Frühling wenigstens rieche. Ich rieche ihn, bevor ich ihn sehe. Das ist lange vor der Zeit der Fliederduftwolken, meist im Februar, manchmal früher, zuweilen auch später, wenn die Erde anfängt zu atmen und wundervoll lebendig riecht. Das ist die Zeit, in der auch ich anfange, wieder lebendig zu werden, vor lauter Tatendrang alles auf einmal machen möchte und meine Ungeduld zügeln muß. Und Geduld ist etwas, was man als Gärtner notgedrungen lernt, lernen muß, denn die Natur hat ihre eigenen Regeln.

Aus diesem Grund ist die Einteilung der Jahreszeiten in diesem Buch auch nicht starr festgelegt. Die Jahreszeiten überschneiden sich, kein Jahr gleicht dem anderen. Bei uns im Garten blühte die Kamelie 'Cornish Snow' in einem Jahr am 31. Januar auf, das nächste Jahr brachte sie am selben Standort erst am 18. April die ersten Blüten hervor. Eine große Rolle spielt auch, wo sich der Garten befindet. Im Rhein-Main-Gebiet oder an der Bergstraße ist der Frühling schon mit Macht eingezogen, während er in Berlin, Hamburg oder im Vogelsberg etwas länger auf sich warten läßt. Man kann auch durch geschickte Bepflanzung (siehe Seite 61) ein individuelles Kleinklima schaffen. Unser Garten hat dadurch ein günstigeres Klima, als unserer Klimazone eigentlich entspricht. So blüht nicht nur alles früher, er bietet auch empfindlicheren Pflanzen besseren Schutz und ermöglicht eine beträchtlich größere Vielfalt an Pflanzen.

Im späten Winter, im Februar, blühen noch die Christrosen des Winters. Sie sollen, sagt man, die bösen Geister vom Haus fernhalten. Ich habe sie deshalb vorzugsweise an den Hauseingang gepflanzt, aber auch an viele andere Stellen des Gartens. Ob man nun daran glaubt oder nicht, zumindest sind sie ein Versprechen auf die Wiederkehr des Frühlings. Außerdem sehen sie entzückend aus in ihrer Bescheidenheit, und es gibt wunderschöne Sorten. *Helleborus niger* > **2.1** < ist eine immergrüne Staude mit dunkelgrünen, gezähnten Blättern. Die weißen, schalenförmigen Blüten zeigen manchmal leuchtend rosafarbene Markierungen. Das Schöne bei dieser Christrose ist, daß sie immergrüne Horste bildet, die auch im Sommer hübsch aussehen. Sie fühlt sich im Halbschatten in feuchter Erde besonders wohl.

Nicht nur kleine, weiße Blüten, sondern auch einen intensiven Duft, an Veilchen erinnernd, bringt *Lonicera* × *purpusii* 'Winter Beauty' > **2.2** < in den Garten, ein Geißblatt, das schon vom Spätwinter an blüht. Die Blüten erscheinen schon an den kahlen Trieben. Der Duft ist besonders an windstillen Tagen wahrnehmbar, fast unwirklich zu dieser Jahreszeit. Am besten zieht man diese Winterschönheit an einem Spalier unterhalb eines Fensters, dann kann man ihren Duft am besten genießen. Was würde er in einer entlegenen Ecke des Gartens nützen? Obwohl die Blüten recht unscheinbar sind, fallen sie in dieser kahlen Jahreszeit auf. Im Spätfrühling, wenn es Blüten in Hülle und Fülle gibt, würde man sie kaum bemerken. Dieses Geißblatt eignet sich hervorragend für ein Klettergerüst mit Rosen. Sehen die Rosen um diese Jahreszeit eher erbarmungswürdig aus, nackt und braun, so ist das Geißblatt ideal zum Kaschieren geeignet. Ist die Blütezeit vorbei, erscheinen kleine, zartgrüne Blätter, die immer noch vor den Rosen eine Zierde sind, bis sie mit dem ersten Grün der Rosen eine Einheit bilden.

An dieser Südwand – sie ist für Rosen keineswegs ideal – gedeiht sehr gut auch eine *Clematis armandii* > **2.3** <. An einem Standort in Süd- oder Südwestlage, im Schutz anderer Pflanzen, fühlt sie sich besonders wohl, und sie ist immergrün, in diesem Fall ein wichtiger Aspekt. Das attraktive Laub und das emsige Wachsen – sie kann bis zu 5 m hoch werden – wären allein schon von Vorteil. Aber was wäre diese Clematis ohne ihre reinweißen, etwa 4 cm großen, wunderbar süß duftenden Blüten? Noch dazu in dieser Jahreszeit, ungewöhnlich für eine Clematis.

Die klassischen Vorboten des Frühlings sind aber die Schneeglöckchen (*Galanthus*). Ich kann mich nur noch amüsieren, wenn ich nachlese, was ich vor über zehn Jahren, als wir den Garten übernommen haben, in meinen Aufzeichnungen geschrieben habe: drei Schneeglöckchenzwiebeln unter die Birke, fünf in den Vorgarten.... Unerfahren wie ich war, stellte ich mir für das kommende Jahr ein Meer an Schneeglöckchen vor. Stattdessen war es ein Suchbild und wirkte eher lächerlich. Im nächsten Jahr habe ich die Menge „großzügig" verzehnfacht, das Ergebnis war auch nicht viel besser. Erst seit ich noch eine Null an die Menge gehängt habe, kann ich behaupten, daß Schneeglöckchen im Garten wachsen. Sie verwildern zwar und werden immer schöner, es dauert aber viel länger, als ich dachte. Ich hatte immer alte, eingewachsene Gärten vor Augen. Zaghaftigkeit beim Pflanzen ist hier völlig fehl am Platz.

Galanthus nivalis > 2.4 <, das echte Waldschneeglöckchen, ist am besten zum Verwildern geeignet und ist auch das klassische Schneeglöckchen. Es soll in günstigen Lagen schon Ende Januar blühen, bei uns läßt es sich nicht vor Februar blicken. Läßt man es im Sommer ungestört, ist ihm jeder Standort recht, für eine humusreiche und stets leicht feuchte Erde ist es jedoch dankbar. Bei dieser Art fällt es auch nicht schwer, großzügig zu pflanzen, die Zwiebeln sind erschwinglich. Man kann allerdings auch ein Vermögen für *Galanthus*-Sorten ausgeben, dann kostet eine Zwiebel so viel wie sonst fünfzig.

Es ist die Sorte *Galanthus caucasicus* × *elwesii* > 2.5 <, die bei uns den Eröffnungswalzer tanzt. Aus den vereinzelt schon im Januar erscheinenden Blütchen werden allmählich ganze Büschel. Je wärmer und sonniger der Standort, desto früher kann man sich an ihren Blüten erfreuen. Ein Verpflanzen ist am erfolgreichsten, wenn die Blätter gerade eingezogen sind und die Zwiebel noch nicht trocken ist. *G. caucasicus* × *elwesii* hat einen dunkelgrünen Fruchtknoten und hübsch geformte Blüten. *G. gracilis* > 2.6 < hat gedrehte Blätter, 'Straffan' > 2.7 < hat große Blüten und bringt eine zweite Blüte hervor. Und 'Samuel Arnott' > 2.8 < wird 20 cm hoch, ist sehr kräftig und hat Blüten wie Glöckchen, die sogar duften sollen. Ich habe alle diese Teueren stückweise erstanden, sie in Blumentöpfe gepflanzt und verglichen. Sie sind sehr hübsch, die Unterschiede für einen Nichtsammler aber sehr gering. Und da sich meine Sammelleidenschaft bisher nicht auf Schneeglöckchen ausgedehnt hat, bleibe ich bei den einfachen. Von ihnen gibt es übrigens auch eine gefüllte Form, *G. nivalis* 'Flore Pleno' > 2.9 <, die sehr niedlich aussieht, aber eigentlich nicht wie ein Schneeglöckchen.

Galanthus nivalis, das echte Waldschneeglöckchen, ist am besten zum Verwildern geeignet und ist auch das klassische Schneeglöckchen. Es soll in günstigen Lagen schon Ende Januar blühen, bei uns läßt es sich nicht vor Februar blicken. Läßt man es im Sommer ungestört, ist ihm jeder Standort recht, für eine humusreiche und stets leicht feuchte Erde ist es jedoch dankbar.

Galanthus nivalis > 2.4 <

Cyclamen coum 'Album' > 2.10 <

Die entzückenden kleinen Alpenveilchen blühen sehr früh, haben ganz kurze Stiele und hübsche weiße, zierliche Blüten.

Nun geht es Schlag auf Schlag, täglich ist etwas neues zu entdecken; die entzückenden kleinen Alpenveilchen, *Cyclamen coum* 'Album' > 2.10 < blühen sehr früh, haben ganz kurze Stiele und hübsche weiße, zierliche Blüten. Es gibt auch eine Sorte mit silbrigen Blättern,*C. coum* 'Maurice Dryden' > 2.11 <. Beide sehen auf der noch nackten, braunen Erde sehr schön aus.

Ohne den duftenden und ausgesprochen winterharten Seidelbast möchte ich mir meinen Vorfrühlingsgarten nicht mehr vorstellen. *Daphne mezereum* var. *alba* > 2.12 < bringt im ganz zeitigen Frühjahr kleine, köstlich duftende Blütchen hervor, die die kahlen Triebe fast völlig bedecken. Dieser Strauch wächst ausgesprochen langsam, nur wenige Zentimeter pro Jahr, ideal deshalb für einen kleinen Garten. Aber schon als ganz winzige Pflanze blüht er wunderschön, und der Duft erfüllt die gesamte Gartenecke.

Ganz anders, aber genauso interessant, ist *Daphne odora* var. *alba* > 2.13 <, in milden Wintern oder Gegenden immergrün. In nicht so günstigen Lagen und bei strengem Frost ist sie für einen Winterschutz dankbar. Fühlt sie sich wohl, öffnet sie ihre intensiv, leicht würzig duftenden Blüten schon im Spätwinter.

Der schneeweiße *Crocus chrysanthus* 'Snow Bunting' > 2.14 < hat interessante Staubgefäße in hellem Orange. Diese Sorte wirkt weniger unnatürlich als Krokusse sonst oft und ist ein Gewinn in dem noch sehr kahlen Garten.

Aus diesem Grund habe ich auch mit Stiefmütterchen nachgeholfen. Eine sehr auffallende, leuchtend weiße Sorte mit einem kleinen, hellgelben Fleck im Innern der Blüte ist *Viola tricolor* 'Alba' > 2.15 <.

Im allgemeinen versuche ich, so wenig wie möglich einjährige Pflanzen zu verwenden. Ich brauche Pflanzen, die sich großziehen lassen und von Jahr zu Jahr schöner werden und nicht etwas, von dem ich mich nach kurzer Zeit wieder trennen muß. Aber manchmal lassen sich mit Einjährigen schöne Akzente setzen.

In besonders günstigen Jahren und an günstigen Standorten beginnen schon in dieser frühen Jahreszeit die ersten im Freiland ausgepflanzten Kamelien zu blühen, je nach Jahresverlauf schon im Februar oder erst im März.

Kamelien im Freiland

Kamelien im Freiland? Vielfach werden Kamelien als Zimmerpflanzen angesehen (das sind sie überhaupt nicht) oder als empfindlich (das stimmt nur sehr eingeschränkt). Kamelien sind in der Tat bei uns in Deutschland nicht ganz winterhart (aber das sind viele andere Ziergehölze auch nicht). Ich war trotzdem so mutig, Kamelien im Freiland auszupflanzen und hatte dabei erstaunlich viel Erfolg.

Die zahlreichen Sorten von *Camellia japonica* und ihr nahe verwandte Hybriden haben die „typische" Kamelienform, eher gedrungen und kompakt. Es sollen über 20.000 sein, viele davon in Weiß.

'Charlotte de Rothschild' > 2.16 < hatte ich als ganz kleines Pflänzchen, nicht größer als 10 cm ins Freie gepflanzt, was man eigentlich nicht machen soll. Sie blühte bereits im ersten Spätwinter für ihre Größe so üppig, daß fast nur Blüten zu sehen waren. Sie sind einfach, mit gewellten Blütenblättern und ganz hellgelben Staubgefäßen.

Auch bei einer kleinen 'Devonia' > 2.17 < bedeckten die einfachen weißen Blüten die ganze Pflanze.

'Hakurakuten' > 2.18 < ist eine der dankbarsten weißen Kamelien. Ihre großen, halbgefüllten bis päonienförmigen Blüten mit auffälligen Staubgefäßen im Innern trotzen selbst dem häßlichsten Winterwetter und bleiben reinweiß. Es kann durchaus sein, daß die ersten Blüten vollständig gefüllt sind, bevor sich diese Sorte auf ihre Beschreibung besinnt und sich entschließt, doch lieber päonienförmig oder halbgefüllt aufzublühen. Aber Kamelien sind sowieso für jede Überraschung gut. 'Hakurakuten' ist äußerst robust, sie nimmt auch etwas kalkhaltigen Boden nicht übel.

'Madame Lourmand' > 2.19 < mit großen einfachen, weißen Blüten mit einem dicken Büschel von Staubgefäßen steht selbst nach einem langen und kalten Winter hervorragend in voller Blüte. Ich halte auch sie ausgesprochen gut für unsere deutschen Winter geeignet. Ihre Blüten erinnern an die der Higo-Kamelien und bleiben auch bei Regen reinweiß.

Auf keinen Fall möchte ich meine Lieblingskamelie, die Williamsii-Hybride 'China Clay' > 2.20 <, unerwähnt lassen. Der Name bedeutet soviel wie „Porzellanerde". Kein Name ist jemals besser gewählt worden. Ihre wunderschönen, fast ätherisch wirkenden Blüten sehen wirklich wie hauchzartes chinesisches Porzellan aus. Würden sie auch noch duften, ließe sich das Glück kaum aushalten. Aber man sollte nicht maßlos sein. 'China Clay' ist in Deutschland bisher wenig bekannt (so etwas kann sich aber auch ändern). Sie stammt aus Cornwall, England.

Ein wirkliches Prachtexemplar ist 'Shirobotan' > 2.21 <, eine sehr elegant wirkende Kamelie mit ihren halb gefüllten bis locker päonienförmigen Blüten. Der japanische Name bedeutet auch sehr treffend „Weiße Päonie". Sie hat einen kräftigen, aufrechten Wuchs, ihre Winterhärte wird mit -18 °C angegeben.

'Snowman' > 2.22 < blüht mit seinen großen, reinweißen, halbgefüllten Blüten mit den anmutig

Kamelie 'Mary Costa' > 2.24 <

Der Name bedeutet soviel wie „Porzellanerde". Kein Name ist jemals besser gewählt worden. Ihre wunderschönen, fast ätherisch wirkenden Blüten sehen wirklich wie hauchzartes chinesisches Porzellan aus.

Camellia Williamsii-Hybride 'China Clay' > 2.20 <

gedrehten inneren Blütenblättern in einer Zeit, in der ich an alles andere denke, aber nicht mehr an einen Schneemann. Aber als mannshoher Strauch, über und über mit Blüten bedeckt, läßt sich eine gewisse Ähnlichkeit nicht leugnen. Als kleine Pflanze in einem schönen Topf ist er auch auf dem kleinsten Balkon eine Augenweide.

Ausgesprochen elegant wirken 'Emmet Barnes' > 2.23 < und 'Mary Costa' > 2.24 <. Bei 'Emmet Barnes' sind sogar die Staubfäden reinweiß, was die ohnehin reinweißen Blüten noch weißer erscheinen läßt. Sie ist sehr starkwüchsig mit schönem, kompaktem Wuchs. Die Blüte ist halbgefüllt und sehr elegant. Die Blüte von 'Mary Costa' wirkt wie eine edle Seerose, das Laub ist glänzend grün.

Etwas Besonderes ist 'Cornish Snow' > 2.25 <. Diese Hybride gehört mit zu den ersten, die im Spätwinter aufblühen. Im Vergleich zu den bisher beschriebenen Sorten sind ihre Blüten klein, dafür werden sie aber in verschwenderischer Fülle hervorgebracht. Sie sind einfach, weiß mit einem Hauch von Zartrosa. Sind sie erst halb geöffnet, wirken sie wie kleine Glocken, als wollten sie den Frühling einläuten. 'Cornish Snow' unterscheidet sich von anderen Kamelien auch im Wuchs , er ist locker und grazil.

Immer wieder wird behauptet, daß sich bei weißen Kamelien die Blüten so leicht braun färben. Viele Kamelienliebhaber lassen sich deshalb davon abhalten, sich für eine weiße Sorte zu entscheiden. Es gibt in der Tat einige weiße Sorten, die dafür anfällig sind, beispielsweise 'Centifolia Alba' und 'Snow White'. Aber im allgemeinen bekommen sie nicht leichter braune Flecken, als Sorten in Rosa oder Rot, man sieht die Flecken nur deutlicher.

Über die Winterhärte von Kamelien ist bisher wenig bekannt. Die meisten Sorten kommen aus Ländern, in denen es keine harten Winter gibt (Cornwall, Kalifornien, Neuseeland), so daß erst bei uns Erfahrungen gesammelt werden können. Aber auch bei uns waren die letzten Winter nicht besonders hart, ausgenommen der von 1996, und in dem haben Kamelien nicht mehr gelitten, als andere Ziergehölze (insbesondere Rosen) und da dürfte die Trockenheit mehr Schaden angerichtet haben als der Frost. In unserem vergleichsweise milden Frankfurter Klima und in unserem geschützten Kleinklima gedeihen die Kamelien im Freiland sogar ohne Winterschutz. An einem rauheren Standort sollte man die Pflanzen mit Tannenzweigen schützen und den Wurzelbereich mit einer Mulchschicht abdecken. Ganz winterhart sind Kamelien jedoch nicht. Sollte eine Pflanze einen strengen Winter wirklich nicht überleben, habe ich doch jahrelang meine Freude an ihr gehabt.

Woran hat man schon Jahre oder gar Jahrzehnte uneingeschränkt Freude? Ist es nicht besser, nach dem Motto zu handeln, wer nicht wagt, der nicht gewinnt, und ist es wirklich so schlimm, wenn eine liebgewonnene Pflanze einmal nicht überlebt? In den meisten Fällen läßt sich Ersatz beschaffen. Viele Pflanzen haben sowieso eine begrenzte Lebensdauer, werden müde und sterben. Bei den Kamelien ist es anders. Sie werden normalerweise, am richtigen Standort und bei richtiger Pflege, von Jahr zu Jahr schöner, größer und üppiger und werden uns alle überleben.

Da ich nun wirklich eine beachtliche Kollektion weißer Kamelien habe, blühen während des gesamten Vorfrühlings, und bis weit in den Frühling hinein, immer mehrere Sorten. Ende April, herrscht sogar ein richtiger Blühboom. Die späten Sorten wetteifern miteinander. Keine möchte die letzte sein. Warum eigentlich nicht?

Beim Pflanzen von Kamelien darf man den Wurzelballen nicht zu tief zu setzen, die oberen Würzelchen müssen noch sichtbar sein. Kamelien brauchen die Feuchtigkeit und Nährstoffe aus der Luft, um gesund und kräftig zu gedeihen.

Aus Platzmangel stehen bei mir einige Pflanzen mitten im Rasen, in einem schweren Lehmboden. Das ist an sich genau das Gegenteil von dem, was Kamelien brauchen, nämlich einen leicht sauren, lockeren Boden mit einem pH-Wert von 5 bis 6, in dem sich auch andere Moorbeetpflanzen, wie Rhododendren, Azaleen und Eriken wohlfühlen. Wir haben jeweils ein großes Pflanzloch ausgehoben, mit fester Folie ausgekleidet, Drainage und Abzugslöcher nicht vergessen und unsere Schätze in geeignete Erde gesetzt.

Meine Vorliebe für Kamelien läßt mich immer wieder ins Schwärmen geraten, und es fällt mir schwer, es bei den beschriebenen Sorten zu belassen. Im Herbst, wenn die Sorten von *Camellia sasanqua* zu blühen beginnen – einer anderen, weniger bekannten, aber ungeheuer reizvollen Art – und im Kapitel „Töpfe" werde ich nochmals auf Kamelien zurückkommen.

Frühling
März, April, Mai

Mit Beginn des Frühlings füllt sich der Garten mit Blüten. Es vergeht kein Tag, an dem es nicht Neues zu entdecken gibt, meist sind es mehrere Überraschungen zugleich, und ich komme kaum mit meinen Notizen nach. Die Pflanzen scheinen miteinander zu wetteifern, als wollte jede sagen: „hier bin ich wieder, genauso schön wie letztes Jahr". Das ist die Jahreszeit, in der ich schon früher nur ungern weggefahren bin, und sei es nur für ein paar Tage. Inzwischen wäre es schade um jeden Tag, den ich verpasse. Das möchte ich mir nicht antun.

Wie lange blüht denn ein Leberblümchen, dessen weiße Sorte so selten ist, und das ich mühsam gezogen habe? Soll ich wieder ein ganzes Jahr warten? *Hepatica nobilis* (syn. *Hepatica triloba*) 'Alba' > **2.26** < hat entzückende, schneeweiße, kurzstielige Blüten. Dieses Pflänzchen bevorzugt Halbschatten und feuchten, humosen Boden. Es fühlt sich in meinem kleinen Kamelienhang besonders wohl. Noch entzückender ist die Sorte 'Alba Plena' > **2.27** <, mit winzigen gefüllten Blüten, eine seltene Kostbarkeit.

Nein, in dieser beglückenden Zeit möchte ich jeden Tag meinen Garten sehen – und mein Garten jeden Tag mich, denn er kann sehr nachtragend sein, wird ihm einmal die gewohnte Aufmerksamkeit nicht zuteil.

Ich habe einmal gelesen: „Gärten sind Stätten aus Sehnsucht geboren." Dieser Satz ist sehr treffend, er hat mich fasziniert. Die größte Sehnsucht liegt eindeutig im Frühling, das wirkt sich natürlich im Garten aus. Im Frühling hat mein Garten den größten Zauber.

Überall kommen jetzt die Anemonen hervor, zart und transparent unter den noch kahlen Bäumen. Besonders hübsch ist *Anemone blanda* 'White Splendour' > **2.28** < mit ihren sehr großen, schneeweißen Blüten. Sie wirkt auch sehr gut in einem farbig gestalteten Garten, denn ihre großen, weißen Sterne lassen die Farben höher wachsender Pflanzen besser zur Geltung kommen.

Anemone sylvestris, die Waldanemone > **2.29** <, mit leicht duftenden, nickenden, reinweißen Sternen, blüht etwas später.

Auch *Scilla siberica* 'Alba' > **2.30** < gehört zum Frühlingsreigen. Der deutsche Name ist „Blaustern", diese Sorte müßte den Namen „Weißsterne" haben, aber „Stern" würde auch genügen.

Sehr hübsch als kleine Gruppen wirken überall Traubenhyazinthen. *Muscari azureum* 'Album' > **2.31** < mit ihren dichten Trauben reinweißer Glöckchen blüht als erste und sehr lange. Sie eignet sich hervorragend zum Verwildern, man muß allerdings damit rechnen, daß aus den Samen in den folgenden Jahren Pflanzen mit wunderschönen dunkelblauen Blüten erscheinen. Dann ist zu entscheiden, ob man sie in einem weißen Garten toleriert. Vielleicht in einer kleinen Ecke, denn dort sehen sie als Kontrast wirklich sehr hübsch aus.

Die Nachkommen der beiden folgenden Sorten sind bisher weiß geblieben: *Muscari ambrosiacum* (syn. *M. muscarimi)* 'Album' > **2.32** < mit einem wirklich ambrosischen Duft und Blüten, die ganz anders sind, die oberen zartlila, die unteren weiß mit einem kleinen bronzegetönten Rand. Sie sind aber weiß genug für meinen Garten, und auf den himmlischen Duft möchte ich schon gar nicht verzichten. Auch *Muscari botryoides* 'Album' > **2.33** < duften süß, allerdings nicht so intensiv, dafür sind sie reinweiß und blühen als letzte bis in den Mai hinein.

Den gleichen honigartigen Duft hat *Abeliophyllum distichum*, die Schneeforsythie > **2.34** <. Aus zartgelben Knospen öffnen sich an den noch blattlosen Stengeln reinweiße, sternförmige Blütchen. Die Pflanze ist winterhart, benötigt aber viel Sonne und sollte an einen geschützten Platz gepflanzt werden. Sie steht – außer in einer Rabatte – auch in einem schönen Tontopf, während ihrer „Hochzeit" direkt am Gartentor. Nach der Blüte ist sie nicht mehr so interessant, und sie muß sich dann mit einem weniger prominenten Platz begnügen.

Mit zu den ersten Stauden in unserem Garten gehört *Erythronium revolutum (*syn. *E. californicum)* 'White Beauty' > **2.35** <. Bei dieser kleinen, entzückenden Pflanze denkt man an alles, aber nicht an einen Hundszahn. Der Name kommt aber von der Form der Knolle. 'White Beauty' wird ihrem Namen gerecht: besonders schöne, reinweiße Blüten, im Innern gelb mit einem braunen Fleck. Die Blütenblätter sind anmutig zurückgebogen, die Blätter auffallend marmoriert. Sie fühlt sich im Halbschatten am wohlsten und vermehrt sich dort bereitwillig.

Mindestens ebenso hübsch ist die weiße Form der Schachbrettblume, *Fritillaria meleagris* 'Alba' > **2.36** < mit weißen, großen Glocken, die einen zarten, grünen Strich in der Mitte jedes Blütenblattes haben, von außen überhaupt nicht zu sehen, von innen sieht es sehr apart aus. Die Sorte 'Aphrodite' > **2.37** < hat noch größere Blütenglocken.

Aber auch der süß duftende Schneeglanz darf in einem Frühlingsgarten nicht fehlen. *Chionodoxa forbesii* 'Alba' > **2.38** < hat weiße, an *Scilla* erinnernde Blüten mit hellblauen, niedlichen Staubgefäßen. Bis zu drei Blüten sitzen an einem Stengel.

Epimedium × youngianum 'Niveum' > **2.39** < wird als Elfenblume ihrem Namen auf jeden Fall gerecht. Diese bodendeckende Staude erscheint sehr früh und schmückt sich mit kleinen, zarten, schneeweißen Blütchen.

Zu den ersten Pflanzen, die in unserem Garten in Schattenbereiche gesetzt wurden, und zwar in Massen, gehörte die Sorte 'Green Carpet' von *Pachysandra terminalis*, dem Ysander > **2.40** <. Diese immergrüne, kriechende Staude bringt kleine weiße Blüten hervor und ist sehr pflegeleicht. Aber so viel von einer Art wollte ich dann auch nicht haben. Übrig geblieben ist ein kleiner Bereich, in dem sie nun anmutig über ein Mäuerchen herabhängt und Platz läßt für andere Schätze.

Dann kommen die Veilchen. Selbst die lilafarbenen brauchen nicht im Verborgenen zu blühen. Fleißig von Vögeln und Ameisen gesät, sehen sie ganz allerliebst im Rasen aus, sie auszugraben, wäre zu schade, hüllen sie doch an warmen, windstillen Tagen den ganzen Garten in ihren unvergleichlichen, romantischen Duft. Da es mir bei meinen weißblühenden Pflanzen immer schwer fällt, sie für einen Strauß zu schneiden, und sie sich zum Beispiel für Potpourris auch nicht so eignen, habe ich diese Hemmung bei lilafarbenen Veilchen nicht. Die an der Luft getrockneten Blüten behalten ihre intensive Farbe erstaunlich lange. In einer hübschen Glasschale erfüllen sie nicht nur mit ihrem Duft – ich helfe mit einem Tropfen ätherischen Öls etwas nach – einen ganzen Raum, sie sind auch optisch ein Genuß. Die weiße Sorte *Viola odorata* 'Alba' > **2.41** < ist genauso entzückend, auch zum Verwildern geeignet, duftet aber nicht ganz so intensiv wie ihre Schwester.

Etwas später blühen überall die weißen Hornveilchen. Selbst auf dem Bürgersteig in der kleinsten Ritze hat sich eines angesiedelt und ist ein

Viola sororia 'Albiflora' > 2.43 <

Dieses großblumige Veilchen blüht nur bis Mai. Die Blüten haben eine hübsche, lilafarbene Zeichnung.

viel bewundertes hübsches Pflänzchen geworden; ich muß mich wundern, daß es bisher nicht von Passanten mitgenommen wurde. Doch in vielen Gärten der Nachbarschaft wird sich nun *Viola cornuta* 'White Superior', das Hornveilchen > 2.42 <, ausbreiten. Ich verschenke Pflänzchen davon nur zu gerne. Erstens vermehrt sich diese rhizombildende Staude sehr stark, und zweitens habe ich damit schon manchem ein Freude gemacht. Die im Winter nackt auf der Erde liegenden Rhizome sehen zwar alles andere als schön aus – ich decke sie deshalb aus optischen Gründen mit Tannenzweigen ab – dann kommen jedoch zwischen den ovalen Blättern erstaunlich große, weiße Blüten mit zarten gelben und lilafarbenen Pinselstrichen im Innern. Leider hat es keinen Duft, es blüht aber bis in den Oktober hinein.

Viola sororia 'Albiflora' > 2.43 < ist ebenfalls ein sehr großblumiges Veilchen, blüht aber nur bis Mai. Die Blüten haben auch eine hübsche, lilafarbene Zeichnung.

Wie schön, daß Gänseblümchen (*Bellis perennis*) > 2.44 < weiß sind! Da ich keinen Ehrgeiz habe, einen makellosen Rasen zu haben, und er für mich eigentlich nur grüne, begehbare Fläche zu den Pflanzen ist (Liebhaber eines gepflegten Golfrasens mögen mir verzeihen), tut es mir sogar leid, wenn mit dem Rasen auch die Gänseblümchen abgemäht werden. Gottseidank sind sie ganz schnell wieder da. Sie ergeben ein hübsches Bild im weißen Garten und wirken natürlicher als die kultivierten Sorten.

Inzwischen wirkt der Garten sehr transparent. Das erste junge Grün ist da, eine Wirkung von Frische und Zartheit, die im späteren Verlauf der Jahreszeiten nicht wiederkommt.

Das ist auch die Zeit der Magnolien. Es gibt wunderschöne große, weißblühende Bäume, die für einen kleinen Garten leider alle sehr schnell zu groß werden. Besonders schön ist *Magnolia denudata* > 2.45 <. Sie ist völlig winterhart und bringt von Mitte bis Ende des Frühlings becherförmige, weiße, köstlich duftende Blüten hervor. Selbst auf *Magnolia* × *soulangiana* mit ihren weißen Sorten muß ich verzichten. 'Alba Superba' > 2.46 < wird »nur“ 7 m hoch und 5 m breit und 'Amabilis' > 2.47 < wächst sehr langsam. Beide schmücken sich im April mit großen, weißen, tulpenförmigen Blüten und hüllen sich und ihre Umgebung in einen süßen, schweren Duft.

Magnolia stellata dagegen ist sogar gut geeignet für den Vorgarten. Sie wird nicht so groß und nimmt einen Rück- und Formschnitt nicht übel. Die Sorte 'Norman Gould' > 2.48 < wächst außerdem ganz langsam. Sie könnte eine Höhe von 5 m erreichen, aber erst nach 35 Jahren. Sie ist in unseren Breiten die erste Magnolie, die ihre wie mit grauem Samt überzogenen Knospen zu reinweißen, süß duftenden Sternen öffnet. Sie blüht schon als ganz kleine Pflanze erstaunlich üppig, und ist deshalb auch für den kleinsten Garten zu empfehlen.

Wenn Ende März, Anfang April jemand meinen Garten besucht, sagt er unwillkürlich: Ich dachte, Sie haben einen weißen Garten? Mit Recht, denn er ist zu dieser Zeit – eine sehr kurze Zeit – in eine zartrosa Wolke gehüllt. *Prunus cerasifera* 'Nigra', die Blutpflaume, ist dafür verantwortlich. Diesen alten Baum fanden wir beim Einzug vor, er verleiht dem Garten Charakter und Struktur und hat ein älteres Recht in ihm als ich. Die zartrosa Blütchen sehen mit ihrem purpurfarbenen Innern wie kleine, niedliche Gesichtchen aus, die später erscheinenden Blätter werden purpurfarben. Im Sommer erscheinen pflaumenartige Früchte, die nicht nur den Amseln gut schmecken. Über den Duft ist allgemein nichts bekannt, unsere Sorte hüllt den ganzen Garten in richtige Duftwolken. Zugegeben, eine weiße Sorte wäre mir lieber gewesen, zum Beispiel 'Diversifolia' > **2.49** <, oder 'Pendula' > **2.50** < mit ihrem überhängenden Wuchs oder auch 'Pissardii' > **2.51** < mit ihrer üppigen Blüte. Aber der Blütenzauber dauert nur ein paar Tage und es bleibt ein schön gewachsener Baum mit dunklem Laub.

Ich habe die Rambler-Rose 'Rambling Rector' > siehe **2.202** < hineinwachsen und hinaufklettern lassen. Sie blüht schon Ende Mai, Anfang Juni als erster unserer Rambler. Es ist ein entzückendes Bild, wenn die weißen, halbgefüllten Blütchen mit ihren gelben Staubgefäßen kaskadenförmig in großer Fülle aus dem dunklen Baum herunter fallen. Als Zugabe duftet sie noch gut und auch die niedlichen Hagebutten im Herbst sind eine Zierde. Mit Rambler-Rosen läßt sich viel machen, es ist ein Thema für den Sommer (siehe Seite 63 – 66).

Nur eines gehört noch hierher. Wir fanden in unserem Garten auch eine alte Schattenmorelle vor, eine schneeweiße Wolke im Frühling, gefolgt von dicken, runden Früchten, erstaunlich süß für Sauerkirschen. Ich habe nie herausgefunden, um welche Sorte von *Prunus cerasus* > **2.52** < es sich gehandelt hat, ein Genuß für Augen und Gaumen auf jeden Fall. Leider wurde mir gesagt, der Baum sei „abgängig“, wie es in der Gärtnersprache heißt. So habe ich vorsorglich auch an ihren Stamm eine Rambler-Rose, *Rosa longicuspis* > siehe **2.208** <, gepflanzt (es wird auch die Meinung vertreten, es handle sich eigentlich um *Rosa mulliganii*). Sie kletterte erstaunlich schnell in den Baum und sah mit ihren riesigen weißen Rispen zwischen den dunkelroten Früchten hinreißend aus. Als die Sauerkirsche leider wirklich abstarb, eroberte sich die Rose die ganze trockene Krone und wurde zum Rosenbaum. Der Kirschbaum muß über fünfzig Jahre alt gewesen sein, wie Nachbarn erzählten, und war einfach erschöpft. Eine reizende alte Nachbarin hatte sich so an den Anblick des blühenden Kirschbaums gewöhnt, bekam seinen Tod nicht mit und sagte: „Ich verstehe nicht, wieso Ihre Kirsche auf einmal erst im Juni blüht.“

Leider fand auch dieser Traum ein jähes Ende. Eines Morgens war der gesamte Baum unter der Last der Krone zusammengebrochen, übriggeblieben war ein Haufen aus morschen Ästen und Rosengewirr. Hier half nur Handeln. Mit fachmännischer Hilfe wurde der Berg abtransportiert. Übrig blieben der Stamm von 2 m Höhe und ein Röschen, nicht höher als 20 cm. Ein trauriges Bild. In erstaunlich kurzer Zeit erklomm die Rambler-Rose den Stamm erneut, baute sich selbst eine Krone auf und fällt nun mit üppigsten Rispen weißer, einfacher Blüten und auffälligen Staubgefäßen hinab. Eine attraktive Lösung für ein Problem. Wichtig ist allerdings ein fachmännischer Schnitt, den man bei dieser Rose im weißen Gar-

Die Rose wächst in die Blutpflaume hinein. Es ist ein entzückendes Bild, wenn die weißen, halbgefüllten Blütchen mit ihren gelben Staubgefäßen kaskadenförmig in großer Fülle aus dem dunklen Baum herunter fallen.

Rambler-Rose 'Rambling Rector' > **2.202** <

ten von Sissinghurst bewundern kann. Dort steht ein Prachtexemplar, für dessen akkuraten Schnitt mehrere Gärtner mehrere Tage benötigen. Da mein Garten nicht so prominent ist, erledige ich diese Arbeit selbst, dabei wünsche ich mir aber jedesmal, ich hätte wenigstens einen Gärtner dafür.

***

Von März bis Mai ist unser Garten ein Narzissengarten (siehe Seite 35 – 38). Aber er füllt sich auch mit vielen anderen Blüten.

Primula denticulata 'Alba', die Kugelprimel > **2.53** <, macht ihrem Namen alle Ehre. Auf 10 cm hohen Stielen bilden reinweiße Blütchen eine perfekte Kugel, und von der Basis kommen neue Blütenkugeln nach. Auch bei dieser Pflanze ist die weiße Sorte besonders hübsch.

Obwohl nicht groß, ist ein Pflänzchen noch nie übersehen worden: *Primula vulgaris* 'Double White' > **2.54** <. Diese relativ seltene, entzückende Primel bildet mit ihren reinweißen, dicht gefüllten Blüten runde Tuffs und wertet jedes Fleckchen auf. Ich habe noch eine sehr ähnliche Sorte, sie ist etwas lockerer im Wuchs, und die Blüten sind nicht ganz so dicht gefüllt. Sie ist aber ebenfalls reizend: *Primula vulgaris* 'Dawn Ansell' > **2.55** <. Beide Sorten lieben Sonne oder Halbschatten und vor allem einen feuchten Boden.

Schneeweiß ist *Sanguinaria canadensis* 'Multiplex' > **2.56** < (syn. 'Flore Pleno'), die den gar nicht klangvollen Namen „Blutwurz" trägt; die unterirdischen, fleischigen Triebe sondern beim Schnitt einen roten Saft ab. Die kleinen, gefüllten Blüten sitzen fast ohne Stiel über der Erde. Die Pflanze ist mehrjährig, bevorzugt einen feuchten, humusreichen Boden und ist völlig winterhart. Für solch ein kleines Pflänzchen ist sie recht teuer, es lohnt sich aber, denn sie ist etwas Besonderes. Und vielleicht hat man ja einmal einen Wunsch offen.

Pulmonaria 'Sissinghurst White' > **2.57** < ist eine besonders schöne weiße Sorte des Lungenkrauts.

Als vor über zehn Jahren ein Gärtner bei der Bestandsaufnahme im Garten mit botanischen Namen nur so um sich warf, und ich ihn bat, mir das doch bitte auf deutsch zu sagen, hatte er damals brummig entgegnet: „Nein, entweder Sie lernen es, oder Sie lassen es besser ganz bleiben". Ich fand das damals empörend. Heute bin ich ihm dankbar dafür, nicht nur, weil sich viele botanische Bezeichnungen schöner anhören, sondern weil die wissenschaftlichen Namen weitgehend unverwechselbar und auf der ganzen Welt gültig sind. Etwas freundlicher hätte er es trotzdem sagen können.

Also dieses Lungenkraut, *Pulmonaria*, ist eine attraktive, winterharte Staude mit trichterförmigen, weißen Blüten und heller gefleckten Blättern. Besonders hübsch sieht sie vor einem graugrünen Hintergrund aus. Ich habe sie als kleinen Blickfang vor ein Mäuerchen aus Quarzit gepflanzt, und sie harmoniert ausgesprochen gut mit dem Stein, auch später noch, wenn sie längst verblüht ist.

Inzwischen sind auch die Taubnesseln wieder üppig erschienen. Sie blühen noch nicht, aber wegen der zwar duftenden, aber unscheinbaren Blüten habe ich sie ohnehin nicht gepflanzt, sondern wegen ihres Laubes. *Lamium maculatum* 'White Nancy' > **2.58** < ist ein hübscher Bodendecker mit silbrig-weiß panaschierten Blättern, bei *Lamium maculatum* 'Album' > **2.59** < hat das dunkelgrüne Laub einen weißen Mittelstreifen. Beide wuchern allerdings sehr, lassen sich aber leicht teilen oder zurückschneiden.

Die wilden Erdbeeren, *Fragaria vesca* > **2.60** < (Foto Seite 16) habe ich nicht gepflanzt. Sie sind ein Geschenk der Vögel, ihr Dankeschön für Futter im Winter, für Trink- und Badewasser das ganze Jahr hindurch und für so manch geschütztes Plätzchen im Garten. Die kleinen, weißen Blüten vor dem dunkelgrünen, ausdrucksstarken Laub sehen in ihrer Schlichtheit ganz allerliebst aus, die winzigen roten, sehr lecker schmeckenden Früchte bleiben nie lange stehen. Sie bereichern so manchen Nachtisch. Die Pflanzen wuchern allerdings auch sehr stark; die Ausläufer lassen sich aber leicht entfernen. So kann man einen hübschen Bodendecker haben und auch nur dort, wo es gewünscht ist.

Eine Gartensorte, *Fragaria × ananassa* 'Variegata' > **2.61** <, habe ich wegen ihres hübschen Laubes – es ist creme und grün panaschiert – gepflanzt. Als Zugabe hat sie aber auch wunderschöne Blüten.

***Primula denticulata* 'Alba'**
> **2.53** <

Die Kugelprimel macht ihrem Namen alle Ehre. Auf 10 cm hohen Stielen bilden reinweiße Blütchen eine perfekte Kugel, und von der Basis kommen neue Blütenkugeln nach. Auch bei dieser Pflanze ist die weiße Sorte besonders hübsch.

Wenn dann auch die Früchte noch besonders gut schmecken ...

Apropos Wuchern: Den Kampf gegen den Giersch *(Aegopodium podagraria)* > 2.62 < habe ich nicht aufgegeben, werde ihn auch nicht aufgeben, obwohl er weiß blüht. Aber inzwischen glaube ich, für etwas unzugänglichere Stellen eine gute und auch hübsche Lösung gefunden zu haben. Auf einer Raritätenbörse entdeckte ich einen Zier-Giersch, *Aegopodium podagraria* 'Variegatum' > 2.63 <, mit hübsch gemusterten Blättern. Ich habe ihn zwischen die Wildform gesetzt, es ist jetzt so gewollt.

***

Als ziemlich sicheres Zeichen, daß der Winter sich endgültig verabschiedet hat, empfinde ich es immer, wenn auch unsere alte Birke ihr erstes Grün zeigt. Dieses zarte transparente Grün ist ein Inbegriff des Frühlings. Die Spitzen der Zweige hängen leicht über, was von dem Gewicht der Kätzchen noch anmutig betont wird. Ihre Rinde ist kalkweiß und paßt als Abschluß – die Birke steht direkt an der hinteren Grundstücksgrenze – gut in unseren Garten. Sie ist ungefähr 15 m hoch und muß vor vielleicht 40 oder 50 Jahren gepflanzt worden sein. Ich nehme an, daß es sich um die in Europa sehr verbreitete Art *Betula pendula* > 2.64 < handelt.

Ich bin immer wieder erstaunt, wie vielerlei Pflanzen unter dieser Birke wachsen. Ihre Wurzeln entziehen dem Boden zwar viel Feuchtigkeit, mit etwas mehr Wässern im Sommer und mit geschickter Wahl der Pflanzen läßt sich darunter aber ein kleines Paradies schaffen.

Ich habe die Kletterrose 'Purity' > siehe 2.305 < an ihren Stamm gesetzt. Sie hat inzwischen eine Höhe von 3 m erreicht. Im Sommer sehen ihre

Im April steht der Blumenhartriegel in voller Blüte. Da er allerdings nur bedingt winterhart ist, sollte er einen geschützten Standort bekommen.

Cornus nuttallii **'Ascona'**
> 2.67 <

reinweißen, großen, duftenden Blüten sehr hübsch in den unteren Zweigen der Birke aus. Auch ein Geißblatt, *Lonicera × purpusii* 'Winter Beauty' > siehe 2.2 <, fühlt sich an ihr sehr wohl und schickt sich an, hinaufzuklettern.

Außerdem haben unter ihr eine Christrose, eine Strauchrose, ein Tränendes Herz, viele wilde Erdbeeren und natürlich der leidige Giersch nicht die geringsten Probleme.

Es ist erstaunlich, wie schnell sich das Tränende Herz, *Dicentra spectabilis* 'Alba' > 2.65 <, Jahr für Jahr aus dem vermeintlichen Nichts entwickelt. Das Wachsen läßt sich richtig beobachten. Erst erscheinen in rasantem Tempo die farnähnlichen Blätter, später sehen die überhängenden Blütenstiele mit ihren vielen reinweißen Herzen sehr anmutig aus.

Als der Vorgarten noch kahl und leer war, pflanzten wir in völliger Unkenntnis eine Felsenbirne *(Amelanchier)*. Der sonnige Standort behagte ihr so sehr, daß sie schon innerhalb von zwei Jahren viel zu groß wurde. Obwohl sie üppig blühte und eine hübsche Herbstfärbung hatte, haben wir uns gegen sie entschieden. In dem kleinen Vorgarten sollte Platz für ausgefallenere Pflanzen sein. Wir können ein sehr schönes Exemplar in einem gegenüberliegenden Garten aus der Entfernung genausogut, vielleicht sogar besser bewundern. Außerdem stehen um diese Jahreszeit entlang den Autobahnen, gleich in welche Richtung man fährt, unzählige Felsenbirnen in Blüte.

Wäre der Garten größer, würde ich mich wahrscheinlich für *Amelanchier asiatica* > 2.66 < entscheiden. Dieser große, elegante Strauch mit seinen schlanken, überhängenden Zweigen und sternförmigen Blüten in großer Fülle wirkt sehr anmutig. Die jungen Blätter sind auf der Unterseite seidig weiß, werden dann dunkelgrün und schmücken den Strauch im Herbst orangerot. Als Zugabe liefert er noch saftige, eßbare Früchte, ähnlich den schwarzen Johannisbeeren.

In dieser Zeit steht auch der Blumenhartriegel, *Cornus nuttallii* 'Ascona' > 2.67 < in voller Blüte. Da er allerdings nur bedingt winterhart ist, sollte er einen geschützten Standort bekommen, und in armer, kalkhaltiger Erde fühlt er sich gar nicht wohl. Behagt ihm aber sein Platz im Garten, wird er ein stattlicher, über 10 m großer Baum. Die weißen, sehr hübschen Blüten bestehen aus Hochblättern, den Brakteen, die – mit einem Hauch von Rosa an den äußeren Spitzen – das niedliche, runde Blütenköpfchen umgeben.

Osmanthus × burkwoodii, die Duftblüte > 2.68 <, hüllt im Frühling unseren Vorgarten mit seinen kleinen, reinweißen Blüten wochenlang in eine Wolke aus Honig und Vanille. Der Duft ist so überwältigend, daß Spaziergänger und sogar eilig Vorübergehende stehenbleiben. Dieser winterharte, immergrüne Strauch, mit seinen kleinen, dunkelgrünen Blättern, steht das ganze Jahr über in einem Tontopf im Freien, bisher ohne Schaden zu nehmen. Es gibt noch verschiedene andere Arten, zum Beispiel *Osmanthus delavayi* > 2.69 <, der recht ähnlich, aber nicht so winterhart ist, und *Osmanthus heterophyllus* > siehe 2.285 < mit ilexartigen Blättern und einer Blütezeit im Herbst.

***

Inzwischen sind auch die ersten Iris aufgeblüht. Die Gruppe der Iris oder Schwertlilien ist riesig. Ich habe mich für die zwergwüchsigen Bart-Iris entschieden, die ungefähr 20 cm hoch werden. Je niedriger die Sorte, um so früher blüht sie im allgemeinen. Es ist erstaunlich, wie schnell sich aus der unscheinbaren, langen, spitzen Knospe so kostbare und auch noch süß duftende Blüten entwickeln können. Sie haben den wunderbaren Hauch der Vergangenheit, die Sehnsucht nach alten Zeiten in sich. Sie gehören mit ihrer Schönheit in jeden romantischen Garten. Dabei sind sie sehr anspruchslos, lieben die Sonne, gedeihen in trockenem Boden und sind sehr wüchsig. Im Lauf der Jahre habe ich besonders viele Sorten der *Iris*-Barbata-Nana-Gruppe zusammengetragen. Sehr hübsch und fein duftend sind 'Little White' > 2.70 < und 'Bright White' > 2.71 <. 'Little White' blüht als erste, ist sehr niedrig und die Blüten wirken mit ihrer zarten, hellgrünen Äderung fast durchsichtig. 'Bright White' dagegen ist reinweiß. Meine allerliebste Sorte ist allerdings 'Green Spot' > 2.72 < mit ihrem herrlichen Duft – ein bißchen

Iris 'Green Spot' > 2.72 <

Mit ihrem herrlichen Duft – ein bißchen nach Veilchen, ein bißchen nach Mandeln. Mit den interessanten grünen Markierungen an den drei „Hängeblättern" und dem gelben Bärtchen wirken die Blüten wie exotische Orchideen.

nach Veilchen, ein bißchen nach Mandeln. Mit den interessanten grünen Markierungen an den drei „Hängeblättern" und dem gelben Bärtchen wirken die Blüten wie exotische Orchideen.

Iris pumila 'The Bride' > 2.73 < und 'Alba' > 2.74 < sind zwei besonders niedrige Sorten; der Stengel wird nur 1 cm lang.

Die Zwiebelbildende Holländische Iris 'White Excelsior' > 2.75 < wird dagegen 80 cm hoch. Sie hat sehr elegante weiße Blüten, deren Hängeblätter einen gelben Streifen zeigen.

Zwischen den niedrigen Iris-Sorten blüht zur gleichen Zeit die Frühlingsknotenblume, auch Märzenbecher genannt. Besonders hübsch ist die Sorte *Leucojum aestivum* 'Gravetye Giant' > 2.76 < mit mehreren vergleichsweise großen, nickenden weißen Glocken mit grünen Spitzen an den äußeren Blütenblättern an sehr langen Stielen. Die gesamte Pflanze wirkt sehr grazil, wie ein verspätetes riesiges Schneeglöckchen. Auf Gravetye in Südengland, heute ein Country-Hotel mit sehenswertem Garten, hat der bedeutende englische Gartengestalter und -schriftsteller William Robinson fünfzig Jahre lang gewirkt.

Vor einiger Zeit erstand ich einen ganz kleinen Schneeball, *Viburnum × burkwoodii* 'Anne Russell' > 2.77 < mit besonders schönem, glänzendem Laub. Schon im Jahr darauf hat er geblüht, hat sich einen offenen, buschigen Wuchs zugelegt und eine schöne Herbstfärbung gezeigt und im folgenden Jahr hat er uns mit vielen Blüten erfreut. Aus schon duftenden rosafarbenen Knospen werden reinweiße, dicke Kugeln, wie es sich für einen Schneeball gehört. Der Duft ist faszinierend: süß, exotisch und an Muskat erinnernd. Dieser Viburnum ist für einen kleinen Garten bestens geeignet, er wird nicht höher als 1,50 m.

Nun hat auch das Buschwindröschen *(Anemone nemorosa)* von unserem Garten Besitz ergriffen. Ich habe mich für die Sorte 'Multiplex' > 2.78 < entschieden, sie hat eine entzückende gefüllte Blüte. Sechs Blütenblätter umgeben eine reinweiße, gefüllte Mitte. Ein allerliebstes Pflänzchen, das sich jedoch nicht so stark vermehrt wie einfach blühende Sorten, die sich zum Verwildern unter Bäumen und Sträuchern anbieten. Es bevorzugt zwar einen waldigen Standort, ist aber sehr anspruchslos und vermehrt sich in jedem normalen Gartenboden. In einem naturnahen Garten dürfen Buschwindröschen nicht fehlen. Es ist herrlich, im Frühling einen Wald zu sehen, in dem der Boden mit Anemonen übersät ist und wie ein riesiger weißer Teppich aussieht.

Von einer Pflanzen-Raritätenbörse brachte ich etwas Entzückendes mit, eine *Anemonella thalictroides* 'Alba Plena' > 2.79 <. Ein winziges, gefülltes,

Aus schon duftenden rosafarbenen Knospen werden reinweiße, dicke Kugeln, wie es sich für einen Schneeball gehört. Der Duft ist faszinierend: süß, exotisch und an Muskat erinnernd. Dieser Viburnum ist für einen kleinen Garten bestens geeignet, er wird nicht höher als 1,50 m.

Viburnum × burkwoodii 'Anne Russell' > 2.77 <

reinweißes Blütchen, noch nicht einmal 1 cm groß, an einer anmutigen, grazilen Pflanze, die äußerst zart wirkt und auch nicht größer als 10 cm wird. Erstaunlicherweise ist sie völlig winterhart. Sie liebt lichten Schatten und humusreichen, feuchten Boden. Trotzdem habe ich sie erst einmal in einen hübschen kleinen Topf gesetzt. Schließlich möchte ich sie wiederfinden und als Amsel-Nachtisch hatte ich sie auch nicht gedacht. Es gibt davon auch einfach blühende Sorten, die oft als Unterpflanzung für Rhododendren empfohlen werden.

Bevor man sie aber dutzendweise bestellt, sollte man sich lieber erst einmal nach dem Preis erkundigen. Die gefüllten Sorten sind äußerst schwierig zu vermehren, da sie keinen Samen ansetzen. Bestenfalls kann man aus einer Pflanze in einem Jahr zwei machen. Das erklärt auch den Preis.

Für Schatten und feuchten Boden ist ebenso *Jeffersonia diphylla* > **2.80** < zu empfehlen. Diese Staude ist völlig winterhart, wächst sehr langsam und schmückt sich mit reinweißen, schalenförmigen Blüten und auffallenden, gelben Staubgefäßen. Läßt man sie ungestört wachsen, bildet sie hübsche Teppiche. Die Blätter stehen paarweise und sehen aus wie Schmetterlinge mit ausgebreiteten Flügeln. Bei uns steht sie unter zwei ausgewachsenen Thujen, bekommt keine Sonne und fühlt sich sichtlich wohl.

Zum Frühling gehören Tulpen, und mancher Leser mag sich wundern, daß ich sie noch nicht erwähnt habe. Aber ich hatte lange keine, bis auf *Tulipa pulchella* var. *albocaerulea-oculata* > **2.81** <. Ein langer Name für so ein kleines Pflänzchen, das endlich einmal nicht zu groß für unseren kleinen Garten ist, eine ausgesprochene Rarität für den, der Besonderes liebt: eine entzückende weiße, kleine Blüte mit dunkellilafarbenem Auge. Allgemein wird bei dieser Tulpe die Mitte als stahlblau beschrieben, bei uns im Garten hat sie sich eindeutig für ein dunkles Lila entschieden.

Die großblumigen Tulpensorten passen nach meiner Vorstellung besser in Beete als in einen romantischen Garten. Der Sorte *Tulipa viridiflora* 'Spring Green' > **2.82** < könnte es vielleicht gelingen, mich umzustimmen. Ihre weißen Blüten haben eine feine grüne Zeichnung.

Für Tulpen-Liebhaber gibt es aber viele reinweiße Sorten in den unterschiedlichsten Blütenformen, beispielsweise 'White Triumphator' > **2.83** <, 'White Dream' > **2.84** <, 'Pax' > **2.85** < und 'White Parrot' > **2.86** <.

Ich habe auch einen kleinen Zierapfel, *Malus* 'Professor Sprenger' > **2.87** <, sommergrün, mit transparenten Blüten im Frühling und orangeroten Äpfelchen im Herbst. Ließe ich ihn wachsen, würde er ein großer, rundkroniger Baum. Er eignet sich sehr gut für einen Schnitt, läßt sich also auf

Empfehlenswerte Weiße Iris

Niedrige Iris

Iris cristata 'Alba', 15 - 20 cm	
Iris innominata 'Alba', 20 - 25 cm	
Iris pumila 'Alba', 10 cm	
Iris pumila 'The Bride', 10 cm	
Iris reticulata 'Natascha', Zwiebeliris, 10 cm	
Iris setosa 'Kosho-en', 30 cm	
Iris tectorum 'Alba', 40 cm	
Iris Barbata-Nana-Hybride 'Brigt White', 20 cm, rein weiß, duftet leicht	> **2.71** <
Iris Barbata-Nana-Hybride 'Green Spot', 20 cm, grüne Markierungen, duftet	> **2.72** <
Iris Barbata-Nana-Hybride 'Little White', 20 cm, früh, hellgrüne Äderung, duftet	> **2.70** <
Iris Barbata-Nana-Hybride 'White Excelsior', 20 cm, duftet leicht	

Hohe Bartiris

'Lacy Snowflake', reinweiß, hellgelber Bart, gekräuselte Ränder, 85 cm, mittelfrüh

'Bubbly Mood', reinweiß, nahezu weißer Bart, gewellte Ränder, 95 cm, mittelspät

'Carriage Trade', bläuliches Weiß, gelber Bart, bis 1 m, mittlere Blütezeit

'Leda's Lover', breite Form, reinweiße Blüte, 90 cm, mittlere Blütezeit

'Skating Party', reinweiß, sehr große Blüte, stark gewellt, 85 cm, mittelspät

'Skier's Delight', reinweiß, schwach gelber Bart, gerüschte Ränder, 90 cm

Iris sibirica

'Fourford White', reinweiß, sehr große Blüte, 70-80 cm, mittlere Blütezeit

'King of Kings', reinweiß, reich blühend

'Snow Crest', weiß, 80-90 cm, sehr wertvolle, gute Sorte, wüchsig, mittlere Blütezeit

'Weißer Orient', reinweiß, große Blüte, 70-80 cm, spät

'Weißes Naturell', reinweiß, robust, 70-80 cm, mittlere Blütezeit

'White Swirl', elfenbeinweiß, großblumig, 60-80 cm, sehr wertvolle, gute Sorte, spät

Tulipa viridiflora 'Spring Green' > 2.82 <

jeder beliebigen Höhe halten und wäre bestimmt etwas für Bonsai-Liebhaber.

Wenn *Choisya ternata* > 2.88 < aufblüht, ist das ein Vorgeschmack auf den Sommer. Mit ihren reinweißen, nach Orangen duftenden Blütendolden verbreitet dieser immergrüne Strauch ein südliches Flair. Sie wird auch Orangenblume oder Mexikanische Orange genannt. Es wundert mich immer wieder, wie wenig sie bei uns bekannt ist. Dabei ist sie mit das Anspruchsloseste, was ich im Garten habe und trotzdem ein Genuß für Augen und Nase und auch für die Seele. In unserem klimatisch bevorzugten Rhein-Main-Gebiet ist sie winterhart, hat Frost und Schneesturm ohne Schaden überstanden. In rauheren Gegenden sollte man ihr einen Winterschutz geben. Sie wächst buschig und kann eine Höhe von 3 m erreichen, nimmt jedoch einen Schnitt keineswegs übel. Die Blätter bestehen wiederum aus drei Blättchen, weich und glänzend und mit aromatischem Duft. Im Herbst bringt sie oft eine zweite, allerdings nicht so üppige Blüte hervor. Wir haben sie als lockere Hecke gezogen, an der Grenze zum Nachbarn, auch das ist eine Möglichkeit, sie einzusetzen, eine hübsche, in allen Teilen duftende und noch dazu immergrüne Alternative zur obligatorischen Hainbuchenhecke, die ich nur zur Nachahmung empfehlen kann.

Übrigens läßt sich *Choisya ternata* auch von Anfängern ganz einfach aus halbausgereiften Stecklingen vermehren. Im Spätsommer geschnitten und in ein dunkles Glas mit Wasser gestellt, bewurzeln die Stecklinge sehr leicht, genau wie bei Oleander. Ich hatte mit dieser Pflanze bisher nur Erfolgserlebnisse, sie ist auch nicht krankheitsanfällig und wird nicht von Schädlingen befallen. Es ist erstaunlich, daß nicht in jedem Garten wenigstens eine Orangenblume steht.

'White Dream' > 2.84 <

Narzissen

Von März bis Mai ist unser Garten ein Narzissengarten. Narzissen gehören zu den Pflanzen, die wenig Probleme bereiten und leicht zu kultivieren sind. Normalerweise werden die Zwiebeln im Herbst gepflanzt, im Frühling blühen sie, und im Sommer ist das Laub eingezogen. Fühlen sie sich an ihrem Standort wohl – und gibt man dem Laub Gelegenheit, einzuziehen und neue Kräfte für die nächste Blühsaison zu sammeln –, erscheinen sie viele Jahre immer wieder und vermehren sich willig.

Wir haben es im Garten meist mit Hybriden zu tun. Die Narzissen werden in zwölf Gruppen eingeteilt – „Divisions“ heißt es im Englischen, und auch im Deutschen ist die Bezeichnung Divisionen nicht ungebräuchlich. Da das Angebot an Narzissen aber riesig und sehr unübersichtlich ist und sie durchaus unterschiedliche Ansprüche an Boden und Standort haben, ist es von Vorteil, sich etwas näher mit dieser Einteilung zu beschäftigen (siehe Tabelle Einteilung der Narzissen). Schließlich möchte man Freude an den ausgewählten Sorten haben, und außerdem sehen die Blüten ganz unterschiedlich aus.

Unterschiede bestehen insbesondere in der Zahl der Blüten pro Stengel und in dem Größenverhältnis von Nebenkrone zu Hauptkrone. Die verwendeten Begriffe sind leider ziemlich verwirrend. Die Begriffe „großkronig“, „kleinkronig“ und „geschlitztkronig“ beziehen sich immer auf die Nebenkrone. Botanisch korrekt wären die Bezeichnungen „Perianth-Segmente“ für die Hauptkrone und „Corona“ für die Nebenkrone. Diese Begriffe sind jedoch kaum üblich.

Meine Lieblingsnarzisse sieht eigentlich gar nicht wie eine übliche Narzisse aus. Sie eröffnet bei uns den Narzissenreigen und hat eine ganz außergewöhnliche Blütenform: Die Nebenkrone ist gespalten und als solche nicht zu erkennen. Man sieht also nur die Hauptkrone mit ihren anmutig gedrehten Blütenblättern und die sehr prominenten Staubgefäße. ‘Colblanc’ > 2.89 < gehört zur Gruppe 11, den geschlitztkronigen Narzissen. Sie blüht hellgelb auf, wird danach aber weiß. Sie ist in normalem Gartenboden an einem

Einteilung der Narzissen

Gruppe 1:	**Trompeten-Narzissen** Eine Blüte pro Stengel. Nebenkrone mindestens so lang wie Hauptkrone (deshalb: „Trompete“). Kultur: normaler Gartenboden, Sonne bis Halbschatten, keine besonderen Ansprüche.
Gruppe 2:	**Großkronige Narzissen** Eine Blüte pro Stengel. Nebenkrone kleiner als Hauptkrone, mindestens aber ein Drittel davon. Kultur: wie Gruppe 1.
Gruppe 3:	**Kleinkronige Narzissen** Eine Blüte pro Stengel. Nebenkrone kleiner als ein Drittel der Hauptkrone. Kultur: wie Gruppe 1.
Gruppe 4:	**Gefülltblühende Narzissen** Eine oder mehrere Blüten pro Stengel. Nebenkrone gefüllt. Kultur: wie Gruppe 1.
Gruppe 5:	**Engelstränen- (Triandrus-) Narzissen** Eine oder mehrere Blüten pro Stengel. Blüten glockenförmig hängend, Hauptkrone zurückgebogen. Kultur: liebt Sommertrockenheit, braucht etwas Winterschutz.
Gruppe 6:	**Alpenveilchen- (Cyclamineus-) Narzissen** Eine Blüte pro Stengel. Hauptkrone stark zurückgebogen. Kultur: braucht leicht sauren Boden, der auch im Sommer feucht ist.
Gruppe 7:	**Jonquillen** Bis zu sechs Blüten pro Stengel. Blüte flach mit kleiner Nebenkrone. Stark duftend. Kultur: wie Gruppe 5.
Gruppe 8:	**Tazetten** Zwei bis sechzehn Blüten pro Stengel, büschelförmig angeordnet. Blüte flach mit kleiner Nebenkrone. Stark duftend. Kultur: nur für Topfkultur geeignet (Ausnahme: sogenannte „Poetaz-Hybriden“).
Gruppe 9:	**Dichter- (Poeticus-) Narzissen** Eine Blüte pro Stengel. Hauptkrone weiß, Nebenkrone klein und mit schmalem Rand. Kultur: wie Gruppe 1.
Gruppe 10:	**Wildformen** Aus ihnen wurden die Hybriden der Gruppen 1 bis 9 sowie 11 und 12 gezüchtet. Kultur: sehr unterschiedlich.
Gruppe 11:	**Geschlitztkronige Narzissen** Eine Blüte pro Stengel. Nebenkrone geschlitzt. Kultur: wie Gruppe 1.
Gruppe 12:	**Sonstige Narzissen** Hybriden, die keiner der vorigen Gruppen zuzuordnen sind.

Narzisse 'Flore Pleno' > 2.100 <

Eine spätblühende intensiv duftende, reinweiße Narzisse, deren anemonenförmige, gefüllte Mitte an der Basis etwas gelb ist. Ein bis zwei Blütchen sitzen anmutig an jedem Stiel. Sie schmückt den Garten bis weit in den Mai hinein.

sonnigen oder halbschattigen Standort glücklich. Ich finde diese Sorte ganz entzückend. Aber das ist Geschmacksache.

'Mount Hood' > 2.90 < gehört zur Gruppe 1, den Trompeten-Narzissen. Sie hat eine sehr große, gewellte Nebenkrone und einen guten Stand, auch bei häßlichem, windigem Wetter. Die Sorte eignet sich gut zum Verwildern.

Ebenso standhaft ist 'Desdemona' > 2.91 < (Gruppe 2, Großkronige Narzissen) mit ihrer reinweißen, edlen Blüte. Sie ist der Inbegriff einer großkronigen, weißen Narzisse.

Das gleiche gilt für 'Tibet' > 2.92 < (Gruppe 2). Die Sorte hat ebenfalls eine große Nebenkrone

und einen auffälligen, hervorspringenden, gezackten Rand. Sie hat den Vorteil, daß sie angenehm duftet.

'White Marvel' > 2.93 < (Gruppe 4, Gefülltblühende Narzissen) ist eine reinweiße Sorte mit zwei kleinen, grazilen Blüten an einem Stengel.

'Thalia' > 2.94 < (Gruppe 5, Engelstränen-Narzissen) hat bis zu drei reinweiße, nickende Blüten, die intensiv duften.

'Tresamble' > 2.95 < (Gruppe 5) hat zwei bis drei wunderschön geformte Blüten mit cremefarbener Nebenkrone und anmutig nach hinten gebogener Hauptkrone.

Meine bei weitem teuersten Narzissen waren 'Ocean Spray' > 2.96 < (Gruppe 7, Jonquillen). Sie kosteten wirklich ein Vielfaches der sonst erschwinglichen anderen Sorten. Wenn wenigstens zu verstehen gewesen wäre, was diesen stolzen Preis rechtfertigt. Inzwischen verstehe ich es: Hier liegt das Besondere in der Schlichtheit. Die

Weiße Narzissen

'Akropolis'	Gruppe 6	Cyclamineus-Narzisse		
'Colblanc'	Gruppe 11	Geschlitztkronige Narzisse		> 2.89 <
'Desdemona'	Gruppe 2	Großkronige Narzisse		> 2.91 <
'Double White'	Gruppe 9	Dichternarzisse	duftet	> 2.98 <
'Dream Castle'	Gruppe 3	Kleinkronige Narzisse		
'February Silver'	Gruppe 6	Cylamineus-Narzisse		
'Flore Pleno'	Gruppe 10	Wildnarzisse	duftet	> 2.100 <
'Frost in May'	Gruppe 9	Dichternarzisse	duftet	> 2.99 <
'Gay Song'	Gruppe 4	Gefüllte Narzisse		
'Ice Wings'	Gruppe 5	Triandrus-Narzisse		
'Jenny'	Gruppe 6	Cyclamineus-Narzisse		
'Misty Glenn'	Gruppe 2	Großkronige Narzisse		
'Mount Hood'	Gruppe 1	Trompetennarzisse		> 2.90 <
'Nuage'	Gruppe 2	Großkronige Narzisse		
'Nylon'	Gruppe 12	Zwischenformen		
'Ocean Spray'	Gruppe 7	Jonquille		> 2.96 <
'Petrel'	Gruppe 5	Triandrus-Narzisse		
'Samite'	Gruppe 1	Trompetennarzisse		
'Silver Chimes'	Gruppe 8	Tazette	duftet	> 2.97 <
'Thalia'	Gruppe 5	Triandrus-Narzisse	duftet	> 2.94 <
'Tibet'	Gruppe 2	Großkronige Narzisse	duftet leicht	> 2.92 <
'Tresamble'	Gruppe 5	Triandrus-Narzisse		> 2.95 <
'White Marvel'	Gruppe 4	Gefüllte Narzisse		> 2.93 <
Narcissus papyraceus	Gruppe 10	Wildnarzisse	duftet	> 2.307 <
Narcissus poeticus	Gruppe 9	Dichternarzisse	duftet stark	

strahlend weiße, relativ kleine Blüte wirkt sehr einfach und dadurch edel. Diese Narzisse wird von Jahr zu Jahr schöner und trotzt ohne Schaden jedem Wetter. Sie steht unter der Rose 'Pearl Drift', deren im April ja noch kahle Triebe sie auf anmutigste Art verdeckt.

'Silver Chimes' > 2.97 < (Gruppe 8, Tazetten) ist eine ausgesprochen hübsche Sorte mit ihren bis zu fünf kleinen, nickenden, intensiv duftenden Büten. Der Name bedeutet „Silbernes Glockenspiel"und ist sehr treffend. Sie ist eine sogenannte Poetaz-Hybride, eine Kreuzung zwischen *N. poeticus* und *N. tazetta,* die – im Gegensatz zu den sonstigen Tazetta-Hybriden – bei uns auch im Freiland gedeiht.

'Double White' > 2.98 < (Gruppe 9, Dichternarzissen) ist die gefüllte, reinweiße, intensiv duftende Form der typischen Dichternarzisse. Die Blüten erinnern an Gardenien. Sie sieht sehr hübsch im Rasen aus und eignet sich gut zum Verwildern.

Eine weitere sehr hübsche Sorte dieser Gruppe ist 'Frost in May' > 2.99 < (Gruppe 9), reinweiß mit grüngelb geränderter Nebenkrone und süß duftend. Sie blüht sehr spät, einen solchen Frost im Mai lasse ich mir gern gefallen.

Ich habe noch eine ganz entzückende spätblühende Sorte, 'Flore Pleno' > 2.100 < (Gruppe 10), eine intensiv duftende, reinweiße Narzisse, deren anemonenförmige, gefüllte Mitte an der Basis etwas gelb ist. Ein bis zwei Blütchen sitzen anmutig an jedem Stiel. Sie schmückt den Garten bis weit in den Mai hinein.

Bei geschickter Sortenwahl läßt sich der Garten von März bis Mai mit blühenden Narzissen füllen.

Ist die Blüte vorbei, wird es allerdings etwas problematisch. Als ordentlicher Mensch ist man geneigt, alles Störende sofort zu entfernen und alle verwelkten Blätter abzuschneiden, mit dem Ergebnis, daß die Ausbeute im nächsten Jahr sehr kümmerlich wird. Das sollte man also auf keinen Fall tun, die Zwiebeln brauchen die Nährstoffe aus den Blättern, um gesund und blühwillig zu bleiben und Tochterzwiebeln zu bilden. Zugegeben, das einziehende braune Laub sieht nicht schön aus, läßt sich aber durch geschicktes Davorpflanzen von Stauden oder kleineren Sträuchern kaschieren. Ich helfe mir auch oft, indem ich einfach einen hübsch bepflanzten Topf davorstelle. Liegen die braunen Blätter dann im Sommer erschöpft am Boden, müssen sie entfernt werden, da sie Überträger von Krankheiten sein können.

Weiße Narzissen zu beschaffen, ist gar nicht so einfach, und Enttäuschungen bleiben leider nicht aus. Oft werden Narzissen schon dann als weiß bezeichnet, wenn die Hauptkrone weiß ist. Die Nebenkrone kann dabei trotzdem leuchtend gelb oder orange sein, vielleicht sogar noch mit einem roten Rand. Eine Gruppe solcher Narzissen kann in einem weißen Garten das Gesamtbild empfindlich stören.

Gute Pflanzenkataloge geben deshalb bei Narzissen drei Symbole für die Farben an, beispielsweise W-W-R, wobei der erste Buchstabe für die Farbe der Hauptkrone, der zweite für die der Nebenkrone und der dritte für die Farbe des Randes der Nebenkrone steht. Nur wenn alle drei Symbole „weiß" angeben, also die Kombination W-W-W, handelt es sich um eine wirklich weiße Sorte,

Mit ihrer reinweißen, edlen Blüte ist sie der Inbegriff einer großkronigen, weißen Narzisse.

Narzisse 'Desdemona' > 2.91 <

wobei es immer noch Unterschiede im Weiß gibt, beispielsweise Cremeweiß und Reinweiß. Bei den einfach blühenden Dichternarzissen allerdings (Gruppe 9), ist es den Züchtern bisher nicht gelungen, die Kombination W-W-W zu erzielen, hier bleibt immer ein etwas andersfarbiger Rand der Nebenkrone, der bei der Wildform rötlich-orange, bei Hybriden bestenfalls gelblich-grün ist. Bei den Dichternarzissen toleriere ich die Farbabweichung aber gern (siehe Foto Seite 166).

Später Frühling – früher Sommer Mai, Juni

„Wenn der weiße Flieder wieder blüht ...", beginnt eine neue Jahreszeit. Ich mochte Flieder schon immer gern, er ist so herrlich nostalgisch – im Aussehen und in seinem unvergleichlichen Duft. Bei uns wächst *Syringa vulgaris* 'Madame Lemoine' > **2.101** < mit seinen reinweißen, gefüllten Blüten seit vielen Jahren als Hochstamm. Bevor er vor über zehn Jahren im Garten ausgepflanzt wurde, stand er schon geraume Zeit in einem großen Tontopf. Er wird von Jahr zu Jahr schöner und blüht besonders prächtig nach einem richtig kalten Winter. Die intensiv duftenden Rispen sollten nach der Blüte entfernt werden. Auch ein Formschnitt sollte in dieser Zeit durchgeführt werden, nicht im Winter. Flieder blüht am vorjährigen Holz und es wäre zu schade, müßte man im nächsten Jahr auf diese Blütenpracht verzichten. Ich habe den Fehler einmal gemacht, aber nur einmal. Damals dachte ich, ich könnte eine Kugel auf Hochstamm ziehen, etwas ganz Besonderes. Das einzig Besondere allerdings war, daß ich die Blütentriebe für das kommende Jahr äußerst akkurat abgeschnitten hatte und somit keine Blüten erhielt.

Hervorragend verträgt dagegen der Kirschlorbeer, *Prunus laurocerasus* > **2.102** <, einen Rück- oder Formschnitt. Wir haben drei große Exemplare übernommen, die an der Grenze zum Nachbarn stehen. Sie waren jahrelang nicht geschnitten worden und sehr ausladend. Sie nahmen zu viel Platz in Anspruch, deshalb fing ich an, sie unten freizuschneiden und pflanzte Kamelien in die Lücken. Je größer die Kamelien wurden, desto weiter wurde der Kirschlorbeer freigeschnitten. Inzwischen sind es große Kugelbäume geworden, die in ihrem unteren Bereich Raum und Schutz für andere, seltenere Pflanzen bieten. Dieser Gartenteil wirkt dadurch formal und viel interessanter, die großen geschnittenen Lorbeerkugeln verleihen ihm Struktur und geben ihm einen Hintergrund. Der Strauch wächst dicht, buschig und, wenn er nicht zurückgeschnitten wird, ausladend. Die großen, glänzenden, leuchtend grünen Blätter sind das ganze Jahr eine Zierde. Nach den Rispen aus kleinen, weißen Blüten erscheinen kirschförmige, schwarze Früchte. Die Sorte 'Otto Luyken' > **2.103** < wächst kleiner, dichter, hat schmalere Blätter und blüht etwas später. Zwei Pflanzen zu Füßen eines Rosenbogens, als kleine Kugeln gezogen, verdecken sehr hübsch die unteren Metallstäbe.

Nicht zu verwechseln ist der Kirschlorbeer mit dem Echten Lorbeer, *Laurus nobilis* > **2.104** <. Dieser ebenfalls immergrüne kleine Baum steht in

Die Spaltblume ist einjährig. Sie hat sehr attraktive, weiße Blüten mit gelber Mitte, die eine gewisse Ähnlichkeit mit den Blüten der Orchidee Miltonia roezlii 'Alba' aufweisen; sie wird deshalb auch „die Orchidee des armen Mannes" genannt.

Schizanthus pinnatus 'Candidissimus' > 2.110 <

einem schönen, schlichten Tontopf als Hochstamm. Die aromatischen, schmalen, matt glänzenden Blätter werden getrocknet gern als Gewürz verwendet. Die eher unscheinbaren cremefarbenen Blüten bringen kleine, schwarze Beeren hervor, die jeder als Gewürz kennt. Der Echte Lorbeer gilt zwar als relativ winterhart, braucht aber auf jeden Fall einen geschützten, sonnigen Standort. Bei sehr niedrigen Temperaturen leiden die Blätter, und es kann das gefürchtete „barksplitting" auftreten, das heißt, die Rinde platzt, und der natürliche Schutz ist nicht mehr gewährleistet. Deshalb ist es sicherer, ihn in einen Topf zu pflanzen, der notfalls hereingeholt werden kann.

Im Schattenbereich des kleinen Hanges unter dem Kirschlorbeer, zwischen Kamelien und Rhododendren, blüht um diese Zeit ein allerliebstes Pflänzchen, eine völlig winterharte Staude, das Dreiblatt. Es trägt seinen Namen zu Recht: Blütenblätter, Kelchblätter und Blätter sind dreiquirlig angeordnet. Die reinweißen Blütenblätter sind sehr dominant, die ganze Pflanze wirkt elegant und fein. Die verschiedenen Sorten fühlen sich in dem feuchten, leicht sauren Boden alle ausgesprochen wohl. *Trillium grandiflorum* > **2.105** < hat breite, große, ovale Blätter, einfache, reinweiße Blüten und wird ungefähr 40 cm hoch. Es gibt aber auch eine gefüllte Sorte, *T. grandiflorum* 'Flore Pleno' > **2.106** <. Sehr hübsch ist auch *T. albidum* > **2.107** < mit silbrigweißen, gefleckten und herrlich duftenden Blüten. Mein kleinstes Dreiblatt ist *T. sessile* 'Snow Queen' > **2.108** <, dessen süß duftende, schmale Blüten fast verborgen in dem dunkelgrünen, weißgesprenkelten Blattquirl sitzen; stiellos, aber mit viel Stil.

Einige der vielen Töpfe habe ich in diesem Jahr mit *Bacopa monnieri* 'Snow Flake' > **2.109** < – oft nur als „Schneeflöckchen" bezeichnet – bepflanzt. Es sieht als Unterpflanzung für Hochstämme sehr hübsch aus, wenn dieser Bodendecker mit seinen winzigen weißen Blütensternen und herzförmigen, dunkelgrünen Blättchen über den Rand eines schönen Topfes wächst und den ganzen Sommer über blüht. *Bacopa* eignet sich auch sehr gut für eine Balkonbepflanzung. Ein Balkonkasten, mit Efeu und *Bacopa* bepflanzt, steht vor einem Kellerfenster, das dadurch richtig aufgewertet ist. Obwohl *Bacopa* eigentlich eine Staude ist, wird sie bei uns wegen der mangelnden Winterhärte als einjährige Pflanze angeboten.

Bacopa monnieri 'Snow Flake' > 2.109 <

Es sieht als Unterpflanzung für Hochstämme sehr hübsch aus, wenn dieser Bodendecker mit seinen winzigen weißen Blütensternen und herzförmigen, dunkelgrünen Blättchen über den Rand eines schönen Topfes wächst und den ganzen Sommer über blüht.

Auch die Spaltblume, *Schizanthus pinnatus* 'Candidissimus' > **2.110** <, ist einjährig. Sie hat sehr attraktive, weiße Blüten mit gelber Mitte, die eine gewisse Ähnlichkeit mit den Blüten der Orchidee *Miltonia roezlii* 'Alba' aufweisen; sie wird deshalb auch „die Orchidee des armen Mannes" genannt.

Glyzinen

Zu den Wundern im Mai gehören immer wieder blühende Glyzinen. An einer Schule in unserer Nähe wird eine Wand jedes Jahr in einen lilafarbenen Traum verwandelt. Die Glyzine wächst inzwischen mit dickem Stamm direkt aus dem Pflaster des Bürgersteigs, niemand gießt sie, niemand düngt sie, niemand schneidet sie. Ich habe mit Glyzinen meine speziellen Erfahrungen gemacht. In unserem weißen Garten steht ganz bewußt auch eine lilafarbene. Ein großer, alter, lilablühender Rhododendron war vorhanden, viel zu schade, um ihn wegen eines Farbkonzepts zu opfern. Ein schöner Blickpunkt, aber allein etwas verloren. Wir pflanzten besagte Glyzine an eine weiße Wand. ein wunderschönes Pendant, zumal beide Pflanzen zur gleichen Zeit blühten. Der Rhododendron muß sehr alt gewesen sein, er starb erst teilweise, dann ganz ab. Um das Gleichgewicht mit der Glyzine als

Kontrast in dem weißen Garten wiederherzustellen, hat nun eine Kamelie diese Rolle übernommen. 'Dona Herzilia de Freitas Magalhaes' hat nicht nur die bei Kamelien seltenen violetten Blüten, diese Züchtung des Portugiesen da Silva ist auch die Kamelie mit dem längsten Namen.

Nun zurück zu den Glyzinen. Bei der lilafarbenen Sorte handelt es sich vermutlich um *Wisteria sinensis* 'Black Dragon'. Ihre Triebe winden sich entgegen dem Uhrzeigersinn. Die intensiv nach Vanille duftenden Blütentrauben erscheinen sogar vereinzelt noch im Herbst. Aber auch drei weißblühende Sorten werden viel bewundert.

Angefangen hat es mit *Wisteria floribunda* 'Alba' > **2.111** <, einer japanischen Glyzine, die sich im Uhrzeigersinn windet und sehr lange (bis 60 cm), weiße, duftende Blütentrauben hat. Wenn sie die nur gehabt hätte. Acht Jahre lang hatte sie keine. Sie wuchs prächtig, aber blühte nie. Wahrscheinlich ist es eine Sämlingspflanze, die sich oft bis an die Geduldsgrenze bitten läßt.

Und da es mit meiner Geduld ohnehin nicht zum besten steht (obwohl ich viel geduldiger geworden bin, seit ich mich mit Pflanzen beschäftige), habe ich es mit zwei weiteren Sorten versucht: *Wisteria* 'Shiro Capitan Fuji' > **2.112** <, mit kurzen, dichten, milchweißen, duftenden Blütentrauben, blühte schon im ersten Jahr, und *Wisteria sinensis* 'Alba' > **2.113** <, eine sehr schöne, intensiv duftende Sorte, erfreute uns mit ihren weißen, 20 bis 30 cm langen Blütentrauben bereits im zweiten Standjahr. Von ihr gibt es auch eine gefüllte Sorte, *Wisteria sinensis* 'Alba Plena' > **2.114** <.

Die japanischen Glyzinen *(W. floribunda)*, blühen später als die chinesischen. Bei ihnen erscheinen erst die langen gefiederten Blätter, während bei den Sinensis-Sorten erst die Blütentrauben an den noch kahlen Trieben erscheinen. Die Wirkung der Blüte ist hier viel größer.

Nachdem bei dem blühfaulen Exemplar von *Wisteria floribunda* 'Alba' alle Androhungen von Maßnahmen in den Wind gesprochen waren und meine Geduld am Ende war, stand der Entschluß fest, sie zu ersetzen. Die Gelegenheit war günstig; das Haus mußte verputzt werden, so wäre diese Wand wenigstens ein Alptraum weniger für die Maler. Der Ersatz, eine *W. sinensis* 'Alba', die zuverlässige, stand schon in Warteposition in einem Topf in Sichtweite. Eines Morgens, ich traute meinen Augen nicht, war die gesamte Wand über und über mit langen, eleganten, duftenden Blütentrauben übersät. Ein Wunder? Sie durfte, sie mußte natürlich bleiben und wurde im Herbst von den Malern zum Schutz einen ganzen Tag lang mit Folie umwickelt.

Aber solch ein Wunder war es gar nicht, oder jedenfalls nur zum Teil. Nachdem wir den Garten von Sir Peter Smithers oberhalb des Luganer Sees angeschaut und seine üppigst in allen Farben blühenden Glyzinen bewundert hatten, wurde uns das Problem nach einem Gespräch mit Sir Peter klar. Es liegt am Schnitt und an der Wuchsrichtung. Kein Wunder, unser Sorgenkind hatte einfach das Dach erreicht, war geschnitten worden, wuchs nun horizontal und blühte. So lange die Pflanze nur in die Höhe wuchs, tat sie nichts anderes als: wachsen. Das war uns eine Lehre. Glyzinen sollten möglichst horizontal gezogen werden, an einer Pergola oder an einem Geländer, auch als Hochstamm, durchaus auch an einer Wand, aber nur bis zu einer erreichbaren Höhe. Wichtig ist außerdem ein professioneller Schnitt. Ungefähr im Juli sollten die neuen Triebe auf etwa 30 cm eingekürzt werden. Im Spätherbst, wenn die Blätter gefallen sind und man auch sehen kann, was man macht, sollte nochmals auf 3 bis 4 Augen zurückgeschnitten werden. Kaskaden von Blütentrauben im Mai werden die Belohnung für ein bißchen Mühe sein.

Steht genügend Platz zur Verfügung, kann man Glyzinen auch gemäß ihren natürlichen Standorten wie Lianen in Bäume wachsen lassen. Die Bäume sollten eine gewisse Größe haben, aber nicht zu alt sein. Die Glyzinen brauchen dann keinerlei Schnitt und werden an der Außenseite des Baumes wunderbar blühen.

Ein anderer Duft, der den Garten im Mai durchdringt, ist der des Waldmeisters, besonders intensiv nach einem leichten, warmen Regen. *Galium odoratum* > **2.115** < ist eine bodendeckende Staude mit winzigen weißen Blütchen, die ab Mai über den zierlichen, quirlständigen Blättern erscheinen.

Wisteria floribunda 'Alba'
> 2.111 <

Zu den Wundern im Mai gehören immer wieder blühende Glyzinen. Glyzinen sollten möglichst horizontal gezogen werden, an einer Pergola oder an einem Geländer, auch als Hochstamm, durchaus auch an einer Wand, aber nur bis zu einer erreichbaren Höhe. Wichtig ist außerdem ein professioneller Schnitt.

Blätter und Blüten duften. Jeder kennt den Waldmeister als wichtigen Bestandteil der Maibowle. Er sollte aber für diesen Zweck noch nicht blühen und möglichst im Wald gepflückt werden (vorsichtig, ohne die Wurzeln herauszureißen); die Blätter haben dann wegen des Waldbodens ein intensiveres Aroma. Waldmeister wuchert sehr stark. Da die Ausläufer aber sehr locker im Boden sitzen, läßt er sich leicht im gewünschten Rahmen halten und wird nicht zur Plage. Ganz anders als der lästige Giersch.

Mit zu den anspruchslosesten Frühlingsblühern gehört der Milchstern. Am bekanntesten ist *Ornithogalum umbellatum* > **2.116** <, auch „Stern von Bethlehem" genannt. Die kleinen weißen Blütensterne sind an der Außenseite grün gestreift. Bei *O. nutans* > **2.117** < trägt der Stiel eine Ähre aus nickenden, glockigen Blüten, die erst lange nach dem Blattaustrieb erscheinen, aber dann in großer Fülle. Auch bei dieser Art sind die weißen Blüten an der Außenseite gestreift, und zwar breit, aber auch die Blätter haben einen weißen Streifen auf der Oberseite. Diese Art bevorzugt Halbschatten.

***

Ab Mitte Mai bis in den Juni hinein blühen bei uns im Garten entzückende weiße Glöckchen, die von Jahr zu Jahr immer mehr werden. Ohne jegliches Dazutun, das muß an dem schweren Lehmboden liegen, den sie zu mögen scheinen, und der sonst für viele Pflanzen ein Problem darstellt und ausgetauscht werden muß.

Mit dem Boden habe ich bei ihnen keine Probleme, wohl aber mit den Namen. Jedenfalls, bis ich dieses Buch schrieb und es nun ganz genau wissen wollte und mußte. Es gibt nämlich zwei Arten, die von weitem nicht zu unterscheiden sind. Ich habe den Duft verglichen, die Blütenglöckchen gezählt, Aufbau und Anordnung der Blüten studiert. Und der Unterschied ist gar nicht so gering.

Hyacinthoides non-scripta > **2.118** < (syn. *Scilla non-scripta*), das Hasenglöckchen oder die Waldhyazinthe, ist das bekannte „Bluebell" Südenglands. (Nach dieser Art ist dort eine Eisenbahnlinie, die „Bluebell-Line" benannt. Südlich von London führt sie streckenweise durch ein einziges Bluebell-Meer). Auch bei uns soll die Art im Schwarzwald und in Niedersachsen noch wild wachsen. Bei ihr hängen die Blüten nur an einer Seite des aufrechten Stengels, pro Stengel 6 bis 12 angenehm duftende Glöckchen mit je sechs Blütenblättchen, deren Spitzen wie Löckchen nach außen gebogen sind. Eigenartigerweise heißt die Sorte 'Alba' – mit milchweißen Glöckchen – nicht „Whitebell", sondern „White Bluebell".

Hyacinthoides hispanica > **2.119** < (syn. *Scilla hispanica, Scilla campanulata*) wird auch Glockenhyazinthe oder „Spanish Bluebell" genannt. Bei ihr erscheinen die Glöckchen rund um den Stengel, pro Stengel 6 bis 8 etwas offenere Glöckchen. Die Spitzen der Blütenblätter sind nicht nach außen gebogen, und die Blüten haben keinen Duft. Die weiße Sorte mit mehr durchscheinend weißen Blütenblättern heißt ebenfalls 'Alba'.

Beide Zwiebelpflanzen sind sehr niedlich, ich finde das Hasenglöckchen anmutiger und würde es schon allein wegen des Duftes bevorzugen.

Deswegen schwärme ich auch so für Maiglöckchen. Ein kleiner Strauß in der Vase erfüllt das ganze Zimmer mit seinem unvergleichlichen Duft. Es hat Jahre gedauert, bis sie sich in unserem Garten etabliert hatten. Ich weiß nicht, woran es lag. Sie hatten Halbschatten und humusreichen Boden. Es heißt zwar, sie gedeihen überall, aber ich konnte nirgends finden, wie lange sie dazu brauchen. Bei mir waren es sechs Jahre. *Convallaria majalis* > **2.120** <, das bekannte einfache Maiglöckchen, mit seinen schneeweißen, wachsartigen Glöckchen und den hellgrünen Blättern, ist mir das liebste. 'Flore Pleno' > **2.121** < dagegen hat gefüllte Blüten, duftet nicht so intensiv und sieht für mein Empfinden etwas fremd aus. Bei der Sorte 'Albistriata' > **2.122** < sind die Blätter dunkelgrün und haben weiße Streifen.

Es gibt auch Sorten mit goldgestreiften Blättern, mit gelben Spitzen an den Blättern und, wie schon erwähnt, mit rosafarbenen Blüten. Eine Sorte ist noch sehr interessant: 'Fortin´s Giant' > **2.123** <. Diese „Lilie des Waldes" ist besonders groß, im Wuchs und in den Blüten, und soll besonders himmlisch duften.

Oft verbindet man mit den alten Blumendüften Erinnerungen an liebe Menschen oder besondere Gelegenheiten. Ich muß bei Maiglöckchen immer an meine Großmutter denken, eine sehr warmherzige Frau. Sie duftete stets nach Lavendel und liebte Maiglöckchen über alles. Da sie im Mai Geburtstag hatte, wollte ich ihr immer mit einem duftenden Strauß Maiglöckchen eine Freude machen. Es war unendlich schwierig, das vermeintlich Einfache in einer anderen Stadt zu realisieren; geliefert wurde meist etwas anderes. Ich half mir schließlich damit, daß ich ihr entweder Lavendelwasser oder „Diorissimo", ein wunderschönes Maiglöckchenparfum, schickte.

***

Als Begrenzung in einer hinteren Ecke des Gartens steht ein *Viburnum rhytidophyllum*, auch Zungenschneeball > **2.124** < genannt. Gepflanzt hätte ich diesen Strauch nicht. Er gehört mit zu der Erbmasse, entpuppt sich aber mit seinem immergrünen, großen, dunkelgrünen Laub als guter Sichtschutz. Die länglichen, runzligen Blätter sind auf der Unterseite hellbraun filzig. Der Strauch wird 3 – 4 m hoch, ist dicht verzweigt und hat einen schönen, bogig überhängenden Wuchs. im Mai schmückt er sich mit cremefarbenen Trugdolden, die leicht duften. Ab September erscheinen erst rote, dann schwarz werdende Früchte. Er läßt sich problemlos in jede gewünschte Form schneiden. Zu seinen Füßen habe ich eine Kamelie gepflanzt. Je größer sie wird, desto mehr lichte ich ihn von unten her aus. Zur Zeit erweckt er den Eindruck, als wäre sein Stamm über und über mit Kamelienblüten bedeckt.

Davor blühen nun die etwas späteren Iris-Sorten, die die gesamte Ecke aufs Hübscheste aufwerten. *Iris innominata* 'Alba', *I. setosa* 'Kosho-en' und *I. sibirica* 'Snow Queen' gehören zu den bartlosen Iris. *I. innominata* 'Alba' > **2.125** < ist die niedrigste; sie wird 20 – 25 cm hoch und ist halbimmergrün. 'Kosho-en' > **2.126** < hat sehr hübsche weiße Blüten, und 'Snow Queen' > **2.127** < (oft unter 'Alba' zu finden) hat schmale, grasähnliche Blätter und bevorzugt feuchten, sumpfigen Boden. Ich habe

Hyacinthoides hispanica
> **2.119** <

Hyacinthoides hispanica wird auch Glockenhyazinthe oder „Spanish Bluebell" genannt. Bei ihr erscheinen die Glöckchen rund um den Stengel.

nur einen ganz winzigen Teich, der keine Sumpfzone ermöglicht. Sie stehen ganz in seiner Nähe und werden immer feucht gehalten und fühlen sich auch so durchaus wohl.

Bisher hatte ich immer gedacht, Hya zinthen passen wegen ihrer strengen Form nicht zum Stil meines Gartens, obwohl ich den Duft im Freien sehr gern mag. Mit einer geschenkten – zum Glück weißen – Pflanze fing es dieses Jahr an. Eine sah wirklich mehr als verloren aus und verlangte nach Gesellschaft. Ich habe nun viele kleine Gruppen von *Hyacinthus orientalis* 'Carnegie' > **2.128** <. Diese Sorte hat einen kompakten Wuchs und wachsähnliche, reinweiße, stark duftende Blüten. Die Wirkung ist sehr hübsch und durchaus passend.

Inzwischen ist auch der erste Storchschnabel aufgeblüht. Wie so oft, ist die botanische Bezeichnung, *Geranium*, klangvoller und einprägsamer.

Geranium sylvaticum 'Album' > **2.129** < ist eine sehr anmutige Staude, die sich im Halbschatten besonders wohl fühlt. Sie stellt, wie alle anderen

Cornus canadensis > **2.134** <

Die Bezeichnung „Hartriegel der kleinsten Gärten" wäre sehr treffend. Er ist eine bodendeckende Staude mit hellgrünem Laub. Die Blätter sehen denen eines großen Cornus erstaunlich ähnlich.

Sorten dieser Gattung, keine speziellen Ansprüche an den Boden, nur Staunässe mag sie gar nicht. Aus einer hübschen Blattrosette steigen verzweigte Blütenstiele mit schalenförmigen, reinweißen Blüten empor. Sie erwecken den Eindruck, als würden kleine Schmetterlinge über den Blättern schweben.

G. clarkei 'Kashmir White' > **2.130** < eignet sich hervorragend als Bodendecker und wird nur etwa 20 cm hoch. Die dunkelgrünen Blätter sind ausgesprochen interessant: tief eingeschnitten und gelappt wie eine Hand mit sieben Fingern. Die schalenförmigen Blüten sind ebenfalls tief geteilt, das Weiß zeigt eine zarte, blaßlila Strichelung.

G. sanguineum 'Album' > **2.131** < ist eine horstbildende, kriechende Staude von sehr hübschem Wuchs. Ich verwende sie auch als Bodendecker. Über ihren rundlichen, tief geteilten, dunkelgrünen Blättern steigen kleine, ungeteilte, reinweiße Blütchen auf.

Geranium sollten in keinem Frühsommerstaudenbeet fehlen, sie verleihen ihm etwas Leichtes und Transparentes und sind hervorragende Bodendecker. Nicht zu verwechseln sind sie mit unseren als Sommerblumen bekannten Geranien, die richtiger Pelargonien heißen und von denen auch viele weiße Sorten auf dem Markt sind.

Selbst den blauen Enzian gibt es in Weiß. Ich habe zwei entzückende kleine Sorten in ein Hochbeet gepflanzt, um sie besser im Auge zu behalten. Auch für einen Steingarten sind sie ideal. *Gentiana acaulis* 'Alba' > **2.132** < ist die weiße Form des wohl bekanntesten Alpenenzians, der auch Koch´scher Enzian genannt wird, eine immergrüne Staude mit stengellosen, trompetenförmigen Blüten. Bei der weißen Form heben sich die grünen Schlundstreifen sehr hübsch von dem Weiß ab. Wie die meisten Enziane bevorzugt diese hübsche, kleine Sorte humusreichen, neutralen bis sauren Boden, in dem sich auch Eriken, Rhododendren und Kamelien wohlfühlen.

G. clusii 'Alba' > **2.133** < dagegen verträgt durchaus alkalischen Boden. Er wird auch Clusischer Enzian genannt. Aus den immergrünen Blattrosetten erscheinen weiße Trompetenblüten mit hellgelben Schlundstreifen und gelben Punkten. Die Blüte wirkt dadurch im ganzen etwas gelblich.

Im Kapitel „Frühling“ habe ich erwähnt, daß mein Garten zu klein für einen *Cornus* ist. Aber ich habe doch einen, und der hat auf dem kleinsten Fleckchen Platz: *Cornus canadensis* > **2.134** < oder Kanadischer Hartriegel. Die Bezeichnung „Hartriegel der kleinsten Gärten“ wäre sehr treffend. Er ist eine bodendeckende Staude mit hellgrünem Laub. Die Blätter sehen denen eines großen *Cornus* erstaunlich ähnlich. Vom Spätfrühling bis in den Sommer hinein erscheinen winzige hellgrüne Blütchen mit schneeweißen Hochblättern (Brakteen). Später folgen leuchtend rote Beeren. Er ist eine echte Bereicherung für einen kleinen Kamelienhang. Wäre ich nicht im tiefsten Inneren und unbewußt auf der Suche nach einem kleinen Hartriegel gewesen, hätte ich diesen Zwerg mit Sicherheit übersehen.

***

Ein Bauerngarten ist ohne Akelei nicht vorstellbar. Unser Garten ist kein Bauerngarten, und trotzdem möchte ich auf diese altbekannte Staude nicht verzichten. Die Blüten sind ausgesprochen elegant und durch Züchtung noch eleganter geworden. Wenn man verschiedene Sorten vereinzelt in eine Rabatte pflanzt, sieht es aus, als würden die hübschen Blüten wie Schmetterlinge über den anderen Pflanzen schweben. Aber auch sonst fügen sie sich gut in den Garten, auch zu Füßen der Rosen.

Der botanische Name, *Aquilegia*, geht auf aquila, das lateinische Wort für Adler, zurück. Die Blüte mit ihrem meist langen Sporn soll eine Ähnlichkeit mit diesem Raubvogel haben. Die englische Bezeichnung „Granny´s Bonnet“ finde ich viel passender, denn an ein Häubchen aus Großmutters Zeiten erinnert die Blüte schon eher. Ganz besonders hübsch ist auch die Bezeichnung „Elfenschuh“, wie die Akelei in manchen Gegenden genannt wird.

Die Akelei versamt sich leicht, die Nachkommen haben aber nicht unbedingt die gleiche Farbe. Am besten hält man die Pflanzen von ihren Verwandten fern, die Chance ist dann am größten, wieder weißblühende Sorten zu bekommen. Daß sie es in unserem weißen Garten geschafft hat, blauweiß gefleckte Blüten hervorzubringen, ist schon eine Leistung. Die Insekten müssen sich auch in Nachbars Garten getummelt haben.

Mehr für sonnige Plätze eignet sich eine entzückende, sehr früh blühende Akelei, *Aquilegia flabellata* 'Nana Alba' > **2.135** <, eine völlig winterharte, sehr niedrige Sorte mit blaugrünem Laub. Die Blätter bilden eine hübsche Rosette. Die glockenförmigen Blüten haben einen sehr kurzen Sporn und geriffelte Blütenblätter mit zartgrünen Spitzen. Die ganze Blüte hat eine zart grünliche Wirkung. Die Akelei läßt sich sehr gut aus Samen vermehren, und da diese anmutige Sorte wenig bekannt ist, sind die Samen aus unserem Garten immer heiß begehrt.

Eine sehr schöne weiße Sorte ist *Aquilegia vulgaris* var. *nivea* 'Munstead White' > **2.136** <, benannt nach dem Wohnsitz der englischen Gartengestalterin Gertrude Jekyll. Diese Sorte ist sehr stark-

Aquilegia flabellata **'Nana Alba'**
> **2.135** <

Aquilegia vulgaris 'Double White' > 2.137 <

Wenn der Tag sich erhellt
Fliegt ein Falter herbei
Durch den Wald, durch das Feld
Kommt zu Dir, Akelei.

Er umtänzelt Dein Blatt
Schaukelt hin, schaukelt her,
Trinkt am Tröpfchen sich satt
Und die Kelche sind leer.

Dann entflattert er weit
Und Du siehst ihn entfliehn
Oh, wie tut Dir das leid,
Oh, wie denkst Du an ihn.

Aber sei nicht betrübt,
Glaube fest an Dein Glück,
Weil der Falter Dich liebt,
Kommt er wieder zurück.

Wenn Du glitzerst im Tau
Fliegt er freudig herbei
Schwebt herab aus dem Blau
Kommt zu Dir, Akelei.

(Gedicht von Hedwig Distel, mit freundlicher Genehmigung des Verlages Freies Geistesleben, Stuttgart).

wüchsig und wird 75 cm hoch. Die großen, reinweißen Blüten bestehen aus fünf blütenblattähnlichen Hüllblättern und fünf Honigblättern, die hier auseinandergebogen – bei anderen Sorten auch wie ein Füllhorn zusammengerollt – sind. Bei 'Munstead White' sehen sie wie eine einfach blühende Anemone aus, umgeben von den Hüllblättern. Die Honigblätter enden in einem Sporn, der den Nektar enthält und je nach Sorte unterschiedlich lang ist

Einen sehr kurzen Sporn hat *Aquilegia vulgaris* 'Double White' > 2.137 <, eine sehr zierliche Staude mit entzückenden, kleinen, gefüllten Blüten. Sie blühen grünlich auf, werden aber sehr schnell weiß und wirken fast transparent. Diese Akelei bevorzugt einen feuchten, leicht schattigen Standort. Bei ihr wird man leider keine Samen ernten können. Der Versuch, die Pflanze durch Teilung zu vermehren, lohnt sich. Von dieser reizenden Sorte sollte man auf jeden Fall mehrere Pflanzen haben.

Auch *Aquilegia caerulea* 'Candidissima' > 2.138 < mit ihren reinweißen Blüten und dem langen Sporn ist sehr reizvoll. Bei dieser Sorte sind die Honigblätter wie kleine Tüten zusammengerollt und öffnen sich nicht. Diese Sorte wird ungefähr 30 cm hoch.

Die Akelei mit ihren anmutigen Blüten hat den Zauber einer vergangenen Zeit. Deshalb mag ich sie so gerne, aber auch, weil unsere Tochter in der Schule einmal eine Akelei spielte. Aus dieser Zeit stammt das Gedicht auf dieser Seite, das die ganze Zartheit dieser Blume wiedergibt.

***

Weit weniger bekannt als die Akelei, aber ebenso anmutig und zierlich, doch ganz anders, ist die Götterblume. *Dodecatheon meadia* 'Hermes' > 2.139 <, eine weiße Sorte, beglückt mit einem wahrhaft göttlichen Duft. Diese kleine, winterharte Staude hat auffällige, ganz entzückende Blüten: weiß mit dunklerer Mitte mit zurückgebogenen Blütenblättern und hervorstehenden Staubgefäßen. Sind die Blüten befruchtet, wenden sie sich gen Himmel, das ist der Grund, warum sie Götterblume genannt wird. Die zierlichen Blüten hängen wie Glocken an einem ganz dünnen, etwa 20 cm hohen Stiel, es sind zur Zeit bei mir acht Blüten gleichzeitig. Die Götterblume liebt Halbschatten und sollte so gepflanzt werden, daß man sie nicht aus dem Auge verliert, da sie nach der Blüte völlig einzieht. Außerdem wäre es schade, sie nicht im Blickfeld oder in der Nähe eines Ruheplätzchens zu haben, ihrer grazilen Anmut und ganz besonders ihres ambrosischen Duftes wegen.

Rhododendren und Azaleen

Inzwischen ist unser erster Rhododendron aufgeblüht, 'Cunningham´s White' > 2.140 <. Sie ist zwar keine ausgefallene Sorte, blüht aber zuverlässig jedes Jahr als erste. Das Erstaunliche ist, daß unsere Pflanze an drei aufeinanderfolgenden Jahren jeweils pünktlich am 29. April ihre zartrosa Knospen geöffnet hat, obwohl die drei Winter sehr unterschiedlich verliefen. Sie öffnen sich zu reinweißen Blüten, bei denen ein Blütenblatt ein zartes, ockerfarbenes Muster an der Basis hat. 'Cunningham´s White' ist sehr winterhart, unempfindlich gegen jede Art von Luftverschmutzung und gedeiht auch in voller Sonne, sicher nicht der günstigste Platz für einen Rhododendron. Sie ist eine pflegeleichte Sorte, die in jedem guten Baumschulsortiment zu finden ist.

Es gibt immergrüne, halbimmergrüne und laubabwerfende Rhododendren. Von der Zwergform bis zu baumhohen Formen ist alles vertreten. Sie sind Flachwurzler und bevorzugen Halbschatten und neutralen bis sauren, humusreichen Boden. Wie Kamelien sollten sie nicht zu tief gepflanzt werden.

Die Vielfalt von Rhododendren ist sehr groß, und sehr groß ist auch der Namenswirrwarr. Es trägt nicht gerade zur Vereinfachung bei, daß botanisch zur Gattung *Rhododendron* heute auch die Azaleen gerechnet werden, die meisten Gärtner und Baumschulen aber nach wie vor die Azaleen von den übrigen Rhododendren trennen. Der typische Rhododendron (im alten Sinn) ist ein großer bis sehr großer Strauch, immergrün mit großen Blättern und großen Blütenköpfen. Dagegen sind Azaleen zierlicher im Wuchs mit kleinerem Laub, die Blüten bedecken oft den ganzen Strauch. Eine klare Unterscheidung zwischen beiden Gruppen ist jedoch nicht möglich. Um eine bestimmte Sorte im Handel zu finden, lohnt es sich, auch unter Azaleen zu suchen.

Grundsätzlich kann man neue Sorten aus Samen ziehen. Das sollte man aber nur versuchen, wenn man noch jung genug ist, um sehr lange auf die ersehnte Blüte warten zu können. Ich habe acht Jahre alte Sämlinge, die zwar zügig wachsen, aber nicht so aussehen, als wollten sie in nächster Zeit blühen. Das ist allerdings auch von Sorte zu Sorte unterschiedlich.

Verwelkte Blütenstände sollte man ausbrechen, damit die Pflanzen ihre ganze Energie auf das Wachstum konzentrieren können. In einem kleinen Garten mit wenigen Pflanzen ist das durchaus zumutbar; am besten und schnellsten geht es nach einem Regen, dann kleben die Blüten nicht so an den Fingern (man kann auch mit der Gießkanne nachhelfen). Die Sträucher sehen dann auch gepflegter aus, wichtig, wenn man sie ständig im Blick hat. In Rhododendronparks ist so ein Aufwand natürlich nicht möglich, aber dort gibt es ja sowieso Blüten in Hülle und Fülle.

Ich suche für den Garten nicht nur einfach etwas Weißblühendes, sondern nach Möglichkeit immer auch etwas Ausgefallenes; Rhododendren machen da keine Ausnahme.

Wer einmal das Tal voller herrlichster Rhododendren im Garten der Familie Loder in Leonardslee in Südengland gesehen hat, wird fasziniert sein und kann sicher dem Angebot der dazugehörenden Gärtnerei nicht widerstehen. Ich jedenfalls konnte es nicht, obwohl mir klar war, daß ich dem dort erstandenen *Rhododendron* × *loderi* 'King George' > **2.141** < kein Tal bieten konnte. Er kam in einen großen, stabilen Tontopf, der zur Not bei sehr starkem Frost hereingeholt werden kann. Ansonsten wird der Topf im Winter mit Matten aus Kokosfaser geschützt und der „King“ selbst mit Tannenzweigen. Ist mir das die-

***Rhododendron* 'Cunningham´s White'** > **2.140** <

Weiße Rhododendren und Azaleen

Name	Gruppe/Hybride von	Wuchsform	Blüte	Blütezeit	Winterhärte	Textziffer
'Actress'		aufrecht	duftet	Mai	*	
'Ailsa'	*R. arborescens*, Azalee	groß	duftet	Mai	***	
'Album'	*R. flavidum*	locker	groß	Mai	**	
'April Gem'		aufrecht, mittel	gefüllt	April/Mai	**	
'Cunningham's White'		groß		April/Mai	**	> 2.140 <
'Daviesii'	Azalee	kompakt	duftet	Mai/Juni	**	> 2.149 <
'Dora Amateis'	*R.minus*, Syn. *R.carolinianum*	kompakt, mittel	reinweiß	Mai	***	
'Fragrantissimum'		kompakt, mittel	starker Duft	Mai/Juni	**	> 2.142 <
'Gomer Waterer'		groß		Mai/Juni	**	> 2.147 <
'Hisako Geisha'	Azalee	Miniatur		Mai/Juni	***	> 5.7 <
'Inspiration'		mittel, locker	reinweiß, groß	Mai		> 2.145 <
'Kermesina Alba'	Azalee	kompakt, klein	reinweiß	Mai/Juni	**	> 2.148 <
'King George'	*R. × loderi*	groß	duftet	April/Mai	*	> 2.141 <
'Koichiro Wada'	*R.yakushimanum*	kompakt, mittel		Mai/Juni	**	> 2.146 <
'Kure-no-yuki' ('Snowflake')	Azalee	mittel	„hose-in-hose"	Mai	**	
'Loder's White'		groß	duftet	April	**	
'Northern Star'		groß	duftet	April	**	
'Omo'	*R.hyperythrum*	groß		Mai/Juni	*	
'Palestrina'	Azalee	kompakt, groß	reinweiß	Mai	*	
'Persil'	Azalee	locker, groß		Mai/Juni	*	
'Polar Bear'		groß	duftet	Juni/Juli	**	
'Powell Glass'	*R.catawbiense*	groß	reinweiß	Mai	***	
'Reich's Schneewittchen'		locker, klein	reinweiß	Mai	***	> 2.144 <
'Schneeglanz'	Azalee	locker, mittel	reinweiß	Mai/Juni	**	
'Schneespiegel'		mittel		Mai	**	
'Silver Slipper'	Azalee	locker, mittel	duftet	Mai	**	> 2.150 <
'Snow Lady'		kompakt, mittel	reinweiß, stark duftend	April	**	
Rhododendron beesianum	Wildform	kompakt, groß		Mai	**	> 2.143 <
R.carolinianum 'Album' × 'Lady Alice Fitzwilliam'		locker, groß, riesig	duftet	Mai/Juni	*	
Rhododendron lindleyi	Wildform	groß	intensiver Duft	Mai/Juni	*	
Rhododendron maddenii	Wildform	groß	intensiver Duft	Mai/Juni	*	
R.quinquefolium	Wildform	groß		Mai	**	
Rhododendron roxieanum	Wildform	kompakt, mittel		April/Mai	*	
R.sargentianum 'Whitebait'		Miniatur, sehr dicht		April/Mai	***	
R. serpyllifolium var. *albiflorum*	Wildform, Azalee	zierlich, niedrig		Mai	**	> 2.151 <

sen Aufwand wert? Die rosafarbenen Knospen öffnen sich zu großen, weißen Blüten mit zarten grünen Markierungen an der Basis und verströmen einen wundervollen Duft. Allein der Duft ist reichlich Belohnung für die Mühe. In seinem natürlichen Wuchs würde er viel zu groß für einen Topf, er läßt sich aber gut zurückschneiden, ohne daß man auf die Blüte für das nächste Jahr verzichten muß.

Damit junge Pflanzen im Aufbau schon etwas buschiger wachsen, werden vorsichtig die neuen oberen Blattknospen entfernt. Das sollte mindestens zwei Jahre lang, also bei zwei oder mehr Wachstumsschüben – viele Rhododendren treiben zweimal im Jahr aus – durchgeführt werden. Blattknospen sind normalerweise schmal und spitz, während die Blütenknospen größer und rundlich sind. Größere Rhododendren schneide ich direkt nach der Blüte in Form, sie können dann noch neu austreiben.

'Fragrantissimum' > **2.142** < sollte im Winter unbedingt hereingeholt werden. Es ist eine zauberhafte Pflanze für ein Gewächshaus oder einen Wintergarten. Jeder, der solche Möglichkeiten hat, sollte sich glücklich schätzen. Die wunderschönen zarten, reinweißen Blüten duften hinreißend. Der Name klingt wie der einer Art, sie ist aber eine Hybride zwischen *R. edgeworthii* × *R. formosum*.

Kein Problem mit der Winterhärte gibt es bei *Rhododendron beesianum* > **2.143** < , einer Wildform. Er hat einen hübschen, kompakten Wuchs, die pinkfarbenen Knospen öffnen sich zu weißen Blüten. Jeweils ein Blütenblatt hat zarte purpurfarbene Striche. In meinem Katalog steht, er könne 9 m hoch werden. Wenn ich aber bedenke, wie langsam er bei mir wächst – er ist in fünf Jahren gerade 40 cm hoch geworden – brauche ich mir in meinem Leben keine Gedanken mehr darüber zu machen.

Und niemand braucht sich Gedanken über die Größe von zwei anderen entzückenden kleinen Rhododendren zu machen. Immer auf der Suche nach etwas Kleinem, Besonderem, fand ich in der Zeitschrift „Gartenpraxis" vom Mai 1996 einen Beitrag über zwergige Rhododendren. Ich hatte daraufhin ein sehr nettes Telefongespräch mit dem Züchter und schon zwei Tage später war ich im Besitz der beiden vorgestellten weißen Sorten.

'Reich´s Schneewittchen' > **2.144** < kam mit Knospen an und blühte schon nach einer Woche ganz zauberhaft und für ein so kleines Pflänzchen sehr üppig. Die cremefarbenen Knospen öffnen sich in der ersten Maihälfte zu reinweißen Blüten. Erst nach zehn Jahren soll eine Höhe von 80 cm erreicht werden. Der Züchter bezeichnet 'Reich´s Schneewittchen' als ausgesprochen winterhart und gibt die Winterhärte mit -26 °C an.

Die andere Sorte, 'Inspiration' > **2.145** < , ist zwar auch winterhart, die Knospen vertragen aber, wenn sie dicker und dicker werden, keinen Frost mehr und fallen dann ab. Die reinweißen, vergleichsweise großen Blüten und der lockere Wuchs geben dieser Sorte ein exotisches Aussehen.

Mit diesen zwei kleinwüchsigen Rhododendren kam eine „Pflanzenliste für Liebhaber" mit den herrlichsten Raritäten, in erster Linie Begleitpflanzen für Rhododendren. Ich war so fasziniert, daß ich die halbe Nacht damit verbrachte, Pflanzen für eine Bestellung auszuwählen. Es war eine echte Qual der Wahl, am liebsten hätte ich alles bestellt. Zum Glück gibt es für kleine, feine Dinge immer noch ein Plätzchen. Ich werde auf die eine oder andere Sorte bei ihrer Blütezeit noch zurückkommen.

Viel später, je nach Witterungsverlauf, manchmal erst im Juni, fängt *Rhododendron yakushimanum* ssp. *yakushimanum* 'Koichiro Wada' > **2.146** < (syn. *R. degronianum* ssp. *yakushimanum*) an zu blühen. Pinkfarbene, ganz runde Knospen öffnen sich hellrosa und verblassen zu reinweißen Blütenglocken. Die Blätter sind schmal und nach innen gebogen, bei Frost sind sie so zusammengrollt, daß sie wie Strohhalme aussehen, die Unterseite ist beigefarben samtig. Die jungen Blätter haben eine matte, silbrigweiße Oberfläche, die sich dann aber abreibt, darunter kommen glänzend dunkelgrüne Blätter zum Vorschein. 'Koichiro Wada' hat eine ausgewogene, harmonische Form, wächst sehr langsam und kompakt und bildet einen fast runden Strauch von 1 – 1,50 m Höhe, eher breiter als hoch. Er ist selbst in einem Topf sehr winterhart, wird dann natürlich nicht so groß, bildet aber eine wunderschöne Kuppel. Die Zweige hängen dann anmutig über.

Ebenso winterhart und spätblühend ist 'Gomer Waterer' > 2.147 <. Die vollständig geöffnete Blüte hat eine breite Form und ist reinweiß. Durch die späte Blütezeit sind die schönen Blüten nicht vom Frost betroffen. 'Gomer Waterer' kann 2,50 m hoch werden und wirkt sehr hübsch als Solitär.

Eine typische Azalee ist die *Rhododendron*-Japonicum-Hybride 'Kermesina Alba' > 2.148 <. Sie ist wintergrün, wächst breit und kompakt, ihre kleinen, schneeweißen Blüten haben eine leichte, grünliche Zeichnung und erscheinen Ende Mai in großer Fülle.

Auch 'Daviesii' > 2.149 < und 'Silver Slipper' > 2.150 < sind Azaleen. Sie werfen jedoch ihr Laub ab und sind hochwachsend. 'Daviesii' bringt aus bernsteinfarbenen Knospen cremeweiße, wunderbar duftende Blüten mit einem dunkelgelben Fleck hervor. Auch 'Silver Slipper' hat ebenfalls weiße duftende Blüten, der gelbe Fleck ist heller, das Laub ist kleiner und der Wuchs lockerer.

Rhododendron 'Daviesii'
> 2.149 <

Auch *R. serpyllifolium* var. *albiflorum* > 2.151 < gehört zur Gruppe der Azaleen. Das sehr niedrige und zierliche Pflänzchen mit kleinen, fast transparenten Blütchen gehört zu meinen neuen Errungenschaften aus dem erwähnten Raritätenkabinett.

Meine Lieblingsazalee habe ich schon seit Jahren. Sie ist ein zierlicher, laubabwerfender, niedriger Strauch von langsamem Wuchs und wird immer schöner. Das zartgrüne Laub wetteifert mit den reinweißen, duftenden Blüten in der entzückenden „hose-in-hose"-Form (das heißt, es sieht aus, als steckte eine Blüte in einer anderen). Nur hat das schöne Kind keinen Namen, vielmehr, ich weiß ihn nicht. Sie hat mich noch nie enttäuscht. Selbst nach dem längsten und heftigsten Regen läßt sie ihre Blütenköpfe nicht hängen, und braun werden sie auch nicht.

Strauch- und Edelpäonien

Jedes Jahr aufs Neue bleiben unzählige Spaziergänger erstaunt stehen, um die riesigen weißen Blüten in unserem Vorgarten, in der Größe eines Salatkopfes, zu bewundern. Wenn ich dann sage, das seien Strauchpäonien, und auf verständnislose Blicke hin Näheres erkläre, kommt meist verwundert: „Das sollen Pfingstrosen sein? Meine blühen noch längst nicht und sind auch viel kleiner." Das sind aber die Staudenpäonien, die jeder als Pfingstrosen kennt. Die Rede ist aber von Strauchpäonien, *Paeonia suffruticosa*, deren oberirdische Teile verholzen. Sie werden oft auch als Baumpäonien bezeichnet. Bäume werden sie aber nie, realistisch ist eine Höhe von 2 m. „Suffruticosus" bedeutet „halbstrauchig". Das Holz ist nicht sehr hart. Von Zeit zu Zeit sterben alte Triebe ab, das ist völlig normal und keine Krankheit. Strauchpäonien mögen einen sonnigen Platz und alkalischen Boden. Im Schatten fühlen sie sich nicht so wohl, blühen aber auch am Fuß einer Nordwand sehr üppig, wenn sie freien Himmel über sich haben.

Geschnitten werden sie möglichst gar nicht, nur alte und abgestorbene Teile werden entfernt. Die Knospen für die im nächsten Jahr blühenden Triebe bilden sich schon im Sommer in den Blattachseln. Schneidet man diese Knospen ab, muß man ein ganzes Jahr auf neue Blüten warten. Nach der Blüte sollten die Köpfe abgeschnitten werden, es sei denn, man möchte Samen haben.

Ich lasse immer einige Samenstände stehen. Erstens sieht es wunderschön aus, wenn die Samenkapseln im August oder September aufplatzen; die glänzend schwarzen Samen sind wie Perlen aufgereiht und eine Zierde für sich. Zweitens säe ich auch immer einige Samen aus. Aber dafür braucht man viel Geduld und muß warten können. Bei mir haben gerade Samen gekeimt, die ich vor zweieinhalb Jahren in die Erde gesteckt hatte. Sie brauchten zwei Winter, um aus ihrer Keimruhe zu erwachen. Und bis zur Blüte werden auch noch Jahre vergehen.

Das Experimentieren macht Spaß, sicherer ist es jedoch, sich eine kleine Pflanze in einer renommierten Baumschule zu besorgen, die dann auch die Sortenbezeichnung der kleinen Kostbarkeit aus Ostasien nennen kann.

Die Strauchpäonie erfreut schon als kleines Pflänzchen mit einer riesigen Blüte. Die Blüte ist zuweilen größer als die Pflanze. Im Lauf der Zeit wird die Pflanze mannshoch und noch breiter und kann sich mit bis zu hundert Blüten schmücken.

Im Gegensatz zu den Staudenpäonien (Pfingstrosen) müssen Strauchpäonien tief gepflanzt werden. Fast alle Pflanzen, die heute angeboten werden, sind auf eine Unterlage veredelt. Kommt die Veredelungsstelle zu dicht an die Erdoberfläche, fängt die Unterlage kräftig an zu wachsen, und die Veredlung stirbt ab. Das Ergebnis ist eine Staudenpäonie, wahrscheinlich *Paeonia lactiflora*, vielleicht eine schöne Pflanze, aber nicht das, was man haben wollte. Wird dagegen tief genug gepflanzt, bildet sie mit der Zeit ihr eigenes Wurzelsystem, und neue Triebe kommen aus der Erde. Die Unterlage stirbt ab.

Es ist eigentlich kaum zu verstehen, daß diese exquisiten Schönheiten bei uns so wenig bekannt sind. Man hat überhaupt keine Arbeit mit ihnen, wenn man sich nicht gerade auf Rückschnittpraktiken einläßt, die von den Japanern in Perfektion ausgeübt werden. Ich hatte noch nie Ärger mit Krankheiten oder Schädlingen, und sie sind absolut winterhart. Liegt es an der relativ kurzen Blütezeit? Aber auch ein Flieder blüht nicht ewig. Ein einziges starkes Gewitter im ungünstigen Moment kann allerdings die Blüten einer empfindlichen Sorte mit hauchzarten Blütenblättern zunichte machen. So ist es mir mit einer Sorte in diesem Jahr ergangen. Eine wunderschöne Sorte, deren Namen ich leider nicht kenne, beherrscht mit einer Unmenge von Blüten den ganzen Vorgarten, eine wahre Freude für uns und jeden Passanten, und nach einem Tag war die ganze Pracht vorbei. Aber welch eine Augenweide für einen Tag! Glücklicherweise kommt nicht jedes Jahr genau in der Aufblühphase ein Gewitter, und dann erfreuen uns die Blüten zwei Wochen lang. Den anderen

Weiße Edel-Päonien (Paeonia lactiflora)			
'Baroness Schröder'	kugelförmig	duftet	> 2.162 <
'Bowl of Cream'	kugelförmig		> 2.161 <
'Carrara'	fast einfach	duftet	> 2.160 <
'Dame Blanche'			
'Dr. F.G. Brethour'	gefüllt	duftet herrlich	
'Duchesse de Nemours'	gefüllt		> 2.158 <
'Festiva Maxima'	locker gefüllt, mit karmesinroten Spritzern	duftet leicht	> 2.157 <
'Jean Claude Allard'	gefüllt	duftet leicht	
'Moon over Barrington'	gefüllt	duftet herrlich	
'Moonstone'	dicht gefüllt mit etwas Zartpink und Gold		
'Snow Mountain'	gefüllt	duftet leicht	> 2.159 <
'White Sands'	fast einfach	duftet leicht	

Weiße Strauch-Päonien (Paeonia suffruticosa)		
'Godaishu'	locker gefüllt	> 2.152 <
'Hakuho'	halbgefüllt	> 2.154 <
'Renkaku'	halbgefüllt	> 2.153 <
'Rock's Variety'	halbgefüllt, innen lila-braune Flecken	> 2.156 <
'Yukizasa'	halbgefüllt	> 2.155 <
'Shimane-Hakugan'	einfach bis halbgefüllt	
'Bai Xue Ta'	gefüllt	
'Fong Dan Bai'	einfach	
'Yu Ban Bai'	halbgefüllt	
'Zi Ban Bai'	einfach bis halbgefüllt, ähnlich 'Rock's Variety'	

Paeonia suffruticosa 'Godaishu' > 2.152 <

Paeonia suffruticosa 'Renkaku' > 2.153 <

Paeonia suffruticosa 'Yukizasa' > 2.155 <

Sorten, die ich im Lauf der Jahre gesammelt habe, hat der starke Regen nichts ausgemacht, am wenigsten den dicht gefüllten.

Vielleicht kann ich mit meiner Liebe zu ihnen und mit meiner Begeisterung für diese edle Blume dazu beitragen, daß diese fernöstlichen Schönheiten in Zukunft auch bei uns etwas häufiger zu sehen sein werden.

Paeonia suffruticosa 'Godaishu' > 2.152 < ist reinweiß und locker gefüllt. Übersetzt bedeutet der japanische Name: „riesige Kugel", sehr zu Recht, denn der Durchmesser beträgt etwa 23 cm. Die wunderschönen Blütenbälle überstehen eine Schlechtwetterperiode ohne Schaden wie „Stehaufmännchen". Im Vergleich zu anderen Sorten hat 'Godaishu' einen angenehmen, leichten Duft.

Des Duftes wegen habe ich die anderen Sorten nicht zusammengetragen – der Duft der meisten Strauchpäonien ist zwar nicht unangenehm, aber eigenartig – nein, der herrlichen Blüten wegen.

Ganz besonders schön ist 'Renkaku' > 2.153 < Der japanische Name bedeutet „Flug der Kraniche". Und genauso wirkt die reinweiße, halbgefüllte, bezaubernde Blüte mit ihren relativ schmalen, gefransten Blütenblättern. Sie sieht im ganzen etwas zipfelig aus, aber mit welcher Anmut! Wird sie nicht von der Sonne beschienen, schließt sie ihre Blütenblätter und erinnert an einen „sterbenden Schwan", um am nächsten Tag als Kranich aufzusteigen.

Auch 'Hakuho' > 2.154 < und 'Yukizasa' > 2.155 < sind zwei wunderschöne Sorten. Sie sind halbgefüllt und haben dottergelbe Staubgefäße. Die Blütenblätter sind sehr reizvoll zerknittert und bilden eine Blüte von über 20 cm Durchmesser.

Etwas ganz Besonderes ist 'Rock´s Variety' > 2.156 <. Sie ist nicht reinweiß, aber weiß genug für einen weißen Garten. Die riesigen Blüten sind an der Basis eines jeden Blütenblattes intensiv dunkellila gefärbt und am äußeren Rand sehr hübsch gefranst. Die Staubgefäße schmiegen sich wie ein Kranz um die weiße Samenkapsel. Es ist fraglich, ob meine Pflanze eine „echte" 'Rock´s Variety' ist. Bei den Samen, die in den 1920er Jahren von J. F. Rock aus Asien nach Europa und den USA geschickt wurden, waren schließlich auch schon eifrige Bienen am Werk. Bei der echten 'Rock´s Variety' sind die auffälligen Flecken an der Basis der Blütenblätter schokoladenbraun. Es wird vermutet, daß es sich bei allen heute in Kultur befindlichen Pflanzen von 'Rock´s Variety' um Hybriden handelt. Meine kam als ganz kleines Pflänzchen aus Amerika. Innerhalb von vier Jahren hat sie sich zu einem stattlichen Strauch entwickelt, der mir sehr viel Freude macht. Und das intensive Lila ist ausgesprochen reizvoll, noch schöner als Braun (Foto Seite 182).

Wenn die Strauchpäonien ihren Auftritt für dieses Jahr hinter sich haben, folgen in kurzem Abstand die Staudenpäonien, die alle zur Lactiflora-Gruppe gehören und als Edelpäonien bezeichnet werden; einige haben sogar einen leichten, angenehmen Duft. Sie wachsen alle vor einer kleinen, niedrigen Mauer. Das ist ein geschütztes, sonniges Plätzchen mit kalkhaltigem Lehmboden, das mögen sie sehr gerne. Was sie gar nicht mögen ist, umgesetzt zu werden. Um richtig üppig zu blühen, möchten sie sich in Ruhe an ihrem Standort eingerichtet haben und nicht gestört werden. Sie sind im wahrsten Sinne des Wortes bodenständig. Ihre Blätter und Stengel sterben im Herbst völlig ab und sollten dann entfernt werden. Im Gegensatz zu den Strauchpäonien dürfen sie nicht zu tief gepflanzt werden. Die oberen Triebknospen kommen nur etwa 3 cm unter die Erde. Diese edlen Pfingstrosen sind *Paeonia*-Lactiflora-Hybriden und ein Geschenk aus den Gärten Chinas. Dort gehören sie zu den beliebtesten Blumen. Sie kamen schon im 18. Jahrhundert nach Westeuropa.

Unsere beiden ältesten Sorten sind zugleich die, die zuerst blühen: 'Festiva Maxima' > **2.157** < von 1851 hat schon herrliches Laub, und dann erscheinen über den großen, dunkelgrünen Blättern noch kugelförmige, gefüllte Blüten mit angenehmem Duft. Die weißen Blüten zeigen hübsche, karmesinrote Spritzer.

Nur fünf Jahre jünger ist 'Duchesse de Nemours' > **2.158** < mit ihren wunderschönen, locker gefüllten, reinweißen Blüten. Der Duft ist leider nur sehr schwach. Aber ich möchte nicht maßlos sein.

Die drei Sorten mit mittlerer Blütezeit stammen alle aus der Mitte des 20. Jahrhunderts.

'Snow Mountain' > **2.159** < hat große und, wie könnte es anders sein, schneeweiße Blüten, die als „bombenförmig“ bezeichnet werden. Ganz tief in der Blüte sieht man den cyclamfarbenen Samenstand. Der Duft ist sehr angenehm.

'Carrara' > **2.160** < dagegen sieht ganz anders aus. Die reinweißen Blütenblätter umgeben ein lockeres Büschel hellgelber Staubgefäße mit kleineren weißen inneren Blütenblättern (umgeformten Staubgefäßen) dazwischen. Eine nicht so gewaltige, aber sehr reizende Blüte mit gutem Duft (Foto Seite 4).

'Bowl of Cream' > **2.161** < ist ein sehr gut gewählter Name für die reinweiße, dicht gefüllte, kugelige Blüte, bei der zwischen den Blütenblättern goldfarbene Staubgefäße hervorlugen.

Den Blühreigen der Edelpäonien beendet in unserem Garten 'Baronesse Schröder' > **2.162** < von 1889. Sie fängt erst Mitte Juni an, ihre Knospenbälle zu reinweißen, gut duftenden Blüten zu öffnen. Ihre Stiele sind erfreulicherweise sehr fest, so ist sie hervorragend für die Vase geeignet.

In den Anfangsjahren meiner „Päonienlust“ habe ich es nicht fertiggebracht, diese Prachtexemplare für einen Strauß zu schneiden. Nur abgeknickte Blütenstiele wurden in einer Vase arrangiert. Heute blühen sie so üppig, daß es gar nicht auffällt, wenn ich einige Blüten abschneide, um den Garten auch in die Wohnung zu holen, und somit auch den Duft und die Heiterkeit des jungen Sommers, den diese edlen Päonien so vollendet verkörpern.

Durch das Gewicht der großen Blüten, das noch erheblich größer wird, wenn es regnet, geschieht es immer wieder, daß die Stiele diese süße Last nicht mehr tragen können. Die Blüten hängen dann unschön herab. Es ist daher nötig, sie zu stützen. Verschiedene Möglichkeiten bieten sich an. Die natürlichste und am wenigsten störende habe ich in England gesehen. Dort werden Haselnußruten bogenförmig über den noch jungen, kleinen Austrieb gesteckt. Die schnell größer werdenden Päonien wachsen hindurch und haben eine stabile, nicht sichtbare Stütze. Nur mußte ich feststellen, daß es gar nicht so einfach ist, geeignete Haselnußruten zu finden.

Die ersten Rosen des Frühsommers

Unterdessen sind die ersten Rosen aufgeblüht, die Wildrosen und die Alten Rosen. Die Alten Rosen liebe ich ganz besonders, nicht zuletzt ihres unvergleichlichen Duftes wegen, des Duftes der Alten Rosen. Sie sind die gesündesten Rosen in unserem Garten. Keine Krankheiten verunstalten ihr kräftiges, attraktives Laub, und das ohne jegliches Spritzen. Kein Wunder, sie unterliegen nicht dem Streß, ständig blühen zu müssen wie die modernen, öfterblühenden Rosen und sind dadurch kräftiger, widerstandsfähiger und wesentlich winterhärter. Aber sie blühen nur einmal in der Saison, was viele als Nachteil ansehen. Auch viele Ziersträucher blühen nur einmal, und niemand würde von einem Rhododendron erwarten, daß er bis in den Herbst hinein unermüdlich blüht. Aber bei den Rosen wird es vorausgesetzt, und deshalb sind sie oft müde und erschöpft. Kann man mit einer vierwöchigen Blüte nicht mehr als zufrieden sein und sie doppelt genießen, da der nächste Auftritt wieder elf Monate auf sich warten läßt? Karl Foerster, bekannt durch seine Staudenzüchtungen und durch viele Veröffentlichungen, sagte einmal sehr treffend: „Auch ein Konzert dauert nicht ewig."

Bei uns fängt die Rosenzeit mit der entzückenden *R. banksiae* var. *banksiae* (syn. *R. banksiae* 'Alba Plena') > 2.163 < an. Sie gilt im allgemeinen als nicht winterhart, zumindest in unserer Klimazone. Ich habe es aber trotzdem gewagt, sie in den nach Süden gelegenen Vorgarten an den Zaun zu pflanzen. Sie hat bisher zwei immerhin sehr kalte Winter gut überstanden, fühlt sich sichtlich wohl, blüht nur später als im Gewächshaus. Bevor sich die rosettenförmigen, kleinen, gefüllten Blüten öffnen, entzückt sie durch ihren reizenden Knospenstand, der wie kleine Kandelaber aussieht. Sie hat noch einen großen Vorteil, sie hat nämlich keine Stacheln.

Davon besitzt die Rugosa-Hybride 'Blanc Double de Coubert' > 2.164 < allerdings eine ganze Menge, eher wie unzählige Borsten. Trotzdem ist sie meine

Rose 'Nevada' > 2.166 <

Lieblingsrose. Ihr Duft ist wunderbar, so wie ich mir den Duft einer Rose vorstelle: intensiv, aber nicht aufdringlich, nicht zu süß und nicht zu herb, auch nicht nach etwas anderem (etwa nach Äpfeln), fein, dezent und nostalgisch – ein Duft zum Träumen. Ihre großen, reinweißen, fast gefüllten Blüten haben Blütenblätter wie Seide. Leider bringt sie selten Hagebutten hervor, tut sie es doch, sind sie schön und sehr groß. Das Laub ist dunkelgrün und sehr attraktiv im Herbst. Der Wuchs ist buschig, sie wird bis 2 m hoch, kann durch Rückschnitt aber auch niedriger gehalten werden.

Meine älteste Alte Rose, die Alba-Rose 'Maxima' > 2.165 < (syn. 'Alba Maxima'), ist vor 1450 entstanden. Sie hat reinweiße, dicht gefüllte Blüten, die herrlich duften, und schönes, graugrünes Laub. Auch die Hagebutten im Herbst sind sehr schön, wenn auch nicht reichlich (möchte man Hagebutten haben, dürfen die verwelkten Blüten nicht abgeschnitten werden). Schon Botticelli war von dieser Rose so angetan, daß er sie auf seiner „Geburt der Venus“ malte.

Wesentlich jüngeren Datums, nicht minder schön, doch ganz anders, ist 'Nevada' > 2.166 <, eine Moyesii-Hybride von 1927. Diese wunderschöne Rose mit ihren großen, einfachen, cremefarbenen Blüten und feinem Duft wurde in Spanien gezüchtet. Leuchtend gelbe Staubgefäße, die mit der Zeit bräunlich werden, bilden einen hübschen Kontrast. Sie blüht im Sommer oft nach, die Blüten sind dann rosa überhaucht. Die Zweige haben eine schokoladenfarbene Tönung, das Laub ist mittelgrün, der Wuchs ist stark, dicht und ausladend. Seit über zehn Jahren steht sie in unserem Garten. Vor zwei Jahren habe ich bis tief ins alte Holz zurückgeschnitten. So mußte ich letztes Jahr auf ihre Blütenpracht verzichten, aber jetzt blüht sie wieder schöner denn je. Man sollte 'Nevada' nach einer Reihe von Jahren radikal zurückschneiden, da sie sonst zu ausladend wird und von unten her verkahlt. Wir haben sie neben eine Laterne im Garten gesetzt. Es sieht sehr anmutig aus, wenn ihre bogig überhängenden Zweige die Lampe aus den 50er Jahren umspielen. Nur wenn vor lauter 'Nevada' keine Laterne mehr zu sehen ist, dann wird es Zeit für einen Radikalschnitt.

'Mme Hardy' > 2.167 <, eine Damascena-Rose aus dem vorigen Jahrhundert, gehört mit zu meinen Favoriten. Ihre reinweißen, gefüllten Blüten haben ein niedliches grünes Auge in der Mitte. Die erste Blüte erscheint in der Mitte eines Büschels und wird von den höher stehenden Knospen umkränzt. Das sieht ausgesprochen hübsch aus. Sie hat leuchtend grünes Laub und einen kräftigen, gefälligen Wuchs. Auch sie hat einen wunderbaren Duft, den unvergleichlichen Duft der Damascena-Rosen.

Von den Blütenblättern all dieser Rosen läßt sich eine feine Rosenbowle bereiten. Sie ist sehr leicht und hat ein zartes Aroma. Es fällt allerdings schwer, so herrliche, sich gerade öffnende Blüten dafür zu opfern. Hätte ich nur einen einzigen Rosenstrauch, würde ich es gewiß nicht fertigbringen.

Rosen oder Kamelien?

In den meisten Jahren hören die Kamelien im Mai zu blühen auf, wenn die ersten Rosen zaghaft anfangen, ihre Knospen zu öffnen, Rosen und Kamelien ergänzen einander deshalb hervorragend. Manchmal aber, nach einem langen Winter und bei einem außergewöhnlich kühlen Mai, blühen die Kamelien viel länger, ohne daß die Rosen länger auf sich warten lassen. In solchen Jahren blühen beide eine zeitlang gleichzeitig: der 'Snowman' noch und die Rosen schon.

Oft werde ich gefragt, was ich lieber mag: Rosen oder Kamelien. Eine berechtigte Frage, da ich auch ungefähr gleich viele Kameliensorten habe. Jetzt im Juni sind die Rosen mit ihrer Üppigkeit und ihrem unvergleichlichen Duft durch nichts zu übertreffen. Diese Fülle, ihre Nostalgie und ihre Vielseitigkeit werde ich mit den Kamelien nie erreichen. Wenn alle Rosen blühen, ob mitten im Rasen, an Klettergerüsten und Wänden, von den höchsten Bäumen herabhängend, an Zäunen und Hecken entlang oder selbst ein Garagendach erobernd, komme ich mir vor wie im Dornröschenschloß. Und wenn ich nicht aufpasse, werden sie mich eines schönen Tages einschließen.

Bleibe ich aber immer wieder an den Stacheln hängen und bin so zerkratzt an Armen und Beinen, daß ich gefragt werde, ob ich Katzen hätte,

Weiße Rosen für Hecken

- 'Blanche de Belgique' (Alba)
- 'Botzaris' (Damascena)
- 'Double White' (Pimpinellifolia)
- 'Frühlingsschnee' (Pimpinellifolia Hybride)
- 'Hebe´s Lip' (Rubiginosa-Hybride, mit duftendem Laub)
- 'Katharina Zeimet' (Polyantha)
- 'Mary Manners' (Rugosa-Hybride)
- 'Nevada' (Moyesii-Hybride)
- 'Penelope' (Moschata-Hybride, erst im Verblühen weiß)
- 'Princesse de Lamballe' (Alba)
- 'Prosperity' (Moschata-Hybride)
- 'Schneezwerg' (Rugosa-Hyybride)
- 'Semiplena' (Alba)

kämpfe ich mit dem jährlichen Rückschnitt, um eben nicht zuzuwachsen, und wenn ich es mit Ungeziefer und Pilzkrankheiten aufnehmen muß, dann habe ich schon gesagt: Ihr Kamelien seid mir doch lieber. Sie haben keine Stacheln und kaum Schädlinge, brauchen höchstens einmal einen Formschnitt und haben vor allem herrliches Laub, das ganze Jahr hindurch. Wie trostlos sieht dagegen ein reiner Rosengarten im Winter aus.

Aber der Duft, die Seele einer Blume, fehlt den meisten Kamelien. Zum Glück gibt es inzwischen eine Reihe duftender Kamelien, auf die ich im Kapitel „Herbst" zu sprechen komme. Und trotzdem werden sie nie den romantischen Zauber der Alten Rosen erreichen. Also doch lieber Rosen? Sie haben beide Vorzüge und Nachteile. Vor allen Dingen ergänzen sie einander in der Blütezeit in idealer Weise. Bei geschickter Wahl kann man, nur mit Rosen und Kamelien, in einem weißen Garten das ganze Jahr hindurch etwas Blühendes haben.

Sommer
Juni, Juli, August

Sommeranfang! Die Sonne scheint, die Vögel zwitschern vor Glück, die Luft flimmert. Noch ist der Sommer jung, keine Zeichen der Ermüdung sind zu spüren. Das Grün ist noch frisch, keine lähmende Hitze hat sich bisher über die Natur gelegt.

Der Garten ist in eine Wolke von Rosenduft gehüllt. Nie ist er romantischer als um diese Jahreszeit. Kein Wunder bei über hundert verschiedenen weißen Rosen. Und sie sind wirklich alle unterschiedlich, alle Individuen. Auf den ersten Blick sind es alles weiße Rosen, aber bei näherem Betrachten... Da es nicht möglich ist, sie hier alle ausführlich zu beschreiben, sollen von jeder Gruppe jeweils nur eine oder einige wenige vorgestellt werden, nicht alphabetisch oder nach Gruppen geordnet, sondern in der Folge, in der sie bei uns im Garten ihre Knospen öffnen (siehe „Die Rosen des Sommers", Seite 63 – 66).

Da Stauden hervorragend zu Rosen passen, habe ich viele verschiedene Arten und Sorten gesammelt. Oftmals nur eine einzige Pflanze, um eine möglichst große Vielfalt zu erreichen. Bei Weiß ist das durchaus machbar; man kann viele Einzelpflanzen mischen, es ergibt trotzdem ein harmonisches Gesamtbild: Harmonie und Vielfalt. Bei farbig angelegten Gärten dagegen würde das viel zu unruhig aussehen; dann wirken bei der Bepflanzung von Rabatten nur ganze Tuffs.

***

Zur Zeit wächst überall der Fingerhut, der sich an allen erdenklichen Stellen selbst ausgesät hat. Ich habe ihn einfach einmal sich selbst überlassen und wollte ihn an störenden Plätzen entfernen. Erstaunlicherweise war das gar nicht nötig, er hat ein natürliches Gespür bewiesen. Mir wäre zwar nie eingefallen, ihn im ganzen Garten zu verteilen. Die Wirkung ist jedoch sehr hübsch. Ein Garten ist immer ein von Menschen für Menschen geschaffener Ort, aber manchmal sollte man ruhig auch der Natur ihren freien Lauf lassen. Aus Samen der Sorte *Digitalis purpurea* 'Alba' > **2.168** <, einer zweijährigen Pflanze, die im ersten Jahr eine stattliche Blattrosette bildet, erhebt sich im Jahr danach ein etwa 1 m hoher Stiel mit reinweißen Blütenglocken. Da sich die Pflanze fleißig aussät, hat man jedes Jahr große, blühende Exemplare und gleichzeitig stattliche Blattrosetten, die auch für sich sehr dekorativ aussehen. Inzwischen hat sich auch eine andere Sorte angesiedelt, eigentlich noch hübscher. Da müssen wohl Insekten gekonnte Züchtungsarbeit geleistet haben. Es ist übrigens sehr lustig zu beobachten, wenn die Hummeln in den nach unten hängenden Blütenglocken völlig verschwinden. Diese Sorte ist etwas niedriger, die Blüten sind etwas weiter geöffnet und lassen an der unteren Innenseite der sonst reinweißen Blüte purpurfarbene, feine Sprenkel sehen.

Im Vergleich zu diesen Riesen ist *Rhodohypoxis baurii* 'Ruth' > **2.169** < ein Zwerg. Die niedrige Staude kommt aus den Bergen Südafrikas, läßt sich aber auch in unseren Breiten im Steingarten oder Topf kultivieren. Wichtig ist, daß sie im Sommer volle Sonne und feuchten, durchlässigen Boden hat, im Winter aber sehr trocken steht. Unter diesen Bedingungen ist sie winterhart. Die Sorte wird nur 5 – 10 cm hoch und hat im Vergleich zu anderen Sorten besonders große Blüten. Die Blüten sehen allerdings etwas eigenartig aus. Die sechs reinweißen Blütenblätter treffen in zwei Lagen in der Mitte so zusammen, daß die Blüte kein Auge hat. Für ein kleines, sonniges Fleckchen im Garten ein interessanter Blickpunkt.

Die Etagenprimel, *Primula japonica* 'Postford White' > **2.170** <, ist eine kräftige, aufrechte, winterharte Staude mit großen, hellgrünen, gezähnten Blättern. Sie trägt ihren Namen zu Recht. Die kleinen, weißen Blüten mit gelber Mitte sitzen zu 20 und mehr auf einem kräftigen Stengel. Mit der Zeit bauen sich vier Etagen übereinander auf, was ein bißchen wie eine Hochzeitstorte aussieht. Sie liebt volle Sonne und einen feuchten Boden.

Auch feuchten Boden, aber eher Halbschatten, mag die Flockenblume, *Centaurea montana* 'Alba' > **2.171** <. Diese ausdauernde Staude ist der bekannten Kornblume zum Verwechseln ähnlich, hat aber kräftigeres Laub. Die weiße Form ist besonders hübsch.

Clematis recta > **2.172** < ist eine ebenso entzückende Staude, und sieht zwischen Rosen, besonders zwischen Hochstämmen und Kletterrosen, ganz allerliebst aus. Sie ist völlig winterhart und entwickelt sich nach dem Rückschnitt im zeitigen Frühjahr zu einem kleinen, lockeren Busch. Die für eine Clematis winzigen, sternförmigen Blüten duften süß. Sie erscheinen am einjährigen Holz.

In jedem noch so kleinen Garten haben Lobelien Platz. Allgemein kennt man sie als „Männertreu" – blaue Kissen in unseren Balkonkästen. Die weiße Form, *Lobelia erinus* 'Alba' > **2.173** < wird je nach Standort 10 – 20 cm hoch. Ihre kleinen, zweilippigen, weißen Blüten erfreuen uns den ganzen Sommer hindurch. In wärmeren Gegenden ist sie mehrjährig, bei uns wird sie dagegen vorwiegend als Einjahrespflanze verwendet.

Ganz allerliebst und ohne die geringsten Probleme wachsen in unserem Garten die verschiedensten Arten von Glockenblumen. Die meisten bevorzugen feuchten, durchlässigen Boden und Halbschatten. Bei mir wachsen sie überall im Garten, auch in der prallen Sonne, werden dann aber etwas mehr gegossen. Da sie sich hervorragend aus Samen vermehren lassen, habe ich inzwischen eine kleine Kollektion aus weißblühenden Glockenblumen (siehe *Campanula* Seite 72).

Ende Juni beginnt die in zweifachem Sinn „hohe" Zeit der Rittersporne. Für eine größere Pflanzung dieser edlen und majestätischen Stauden ist unser Garten wieder einmal zu klein. Es wirkt auch besser, wenn sie in größerer Zahl ihre Schönheit zeigen können und nicht wie bei uns nur vereinzelt vor der Eibenhecke. Aber ganz wollte ich auch nicht auf sie verzichten, und so freue ich mich über einige wenige. Der Rittersporn, oder *Delphinium*, wie er botanisch heißt, bevorzugt einen sonnigen Standort. Hohe Sorten müssen unbedingt gestützt werden. Schneidet man die verwelkten Blütenähren handbreit über dem Boden ab und hackt und düngt, kann man mit einer zweiten Blüte rechnen. *Delphinium × cultorum* 'Galahad' > **2.174** < blüht reinweiß, wird 1,80 m hoch und ist relativ kurzlebig. Sie ist in den Katalogen unter den Pacific-Hybriden zu finden. Zu den Belladonna-Hybriden gehört *Delphinium × belladonna* 'Moorheim' > **2.175** <. Sie wird nur 1 m

***Papaver alpinum* 'White'**
> **2.179** <

Dieser Mohn wird nur 20 cm hoch, hat blaugrünes, farnähnliches Laub und kleine, einzelne, reinweiße Blütenblätter mit einem hübschen Büschelchen von Staubgefäßen.

Eine sehr eigenwillige Blüte hat diese Zwiebelpflanze. Von der Basis aus bilden sich bis 1 m lange, schmale Blätter, aus denen an einem Stiel 2 bis 5 reinweiße Blüten erscheinen, abstrakt und dekorativ zugleich. Ein tiefer Becher, ähnlich wie bei Cyclamineus-Narzissen, wird von sechs schmalen, langen, zurückgebogenen Blütenblättern umgeben. Die Blüten haben einen leichten, feinen Duft.

Hymenocallis × *festalis* > 2.180 <

hoch und hat 30 cm lange, locker verzweigte Ähren reinweißer Blüten. Aus Samen gezogen habe ich die Sorte 'Dwarf Snowhite' > 2.176 <, ein Erfolgserlebnis, obwohl es ganz einfach war. Dieser Rittersporn hat wunderschöne, gefüllte, reinweiße Blüten, blaugrünes Laub und einen guten Stand. Mit seinen höchstens 90 cm ist er ein Zwerg, aber ein durchaus lohnender, selbst für ein kleines Staudenbeet.

Mehr in den Hintergrund eines solchen Beetes sollte man die Dreimasterblume, *Tradescantia*, setzen. Sie wurde nach John Tradescant (dem Jüngeren, 1608-1662), einem englischen Gärtner, Botaniker und Pflanzensammler, benannt. Es ist eine interessante Staude, deren Wuchs aber insgesamt etwas unordentlich wirkt. Ich kannte sie nicht, als ich ihr einen Platz im Vordergrund eines Beetes gab. Es sieht schöner aus, wenn das untere Laub durch etwas Grazileres verdeckt wird. Trotzdem möchte ich meine beiden Sorten wegen ihrer interessanten Blüten nicht missen. *Tradescantia virginiana* 'Osprey' > 2.177 < wird ungefähr 60 cm hoch, hat schmale, lange Blätter und reinweiße Blüten mit purpurblauen Staubfäden. Die Blüten bestehen aus drei Blumenblättern, die von zwei Hochblättern umgeben sind. *Tradescantia virginiana* 'Innocence' > 2.178 < hat ebenfalls reinweiße Blüten, aber weiße Staubfäden und gelbe Staubbeutel.

Ganz vorne in ein Beet gehört der kleine Mohn *Papaver alpinum* 'White' > 2.179 < (syn. *P. burseri* 'Alpinum'). Er wird nur 20 cm hoch, hat blaugrünes, farnähnliches Laub und kleine, einzelne, reinweiße Blütenblätter mit einem hübschen Büschelchen von Staubgefäßen.

Eine sehr eigenwillige Blüte hat die Zwiebelpflanze, die ich unter dem Namen *Ismene* × *festalis* erstanden habe, botanisch richtig ist allerdings *Hymenocallis* × *festalis* > 2.180 <. Von der Basis aus bilden sich bis 1 m lange, schmale Blätter, aus denen an einem Stiel 2 bis 5 reinweiße Blüten erscheinen, abstrakt und dekorativ zugleich. Ein tiefer Becher, ähnlich wie bei den Cyclamineus-Narzissen, wird von sechs schmalen, langen, zurückgebogenen Blütenblättern umgeben. Die Blüten haben einen leichten, feinen Duft. Die Pflanze braucht einen geschützten Standort, in Sonne oder Halbschatten, und einen gut durchlässigen Boden. Man sollte ihr auch etwas Winterschutz geben oder, in sehr kalten Gegenden, die Zwiebeln im Herbst, wenn die Blätter eingezogen sind, herausnehmen.

Ebenso groß und aufrecht wächst die Nachtviole, eine Staude mit langen Ähren weißer Blüten, die besonders abends stark nach Nelken duften. Eigenartigerweise erinnert mich ihr leichter Duft morgens an Veilchen. *Hesperis matronalis* 'Alba' > 2.181 < wird 60 – 90 cm hoch, liebt volle Sonne, neigt aber, wie alle Sorten, dazu, an der Basis zu verholzen. Sie sollte deshalb nach ein paar Jahren neu aus Samen gezogen werden. Bei der gefüllten Sorte *Hesperis matronalis* 'Alba Plena' > 2.182 < ist der Duft noch intensiver. Sie läßt sich am besten durch Stecklinge vermehren. Die gefüllte Sorte *Hesperis matronalis* 'Candidissima' > 2.183 < ist im Wuchs kleiner, mit ihren reinweißen, duftenden Blüten ein Gewinn für jedes weiße Sommer-Staudenbeet.

Was ich im Garten auf keinen Fall missen möchte, ist Phlox. Zwar möchte ich nicht so weit gehen, wie der bekannte Staudengärtner Karl Foerster, der sinngemäß gesagt haben soll, ein Leben ohne Phlox sei nicht nur ein Irrtum, es sei Wahnsinn. Aber verstehen kann ich ihn schon. Phlox ist neben Rittersporn die wichtigste winterharte, ausdauernde Staude. Ist die erste Blüte des Rittersporns vorbei, folgt sehr zuverlässig der Phlox. Um die ganze Pracht zu verlängern, kann man ab Ende Juni vor dem Erscheinen der Knospen bei einigen der Triebe die Spitze um etwa 10 cm stutzen. Sie bilden dann Seitentriebe, deren Blüte mehrere Wochen nach dem Hauptflor einsetzt und bis in den Oktober hinein dauert.

Zwei Sorten von *Phlox paniculata*, die allerdings im Vergleich zu vielen Züchtungen nicht so üppig wachsen, sind ausgesprochen reizvoll: 'White Admiral' > 2.184 < wird 1 m hoch, hat reinweiße, langgestielte Blüten mit fünf leicht gewellten Blütenblättern, die einen köstlichen Duft verströmen. 'Mia Ruys' > 2.185 < wird dagegen nur 40 cm hoch, die einzelnen Blütenblätter sind etwas größer und überlappend, so daß die Blüte fast rund wirkt. Der Blütenstiel ist etwas kürzer, der Duft ist nicht so intensiv. Phlox liebt den Halbschatten und einen sehr feuchten Boden. Karl Foerster mag bei seiner Äußerung an die überwältigende Farbpalette gedacht haben. Phlox wirkt herrlich nostalgisch, er vermittelt etwas Schönes aus einer leider vergangenen Zeit, und seine weißen Blüten leuchten und duften bis in die Nacht hinein.

***

Nicht weniger nostalgisch wirken viele Kletterpflanzen, vor allem die Kletterhortensie und das Geißblatt.

Eine Kletterhortensie, *Hydrangea petiolaris* (syn. *Hydrangea anomala* ssp. *petiolaris)* > 2.186 <, braucht Jahre, um eine größere Fläche zu erobern. Mit Hilfe von Luftwurzeln haftet sie an der Wand und kann mit der Zeit 20 m hoch werden. Sie blüht erst nach Jahren, dann aber wunderschön mit Blütenständen von 25 cm Durchmesser. Die unscheinbaren fertilen Blüten werden von einem Kranz steriler Blüten umgeben, die nur vier blütenblattähnliche Kelchblätter haben. Die fruchtbaren inneren Blütchen duften herrlich nach Moschus, ähnlich wie Holunder, und sind ein Tummelplatz für Insekten.

Der Kletterhortensie sehr ähnlich ist *Schizophragma hydrangeoides* > 2.187 <, die sich, was das Wachsen anbelangt, sehr schwer tut. Sie braucht Jahre, um sich zu etablieren, aber das Warten lohnt sich. Sie hat breite, ovale, gezähnte, dunkelgrüne Blätter, und die kleinen fertilen Blütchen werden von fast herzförmigen, cremeweißen Randblüten umgeben, das beste Unterscheidungsmerkmal zu den Kletterhortensien. Sie wird „nur" 10 m hoch und ist genauso winterhart wie die Kletterhortensie. Schade, daß diese attraktive Pflanze, die noch schöner als die Kletterhortensie ist, nicht öfter zu sehen ist.

Den intensivsten Duft aber hat ein Geißblatt, *Lonicera periclymenum* 'Graham Thomas' > 2.188 <. Diese Pflanze hüllt ihren Platz und den gesamten Umkreis wochenlang in einen wunderbaren Honigduft, der besonders intensiv am Abend ist. Die großen weißen Blüten werden am Spätnachmittag emsig von einem Nachtfalter besucht, der, ohne sich niederzulassen, von Blüte zu Blüte schwirrt und sich mit seinem langen „Rüssel" den Nektar holt. Ich habe beobachtet, daß er sogar die Knospen aufsticht. Dieses Geißblatt blüht sehr lange und nimmt im Verblühen eine sattgelbe Farbe an. Es läßt sich ganz leicht aus Stecklingen ziehen. Ein kleiner Steckling, vor vier Jahren aus einem Garten in England mitgebracht, ist inzwischen über 5 m hoch. Vielleicht wäre er noch höher, wenn er ausgepflanzt wäre und sich nicht aus Platzmangel mit einem relativ kleinen Topf begnügen müßte. Im Herbst bekommt diese dankbare und schöne Schlingpflanze, die sich auch in Bäume ziehen läßt, leuchtend rote Früchte wie Johannisbeeren, ein hübscher Blickfang vor einer weißen Wand.

Ein anderes Geißblatt lassen wir in einen großen Strauch wachsen. *Lonicera caprifolium* 'Praecox' > 2.189 < hat zart lila getönte Knospen, die sich zu reinweißen Blüten öffnen. Die Blätter sind dunkelgrün, die Blüten duften nach Honig. *Lonicera japonica* 'Halliana' ist so starkwüchsig, daß es mit seinen himmlisch duftenden, reinweißen Blüten

Nerium oleander
'Mont Blanc' > 5.3 <

Große Töpfe mit Zitronen und Oleander bringen mit ihren herrlich duftenden Blüten südlichen Charme in den sommerlichen Garten, wie hier in de Rhulenhof in Holland.

an einem Gitter eine ganze Wand verschönert. Die englische Bezeichnung für das Geißblatt, „Honeysuckle", ist sehr treffend und hübsch.

***

Mitte Juli fällt auch unser Garten in das berühmte Blühloch, bei vielen Gärten ist es allerdings der August, der sich bitten läßt, und ich finde dieses gefürchtete Loch gar nicht so schlimm. Muß denn immer ständig alles in voller Blüte stehen? Kann nicht ein Auf und Ab auch reizvoll sein? Eine Ruhepause nach der Blütenfülle der Rosen, eine Zeit der Muße, die Natur schöpft Kraft für eine zweite Blüte, es ist dann keine Explosion mehr, dafür ist sie oftmals feiner. Diese Zeit ist schön, denn Seele und Augen können sich an dem vielen Grün freuen, um sich dann auf Neues einzustellen. Anfangs dachte ich, dieses Blühloch krampfhaft füllen zu müssen. Warum eigentlich? Inzwischen lebe ich sehr gut mit ihm, ja genieße es.

Aber es ist durchaus nicht so, daß überhaupt nichts blüht. Im Gegenteil, die Lilien haben jetzt Hochsaison. Sie sind klug genug, mit ihrem Auftritt zu warten, bis die einmalblühenden Rosen vorbei sind und die öfterblühenden gerade Atem holen.

Ich liebe Lilien, ihrer schlichten, edlen Form wegen und ganz besonders wegen ihres unvergleichlichen Duftes (Lilien siehe Seite 73 – 74).

Außerdem bringen Töpfe mit Zitronen und Oleander und – wenn man Glück hat – auch Gardenien (siehe Seite 82 – 83) mit ihren herrlich duftenden Blüten südlichen Charme in den sommerlichen Garten. Die meisten der Exoten stehen bei mir im Vorgarten, der nach Süden liegt, direkt vor der weißen Hauswand. Es ist das wärmste Fleckchen im Garten, und alle Blüten, gleich welcher Pflanze, erscheinen zuerst auf der Seite, die der Mauer zugewandt ist. Dieser Teil des Gartens ist unsere „Klimazone 9". Das Rhein-Main-Gebiet gehört laut Einteilung zur Zone 7, das Kleinklima unseres geschützt liegenden Gartens ist günstiger. Zone 9 kommt in Deutschland nicht vor (Cornwall in Südengland gehört beispielsweise dazu), es sei denn, man schafft sie selbst. Natürlich wächst dort bei uns fast alles in Töpfen (siehe Seite 133 – 155).

Ich habe es allerdings gewagt, eine *Dregea sinensis* > **2.190** < dort auszupflanzen. Den intensiv nach Hopfen duftenden, in Dolden erscheinenden, langgestielten weißen Blüten mit etwas Lila konnte ich einfach nicht widerstehen. Sie hat eine gewisse Ähnlichkeit mit *Hoya*, der Wachsblume. Die immergrüne, verholzende Schling- und Kletterpflanze wird bis 3 m hoch, braucht humose, durchlässige Erde und blüht im Juli. Im Winter ist ein besonderer Schutz im Wurzelbereich nötig, Tannenzweige sehen sehr hübsch aus.

Bei solchen Experimenten ist der berühmte „grüne Daumen" gefordert. Von Russel Page, einem englischen Gartengestalter und Landschaftsarchitekten, stammt die Äußerung: ein grüner Daumen ist die Verlängerung eines grünen Herzens. Man kann viel Erfolg haben, wenn man etwas aus tiefstem Herzen möchte, wenn man sich Mühe gibt, gute Bedingungen zu schaffen, auch wenn sie nicht ideal sind, ohne allerdings etwas erzwingen zu wollen. Die Pflanze muß bei mir bleiben wollen, sie muß spüren, daß ich sie liebe. Die *Dregea* scheint es zu spüren. Das ist meiner Meinung nach das ganze Geheimnis des „grünen Daumens".

Die Rosen des Sommers

Ein Loblied auf die Alten Rosen habe ich bereits gesungen. Könnte ich jedoch nur einen einzigen Rosenstrauch haben, würde ich mich wahrscheinlich für eine öfterblühende Sorte entscheiden. Aber glücklicherweise ist das nicht der Fall.

Als erste Rose des Sommers fängt 'Schneewittchen' > **2.191** < an zu blühen. Sie wurde 1958 von Kordes eingeführt und heißt im englischen Sprachraum 'Iceberg' und in Frankreich 'Fée des Neiges' und ist eine der besten Strauchrosen, die je gezüchtet wurden (nicht zu verwechseln mit der älteren Rose gleichen Namens von Lambert 1901). Die schön geformten Knospen öffnen sich zu lockeren, reinweißen Blüten mit feinem Duft und erscheinen in großen Büscheln. Hellgrüne, glänzende Blätter ergänzen das anmutige Bild. Die

Höhe wird allgemein mit 1,20 m angegeben. Bei uns im Vorgarten ist sie ein über 2 m hoher blühender Traum, vor dem selbst der Züchter ungläubig fragte: „Das soll mein 'Schneewittchen' sein? Ich habe es noch nie so groß gesehen." Wir haben 'Schneewittchen' als Strauch, auf Hochstämmen und als Kletterrose. Ich möchte keine von ihnen missen, und dürfte ich wirklich nur eine Rose haben, wäre es diese. Vielleicht liegt es auch daran, daß sie meine erste Rose war. Wir hatten, bevor mein Traum von einem eigenen kleinen Garten Wirklichkeit wurde, einen winzigen Vorgarten, den ich bepflanzen konnte. Als wir umzogen, brachte ich es nicht fertig, mein kleines 'Schneewittchen' einem ungewissen Schicksal zu überlassen. Ich dachte, wir beide können nur gewinnen, grub den blühenden Strauch mitten im August bei 30 °C Hitze aus und pflanzte ihn in den neuen Garten – eigentlich unmöglich. Er sah natürlich erst sehr schlapp und traurig aus. Ich habe ihn ziemlich zurückgeschnitten und gewässert und gewässert... Er trieb im selben Herbst neu aus und hatte am Heiligen Abend (es hatte bis dahin noch keinen Frost gegeben) noch eine Blüte, im Schnee. Es ist übrigens dasselbe 'Schneewittchen', vor dem später der staunende Züchter stand.

Englische Strauchrose
'Francine Austin' > 2.194 <

'Stanwell Perpetual' > 2.192 < ist im sommerlichen Rosenreigen meist die zweite, die zu blühen anfängt. Sie ist eine reizende Pimpinellifolia-Rose aus dem 19. Jahrhundert. Wir haben sie als Hochstamm in einem schönen Topf stehen. Sie eignet sich dafür hervorragend mit ihren grazilen, bogig überhängenden, dünnen Zweigen voller dicht gefüllter Blüten mit einem leicht rosafarbenen Schimmer. Die Blütezeit ist sehr lang und der Duft köstlich, aber sie ist ordentlich stachelig.

'Kronprinzessin Viktoria' > 2.193 <, eine Bourbon-Rose, gehört auch mit zu denen, die sehr früh blühen. Sie ist ein reinweißer Sport der berühmten 'Souvenir de la Malmaison' und genauso anmutig. Sie wurde 1886 von Vollert entdeckt und 1888 von Späth in den Handel gebracht. Ihre sehr großen Blüten öffnen sich flach und geviertelt, haben einen zitronengelben Schimmer und einen herrlichen Duft. Die halbgeöffnete Blüte ist ganz besonders schön. Der Strauch wird nur etwa 1 m hoch und blüht sehr fleißig, aber nur, wenn sich die „Kronprinzessin" wohl fühlt. Und das tut sie bei feuchter Witterung überhaupt nicht. Ist ihr das Klima dagegen angenehm, ist sie eine Augenweide. Sie ist benannt nach der ältesten Tochter der englischen Königin Victoria und Frau des Kronprinzen Friedrich von Preußen – des späteren deutschen Kaisers Friedrich III., der 1888, noch im Jahr seines Amtsantritts, starb – und Mutter des späteren Kaisers Wilhelm II. – Man sollte diese Rose nicht verwechseln mit der ebenfalls weißen 'Kaiserin Auguste Viktoria', einer edlen Teehybride von 1891, die nach Kronprinzessin Viktorias Schwiegertochter, der Frau Kaiser Wilhelms II., benannt ist.

'Francine Austin' > 2.194 < ist eine der Englischen Rosen des Züchters David Austin. Wie alle Englischen Rosen verbindet sie den Charme der

Weiße Rosen

Sorte / Art	Gruppe	Blütenform	Abb. Seite	Textziffer
'Adélaïde d´Orléans'	Rambler, Sempervirens-Hybride	halbgefüllt		> 4.18 <
'Aimée Vibert'	Noisette-Rose	dicht gefüllt		
'Albéric Barbier'	Rambler, Wichuraiana-Hybride	dicht gefüllt		> 2.203 <
'Anna-Maria de Montravel'	China-Rose	dichtgefüllt		
'Bennett´s Seedling'	Rambler, Ayrshire-Hybride	gefüllt		
'Blanc de Vibert'	Portland-Rose	gefüllt		
'Blanc Double de Coubert'	Rugosa-Hybride	gut gefüllt		> 2.164 <
'Blanc Pur'	Noisette-Rose	gut gefüllt, groß		
'Blanche de Belgique'	Alba-Rose	gut gefüllt		
'Blanche Fleur'	Zentifolie	dichtgefüllt		
'Blanche Moreau'	Moos-Rose	dichtgefüllt		> 2.217 <
'Bobbie James'	Rambler, Multiflora-Hybride	halbgefüllt	18	> 2.206 <
'Botzaris'	Damascena-Rose	dichtgefüllt		
'Boule de Neige'	Bourbon-Rose	ballförmig		
'Cécile Brunner White'	China-Rose	gefüllt, klein		> 2.200 <
'Class Act'	Floribunda-Rose	halbgefüllt, groß		
'Climbing Eva Teschendorf'	Kletterrose	gut gefüllt		
'Climbing Schneewittchen'	Kletterrose	gefüllt		
'Devoniensis'	Tee-Rose	gefüllt, elegant		
'Double White'	Pimpinellifolia-Rose	locker gefüllt		
'Fair Bianca'	Englische Rose	dichtgefüllt		
'Félicité et Perpétue'	Rambler, Sempervirens-Hybride	dicht gefüllt, pomponförmig		
'Flocon de Neige'	Polyantha-Rose	gut gefüllt		
'Francine Austin'	Englische Rose	pomponförmig	62	> 2.194 <
'Francis E. Lester'	Rambler, Moschata-Hybride	einfach		
'Frau Karl Druschki'	Remontant-Rose	gut gefüllt, groß	70	> 2.215 <
'Fürstin von Pless'	Rugosa-Hybride	gut gefüllt, groß		
'Gardenia'	Rambler, Wichuraiana-Hybride	dicht gefüllt, leicht geviertelt		> 2.304 <
'Glamis Castle'	Englische Rose	gefüllt		> 2.196 <
'Gloire Lyonnaise'	Remontant-Rose	halbgefüllt		
'Gourmet Popcorn'	Miniatur-Rose	gefüllt		> 2.212 <
'Gruß an Zabern'	Kletterrose	gefüllt		
'Guirlande d´Amour'	Rambler, Multiflora-Hybride	dicht gefüllt		
'Heidesommer'	Flachwachsende Rose	halbgefüllt		
'Helga'	Floribunda-Rose	halbgefüllt		
'Henry Hudson'	Rugosa-Hybride	halbgefüllt		
'Janet B. Wood'	Rambler, Ayrshire-Hybride	locker gefüllt		> 2.207 <

Weiße Rosen

Sorte / Art	Gruppe	Blütenform	Abb. Seite	Textziffer
'Kaiserin Auguste Viktoria'	Teehybride	stark gefüllt		
'Karl Foerster'	Pimpinellifolia-Rose	locker gefüllt		> 2.201 <
'Katharina Zeimet'	Polyantha-Rose	dichtgefüllt, klein		
'Kent'	Miniatur-Rose	halbgefüllt		
'Kiftsgate'	Rambler, R. filipes	einfach	95	> 2.209 <
'Kristall'	Floribunda-Rose	halbgefüllt		
'Kronprinzessin Viktoria'	Bourbon-Rose	stark gefüllt		> 2.193 <
'La Paloma 85'	Floribunda-Rose	gefüllt		
'Lady Romsey'	Floribunda-Rose	gefüllt		
'Leda'	Damascena-Rose	ballförmig		
'Little White Pet'	Polyantha-Rose	dichtgefüllt		> 2.220 <
'LouiseAmetté'	Remontant-Rose	gefüllt, groß		
'Louise d´Arzens'	Noisette-Rose	gefüllt		
'Lykkefund'	Rambler, Helenae-Hybride	halbgefüllt		
'Mabel Morrison'	Remontant-Rose	gefüllt, groß		
'Madeleine Selzer'	Rambler, Multiflora-Hyybride	gut gefüllt		
'Margaret Merril'	Floribunda-Rose	gefüllt		> 2.216 <
'Marie Bugnet'	Rugosa-Hybride	gefüllt		> 2.221 <
'Mary Manners'	Rugosa-Hybride	halbgefüllt		
'Maxima'	Alba-Rose	gut gefüllt		> 2.165 <
'Memoire'	Teehybride	stark gefüllt, groß		
'Merle Blanc'	Öfterblühende Strauchrose	gefüllt		
'Merveille de Lyon'	Remontant-Rose	kugelförmig, sehr groß		
'Mme Alfred Carrière'	Noisette-Rose	locker gefüllt		
'Mme Hardy'	Damascena-Rose	dichtgefüllt		> 2.167 <
'Mme Jules Bouché'	Teehybride	gut gefüllt		
'Mme Plantier'	Alba-Rose	stark gefüllt		
'Moonlight'	Moschata-Hybride	fast ungefüllt	68	> 2.199 <
'Mrs Herbert Stevens, Climbing'	kletternde Teehybride	gefüllt		> 2.197 <
'Muscosa Alba'	Moos-Rose	gefüllt		> 2.219 <
'Nastarana'	Noisette-Rose	locker gefüllt		
'Nevada'	Öfterblühende Strauchrose	locker gefüllt, groß	54, 169	> 2.166 <
'Niphetos'	Teerose	gefüllt		> 5.20 <
'Nyveldt´s White'	Rugosa-Hybride	einfach, groß		
'Pascali'	Teehybride	stark gefüllt		
'Paul´s Lemon Pillar'	kletternde Teehybride	gefüllt		
'Pax'	Moschata-Hybride	locker gefüllt		> 4.17 <

Weiße Rosen

Sorte / Art	Gruppe	Blütenform	Abb. Seite	Textziffer
'Pearl Drift'	Flachwachsende Rose	halbgefüllt		> 2.213 <
'Pinta'	Teehybride	gefüllt		
'Polstjärnan'	Rambler, Beggeriana-Hybride	gefüllt		
'Pompon Blanc Parfait'	Alba-Rose	pomponförmig		
'Popcorn'	Miniatur-Rose	halbgefüllt	184	> 2.211 <
'Pour Toi'	Miniatur-Rose	halbgefüllt		
'Princesse de Lamballe'	Alba-Rose	stark gefüllt		
'Prosperity'	Moschata-Hybride	dichtgefüllt		
'Purity'	Kletterrose	locker gefüllt		> 2.305 <
'Quatre Saisons Blanc Mousseux'	Moosrose (Damascena)	dichtgefüllt		
'Rambling Rector'	Rambler, Multiflora-Hybride	halbgefüllt	14, 28	> 2.202 <
'Reine Blanche'	Moos-Rose	dichtgefüllt		> 2.218 <
'Rose de Meaux White'	Zentifolie	gefüllt		
'Roy Black'	Teehybride	stark gefüllt		
'Royal Smile'	Teehybride	gefüllt, elegant		
Sander's White Rambler'	Rambler, Wichuraiana-Hybride	halbgefüllt		> 2.306 <
'Schneelicht'	Rugosa-Hybride	einfach		
'Schneewittchen' (1901)	Polyantha-Rose	rosettenförmig, klein	114	
'Schneewittchen' (1958)	Öfterblühende Strauchrose	gefüllt	120, 121	> 2.191 <
'Schneezwerg'	Rugosa-Hybride	halbgefüllt		
'Schwanensee'	Kletterrose	gefüllt, groß		
'Seagull'	Rambler, Multiflora-Hybride	halbgefüllt		
'Semiplena'	Alba-Rose	halbgefüllt		> 2.205 <
'Silver Moon'	Rambler, Laevigata-Hybride	einfach bis halbgefüllt		
'Sir Cedric Morris'	Glauca-Hybride	leicht gefüllt		
'Sir Frederick Ashton'	Teehybride	dichtgefüllt		
'Sneprinsesse'	Polyantha-Rose	gefüllt, klein		
'Snow Ballet'	Flachwachsende Rose	dicht gefüllt		> 5.37 <
'Snow Carpet'	Miniatur-Rose	dichtgefüllt		> 2.210 <
'Snowflake'	Rambler, Wichuraiana-Hybride	kugelig		
'Sombreuil'	Teerose	dichtgefüllt		
'Stanwell Perpetual'	Pimpinellifolia-Rose	dichtgefüllt		> 2.192 <
'Sternenflor'	Flachwachsende Rose	einfach		
'Suaveolens'	Alba-Rose	halbgefüllt		
'Swany'	Flachwachsende Rose	stark gefüllt		> 2.195 <
'Tear Drop'	Miniatur-Rose	halbgefüllt		
'Thalia'	Rambler, Multiflora-Hybride	gefüllt		

Weiße Rosen				
Sorte / Art	**Gruppe**	**Blütenform**	**Abb. Seite**	**Textziffer**
'The Bride'	Teerose	gefüllt		
'The Garland'	Rambler, Multiflora-Hybride	halbgefüllt		
'Vierge de Cléry'	Zentifolie	gefüllt		
'Virgo'	Teehybride	gefüllt		
'Wedding Day'	Rambler, Sinowilsonii-Hybride	einfach		
'Weiße Gruß an Aachen'	Floribunda-Rose	dichtgefüllt		
'Weiße Immensee'	Flachwachsende Rose	einfach		
'Weiße Nelkenrose'	Rugosa-Hybride	gefüllt		
'Weiße Wolke'	Öfterblühende Strauchrose	gefüllt, groß		
'White Bells'	Flachwachsende Rose	dicht gefüllt		> **4.38** <
'White Cockade'	Kletterrose	dichtgefüllt		> **2.198** <
'White Flight'	Rambler, Multiflora-Hybride	einfach		
'White Queen Elizabeth'	Floribunda-Rose	gefüllt		
'White Wedding'	Rambler, Hybride	einfach		
'White Wings'	Teehybride	einfach		
'Whiteout'	Miniatur-Rose	gefüllt		
'Winchester Cathedral'	Englische Rose	gefüllt		
'Yvonne Rabier'	Polyantha-Rose	dichtgefüllt		> **2.214** <
R. banksiae var. *banksiae*	Rambler, Banks-Rose	dicht gefüllt		> **2.163** <
R. x *fortuniana*	Wildrose	gefüllt, groß		
R. gigantea	Wildrose	einfach, groß		
R. longicuspis	Rambler, kletternde Wildrose	einfach		> **2.208** <
R. moschata	Wildrose	einfach	75	> **2.234** <
R. mulliganii	Rambler, kletternde Wildrose	einfach		
R. multiflora	Rambler, kletternde Wildrose	einfach		> **4.37** <
R. multiflora 'Carnea'	Rambler, kletternde Wildrose	dicht gefüllt		> **2.204** <
R. multiflora nana	Wildrose	locker- bis halbgefüllt		
R. *omeiensis* var.*pteracantha*	Wildrose	einfach, klein		
R. × *paulii*	Rugosa-Hybride	einfach, groß		
R. pimpinellifolia	Wildrose	einfach		
R. rugosa alba	Wildrose	einfach, groß		
R. sempervirens	Wildrose	einfach		> **4.19** <

Alten Rosen und die Blühfreudigkeit während der gesamten Saison der modernen Rosen auf ideale Weise. Der Strauch hat einen besonders gefällig überhängenden Wuchs und große Büschel entzückender kleiner, reinweißer Blüten. Sie blüht ununterbrochen, und die langen Zweige sind oft ganz in Weiß gehüllt. Diese Rose hat sich viel von der Feinheit ihrer Mutter, einer Noisette-Rose, bewahrt, hat aber ganz bösartige Stacheln. Sie ist nach David Austins Schwiegertochter benannt.

In keiner Sammlung weißer Rosen wird 'Swany' > **2.195** < fehlen. Der Wuchs ist kräftig und ausladend. Deshalb ist auch unser Prachtexemplar auf einen Hochstamm veredelt, seit vielen Jahren ein Blickfang in unserem Vorgarten. Die Triebe mit den reinweißen, gefüllten Blüten lassen sich leicht nach unten ziehen, so daß eine lockere, anmutige Form entsteht. Die einzelnen Blüten haben ein kleines grünes Auge und einen leichten Duft. Diese 1978 von Meilland herausgebrachte Rose ist sehr vielseitig verwendbar. In kleinen Tontöpfen, auf jeder Stufe der Gartentreppe, stehen sie den ganzen Winter über draußen, oder ihre Zweige fallen von einer niedrigen Mauer hübsch herab. Da dann einige Blüten wirklich auf dem Boden liegen, sehen sie bei Regenwetter allerdings erdbespritzt und unschön aus. Deshalb empfiehlt sich besonders die Verwendung als Hochstamm.

'Glamis Castle' > **2.196** <, eine weitere Englische Rose von David Austin, wächst sehr niedrig und schmückt sich mit großen, schalenförmigen Blüten, die nach Myrrhe duften. Glamis Castle ist eine königliche Residenz in Schottland. Die Mutter von Königin Elizabeth II. verbrachte dort ihre Kindheit und Shakespeare wählte das Schloß als Schauplatz für Macbeth. Eine wahrlich königliche Rose.

Etwas ganz Besonderes ist 'Mrs Herbert Stevens, Climbing' > **2.197** <, eine elegante, feine, weiße kletternde Teehybride mit wunderschön geformten Blüten, die herrlich duften. Sie hat 'Frau Karl Druschki' und 'Niphetos' als Eltern und von der Mutter das reine Weiß, vom Vater die anmutig hängenden Blüten und etwas Duft geerbt. Diese Kletterrose wird bis 3,50 m hoch und fühlt sich auch unter schwierigsten Verhältnissen wohl. Sie steht in einem Topf an der Nordostwand, hochgebunden an einem Regenrohr, und schaut durchs Fenster, eine Freude schon morgens beim Frühstücken.

'White Cockade' > **2.198** < ist eine moderne Kletterrose, nicht ganz so anmutig. Sie hat zwar hübsches, glänzendes, dunkelgrünes Laub und dicht gefüllte, reinweiße Blüten, wächst aber aufrecht und hat große, starke Stacheln. Da sie nicht so hoch wird, haben wir sie an eine Säule gepflanzt. Ihr größter Vorteil ist ihre lange Blütezeit bis in den Winter hinein.

'Moonlight' > **2.199** < ist die Rose, die ich um Mitternacht bei Vollmond gepflanzt habe. Ich war es ihrem Namen schuldig. Auf jeden Fall scheint es ihr bekommen zu sein, vielleicht hat auch sie eine romantische Ader. Ein bißchen Zauberei macht die Gartenarbeit erst richtig schön. Diese Moschata-Hybride von 1913 hat lange, biegsame Triebe und schönes, gesundes Laub. Sie steht als Hochstamm im Rasen. Ihre cremeweißen, fast einfachen Blüten mit den auffallenden Staubgefäßen leuchten noch mitten in der Nacht wie weiße Schmetterlinge, auch ohne Mondschein.

Die zierliche, kleine, niedrige 'Cécile Brunner White' > **2.200** <, eine China-Rose von 1909, sollte man möglichst in Reichweite pflanzen, damit sie nicht übersehen wird. Das hätte sie nicht verdient. Die kleinen, feinen Blüten mit einem Hauch von Pfirsich und Gelb erscheinen in großen Büscheln, jede Blüte einzeln an einem ziemlich langen Stiel, ideal als „Knopflochrose". Es ist schade, daß dieses kleine Juwel mit dem feinen Teerosenduft heute so selten zu finden ist. Liegt es daran, daß man sich keine Rosen mehr ansteckt?

Aber auch 'Karl Foerster' > **2.201** <, eine Pimpinellifolia-Hybride, gezüchtet von Kordes 1931, ist heute recht selten. Benannt nach dem bekannten Staudengärtner aus Bornim bei Potsdam hat diese Rose einen buschigen Wuchs und hellgrünes Laub. Die großen, halbgefüllten Blüten mit den goldfarbenen Staubgefäßen erscheinen vereinzelt auch noch im Spätsommer. Leider haben sie keinen Duft, nicht verwunderlich bei 'Frau Karl Druschki' als Mutter. Hier war der Vater, *R. pimpinellifolia* var. *altaica*, auch nicht hilfreich.

Rambler-Rosen verleihen dem Garten etwas Verwunschenes, verwandeln ihn in einen Märchen-

'Moonlight' > 2.199 <

Diese Moschata-Hybride von 1913 hat lange, biegsame Triebe und schönes, gesundes Laub. Ihre cremeweißen, fast einfachen Blüten mit den auffallenden Staubgefäßen leuchten noch mitten in der Nacht wie weiße Schmetterlinge, auch ohne Mondschein.

garten. Ob sie kaskadenartig aus Bäumen herabfallen, über Rosenbögen oder Pergolen wachsen oder auf Hochstämme als Trauerrosen veredelt sind, sie bringen ein nostalgisches Flair in den Garten, das mit nichts zu vergleichen ist. Das erstemal bin ich ihnen in England begegnet. In einer Rosengärtnerei, die bezeichnenderweise „Just Roses" heißt, wuchsen in einen alten Apfelbaum der weiße 'Rambling Rector' und die lilafarbene 'Veilchenblau'. Sie trafen sich in der Krone und fielen wirkungsvoll herab, ein unvergeßlicher, zauberhafter Anblick.

Für mich ist 'Rambling Rector' > 2.202 < der anmutigste aller anmutigen Rambler. Auf der Suche nach ihm ist unsere recht beachtliche Kollektion von Rambler-Rosen entstanden. Seine Herkunft ist unbekannt, nachgewiesen ist er seit 1910, vermutlich ist er aber viel älter. Bei uns wächst er in eine alte Blutpflaume und ist dabei, ihre Krone zu erobern.(siehe Seite 27 – 28).

'Albéric Barbier' > 2.203 <, eine Wichuraiana-Hybride von 1900, ist auch ein wunderschöner Rambler. Lange, biegsame Triebe mit herrlichem, gesundem Laub zieren sich und ihren Standort mit schön geformten, fruchtig duftenden, cremeweißen Blüten mit einem Hauch von Zitronengelb. Unerklärlicherweise sind manchmal die Knospen kräftig gelb und die Blüten zu Blühbeginn immer noch gelblich, dann wiederum sind Knospen und Blüten reinweiß, und zwar am selben Strauch. Diese Rose ist auch für eine schattige Lage und für eine Nordwand ideal (siehe Seite 130 – 131). Ich habe sie durch das Gitter eines Fensters an unserer Nordwand gezogen, eine wunderhübsche Umrahmung. Ein anderes Exemplar wächst an einer Stelle, an die so gut wie nie die Sonne kommt. Diese wirklich dunkle Ecke wird durch die Blüten von 'Albéric Barbier' aufgehellt und gewinnt beträchtlich.

R. multiflora 'Carnea' > 2.204 < – eine Wildform, die Anfang des 19. Jahrhunderts aus Asien nach

Europa gebracht wurde – wächst über einen Rosenbogen an der Grenze zum Nachbargrundstück. Sie ist die dichtgefüllte Form von *R. multiflora* mit fast kugeligen Blüten, die besonders in der Überblüte leicht rosa schimmern. Sie ist starkwüchsig und wird 6 m hoch.

Keine Rambler-Rose, aber eine ebenfalls recht hochwüchsige Strauchrose ist 'Semiplena' > **2.205** <, eine sehr alte Alba-Rose aus dem 16. Jahrhundert oder früher. Sie steht an der anderen Seite des Rosenbogens und hat mit ihren 2,50 m immerhin die Mitte des Bogens erreicht. Sie blüht später, und es sieht sehr hübsch aus, wenn ihre reinweißen, halbgefüllten, duftenden Blüten mit den auffälligen Staubfäden und der gelockten Mitte zwischen den abgeblühten, rosagetönten Blütenständen von *R. multiflora* 'Carnea' erscheinen.

Der Wichuraiana-Rambler 'Bobbie James' > **2.206** < wächst über einen Rosenbogen, der vor einer Feuerdornhecke steht. Werden die Blüten des Feuerdorns braun und unansehnlich, hebt sich 'Bobbie James' mit ihren großen, herabhängenden Büscheln perlweißer, schalenförmiger, leicht gefüllter und gut duftender Blüten mit hübsch gelockter Mitte auf das Anmutigste davor ab. 'Bobbie James' hat für einen Rambler ziemlich große Blüten, wunderschönes Laub und kann 8 m hoch und höher werden.

'Janet B. Wood' > **2.207** < gehört zu der kleinen Gruppe der Ayrshire-Rambler. Sie ist eine sehr alte Sorte, wurde aber erst vor wenigen Jahren von Peter Beales, dem weltweit bekannten englischen Rosenschuler und Autor von Rosenbüchern, wiedereingeführt. Peter Beales vermutet, daß sie aus dem Jahr 1768 stammt. Ihre weißen, halbgefüllten Blüten erscheinen manchmal einzeln, manchmal in Büscheln, der Duft erinnert an einen spritzigen Riesling. Das junge Holz ist rötlich, sie wächst sehr stark. Obwohl sie eine Kletterrose ist, haben wir sie als freitragenden Strauch mitten im Garten stehen. Ihre langen, schlanken Zweige fallen ungefähr in einer Höhe von 1,50 m kaskadenartig herab, was sehr zwanglos wirkt. Eine andere Möglichkeit, eine Kletterrose als Strauch zu ziehen, ist, ihre Zweige an unterschiedlich hohen Stützen zu befestigen. Wird es gekonnt gemacht, sieht es ausgesprochen hübsch aus.

Sehr starkwüchsig ist *R. longicuspis* > **2.208** <, eine kletternde Wildrose, die bei uns um diese Zeit eine alte, abgestorbene Sauerkirsche in einen blühenden Rosenbaum verwandelt (siehe Seite 28 – 29).

Der starkwüchsigste von allen Ramblern ist *R. filipes* 'Kiftsgate' > **2.209** <. Sie erreicht ohne Mühe eine Höhe von 15 m und mehr und wird fast ebenso breit. Sie wurde auf Kiftsgate Court in England gefunden, als man entdeckte, daß die als *R. moschata* gepflanzte Rose solch gigantische Ausmaße annahm und etwas anderes sein mußte. Bei der Übersetzung des Buches „Klassische Rosen" von Peter Beales mußten wir an einer Stelle laut lachen. Er schrieb: „Es wird hoffentlich niemand auf die Idee kommen, eine 'Kiftsgate' in einen Topf zu pflanzen". Da stand unsere 'Kiftsgate' bereits seit zwei Jahren in einem großen Tontopf an unserer Garage. Dieser starkwüchsigste aller Rambler verwandelt inzwischen Sommer für Sommer mit seinen riesigen, kompakten, herabhängenden Büscheln duftender, cremefarbener, einfacher Blüten mit goldfarbenen Staubgefäßen das gesamte häßliche, alte Garagendach. Im Herbst erscheinen unzählige kleine, rote Hagebutten. Obwohl sie in einem wirklich großen Topf steht, nimmt sie natürlich nicht diese ungeahnten Ausmaße an. Damit sie unter diesen eingeschränkten Bedingungen schön, gesund und blühfreudig bleibt, werden jedes Frühjahr vom Topfrand aus etwa 10 cm Erde und auch Wurzeln entfernt und frische Erde aufgefüllt. Sie bekommt außerdem im späten Frühjahr, im Juni, eine Extraportion Dünger. Auch muß sie regelmäßig gewässert werden, um sich so eingezwängt wohlzufühlen. Aber sie tut es seit Jahren und ist sehr schattenverträglich und winterhart. Der Topf steht das ganze Jahr hindurch ungeschützt im Freien. Es wäre gar nicht möglich, Topf mit Rose zu entfernen, sie ist sozusagen zur Immobilie geworden. Obwohl ich damals aus Unkenntnis und aus Platzmangel handelte, habe ich es nicht bereut. Es ist sogar zu empfehlen, wenn man nicht die Möglichkeit hat, bei der Garage, dem Schuppen oder einem anderen Teil, der verschönert werden soll, direkt in die Erde zu pflanzen. Man muß sich dann „nur“ mit etwa 10 m begnügen.

Es kann eigentlich nur Zufall sein, daß nach etwas Riesigem immer etwas Kleines zu blühen anfängt. Als wollte es sagen: „Nicht immer so hoch hinaus, auch Kleine können oho sein“. Und das ist ‘Snow Carpet’ > **2.210** < bestimmt. Diese 1980 von McGredy in Neuseeland gezüchtete Miniatur-Rose breitet sich mit ihrem glänzenden Laub und den reinweißen, kleinen, dicht gefüllten Blüten sehr hübsch und gefällig am Boden aus. Als Zugabe duften die Blüten auch noch.

Meine kleinste Rose jedoch ist nicht größer als 15 cm. ‘Popcorn’ > **2.211** < ist die entzückendste Miniatur-Rose, die ich jemals gesehen habe. Sie ist ein Andenken an unsere Reise zum 10. Weltrosenkongreß nach Neuseeland und mußte sich bei uns immerhin auf einen entgegengesetzten Jahreszeitenrhythmus einstellen. Nachdem sie sich erstaunlich schnell akklimatisiert hatte, ist sie ein Kleinod in meiner Rosensammlung: ein reizender, aufrecht und kompakt wachsender kleiner Busch mit sehr dichtem Laub. Den ganzen Sommer über blüht er sehr emsig mit winzigen, halbgefüllten, reinweißen Blütchen, die von hübschen Staubgefäßen geschmückt werden und köstlich nach Honig duften. Sie sind kleiner als eine Gänseblümchenblüte. Der Name ‘Popcorn’ ist nur zu treffend gewählt. Inzwischen gibt es auch einen gefüllten Sport: ‘Gourmet Popcorn’ > **2.212** <.

In den Katalogen der deutschen Baumschulen werden die Miniatur-Rosen meist als „Zwergrosen“ aufgeführt. Ich finde die im Ausland übliche Bezeichnung „Miniatur-Rosen“ passender, da sie in der Tat Rosen „en miniature“ sind – alles an ihnen ist winzig: Wuchs, Blätter und Blüten.

Ebenfalls nicht hoch hinaus will ‘Pearl Drift’ > **2.213** <, eine noch junge Rose von 1983. Sie gehört zu den Flachwachsenden Rosen, wird etwa 90 cm hoch und 1,20 m breit und ist mit ihrem außergewöhnlich schönen, glänzenden Laub ein Schmuckstück. Aus den rosafarbenen Knospen entfalten sich halbgefüllte, große, weiße Blüten mit perlrosa Schattierung. Der Duft ist zart und fein.

Ganz anders in der Erscheinung ist ‘Yvonne Rabier’ > **2.214** < mit ihren Büscheln reinweißer, gefüllter Blütchen. Sie hat schönes Laub und fast keine Stacheln. Das ist auch der Grund, weshalb ich sie als Halbstamm auf das Grab meiner Eltern gepflanzt habe (siehe Seite 102 – 103). Zu Hause wächst ‘Yvonne Rabier’ als Hochstamm, ganz im Schatten. Es macht ihr nicht das geringste aus, sie blüht fleißig und üppig mit einem zärtlichen Duft. Sie wurde 1910 von Turbat gezüchtet, aus *R. wichuraiana* und einer Polyantha-Rose, als die sie auch meist eingestuft wird, obwohl ihre Blüten und auch ihr Wuchs größer sind. Für eine Wichuraiana-Hybride ist sie wiederum zu niedrig. Es ist etwas schwierig bei dieser Dame, aber wirklich nur bei der Einstufung.

‘Frau Karl Druschki’ > **2.215** < war eine unserer ersten weißen Rosen, wir bekamen sie zum Einzug geschenkt. Der englische Name ‘Snow Queen’ und der französische ‘Reine des Neiges’ klingen viel schöner und passender für eine Rose mit großen, kugeligen, reinweißen Blüten. Sie wurde 1901 von Lambert gezüchtet und gilt als die beste reinweiße Remontant-Rose. Ihr Wuchs ist kräftig und aufrecht, das Laub ist groß und mattgrün, auch die

‘Frau Karl Druschki’ > **2.215** <

Blütenform ist wunderschön, und dennoch fehlt ihr etwas Wesentliches: der Duft. Eine makellose Schönheit ohne Seele. Elf Jahre lang habe ich immer wieder an den Blüten geschnuppert, nichts! Bis ich kürzlich an einer Blüte einen feinen, leichten Teerosenduft wahrnahm. Es war früher Abend, sehr warm, schwül und völlig windstill, die idealen Bedingungen zur Duftwahrnehmung. Ich konnte es kaum glauben. In Abständen von einer Stunde steckte ich immer wieder meine Nase hinein. Ohne Zweifel, der Duft war da, aber nur bei dieser einen Blüte. Ich kennzeichnete den Zweig, in der Hoffnung, aus den vorhandenen Knospen könnten auch noch duftende Blüten werden. Sollte meine 'Frau Karl Druschki' doch eine Seele haben? Es ist mir ohnehin ein Rätsel, wie aus zwei duftenden Elternteilen ('Merveille de Lyon' × 'Mme Caroline Testout') eine Rose ohne jeglichen Duft entstehen konnte.

Eine interessante Blüte hat die Floribunda-Rose 'Margaret Merril' > **2.216** < von 1978. Die schönen, zartrosa getönten Knospen öffnen sich zu reinweißen, großen, duftenden Blüten, nicht ganz gefüllt, wodurch sich die schokoladenfarbenen Staubfäden wirkungsvoll abheben. Sie wächst buschig, hat schönes, dunkelgrünes Laub und wird gut 1 m hoch.

Moosrosen sind so herrlich altmodisch und duften so wunderbar. Sie erinnern mich immer an die Preßbilder, die früher ins Poesiealbum geklebt wurden. Aber so wie diese Albumbilder aus der Mode gekommen sind, sieht man auch Moosrosen immer seltener. Alle weißblühenden Sorten, die ich auftreiben konnte, sind in unserem Garten versammelt. 'Blanche Moreau' > **2.217** <, 'Reine Blanche' > **2.218** < und 'Muscosa Alba' > **2.219** <, auch unter den Bezeichnungen 'White Moss' oder 'White Bath' zu finden, sind drei gute und dankbare Sorten, obwohl sie etwas anfällig für Mehltau sind. 'White Bath' stammt aus dem Anfang des 19. Jahrhunderts und ist wahrscheinlich ein Abkömmling von *R.* × *centifolia* var. *muscosa*. Knospen, Laub und Triebe sind hübsch „bemoost". Als Moos bezeichnet man die kleinen, drüsenartigen Borsten, mit denen bei den Moosrosen die Kelchblätter – bei einigen Sorten auch die Blütenstiele – bedeckt sind, was den sich öffnenden Knospen einen besonderen Reiz verleiht. Ihr Wuchs ist locker und überhängend bei einer Höhe von etwa 1,20 m. Besonders reizvoll sind ihre großen, reinweißen Blüten, deren Mitte anfangs rosa angehaucht ist, mit ihrem zärtlich Duft.

In unserem Garten fühlt sich auch ein kleines, weißes „Haustier" wohl, es beißt garantiert nicht, kratzt nur ein bißchen. 'Little White Pet' > **2.220** <, eine Polyantha-Rose von 1879, ist eine äußerst dankbare und problemlose Rose für jeden Garten. Selbst in einem Topf auf dem Balkon fühlt sie sich wohl. Diese buschige Pflanze mit dem dunkelgrünen Laub blüht relativ spät. Aus den kugeligen, pinkfarbenen Knospen kommen kleine, reinweiße, dichtgefüllte Blüten wie Rosetten hervor. Sie erscheinen in großen Büscheln bis in den frühen Herbst hinein.

Bei einem Besuch der Rosenschule von Trevor Griffiths in Neuseeland entdeckte ich eine Rose, die umwerfend duftete. Zwangsläufig mußte ich ihr widerstehen, da keine verkaufsfähigen Pflanzen verfügbar waren. Ich kann aber, wenn ich mir etwas in den Kopf gesetzt habe, sehr hartnäckig sein. Trevor Griffiths war so freundlich, mir einige Augen davon mitzugeben. Herr Schultheis vom Rosenhof in Bad Nauheim-Steinfurth veredelte sie, obwohl er mir wenig Hoffnung machte. Die Augen waren zwar reif, nicht aber die Unterlagenpflanzen, wegen der entgegengesetzten Jahreszeiten.. Der Versuch mißlang. Aber so leicht gebe ich nicht auf. Es wurden nochmals Augen aus Neuseeland geschickt – für dortige Verhältnisse so spät wie möglich, für hiesige so früh, daß die Unterlagen schon wüchsig waren. Und es klappte. 'Marie Bugnet' > **2.221** <, eine Rugosa-Hybride von 1963, wollte auch am anderen Ende der Welt leben. Sie blühte schon im ersten Jahr bei mir im Topf. Aus langen, spitzen Knospen entfalten sich große, gefüllte, reinweiße Blüten, die überwältigend duften. Sie ist öfterblühend und hat hellgrünes Rugosa-Laub. Den buschigen und kompakten Wuchs und die Höhe von 1 m muß sie erst noch bekommen, aber den Duft hat sie schon. Wenn sie etwas größer geworden ist, wird sie in den Garten gepflanzt.

Gerade etwas Schwieriges, etwas, das nicht auf Anhieb funktioniert und besondere Anforderungen stellt, hat seinen besonderen Reiz. Um so größer ist dann das Glücksgefühl, wenn man erfolgreich war. Ich habe dann zu solchen Pflanzen eine ganz innige Beziehung, weil wir es beide geschafft haben.

Eine Gruppe von Rosen fehlt in unserem weißen Garten, obwohl es sich dabei um die jahrhundertelang bedeutendste Gruppe von Gartenrosen überhaupt handelt: die Gallica-Rosen, – einfach, weil ich bisher keine weißblühende Gallica-Rose finden konnte. Selbst Peter Beales konnte hier nicht helfen.

Eine Übersicht über die Vielzahl weißblühender Rosen gibt die Tabelle Seite 63 – 66.

Campanula

Der Campanula-Traum dauert von Juni bis in den September hinein. Seltsamerweise erscheinen die „Riesen" zuerst.

Weiße Campanula

Campanula alpestris 'Alba'	7 cm	
Campanula barbata 'Alba'	30 cm	
Campanula carpatica 'Alba'	30 cm	
Campanula carpatica 'Weiße Clips'	20 cm	> **2.226** <
Campanula glomerata 'Alba'	30 cm	> **2.224** <
Campanula glomerata 'Alba Nana'	20 cm	
Campanula glomerata 'Schneehäschen'	15 cm	
Campanula lactiflora 'Alba'	100 - 120 cm	> **2.223** <
Campanula latifolia 'Alba'	120 cm	
Campanula persicifolia 'Alba'	60 cm	
Campanula persicifolia 'Alba Coronata'	45 cm	
Campanula persicifolia 'Fleur de Neige'	70 cm	
Campanula persicifolia 'Moerheimii'	70 cm	> **2.225** <
Campanula poscharskyana 'E.H.Frost'	10-15 cm	> **2.228** <
Campanula punctata 'Alba'	30 cm	
Campanula punctata 'Nana Alba'	10 cm	
Campanula pyramidalis 'Alba'	250 cm	> **2.222** <
Campanula x haylodgensis 'Warley White'	15 cm	> **2.227** <

Campanula pyramidalis 'Alba' > **2.222** < wird bis 2,50 m hoch. Sie wird auch „Kaminglockenblume" genannt. Sie hat herzförmige Blätter und lange Trauben von Blütensternen. Da sie frostfrei überwintert werden sollte, eignet sie sich für einen großen Topf. In der Regel erscheint sie im nächsten Jahr niedriger, was bei dieser Höhe sogar von Vorteil sein kann.

Campanula lactiflora 'Alba' > **2.223** < hat breite, große Glocken an aufrechten, geraden, verzweigten Stengeln mit schmalen Blättern und kann bis 90 cm hoch werden. Die weißen Glocken leuchten wunderschön vor einem dunklen Hintergrund, besonders im Halbschatten oder Schatten.

Campanula glomerata 'Alba', die Knäuelglockenblume > **2.224** <, ist eine starkwüchsige, horstbildende Staude, die regelmäßig geteilt und neu gepflanzt werden sollte. Sie hat behaarte Blätter und dicht sitzende, große Blüten.

Etwas später blüht *Campanula persicifolia* 'Moerheimii' > **2.225** < mit großen, halbgefüllten Glocken an hohen Stielen. Sie wächst sehr üppig und blüht bis in den August hinein.

Mit ihren 20 cm Höhe ist *Campanula carpatica* 'Weiße Clips' > **2.226** < viel niedriger. Sie wächst kompakt und bildet hübsche Polster, mit Mengen reizender, trichterförmiger, breiter Blüten. Wir haben sie verschiedentlich unter Rosen gepflanzt. Sie kaschieren auf anmutigste Weise den oft nicht gerade attraktiven unteren Bereich. Übrigens sind sie aus ihren Samen sortenecht zu vermehren.

Campanula × haylodgensis 'Warley White' > **2.227** < wird nur 15 cm hoch, wächst langsam und erfreut uns durch ihre gefüllten, weißen Blüten.

Die kleinste im Bunde ist *Campanula poscharskyana* 'E. H. Frost' > **2.228** <. Sie ist breitwüchsig und wird nur 10 -15 cm hoch, blüht aber bis Mitte September. Die an den Rändern gesägten Blätter sind mit feinen Härchen besetzt. Auf ganz kurzen Stielen sitzen reinweiße, sternförmige Blüten.

Diese niedrigen Arten hellen unseren Kamelienhang, der um diese Jahreszeit „nur grün" ist, mit ihren leuchtend weißen Sternen auf und fühlen sich auch in dem leicht sauren Boden sichtlich wohl. Sie lassen sich auch ohne Probleme aus Samen vermehren: ein spannendes und lohnendes Unterfangen.

Lilien

Lilien sind sommerblühende, dankbare Zwiebelpflanzen, die Eleganz in die Rabatte bringen. Bis auf *Lilium candidum* werden die Zwiebeln 15 – 20 cm tief gepflanzt, da sich ihre Stengel bewurzeln. Lilien lassen sich je nach Art leicht durch Samen, Zwiebelschuppen oder Brutzwiebeln, die sich an den Stengeln bilden, vermehren. Es ist faszinierend: eine Samenkapsel kann 500 und mehr Samen enthalten. Hält man den hauchdünnen, durchsichtigen Samen gegen das Licht, ist der Keimling als dunkles Komma zu erkennen. Nur solche Samen sind auch keimfähig.

Ich habe es mit *Lilium regale* 'Album' > **2.229** <, der weißen Königslilie, versucht und nur Erfolgserlebnisse gehabt. Es ist erstaunlich, in welch kleinem Zustand schon die Zwiebeln zu erkennen sind. Die Sorte 'Album' ist recht selten, sie hat keine pinkfarbene Zeichnung auf der Rückseite der Blütenblätter wie die Art. Die reinweißen, trichterförmigen Blüten haben einen gelben Schimmer im Innern und duften überwältigend, wie Jonquillen. Um den Stengel winden sich ganz schmale Blätter wie eine Spirale. Bis zu zwanzig der herrlichen Blüten sitzen kreisförmig um das Stengelende.

Eine sehr schöne und typische Form haben die Blüten von *Lilium* 'Apollo' > **2.230** <. Relativ klein, cremefarben, die äußeren Blütenblätter leicht pink getönt, haben sie einen sanften, feinen Duft.

Was wäre ein weißer Garten ohne die Madonnenlilie! *Lilium candidum* > **2.231** < hat ebenfalls bis zu 20 trichterförmige Blüten mit gelber Basis, die Spitzen sind leicht zurückgebogen. Die Blüten stehen seitlich vom Stengel ab und duften wie Heidehonig. Ihre Zwiebeln müssen im August gepflanzt werden, die Erde über ihnen sollte nicht mehr als 3 cm betragen. *Lilium candidum* treibt im selben Herbst noch aus, der Blattschopf überwintert und blüht im nächsten Sommer. Etwas Geduld mit ihr lohnt sich, manchmal braucht sie zwei Jahre, um sich richtig zu etablieren.

Diese Liliensorte ist recht selten, sie hat keine pinkfarbene Zeichnung auf der Rückseite der Blütenblätter wie die Art. Die reinweißen, trichterförmigen Blüten haben einen gelben Schimmer im Innern und duften überwältigend, wie Jonquillen. Um den Stengel winden sich wechselständig angeordnete, ganz schmale Blätter wie eine Spirale. Bis zu zwanzig der herrlichen Blüten sitzen kreisförmig um das Stengelende.

Lilium regale **'Album'** > **2.229** <

Lilium longiflorum 'White Queen' > **2.232** <

Der Jasminduft der trichterförmigen Blüten ist herrlich. Die Blütenblätter sind bis 20 cm lang, mit zurückgerollten Spitzen, bis sechs Blüten sollen an einem Stengel erscheinen, bei mir sind es mit schöner Regelmäßigkeit immer nur zwei. Vielleicht ist das der Preis des nichtvorhandenen Gewächshauses.

Ich habe mich immer gefragt, warum meine Lieblingslilie, *Lilium longiflorum* 'White Queen' > **2.232** <, „Osterlilie" genannt wird, da sie bei mir erst Anfang August blüht. Wird sie im Zimmer oder Gewächshaus gezogen, kann sie wirklich schon an Ostern blühen (in Blumengeschäften ist sie fast das ganze Jahr über zu haben). Nun, bei uns wächst sie im Freien, einen geschützten Platz sollte sie aber trotzdem bekommen. Vollkommene Blüten wird sie sicher nur im Schutz eines Gewächshauses erreichen, ich bin aber mit dem Gartenergebnis auch sehr zufrieden. Der Jasminduft der trichterförmigen Blüten ist herrlich. Die Blütenblätter sind bis 20 cm lang, mit zurückgerollten Spitzen, bis sechs Blüten sollen an einem Stengel erscheinen, bei mir sind es mit schöner Regelmäßigkeit immer nur zwei. Vielleicht ist das der Preis des nichtvorhandenen Gewächshauses.

Es gibt noch jemanden, der Lilien mag: das Lilienhähnchen, ein hübsches, lackrotes Käferchen. Ich bin kein geiziger Mensch, aber ich gönne ihm meine Lilien nicht und helfe mir mit Absammeln. Wenn es schon meint, sich in meinem Garten ernähren zu müssen, dann schon lieber von Maiglöckchenblättern, von denen genug da sind. Zum Glück läßt es sich dank seiner leuchtenden Farbe leicht erkennen, zumindest in einem weißen Garten. Aber man sollte ein wachsames Auge auf das Käferchen haben. Ich habe einmal gelesen, das Wichtigste beim Gärtnern seien die Augen, wichtiger als Verstand und Muskeln. Das kann ich nur bestätigen, nicht nur bei der Suche nach dem Lilienhähnchen.

Spätsommer – Frühherbst August, September

Es ist Mitte August. In der Nacht hat es etwas geregnet. Der Morgen ist dunstig und feucht. Die Sonne glitzert durch das taunasse Laub. Keine Wolke ist am Himmel. Es verspricht, ein schöner, heißer Tag zu werden. Und doch liegt eine herbstliche Ahnung über dem Garten. Das Gefühl, daß der Höhepunkt überschritten ist, stimmt mich etwas wehmütig.

Was macht den Unterschied aus? Inzwischen ist das Thermometer auf 30 °C geklettert, das kann es also nicht sein. Noch mangelt es auch nicht an Blühendem.

Es ist das Licht, das sich verändert hat. Es ist satter, und zugleich weicher geworden, und weicher sind somit auch die Konturen des Gartens. Durch die längeren Schatten wirkt er tiefer und geheimnisvoller.

Die heiße Luft flimmert, und hunderte von Bienen verwandeln den Boden unter dem Wilden Wein am Eingang in einen grünen Teppich. Selbst das Eichhörnchen vergräbt schon wieder eilfertig seine Wintervorräte, von mir nicht gerade mit Begeisterung beobachtet. Wenn es doch wenigstens all die Nüsse zu gegebener Zeit wieder hervorholen würde. Stattdessen bleibt es mir überlassen, im nächsten Jahr Unmengen von Wildlingen zu Leibe zu rücken. Sonst hätten wir binnen kürzester Zeit eine Nußplantage, aber keinen weißen Garten mehr.

Es ist kein Hochsommertag mehr, nein, ein typischer Spätsommertag schon: um 21 Uhr ist es stockdunkel.

Grund zum Traurigsein gibt es jedoch noch nicht. Wer könnte schon traurig sein, wenn die Rosen wieder anfangen zu blühen? Mit dem zweiten Flor schmücken sich 'Moonlight', 'Glamis Castle', 'Kronprinzessin Viktoria', 'Pearl Drift', 'Francine Austin' und 'Yvonne Rabier', um nur einige zu nennen. Oftmals ist die zweite Blüte besonders schön, vielleicht nicht ganz so üppig, die einzelne Blüte aber edler, klarer und formvollendet, mit einem wärmeren Duft gesegnet. Das trifft ganz deutlich auf 'Schneewittchen' > siehe 2.191 < und auf 'Swany' zu. Selbst unsere beiden „letzten Rosen" sind nun aufgeblüht.

'Aimée Vibert' > 2.233 < , eine kletternde Noisette-Rose von 1826, wurde von Vibert in Frankreich gezüchtet. Sie steht an einem Rosenbogen direkt am Hauseingang. Sie ist ausgesprochen starkwüchsig – erreicht ohne Probleme 3,50 m – .und gilt als fast stachellos, hat aber davon noch mehr als genug. Das gesunde, dunkelgrüne Laub ist wunderschön, und aus rosafarbenen Knospen öffnen sich gefüllte, reinweiße, duftende Blüten, die in kleinen Büscheln herabhängen. Die Pracht dauert bis in den September hinein.

Eine sehr alte Rose ist *Rosa moschata* > 2.234 < , eine Wildform, die im 16. Jahrhundert nach Europa kam und dann wieder verschwand. Lange dachte man, sie sei ausgestorben, bis sie vor einigen Jahren in England wiederentdeckt wurde. Es ist etwas Geheimnisvolles um diese Rose, Fachleute vermuten einen Zusammenhang mit 'Rambling Rector' > siehe 2.202 < , dessen Herkunft ebenfalls im Dunkeln liegt. Nun blüht sie am Spalier unserer Hauswand mit wunderschönen, schlichten, einfachen, reinweißen Blüten, von Anfang August bis Ende September. Die großen, lockeren Blütenbüschel hängen anmutig herab, genau wie das

Rosa moschata > 2.234 <

herrliche, mattgrüne Laub. Sie duftet sehr fein, und sie ist das letzte, was an dem Spalier blüht. Danach schmückt sie es mit Büscheln dekorativer, kleiner Hagebutten, ein reizender Anblick vor der weißen Wand.

Hortensien

Jetzt wetteifern Rosen und Hortensien mit ihrer Blüte um die Vorherrschaft im Garten. Hortensien, mit ihren großen Blütenständen, sind dankbare und dekorative Sträucher.

Die getrockneten Blüten sind ideal, um die Wohnung damit zu schmücken. Sie halten sich, bis das nächste Jahr für Nachschub sorgt. Mit Gold- oder Silberfarbe – in jedem Bastelgeschäft erhältlich – besprüht, ergeben sie den schönsten Adventsschmuck, dekorativ und preiswert zugleich. Man schneidet die Blüten nach dem ersten Frost ab, entfernt alle Blätter und stellt die Stiele in eine Vase mit Wasser, wie einen Blumenstrauß. Sind die Blüten fest geworden, wird das Wasser entfernt, und der Fantasie sind keine Grenzen gesetzt.

Botanisch heißen die Hortensien *Hydrangea* (von hydor = griechisch Wasser), und wie dieser Name vermuten läßt, sind sie ausgesprochen durstig. An warmen Tagen lassen sie sehr schnell ihre Blätter hängen und verlangen nach gründlicher Wässerung.

Alle Arten sind laubabwerfend. Jeder Blütenkopf besteht aus einer Fülle kleiner, unscheinbarer, fruchtbarer („fertiler") Blüten, die von größeren, unfruchtbaren (sterilen) Blüten umgeben sind, die aus blütenblattähnlichen Kelchblättern gebildet sind. Hortensien lieben einen schattigen Standort, vertragen aber auch Sonne, wenn sie entsprechend gewässert werden. Weißblühende Sorten blühen jedes Jahr wieder weiß, während man bei blauen Sorten oft nachhelfen muß, damit sie nicht rot oder rosa werden.

***Hydrangea macrophylla* 'Veitchii'**

Meine Hortensienleidenschaft fing mit einer hübschen Topfpflanze zum Geburtstag an. Als typisches Nachkriegskind brachte ich es nicht fertig, sie nach der Blüte einfach wegzuwerfen. Zum Glück. Ich setzte sie, eigentlich ohne allzu große Hoffnung, direkt an das Eingangstor, in schönste Südlage. Das war vor acht Jahren. Inzwischen ist der Strauch 1,50 m breit und hoch, Eingang und Briefkästen müssen regelmäßig freigeschnitten werden, und die Blütenpracht ist umwerfend, obwohl die Pflanze jedes Jahr stark zurückgeschnitten wird. Für das Zurückschneiden braucht man allerdings etwas Einfühlungsvermögen, damit nicht die blühwilligen Triebe entfernt werden. Sonst sollten eigentlich nur alte und abgestorbene Stiele herausgeschnitten werden, um nicht mehr Blätter als Blüten zu haben. Ich habe diese Hortensie ohne Namensschild bekommen, es könnte aber *H. macrophylla* 'Libelle' > **2.235** < sein. Ihre Blütenköpfe haben die typische Lacecap- (Spitzenhäubchen-) Form. Als sehr hübscher Kontrast sitzen die 6 cm großen, sterilen, reinweißen Blüten mit glattem Rand zwischen den fertilen blauen Blütchen ganz verstreut. Sie blüht von Juli bis weit in den Herbst hinein. Auch das Laub ist sehr üppig.

Eine genauso schöne, aber ganz andere Form des Blütenkopfes hat die Sorte 'Madame Emile Mouillère' > **2.236** <. Man nennt diesen Typ „Hortensia-Typ“ (im Englischen sehr anschaulich: Mophead); er ist fast rund. Diese klassische weiße Hortensie von 1909 verträgt volle Sonne und eignet sich auch gut für Töpfe. Der Wuchs ist kräftig, die Blätter färben sich im Herbst karmesinrot. Die sterilen Blüten haben gezähnte Blütenblätter, das anfängliche Reinweiß bekommt später rosa Tupfen.

H. quercifolia ist die einzige Art mit gelappten Blättern, eichenblättrig, wenn man den Artnamen übersetzt. Die Sorte 'Snow Flake' > **2.237** < ist besonders dekorativ durch ihre gefüllten, sterilen Blüten, die die fertilen vollkommen verdecken. Der blühende Strauch wirkt dadurch ungewöhnlich üppig. Sie ist ein Schmuckstück für jeden Garten, jeder dunklere Gartenteil gewinnt durch sie an Licht und wird zum Blickpunkt.

H. paniculata 'Praecox' > **2.238** < kam 1893 von Japan nach Europa. Sie hat einen ganz anderen Wuchs. Sehr langsam bildet sie von allein einen kleinen Stamm. Meine Pflanze hat nach sieben Jahren gerade eine Höhe von 1 m erreicht. Die weißen Blütenrispen duften herrlich nach Honig und sehen hinreißend aus.

Auch etwas Namenloses, wie diese Hortensie, kann wunderschön sein und seinen Wert für den Garten haben. Aber Sammler möchten eben immer gern wissen, mit wem sie es zu tun haben.

Die Sorte 'Kyushu' > **2.239** < wächst unter der Blutpflaume. Durch ihren offenen, lockeren Wuchs ist von dem Tontopf nichts mehr zu sehen. Die großen, ovalen, dunkelgrünen Blätter würden auch ohne Blüten eine hübsche Blattpflanze aus ihr machen. Aber sie schmückt sich ja mit großen, kegelförmigen Rispen mit vielen sterilen Blüten. Im Frühjahr wird diese Sorte stark zurückgeschnitten. Sie dankt es mit größeren Blütenrispen.

Ähnlich ist die Sorte 'Floribunda' > **2.240** < mit sehr großen sterilen Blüten und besonders dichten Rispen.

Eine unbekannte Schöne, wohl kaum für die Kultur im Freien gedacht, hatte ich einmal im März blühend an die Platten eines kleinen Weges gepflanzt, eigentlich nur, um ihre Blütezeit etwas zu verlängern, um etwas mehr von ihren reinweißen, strahlenden, wunderschönen Blüten zu haben. Sie blühte, als wollte sie nie wieder damit aufhören, bis Ende Oktober. Hatte sie sich nun völlig verausgabt? Aber nein, das nächste Jahr wurde sie noch schöner, blühte zwar noch nicht im März auf, aber als allererste. Sind die sich eben öffnenden, recht flachen Blütenstände die schönsten oder die voll erblühten, dichten mit einem Durchmesser von 30 cm? Ich kann mich nicht entscheiden und muß es zum Glück auch nicht. Auch etwas Namenloses kann wunderschön sein und seinen Wert für den Garten haben. Aber Sammler möchten eben immer gern wissen, mit wem sie es zu tun haben.

Es ist immer einen Versuch wert, eine „Topf-Hortensie" auszupflanzen. Man kann nur gewinnen. Doch sollte man ihr von Anfang an reichlich Platz einräumen. Meine Schönheit werde ich umsetzen müssen, hoffentlich nimmt sie das nicht übel.

***

In einem kleinen Garten bekommt man schnell Probleme mit der „vierten Dimension", der Zeit.

Das spricht auf jeden Fall für einjährige Pflanzen. Mir kommen generell Pflanzen, die durch meine Liebe und Pflege langsam wachsen und von Jahr zu Jahr schöner werden, mehr entgegen. Kaum hat man sich an die Einjährigen gewöhnt, danken sie ab, selbst wenn sie im nächsten Jahr aus ihren eigenen Samen in rasantem Tempo oft erstaunliche Maße annehmen. Und doch möchte ich nicht gänzlich auf sie verzichten. Ich gestehe, daß ich anfange, mich in die eine oder andere Art zu verlieben.

Das geschah in Sissinghurst, als ich eine *Cobaea scandens* 'Alba' > 2.241 < entdeckte. Erst war ich enttäuscht, daß diese Kletterpflanze, auch „Glockenrebe" genannt, einjährig ist. Aber der Verkäufer in dem kleinen, zum Garten gehörigen Laden versicherte, sie würde Samen ansetzen und die Vermehrung aus ihnen im Frühjahr sei einfach. So konnte ich natürlich nicht widerstehen. Die Pflanze schmückt nun, neben einer *Passiflora*, einen Obelisken, der in der Mitte von halbkreisförmig gepflanzten Rosen steht. Dieses Klettergerüst verleiht der Pflanzung Struktur, und die Kugel auf der Spitze ist der bevorzugte Aussichtspunkt für die Amseln. Dieser zarte Selbstklimmer kann, wenn er die Möglichkeit hat, 5 m hoch werden. Man muß allerdings aufpassen, daß er die umliegenden Pflanzen nicht mit vereinnahmt. Die glockenförmige, cremefarben-grünliche Blüte ist 5 cm lang und 4 cm breit und wird von hübschen, hellgrünen Kelchblättern wie von einem Krägelchen umgeben. Das sieht auch noch dekorativ aus, wenn die Glocke herausgefallen ist. *Cobaea scandens* blüht unermüdlich, von August bis zum ersten Frost.

Sie verträgt sich mit einer *Passiflora caerulea* 'Constance Elliott' > 2.242 < bestens. Beide blühen um die Wette. In sehr milden Gegenden ist diese Sorte der Passionsblume winterhart. Ihre cremeweißen Blüten haben einen zartgrünen Schimmer und gelbgrüne Staubbeutel und eine purpurfarbene Narbe. Manchmal bilden sich orangerote Früchte. Die interessante Blüte duftet nach Ambra, etwas gewöhnungsbedürftig, für mich aber herrlich.

***Hosta* 'Royal Standard'**
> 2.243 <

Hosta

Mit *Hosta*, bei uns als Funkien bekannt, konnte ich mich lange Zeit nicht anfreunden. Die Liebhaber dieser Pflanzengattung mögen Nachsicht üben. Ich kannte sie nur als Stauden, die wegen ihres Laubes kultiviert werden und dadurch einen zusätzlichen Aspekt in den Garten bringen. Bis ich *Hosta* 'Royal Standard' > 2.243 < entdeckte. Ihre großen, trompetenförmigen Blüten von reinstem Weiß erscheinen an den Enden 40 cm hoher Stiele und duften himmlisch nach Lilien. Die Pflanze ist eine horstbildende Staude mit leuchtenden, hellgrünen, breitovalen Blättern. Sie blüht bis in den Oktober hinein.

Hosta, die zur Familie der Liliengewächse gehören, fühlen sich allgemein im Schatten in nährstoffreicher, frischer Erde am wohlsten. Sie treiben erst spät im Frühjahr aus. Einige, darunter 'Royal Standard', können sich aber auch gut mit einem sonnigen Platz arrangieren.

Auch *Hosta plantaginea* 'Aphrodite' > 2.244 <, August-Lilie genannt, hat große, wachsartige Blüten. Sie sind gefüllt und duften. Diese locker wachsende Staude schmückt den Garten mit großen, glänzenden, eiförmigen Blättern.

Wesentlich kleinere Blätter hat *Hosta sieboldii* var. *alba* > 2.245 <. Aus einem Horst von mittelgrünen, schmalen Blättern kommen weiße Blütentrauben hervor. Die zuerst dunkelgrünen, dann braunen Samenstände sind sehr dekorativ und besonders hübsch in Blumenarrangements.

Fuchsien

Mit ein Grund, daß der Garten im August nicht in das vielbeklagte Blühloch fällt, ist, daß ich mich endlich für Fuchsien begeistern konnte. Ich kannte sie nur in Balkonkästen als Einjährige, und Wegwerfpflanzen sind, wie schon erwähnt, nichts für mich. Welch ein Irrtum! Unwissenheit ist etwas Schlimmes und sollte bestraft werden. Und ich bin bestraft worden, indem ich jahrelang auf die herrlichen Blütenglocken von Fuchsien verzichten mußte. Zwei Dinge möchte ich jedoch zur Rechtfertigung anführen: Ich ahnte nicht, wie gut sie sich in die Gartengestaltung einfügen lassen und wußte nicht, daß es auch weiße Sorten gibt. Allerdings sind die wirklich reinweißen Sorten, bei denen alle Teile der Fuchsienblüte weiß sind, trotz des kaum mehr überschaubaren Angebots an Fuchsien-Sorten nicht sehr zahlreich. Die Suche danach lohnt sich jedoch.

Die Gattung *Fuchsia* umfaßt in erster Linie laubabwerfende Sträucher. Gönnt man ihnen keine Winterruhe, sind sie auch immergrün. Das läßt sich nur bei der Kultur in Töpfen realisieren. Frisch bewurzelte Stecklinge sollten unbedingt mit ihren Blättern über den Winter gebracht werden.

Drei verschiedene Sorten von *Fuchsia magellanica* sind im Garten ausgepflanzt. Diese Art und ihre Sorten sind winterhart und verhalten sich in unse-

Weiße Fuchsien

Art/Sorte	Blütenform	Wuchs	Textziffer
'Ann Howard Tripp'	einfach	aufrecht	> 5.58 <
'Annabel'	gefüllt	aufrecht	> 5.55 <
'Bobby Shaftoe'	gefüllt	aufrecht	> 5.57 <
'Dido'	einfach	aufrecht	
'Florence Mary Abbott'	einfach	aufrecht	> 5.56 <
'Harry Gray'	gefüllt	hängend	
'Igloo Maid'	gefüllt	hängend	
'La Bianca'	einfach	hängend	
'Little Snow Queen'	einfach	halb hängend	> 5.61 <
'Montalba'	halb gefüllt	aufrecht	
'Schneeflocke'	gefüllt	halb hängend	
'Sleigh Bells'	einfach	aufrecht	> 5.59 <
'Snowstorm'	gefüllt	hängend	> 5.64 <
'Ting-a-ling'	einfach	buschig	> 5.63 <
'White Bride'	halb gefüllt	aufrecht	> 5.60 <
'White Chimes'	gefüllt	halb hängend	
'White Galore'	gefüllt	hängend	> 5.62 <
'White King'	gefüllt	halb hängend	
Fuchsia magellanica 'Alba ('Molinae')	einfach	aufrecht	> 2.246 <
Fuchsia magellanica 'Hawkshead'	einfach	aufrecht	> 2.247 <
Fuchsia magellanica var. *alba* 'Enstone'	einfach	aufrecht	> 2.248 <

rem Klimabereich wie Stauden: ihre oberirdischen Teile sterben ab, um im Frühjahr wie Phönix aus der Asche zu erscheinen. Für eine Mulchabdeckung über dem Wurzelbereich sind sie sehr dankbar. Sie bevorzugen einen geschützten, halbschattigen Platz, mögen es nicht zu heiß und sind über eine hohe Luftfeuchtigkeit glücklich.

Fuchsia magellanica 'Alba' ('Molinae') > **2.246** < habe ich als Steckling aus England mitgebracht. Damit fing eigentlich alles an. Er bewurzelte in einem einfachen, dunklen Glas mit Wasser so schnell und war so voller Lebenswillen, daß ich ihn als ganz kleines Pflänzchen von nur 5 cm (das sollte man jedoch nicht unbedingt empfehlen) in den Garten setzte. Als er auch noch bald danach blühte, war das ein richtiges Erfolgserlebnis. Die winzige Blüte läßt sich zwar nicht guten Gewissens als weiß bezeichnen, ist aber weiß genug für meinen weißen Garten. Sie hat reinweiße Staubfäden, und da diese länger sind als die gesamte Blüte, wirkt sie schon weiß.

Bei Fuchsien können Tubus (Kelchröhre), Sepalen (Kelchblätter), und Korolla (Blütenblätter)

Fuchsie 'Annabel' > **5.55** <

unterschiedliche Farben aufweisen. Diese Farben werden bei guten Beschreibungen auch meist gesondert angegeben. Bei den Blütenformen unterscheidet man: einfach (4 Blütenblätter), halbgefüllt (7) und gefüllt (über 7).

Die Blüte dieser Sorte ist einfach, Tubus und Sepalen sind weiß, die Korolla dagegen ganz zart lila. Sie bekommt hübsche, schwarze Früchte.

Die Sorte *Fuchsia magellanica* 'Hawkshead' > **2.247** < blüht ähnlich, mit etwas größeren Blüten. Die Pflanze hat schon eine Größe von 50 cm erreicht und fühlt sich in einem halbschattigen Beet sichtlich wohl. Das alte Holz wird erst im Frühjahr zurückgeschnitten, es gibt noch Schutz im Winter.

Die dritte im Bunde meiner winterharten Fuchsien ist *Fuchsia magellanica* var. *alba* 'Enstone' > **2.248** <, eine Form mit panaschiertem Laub, besonders hübsch in tiefem Schatten. Hier ist das Laub der Grund, warum ich sie gepflanzt habe: es ist hellgrün und goldgelb, üppig und klein. Diese Sorte versieht eine dunkle Ecke mit hübschen Lichtreflexen.

Fuchsien sollten während ihrer Wachstumszeit und während der Blüte regelmäßig gedüngt werden. Bei frisch bewurzelten Stecklingen dagegen reichen die Nährstoffe im Pflanzensubstrat aus, hier könnte eine Düngung tödlich wirken, man kann auch des Guten zuviel tun. Aber auch bei Jungpflanzen sollte man mit dem Düngen sehr vorsichtig sein.

Stecklinge lassen sich während des ganzen Sommers bis zum Herbst so leicht bewurzeln, daß man gut für den eigenen Bestand sorgen kann und immer ein kleines Geschenk für Freunde, Nachbarn und Spaziergänger hat. In Wasser bewurzelt – das dauert oft keine vier Wochen – wachsen sie zügig im kleinen Topf an und blühen schon als Winzling. Oft ist die Blüte größer als das ganze Pflänzchen.

Meine Erfahrungen mit Fuchsien sind noch sehr jung, die Erfolge haben mir Auftrieb gegeben. Offensichtlich sind Fuchsien einfach zu kultivieren. Hängende Sorten eignen sich für Ampeln, aufrecht wachsende für Hochstämmchen. Sie lassen fast alles mit sich machen. Inzwischen habe ich zwanzig verschiedene weißblühende Sorten in Töpfen (siehe Seite 155). Leider habe ich noch keine duftende Sorte gefunden.

Ende August bis in den Herbst hinein sind Fuchsien auch Teil der Rabatte. Die Töpfe werden vom Laub der Stauden und Sträucher verdeckt, zu sehen ist nur ein Meer von Blütenglocken. Wenn alle Lückenbüßer so hübsch und anmutig wären!

***

Zu dieser Zeit schmückt auch eine große Staude die Rabatte: *Monarda didyma* 'Alba' > **2.249** <, winterhart, horstbildend, 1 m hoch werdend mit ihren quirlständigen, reinweißen Blütenblättern, die die Blüte wie einen kleinen Kronleuchter aussehen lassen. Sie liebt Sonne und fruchtbaren Boden. Sie ist äußerst dekorativ, auch wenn die weißen Blütenblätter abgefallen sind. Die übriggebliebene hellgrüne Kugel mit den hübsch angeordneten Kelchblättern ist eine Zierde für sich. Die Blütenstiele sind dicht mit hübschem, hellgrünem Laub geschmückt. Besonders das junge Laub duftet intensiv nach Bergamotte, aber auch Stiele und Wurzeln haben diesen aromatischen Duft, den Orangen ähnlich.

Monarda findet Verwendung in der Parfum-Industrie, die getrockneten Blätter eignen sich für Potpourris, damit man den Duft des Sommers auch in der kalten Jahreszeit nicht vergißt. Aus Blüten und Blättern soll man auch einen Salat zubereiten können. Dieses Juwel bietet auch so genug, es muß eigentlich nicht noch aufgegessen werden.

Eine ähnliche nadelkissenartige Mitte der Blüte hat die Skabiose. Sie wird auch „Witwenblume" genannt. Vielleicht, weil ihre Blüte wie ein Spitzenhäubchen aussieht, oder weil sie oft für Trauergestecke verwendet wird?

Bei der Sorte *Scabiosa caucasica* 'Alba' > **2.250** <, die 60 cm hoch wird, umgeben große, gekräuselte Blütenblätter die hübsche Mitte. Die Sorte 'Miss Willmott' > **2.251** < erreicht eine Höhe von 90 cm und hat hübsche Blüten in gebrochenem Weiß.

Scabiosa caucasica wurde Anfang des 19. Jahrhunderts aus dem Kaukasus eingeführt, die Sorte 'Miss Willmott' stammt aus den 1930er Jahren und ist auch heute noch erhältlich.

Es ist schade, daß Skabiosen relativ selten geworden sind. Dabei sind sie trotz ihrer Zartheit nicht heikel. An einem sonnigen Standort in gut durchlässiger Erde kann man jahrelang Freude an ihnen haben.

Das kann man auch an *Physostegia virginiana* 'Alba' > **2.252** <, der Gelenkblume. Sie heißt so, weil ihre Ähren reinweißer Blüten gelenkig an ihren Stielen sitzen, die Blüten haben dadurch einen hübschen Stand. Diese winterharte Staude blüht vom Spätsommer bis zum Herbst und bevorzugt Sonne und fruchtbaren, feuchten Boden. Die Blätter sind lanzettlich und mittelgrün. Die Sorte 'Alba' wird nicht so hoch, wie allgemein angegeben, bei uns ungefähr 30 cm. Wird sie an einen Hang gepflanzt, benimmt sie sich fast wie ein Bodendecker.

Eine ganz andere Wuchsform hat die Prachtkerze, eine buschige Staude, die eine Höhe von 1,20 m erreichen kann. *Gaura lindheimeri* 'Whirling Butterflies' > **2.253** < liebt volle Sonne und lockeren, durchlässigen Boden. Die Trauben röhrenförmiger weißer Blüten mit einem Hauch Rosa an der Außenseite öffnen sich bei Tagesanbruch. Der Name ist sehr treffend gewählt, es sieht wirklich aus, als würden Schmetterlinge über der Pflanze tanzen.

Ganz niedrig, nur 5 – 8 cm hoch, ist *Potentilla alba* > **2.254** <, das weiße Fingerkraut. Die Blätter sind aus fünf ovalen Blättchen zusammengesetzt und erinnern vage an eine Hand, daher der Name. Diese Staude mit ihren lockeren Rispen aus einzelnen, duftigen, weißen Blütchen ist ein entzückender Bodendecker und findet in jedem Garten sein Plätzchen.

Es gibt sogar ein Tränendes Herz, das bis in den Herbst hinein blüht. *Dicentra eximia* 'Alba' > **2.255** < könnte man als Zwergform bezeichen. Diese zierliche Staude hat farnartiges, feines, hellgrünes Laub und wird nur 30 cm hoch. An den gebogenen Stengeln erscheinen vereinzelt kleine, herzförmige Blüten. Es wirkt sehr hübsch, etwas um diese Jahreszeit in Blüte zu sehen, was normalerweise seinen Auftritt im Frühling hat.

Den Septembergarten schmücken nun die Lilien, die bei mir als letzte blühen. *Lilium speciosum* 'Album' > 2.256 < hat reinweiße, breite Blütenblätter mit Noppen, gewellt am Rand mit einem zarten grünen Streifen von der Mitte ausgehend. Die Form der nickenden Blüte könnte man als Schale bezeichnen, die Blütenblätter sind stark nach hinten gebogen. Bis zu zehn Blüten können einen Stengel schmücken. Die Staubgefäße und der Griffel stehen weit aus der Blüte heraus. Die rostfarbenen Staubbeutel färben so stark, daß ich nach einem Dufttest meine Nase mit einem Scheuermittel bearbeiten mußte. Das hat man davon, wenn man einen Duft genau beschreiben möchte: einmal sieht man aus wie ein Clown, einmal reckt man sich auf der obersten Stufe einer Leiter, einmal liegt man, zur Erheiterung aller Nachbarn, platt auf der Erde. Aber es lohnt sich. In diesem Fall duften die Lilien süß wie Honig.

Sehr extravagant, aber auch sehr hübsch sieht in einem Staudenbeet *Eucomis autumnalis*, die Schopflilie > 2.257 <, aus. Sie hat im Aussehen wenig mit einer Lilie gemeinsam, gehört aber zu den Liliengewächsen. Sie ist eine ungewöhnliche Zwiebelpflanze, die vom Spätsommer bis zum Herbst blüht. Sie braucht einen warmen, geschützten Platz im Garten mit Sonne oder Halbschatten und ist dankbar für einen Winterschutz. Sehr gut läßt sie sich auch in großen Töpfen kultivieren. Das Besondere an ihr ist die Blüte. Aus basalen Blattbüscheln aufragende blattlose Stiele tragen kleine, sternchenförmige, weiße Blütchen in dichten Ähren, an deren Spitze ein kleiner Blattschopf sitzt, wie bei einer Ananas. Selbst abgeblüht sieht diese Pflanze mit den apfelgrünen schmalen Blättern noch äußerst dekorativ aus. Der Duft ist leicht moosartig. Man sollte vielleicht nicht den ganzen Garten mit ihr füllen, dazu wirkt sie zu abstrakt. Um aber interessante Wirkungen zu erzielen, ist sie bestens geeignet.

Gardenien

Ganz spezielle Erfahrungen habe ich mit Gardenien gemacht. Ich liebe sie, ihres wunderbaren Duftes wegen, aber sie schienen mich nicht zu lieben. Immer wieder aufs Neue habe ich es mit einer versucht. Sie bekam den besten Platz und alle erdenkliche Pflege. Aber was war der Dank? Sie hatte vielversprechende Knospen, bequemte sich auch gnädig, einige zu öffnen, als wollte sie zeigen, zu welcher Höchstleistung sie fähig ist – und dann wurden die Knospen braun und fielen ab. Mit ihrem herrlichen dunklen, glänzenden Laub wäre eine Gardenie ja auch als Blattpflanze attraktiv, aber selbst das gönnte sie mir nicht. Die Blätter wurden gelb und fielen ab, übrig blieb ein wenig ansehnliches Etwas, von Neuaustrieb gar nicht zu reden. Ein Fall für den Blumenhimmel, obwohl ich sie zum Teufel wünschte. Jahr für Jahr habe ich mir geschworen: Nie wieder Gardenien. Ich bin wirklich nicht allzu ungeschickt mit den vielen verschiedenen Pflanzen, mögen sie noch so exotisch sein. Aber Gardenien?

Und doch kam ich alle Jahre wieder mit einem neuen Exemplar nach Hause und habe ihr angedroht: Du bist die letzte, aber wirklich. Mit dem Ergebnis, daß sich das Spielchen – oder besser gesagt, unser erbitterter Kampf – wiederholte. Ich war bisher noch nie wegen einer Pflanze so frustriert und deprimiert, so hilflos. Aber auch nie so hartnäckig.

Nun habe ich vier blühende Gardenien. Der Bann scheint gebrochen zu sein. Ich freue mich, denn der Gardenienduft ist für mich mit einem Wort traumhaft.

Es gibt über 250 Gardenien-Arten, Sträucher und sogar Bäume. In unseren Breiten sind nur die immergrünen Sträucher mit ihrem glänzenden, dunkelgrünen Laub und den wachsartigen, gefüllten weißen Blüten als Kübel- oder Topfpflanzen bekannt. Gardenien fühlen sich in neutraler bis saurer Erde wohl und bevorzugen Halbschatten. Sie wachsen und blühen im Schatten viel schöner als in der Sonne. Das war zum Beispiel einer der vielen Fehler, die ich gemacht hatte: In der Annahme, diesen exotischen Gewächsen etwas besonders Gutes zu tun, bekamen sie das sonnigste Plätzchen im Garten, aber sie mögen es lieber schattig. Die Sonne am Spätnachmittag allerdings genießen sie sehr, ihre intensiv nach Jasmin duftenden Blüten duften dann noch intensiver. Sie sind sehr empfindlich für zu viel oder zu wenig Feuchtigkeit und ebenso empfindlich für wechselnde Temperaturen. Offensichtlich müssen viele Faktoren zusammenkommen, damit eine Gardenie sich wohl fühlt, aber mit Geduld und etwas Glück kann man es schaffen.

Gardenia augusta 'Fortuniana' > **2.258** < hat besonders dicht gefüllte und große Blüten. Bis in den Oktober hinein, je nach Witterungsverlauf, steht sie draußen und wird wöchentlich gedüngt. Sie ist ein Prachtexemplar und blüht ab Anfang August ohne Unterbrechung. Diese Sorte bekommt man mit einiger Wahrscheinlichkeit im Blumengeschäft oder Gartencenter angeboten, oft auch unter dem Namen *Gardenia jasminoides* 'Fortunei'.

Einen ganz anderen Wuchs hat die Art, die ich unter der Bezeichnung *Gardenia misteri* > **2.259** < gekauft habe. Der Wuchs ist niedrig und buschig mit ganz kleinen, schmalen, hellgrünen Blättchen von 2 – 3 cm. Die reinweißen, fast vollständig gefüllten Blüten mit einem Durchmesser von 6 cm haben den gleichen wunderbaren Gardenienduft. Sie wirkt wie eine Gardenie „en miniature" und ist auch eine solche. Das Besondere bei ihr ist aber, daß sie winterhart sein soll. Ich sage ausdrücklich „soll", denn ich habe noch keine Erfahrung, bis zu welchen Minusgraden sie es aushält. Der Sicherheit halber kam eine Pflanze in einen Topf, eine andere in den Garten. Die im Freien ausgepflanzte hat die letzten Winter mit einer Mulchabdeckung gut überstanden, aber wir hatten auch keine - 20 °C. In geschützteren Gegenden, die es ja auch in Deutschland gibt, mag sie für das Freiland geeignet sein. Ein Versuch lohnt sich immer, nach dem Motto: „Wer nicht wagt, der nicht gewinnt". Und schöner kann ein Gewinn, nach so vielen Fehlschlägen, gar nicht sein: ein wunderbar duftender Blütentraum.

Ich kenne nur eine Pflanze, die noch stärker duftet. Der Duft ist sehr süß, balsamisch, berauschend, ausgesprochen exotisch, in einem geschlossenen Raum vielleicht sogar an der Grenze

***Gardenia augusta* 'Fortuniana'**
> **2.258** <

des Erträglichen: die Tuberose. Ich habe diese knollenbildende Staude erstmals zum Blühen gebracht. Aus einer Rosette von schmalen, aufrecht stehenden Blättern bildet sich ein etwa 60 cm hoher Blütenstiel, dessen Spitze eine Ähre aus trichterförmigen, wachsähnlichen reinweißen Blüten schmückt. Die Sorte, *Polianthes tuberosa* 'The Pearl' > **2.260** <, hat eine ganz besonders hübsche und gefüllte Einzelblüte mit noch betörenderem Duft, soweit das überhaupt möglich ist. Die Blütenähre trägt fünf bereits geöffnete Blüten und noch zwanzig vielversprechende Knospen. Vollerblüht ein Dufterlebnis ohne gleichen.

Tuberosen gehören zur Familie der Agaven-Gewächse. Sie sind bei uns nicht winterhart und stehen deshalb alle in Töpfen, ab Mai im Freien, und schmücken zur Blütezeit unseren sonnigen Vorgarten. Um schön zu blühen, benötigen sie eine Temperatur von 20 °C. Im Herbst kommen sie ins Winterquartier. Man kann die Knollen auch frostfrei in Sand überwintern, in Töpfen vorziehen und im Juni in den Garten pflanzen. Die Knollen werden so gepflanzt, daß ihre Spitzen über der Erde zu sehen sind. Bis die Blätter erscheinen, wird die Erde nur eben feucht gehalten, danach ist reichliches Gießen und wöchentliches Düngen angesagt. Oft wird geraten, die Knollen nach der Blüte wegzuwerfen. Mir war das zu schade. Zwar sind im Jahr darauf nicht alle wiedergekommen, aber ein großer Teil, und sogar schöner. Mit der Blüte ist immer ein Wettlauf mit der Zeit und mit dem Wetter verbunden. Da sie sich recht spät entwickelt, ist ein milder, sonniger und langer schöner Herbst Voraussetzung, nicht nur, um der Tuberose das Beste bieten zu können, was in unserer Klimazone möglich ist, auch mir zuliebe. Der Winter kommt ohnehin immer zu früh.

Die japanischen Anemonen sind kräftige, verzweigte Stauden, die oft bis in den November hinein blühen. Gerade in einer Jahreszeit, in der die Stauden im Garten ihren Höhepunkt überschritten haben, ist solch ein Lichtblick ein Gewinn.

Anemone japonica
'Honorine Jobert' > **2.269** <

Herbst
September, Oktober, November

Mit dem Herbst kommt die Zeit, in der jeder schöne Tag ein Geschenk des Himmels ist, und wo man jeden Sonnenstrahl genießt. Aber nicht nur wir Menschen empfinden die herbstliche Wärme wohltuend. Die Schmetterlinge tanzen immer noch und ruhen in der Wärme aus. Ist wirklich schon Mitte September? Es ist kaum glauben.

Tagpfauenauge und Kleiner Fuchs kommen in großer Zahl von Nachbars *Buddleja* herüber. In unserem Garten wächst aus Platzmangel keine, obwohl es mehrere weiße Sorten gibt. *Buddleja fallowiana* var. *alba* > **2.261** < hat große, wunderschöne Rispen röhrenförmiger Blütchen und gilt als die am intensivsten duftende. Diese weiße Form ist besonders hübsch, ihr silbriges Laub sieht aus wie mit Schnee bedeckt.

Die bei uns bekannteste und am leichtesten erhältliche Art ist *Buddleja davidii*, von der es mehrere weiße Sorten gibt: *B. davidii* var. *alba* > **2.262** <, 'Peace' > **2.263** <, 'White Bouquet' > **2.264** < mit gelbem Auge und herrlichem Duft, die reinweiße 'White Cloud' > **2.265** < und 'White Profusion' > **2.266** < mit sehr dichten Blütenrispen. Alle bieten einen wunderschönen Anblick, wenn sich die dunklen Schmetterlinge auf ihnen tummeln. Eine Buddleie sollte im Frühjahr stets stark zurückgeschnitten werden, sie bildet danach neue Blütentriebe, an denen dann, je nach Sorte bis in den Herbst hinein, die nach Honig duftenden Rispen mit den winzigen Blütchen erscheinen. Sie liebt einen sehr sonnigen Platz im Garten.

Obwohl wir jetzt in unserem Garten keine so große Duftwolke zu bieten haben, tummeln sich bei uns so viele hübsche Schmetterlinge wie zu keiner anderen Jahreszeit. Sie sehen auf den Blüten ausgesprochen dekorativ aus und sorgen für einen hübschen Kontrast. Sonst werden unsere weißen Blüten ausschließlich von Kohlweißlingen beehrt, wohl wissend, was sich für einen weißen Garten geziemt.

In allen Ecken des Gartens, besonders in dem kleinen Kamelienhang, aber selbst zwischen Rosen und Veilchen blühen Mitte September *Cyclamen hederifolium* 'Album' > **2.267** <. Ich muß leider gestehen, daß ich diese entzückenden kleinen Alpenveilchen jedes Jahr aufs neue vergesse. Ja, einfach vergesse. Aber unverdrossen, ohne im geringsten nachtragend zu sein, erscheinen sie wieder aus dem Nichts. Wer denkt denn auch schon, daß aus diesem zuerst völlig zusammengeringelten, braunen, auf der Erde liegenden Etwas ein Blütenstiel mit dem reinweißen Alpenveilchen wird. Entdecke ich es endlich, gehe ich sofort auf die Suche nach weiteren „Würmchen", und manchmal müssen sie aus wuchernden Veilchen befreit werden. Meist erscheinen die Blüten, mit den zurückgebogenen Blütenblättern und dem anmutig gezackten Krönchen, vor den Blättern, ein hübscher Anblick auf der dunklen Erde. Die Pflänzchen werden höchsten 10 cm hoch. Die Blätter haben eine silbergrüne Zeichnung. Sie sind, wie der Name *hederifolium* sagt, efeuähnlich.

Obwohl es von Astern und Chrysanthemen viele schöne weiße Sorten gibt, habe ich nur eine Asternart gepflanzt. *Aster dumosus* 'Niobe' > **2.268** < ist eine niedrige, kleine Staude mit reinweißen, fedrigen Blüten mit einem Durchmesser von 3 – 4 cm. Sie blüht ab Ende September und ist auch als Zwergaster bekannt, hübsch im Vordergrund einer Rabatte und ideal für den kleinen Garten. Daß die größeren Astern und Chrysanthemen einfach nicht zum Stil meines Gartens passen, wurde schon erwähnt.

Deshalb muß etwas anderes Herbstblühendes den Garten schmücken. Ich habe lange nach weißen Herbstanemonen gesucht und war glücklich, eine Sorte auf einer Pflanzen-Raritätenbörse zu entdecken. Inzwischen weiß ich, daß sie so selten gar nicht sind. Nun blüht im Staudenbeet *Anemone japonica* 'Honorine Jobert' > **2.269** <. Gerade in einer Jahreszeit, in der die Stauden im Garten ihren Höhepunkt überschritten haben, ist solch ein Lichtblick ein Gewinn. Die japanischen Anemonen sind kräftige, verzweigte Stauden, die oft bis in den November hinein blühen. Ihre milchigweißen Blüten sind sehr anmutig und haben ein entzückendes goldfarbenes Kränzchen von Staubgefäßen. Die Blüten heben sich gut von dem dunkelgrünen Laub und auch von einem dunklen Hintergrund ab. Die Blüten von 'Honorine Jobert' haben eine gewisse Ähnlichkeit mit denen von Christrosen und können in ihrer Schönheit mit all den Blüten, die uns bisher durch das Jahr begleitet haben, konkurrieren, als hätte sich die Natur für ein letztes, fast überirdisches Strahlen entschieden. Die ähnliche Sorte 'Whirlwind' > **2.270** <, ein richtiger kleiner Wirbelwind, ist halbgefüllt mit 20 bis 30 gedrehten Blütenblättern. Sie ist etwas schwieriger zu finden. Beide Sorten blühen am schönsten in voller Sonne, tolerieren aber auch einen schattigen Platz.

Von weitem könnte man die herrlichen Japan-Anemonen fast mit den Schmuckkörbchen (Kosmeen), *Cosmos bipinnatus 'Purity'* > **2.271** <, verwechseln. Aber nur von weitem. Die Kosmeen werden viel größer, wachsen krautiger, die Blütenblätter sind transparenter, und sie sind einjährig. Sie sind sehr hübsch für den Hintergrund einer Rabatte, die Eleganz der Japan-Anemonen geht ihnen allerdings ab.

Noch ist der Garten wirklich weiß, die schon ausführlich beschriebenen Rosen blühen nach wie vor, sogar in einer Schönheit, die die des Sommers oft noch übertrifft. *Choisya ternata* > **2.88** <, die Orangenblume, hat sich zum zweiten Mal in ein weißes Blütenkleid gehüllt. Auch alle Hortensien werden noch lange für Freude sorgen. Ihre Blüten

Cosmos bipinnatus 'Purity'
> 2.271 <

Von weitem könnte man die Schmuckkörbchen oder Kosmeen fast mit Japan-Anemonen verwechseln. Aber nur von weitem. Die Kosmeen werden viel größer, wachsen krautiger, die Blütenblätter sind transparenter, und sie sind einjährig. Sie sind sehr hübsch für den Hintergrund einer Rabatte, die Eleganz der Japan-Anemonen geht ihnen allerdings ab.

büßen nichts von ihrer Anmut ein, wenn sie ihren „Herbstlook" annehmen. Die verschiedenen, leicht morbiden Töne von blassem Grün über Altrosa und zartem Lila bis hin zu mattem Rot haben einen besonderen Reiz. Selbst der Fingerhut blüht noch vereinzelt, und seine üppigen Blattrosetten, die im nächsten Jahr die Blüten hervorbringen werden, sind eine Zierde für sich und geben dem Garten Struktur. Um diese Jahreszeit, Anfang Oktober, tragen zum Weiß in unserem Garten in großer Fülle die Fuchsien bei. Aber auch *Phlox* und *Solanum*, selbst *Cobaea scandens* > 2.241 < und *Passiflora caerulea* > 2.242 < haben sich noch längst nicht verabschiedet.

Aber selbst in diesen zunehmend ungemütlicher werdenen Monaten eröffnen manche Pflanzen ihren Blütenreigen. Wie kann man nur bei Regen und Kälte, Wind und zunehmender Dunkelheit blühen wollen? Doch zum Glück gibt es so etwas. *Gladiolus callianthus* 'Murielae' > 2.272 < – besser bekannt unter dem Synonym *Acidanthera bicolor* – gehört zum Beispiel dazu. Bei einem vorausgegangenen warmen Sommer kann diese Knollenpflanze schon ab September blühen, meist wird es jedoch Mitte Oktober. Die lockeren Ähren mit bis zu zehn würzig nach Fichte duftenden Blüten heben sich sehr gut von den langgestreckten Blättern ab, die 20 bis 40 cm hoch werden. Durch ihre lange dünne Röhre biegen sich die Blüten graziös nach unten, die sechs Blütenblätter weisen an der Basis einen dunklen, purpurfarbenen Fleck auf. Eine sehr hübsche Sorte, die wenig Ähnlichkeit mit den großblütigen Hybriden hat. Sie ist die einzige Gladiole, die ich im Garten gepflanzt habe.

Mit einer anderen Gladiolenart liebäugele ich noch, leider konnte ich *Gladiolus tristis* > 2.273 < bisher noch nicht finden. Aber ich bin sicher, das ist nur eine Frage der Zeit. Sie gehört allerdings überhaupt nicht ins Kapitel „Herbst". Dieses Kleinod stammt aus Südafrika und wirkt eigentlich nicht wie eine herkömmliche Gladiole. Ihre lockeren Ähren mit zwanzig trichterförmigen, cremeweißen Blüten zwischen den sehr schmalen Blättern erscheinen im Frühling. Sie wirkt gar nicht steif, sondern sehr grazil, aber was sie mir besonders begehrenswert erscheinen läßt, ist ihr Duft. Obwohl sich die 6 cm langen Blüten am Tage öffnen, verströmen sie ihren intensiven Gewürznelkenduft nur nachts. Aus diesem Grund ist ihr köstlicher Duft vielen Menschen völlig unbekannt. Aber Blüten duften nun einmal nicht für Menschen. Bei ihr lohnt es sich jedoch, zum Nachtschwärmer zu werden.

Auch *Schizostylis coccinea* 'Alba' > 2.274 < zeigt ihre kleinen, reinweißen Blütchen mit den vier leicht zurückgebogenen Blütenblättern und den auffälligen gelben Staubbeuteln erst jetzt im Herbst. Bis zu 60 cm lange Stiele haben viele Seitentriebe, die wiederum oft über zwanzig Einzelblüten hervorbringen. Diese grazile Staude, mit dem wenig schönen Namen „Spaltgriffel" und den langen, schmalen, grasähnlichen Blättern sieht sehr hübsch und transparent in einem Staudenbeet aus und ist ein besonders schöner Kontrast vor einer warmen, sonnigen Ziegelsteinmauer.

Die wesentlich winterhärtere, kriechende Staude *Tricyrtis hirta* 'White Towers' > 2.275 < mit ihren entzückenden, reinweißen Blüten so unprosaisch „Krötenlilie" zu nennen, ist mir völlig unverständlich. Zum Herbstanfang entstehen in fast allen Blattachseln aufrechte, 2 – 3 cm große, trichterförmige Blüten, deren Staubgefäße wie ein Krönchen über den sechs Blütenblättern sitzen. Die dunkelgrünen, feinbehaarten Blätter haben dunklere Tupfen, sind bis zu 13 cm lang und umfassen den Stengel. Diese lohnende Staude liebt die Sonne und humusreichen, feuchten Boden . Ich war von der Schönheit der Blüten so überrascht, daß es nicht bei der einen Pflanze blieb. Das kommt in meinem Garten nur bei außergewöhnlichen Pflanzen vor, die sich durch eine besonders schöne Blütenform, einen betörenden Duft oder eine anmutige Wuchsform hervorheben. Bei *Tricyrtis hirta* 'White Towers' ist es die Blütenform.

Heidekräuter

Als unser Garten vor über zehn Jahren angelegt wurde, hatten wir einen kleinen Hang ganz mit Erika bepflanzt, er hieß deshalb bei uns "Heidegarten".

Zu den vielen Fehlern, die ich damals aus Übereifer und Unwissenheit machte, gehörte, daß ich diesen Gartenteil völlig überdüngte. Ich meinte es ja so gut mit den Pflanzen. Statt mich allerdings durch üppiges Wachsen und Blühen zu belohnen, gingen die undankbaren Gesellen reihenweise ein. Obwohl nur eine einzige Pflanze übrigblieb, nannten wir diesen Teil weiterhin „Heidegarten". Was außerdem übrigblieb, war ein gespaltenes Verhältnis zu den Heidekräutern.

Im Laufe der Jahre wurde der Hang umgestaltet. Die Moorbeeterde war vorhanden, und meine Erfahrung war etwas größer geworden. Kleinwüchsige Rhododendren, Azaleen, Glockenblumen und vor allem Kamelien fühlen sich darin wohl, was zu der neuen Bezeichnung „Kamelienhang" führte. Allmählich konnte ich mich dann auch wieder mit den Heidekräutern anfreunden. Inzwischen wachsen die verschiedensten Arten und Sorten fröhlich und ohne Dünger zu Füßen ihrer größeren Kameraden und erfreuen im Herbst durch ihr Blühen.

Heidekräuter sind immergrüne Sträucher, die am besten in saurer Erde gedeihen. Damit sie schön buschig und kompakt bleiben, sollten sie nach der Blüte leicht zurückgeschnitten werden. Die große Vielfalt an Arten und Kulturformen macht es möglich, einen Heidegarten das ganze Jahr über attraktiv zu gestalten. Ich habe mich vor allem für Sorten mit interessantem Herbst- und Winteraspekt entschieden. Es gibt drei Gattungen:

- *Calluna* – die Besenheide, auch schottische Heidekraut genannt
- *Daboecia* – das irische Heidekraut und
- *Erica* – die Glockenheide.

Calluna vulgaris 'Kinlochruel' > 2.276 < wird ungefähr 25 cm hoch und bringt eine Fülle vergleichsweise großer, gefüllter weißer Blüten an kurzen Stielen hervor. Das Laub nimmt im Winter eine bronzefarbene Tönung an. *Calluna vulgaris* 'White Lawn' > **2.277** < dagegen wird nur 5 cm hoch, dafür aber gut 40 cm breit und bildet mit seinem leuchtend grünen Laub einen hübschen Teppich. Die winzigen Blüten sind gefüllt. Der Name 'White Lawn' („weißer Rasen") ist sehr passend. Die Sorte wächst auf der Stützmauer des als Hochbeet angelegten Hanges und hat sich sehr niedlich darüber ausgebreitet.

Von der Gattung *Daboecia* besitze ich bisher nur eine Sorte: *Daboecia cantabrica* 'Snowdrift' > **2.278** <. Ihre langen Trauben mit den urnenförmigen, großen weißen Blüten schmücken den Garten vom Frühjahr bis in den Herbst. Die leuchtend grünen Blätter sind lanzettförmig.

Vom Frühsommer ebenfalls bis zum Spätherbst blüht *Erica tetralix* 'Alba Mollis' > **2.279** <. Sie hat silbergraues, nadelähnliches Laub, wird 20 cm hoch und hat einen schönen, kompakten Wuchs. Ihre üppig erscheinenden Blüten sind reinweiß. Auch *Erica cinerea* 'Hookstone White' > **2.280** < blüht bis zum Herbst mit langen Trauben großer weißer Blüten. Sie wird 35 cm hoch und hat hellgrünes Laub. Am wohlsten fühlt sie sich an einem warmen, trockenen Standort. Die kräftigste weiße Sorte, *Erica carnea* 'Springwood White' > **2.281** <, fängt erst im Winter an zu blühen. Sie ziert den Garten mit ihren großen, weißen Blüten mit braunen Staubbeuteln bis zum Frühling. Sie ist ausgesprochen blühfreudig, wird 15 cm hoch und verträgt auch kalkhaltigen Boden und etwas Schatten. Sie ist ein hervorragender Bodendecker.

Ich bin froh, daß ich meine Abneigung überwunden habe, zumal ich ja für den anfänglichen Mißerfolg selbst verantwortlich war. Man sollte nie zu schnell aufgeben, manche Liebe braucht eine gewisse Reifezeit, so auch die Liebe zu den Pflanzen.

***

Ein hübscher Blickfang und gleichzeitig ein Anziehungspunkt für die letzten Bienen, sind die großen, nach Honig duftenden Blütenköpfe der Fetten Henne. *Sedum spectabile* (syn. *Hylotelephium spectabile)* 'Iceberg' > **2.282** < ist eine winterharte, horstbildende Staude mit fleischigen, hellen, graugrünen Blättern. Sie wird 30 – 40 cm hoch und ebenso breit. Vom Spätsommer bis in den Oktober hinein trägt sie sternförmige, reinweiße Blüten von 1 cm Durchmesser in flachen Blütenständen.

In manchen Jahren habe ich schon um den 1. Oktober die erste blühende Kamelie entdeckt. Wahrscheinlich blühte sie dann oft schon ein paar Tage im Verborgenen, bevor ich sie entdecke, denn ihre weißen, einfachen, 4 cm großen Blüten mit einem Büschel goldgelber Staubgefäße hängen verschämt nach unten. Dazu hat aber *Camellia sinensis* var. *sinensis* > **2.283** < nicht den geringsten Anlaß. Sie ist die erste bekannte Kamelienart in der westlichen Welt, eigentlich eine Nutzpflanze: die Teepflanze. Die Unterart stammt aus China, Japan und Tibet und bildet mit ihren kleinen, ledrigen Blättern einen dekorativen Strauch für einen Topf. Aus den kugeligen Knospen, die fast wie Knallerbsen aussehen, entwickeln sich die leicht nach Honig duftenden Blüten. Die andere Unterart, *Camellia sinensis* var. *assamica* > **2.284** <, kommt aus Assam, Burma und Thailand. Sie hat riesig große, tiefgenarbte Blätter und wird für einen Topf viel zu groß und ist eigentlich nur etwas für Sammler.

Vor der Feuerdornhecke, die sich inzwischen mit hellroten, kugeligen Früchten schmückt, blüht *Osmanthus heterophyllus* 'Purpureus' > **2.285** < mit weißen, duftenden Blüten von nur 0,5 cm Durchmesser. Der Sortenname 'Purpureus' bezieht sich auf den purpurfarbenen Neuaustrieb. Die dunkelgrünen Blätter sind scharf gezähnt. Der immergrüne, buschige Strauch kann 3 m hoch werden. Er ist der winterhärteste *Osmanthus*.

Ganz anders, aber nicht weniger schön, wächst die Glockenwinde in die Feuerdornhecke hinein. *Codonopsis pilosula* > **2.286** < ist eine selbstklimmende, krautige Staude, die man gut über größere Pflanzen ranken lassen kann. Sie bevorzugt Halbschatten und leicht durchlässige Erde. Fühlt sie sich wohl, wird sie bis 2 m hoch. Die glockenförmigen 2,5 cm großen Blüten erscheinen an den seitlichen Trieben. Obwohl die Farbe eher ein grünliches Beige ist, heben sich die Blütenglocken

Weiße Heidekräuter	
Calluna vulgaris 'Kinlochruel'	> 2.276 <
Calluna vulgaris 'White Lawn'	> 2.277 <
Daboecia cantabrica 'Snowdrift'	> 2.278 <
Erica carnea (syn. *E. herbacea*) 'Springwood White'	> 2.281 <
Erica cinerea 'Hookstone White'	> 2.280 <
Erica tetralix 'Alba Mollis'	> 2.279 <

dekorativ vor dem Fruchtschmuck des Feuerdorns ab. Die kleinen Blätter sind leicht behaart.

Selbst einen herbstblühenden Enzian gibt es. *Gentiana sinoornata* 'Alba' > 2.287 <, der Chinesische Enzian, liebt einen kalkfreien Boden und Sonne bis Halbschatten. Ein solcher Standort ist in unserem Garten nicht vorhanden, da der Moorbeet-Teil mit den Rhododendren und Kamelien eher schattig ist. Ich habe es mit diesem Enzian trotzdem versucht. Er toleriert den halbschattigen Platz, hat einen hübschen, kriechenden Wuchs mit an Rosmarin erinnernden, schmalen Blättchen und blüht im Oktober reinweiß.

Die Herbstzeitlose, *Colchicum autumnale* 'Alboplenum' > 2.288 <, hieß im Englischen früher „Upstart" (Emporkömmling). Sieht man den Ausdruck positiv, ist er treffend gewählt. Die reinweißen, gefüllten, 10 cm hohen Blüten erscheinen förmlich aus dem Nichts. Sie schießen so unvermittelt aus ihren Knollen, daß sie plötzlich und jedes Jahr aufs Neue überraschend da sind. Ohne jegliches Laub, heben sie sich sehr gut vor dunklen Koniferen ab, wirken als Lichtpunkte zwischen Sträuchern und im Rasen. Wie bei den Herbstkrokussen auch, kommen die Blätter erst im Frühling und ziehen im Juni wieder ein. *Colchicum* gehört zur Familie der Liliengewächse und hat wie diese 6 Staubgefäße, im Gegensatz zu dem bekannteren Krokus, der der Familie der Irisgewächse angehört, die 3 Staubgefäße haben.

Der herbstblühende Krokus läßt fast vergessen, daß der Winter naht. Wurde er zeitig im August an den sonnigsten Platz im Garten gepflanzt, blüht er schon zwei bis drei Monate später. *Crocus speciosus* 'Albus' > 2.289 < eröffnet mit seiner eleganten Form und schneeweißen Farbe den herbstlichen Reigen. Diese Rarität wird etwa 10 cm hoch und blüht bis in den Dezember hinein. Sie ist ausdauernd, mit Zuwachs allerdings kann man kaum rechnen, aber man hat jahrelang Freude an ihr. *Crocus pulchellus* 'Albus' > 2.290 < wird ebenfalls etwa 10 cm hoch. Seine großen, reinweißen Blüten öffnen sich in der Sonne weit. Mein Lieblingskrokus ist *Crocus cartwrightianus* 'Albus' > 2.291 <. Er bringt den Frühling ab Oktober in unseren Garten, nicht nur durch seine Blüten mit den langen, leuchtendroten Narben, sondern auch mit seinem süßen Duft. Bei ihm erscheinen mit kleinem Vorsprung zunächst die Blätter, dicht gefolgt von den stark geäderten Blüten. Diese Art stammt aus Griechenland und wird auch „Wilder Safran" genannt. Man nimmt an, daß *Crocus sativus*, der Lieferant des Safrans, aus ihm gezüchtet wurde. Der kleinste Krokus in meiner Sammlung ist *Crocus ochroleucus* > 2.292 < mit zierlichen, weißen Blüten bis zum Dezember. Im Pflanzjahr

Eucomis autumnalis > 2.257 <

Astrantia major

Die attraktiven Blüten der Großen Sterndolde haben grünliche Schattierungen und sind manchmal rosa überhaucht. Eine Staude, die gern in Blumenarrangements verwendet wird.

erscheinen die Blüten mit dem dunkelgelben Inneren etwas zaghaft, dann aber bilden sich Horste, und der Flor dieser zarten Blüten wird immer üppiger. Ist dieser Krokus nun der letzte seiner Gattung oder führt er das neue Krokusjahr an, das dann fast nahtlos in die frühlingsblühenden Arten übergeht?

Die gleiche Frage trifft auf das herbstblühende Schneeglöckchen zu. *Galanthus reginae-olgae* > **2.293** < verdankt seinen Namen der Königin Olga von Griechenland. Die etwa 2 cm großen, leicht duftenden, reinweißen Blüten haben an den Spitzen der inneren Blütenblätter einen grünen Tupfen. Die dunkelgrünen Blätter mit dem grauen Mittelstreifen erscheinen erst nach der Blüte. Diese Rarität wächst, in Töpfe gepflanzt, vor dem Fenster, obwohl sie sich im Garten genauso wohl fühlen würde. Aber so habe ich sie von Oktober bis November besser im Blickfeld. Sie bereitet in der ungemütlichen Jahreszeit viel Freude und gibt einen Vorgeschmack auf ihre viel bekannteren Schwestern.

Inzwischen ist es November geworden. Das Weiß im Garten wird weniger – und doch blüht noch erstaunlich viel. Eine ganze Reihe von Rosen hat noch Blüten: 'Aimée Vibert', 'Cécile Brunner White', 'Fair Bianca', 'Francine Austin', 'Kaiserin Auguste Viktoria', 'Little White Pet', 'Moonlight', 'Pearl Drift', 'Popcorn', *R. moschata*, beide 'Schneewittchen', 'Swany' und 'Yvonne Rabier'. Welche wird die letzte Rose sein?

Die Madonnenlilien treiben kräftig neue Blattrosetten und sorgen für frisches Grün. Alpenveilchen, Astern, Fingerhut, Fuchsien, Hortensien, *Solanum* und selbst die einjährigen *Bacopa*, Lobelien und Stiefmütterchen sind immer noch mehr oder weniger mit von der Partie. Noch sind alle Exoten – ausgenommen *Plumeria*, Tuberose, Ingwer und *Jasminum sambac* – draußen, um noch so viel Luft, Sonne und Regen wie möglich zu tanken. Ich habe all die Jahre nach dem Motto gehandelt: so spät wie möglich ins Winterquartier und so früh wie möglich wieder ins Freie.

Ohne die geliebten herbstblühenden Kamelien, *Camellia sasanqua*, wäre der Garten jetzt trotz allem in erster Linie ein grüner Garten. Es ist so schön, daß gerade in einer Jahreszeit, in der sich sonst alles verabschiedet, die Kamelien am Anfang stehen. Seit ich Kamelien habe, stimmt mich der scheidende Sommer längst nicht mehr so melancholisch. Ich könnte mir keine bessere Pflanze gegen November-Depressionen vorstellen. Die zauberhaft blühenden Kamelien lassen mit ihrem verführerischen Duft den nahenden Winter vergessen.

Zuerst blüht 'Bianco Natale' > siehe **5.44** < auf, dicht gefolgt von 'Narumigata' > siehe **5.42** <, 'Baronesa de Soutelinho', 'Mine-no-yuki', 'Fuji-no-mine', 'Hina Yuki' (mit einer entzückenden, kleinen, gefüllten Blüte, allerdings ohne Duft), 'Sasanqua Ben', 'Sasanqua fragrans', 'Lago dei Cigni' > siehe **5.41** <, 'Kenkyo', 'Setsugekka' > siehe **5.40** <, 'Snow Flake' > siehe **5.43** < und 'White Lady'. Sie sind alle in Töpfe gepflanzt und erfreuen – bis zum ersten Frost, wenn sie hereingeholt werden – im Vorgarten und Eingangsbereich nicht nur uns.

Allgemein werden die Sasanquas als nicht winterhart bezeichnet. Im Palmengarten in Frankfurt stehen einige Pflanzen seit über zwanzig Jahren im Freiland ausgepflanzt. Und Marianne Beuchert berichtet in ihrem Buch „Sträuße aus meinem Garten" von einem Sasanqua-Strauch, den sie ebenso lange im Freiland stehen hatte, um Grün für ihre Sträuße davon zu schneiden. In einem bereits 1948 erschienenen Bericht heißt es, Sasanquas seien sogar winterhärter als Japonicas, weniger anspruchsvoll an den Boden und sogar etwas kalkverträglich.

Deshalb haben wir es nun auch gewagt, einige Sasanqua-Pflanzen ins Freie zu setzen. 'Setsugekka' erhielt als ganz kleines Pflänzchen einen geschützten Platz und blühte Anfang Dezember nach dem ersten Frost ganz entzückend. Solche Experimente zu machen, fällt mir immer dann leichter, wenn ich von einer Sorte mehrere Pflanzen habe. Eine 'Narumigata' war für ihren Topf einfach zu groß geworden. Sie bekam einen schönen Platz im Staudenbeet, geschützt durch eine Eibenhecke und in Gesellschaft der Stauden, aber auch kleinerer Rosensträucher. Zuerst ist sie üppig gewachsen, hat dann auch geblüht und sogar Samen angesetzt. Sie scheint sich sichtlich wohl zu fühlen, blüht aber später als die Pflanze im Topf. Und das scheint das einzige Problem bei den Sasanquas im Freien zu sein: die Blüten, nicht die Pflanze selbst. Trifft der Frost einen gerade vollerblühten Strauch, kann die ganze Pracht an einem Tag vorbei sein. Aber in einer klimatisch günstigen Gegend oder einem entsprechenden Kleinklima – geschaffen durch Hecken als Windschutz und durch dichte Bepflanzung – sind die Blüten um diese Jahreszeit weniger dem Frost ausgesetzt. Was würde ich nicht alles tun, um sie in einer kritischen Nacht zu schützen. Fichtenzweige bieten sich an, selbst eine alte, dünne Gardine erfüllt vorübergehend ihren Zweck. Es lohnt sich allemal, den Versuch zu wagen: schlimmstenfalls ist die Blüte des betreffenden Jahres verdorben. Das muß aber nicht unbedingt eintreten und dann ist der Lohn überwältigend: ein anmutig wachsender, über und über blühender Strauch, der einen exotischen Duft verströmt, und das in einer Jahreszeit, die alle Menschen in unseren Breiten als grau und trist empfinden – im November.

Spätherbst – Frühwinter November, Dezember

Eigentlich ist der weiße Garten jetzt grün. Obwohl noch erstaunlich viel blüht und sogar vielversprechende Knospen vorhanden sind, erweckt der Garten um diese Jahreszeit keinen weißen Eindruck mehr. Ihn jetzt noch weiß zu nennen, wäre übertrieben, zumal ich schließlich weiß, wie er zu seiner Hochzeit aussehen kann. Damit er im nächsten Jahr wieder zu herrlichstem Weiß erstrahlen kann, darf er nun durchaus ein bißchen müde sein, sich ausruhen und neue Kraft schöpfen.

Es ist wunderbar, daß um diese Zeit oft noch so viele Fuchsien blühen. Gerade meine beiden Lieblingssorten 'Sleigh Bells' > siehe 5.59 < und 'Ting-a-Ling' > siehe 5.63 < haben manchmal noch so viele Blüten, daß ich gar nicht daran denken mag, daß sie bald ins Winterquartier müssen. Dazu müssen alle Blüten und Blätter entfernt werden, und das schiebe ich gern bis zum letzten Moment, dem ersten Frost, hinaus. Wenn wir jedoch sehr plötzlich Minustemperaturen bekommen, erfreuen sie uns mit ihren Blüten zunächst noch ein wenig im Treppenhaus. Doch dann beginnt unwiderruflich ihre Ruhezeit, bis sie im Februar ihren Dornröschenschlaf beenden. Leider viel zu oft werden Fuchsien als Einjahresblumen behandelt und nach der Blüte weggeworfen. Das ist wirklich zu schade, werden sie doch von Jahr zu Jahr schöner und blühen immer üppiger. Da ich die Fuchsien entweder aus Stecklingen selbst gezogen oder als Winzlinge gekauft habe, sind sie mir so ans Herz gewachsen, daß ich mich nicht nach einer Saison von ihnen verabschieden könnte.

Ende November blühen von unseren Rosen immer noch 'Aimée Vibert', 'Francine Austin', 'Moonlight', 'Swany' und 'Kronprinzessin Viktoria', und selbst 'Frau Karl Druschki' hat dann und wann noch eine perfekte Vorzeigeblüte. Aber 'Schneewittchen' an unserem Gartenzaun ist noch tausendmal schöner als alle anderen. Das stimmt wirklich, in manchen Jahren ist sie so voller Knospen und Blüten wie zu ihrer besten Zeit im Sommer. Auch 'Yvonne Rabier' hat oft noch Knospen. Ob sie sich noch öffnen werden?

Viele, viele Veilchen blühen, und selbst die einfachen und die gefüllten weißen Primeln beginnen zu blühen, zauberhaft, und doch etwas unwirklich im November.

Das trifft eigentlich noch mehr auf die Blütenpracht der Sasanqua-Kamelien zu. Die Töpfe stehen nun im Gartenhaus, durch die großen Glastüren jedoch bis zur Straße sichtbar. Es muß schon sehr kalt sein, wenn die Türen tagsüber geschlossen bleiben, und besonders schöne Prachtexemplare stelle ich, wenn kein Frost herrscht, zur Dekoration in den Vorgarten, nicht ganz ohne Stolz.

Aber sogar im Garten blühen um diese Zeit Kamelien. Sie sind zwar noch sehr klein, dafür haben sie sich aber schon kräftig angestrengt. Ich habe vor einigen Jahren drei kleine *Camellia oleifera*-Hybriden aus England zum Testen bekommen. Es sind Züchtungen von Dr. William Ackerman in den USA. Bisher haben sie ihren Winterhärtetest bei uns gut überstanden, und es könnte sein, daß mit diesen Sorten ein Durchbruch erzielt wird für winterharte Kamelien, die schon im Spätherbst ihre Blütenpracht entfalten. Da diese Sorten alle das „Blut" der frostharten Wildform *Camellia oleifera* in den Adern haben, überstehen auch die Blüten einige Minusgrade ohne Probleme.

Ich habe mich natürlich für die drei einzigen weißen Sorten davon entschieden. 'Snow Flurry' > **2.294** < hat mit 6 cm Durchmesser die kleinste Blüte. Dafür zeigt sie sie Anfang November, in günstigen Jahren auch schon im Oktober, als erste. Sie blüht reinweiß, anemonenförmig und sehr fleißig. Der Wuchs ist breit, mit überhängenden Trieben.

Die halbgefüllten bis anemonenförmigen Blüten von 'Winter´s Snowman' > **2.295** < sind etwas größer und entfalten sich aus rosafarbenen Knospen. Diese Sorte ist starkwüchsig und bildet einen aufrechten Busch. Sie blüht in den Monaten November und Dezember.

Genau wie 'Polar Ice' > **2.296** <, die dritte im Bunde. Sie hat mit 8 cm Durchmesser die größte Blüte, ebenfalls anemonenförmig. Sie wächst sehr langsam und bildet einen dichten, hübsch geformten Strauch, ideal für kleine Gärten.

Alle drei haben relativ kleine Blätter und einen ganz leichten Duft. Die Winterhärte wird mit -25 °C angegeben. Wie sich ihre Knospen bei extremen Temperaturschwankungen verhalten, soll sich während der fünfjährigen Testphase in England und Deutschland zeigen. Danach werden robuste, leicht zu pflegende herbstblühende Kamelien auf den Markt kommen. Sie werden uns den Spätherbst und den Winter durch ihre Blütenpracht verschönern.

Seit Beginn dieses Winterhärteversuchs führe ich eine Klimatabelle mit den täglichen Höchstwerten und den tiefsten Temperaturen nachts. Das ist auch im Hinblick auf andere Pflanzen sehr interessant, besonders wenn man erst einmal ein komplettes Jahr zum Vergleich hat. Und ich mußte feststellen, daß Monate, die ich als besonders heiß, kalt, naß oder trocken empfunden hatte, gar nicht so extrem waren. Diese Aufzeichnungen machen kaum Mühe, ein Minimum/Maximum-Thermometer sollte man sich jedoch anschaffen.

Ende November läßt es sich nicht leugnen, der Winter steht vor der Tür. Alles scheint sich zurückzuziehen, abzusterben und zu erstarren. Wirklich? Ich habe gar nicht so sehr das Gefühl. Wieviel Leben habe ich entdeckt, als ich wieder einmal die, wie ich mir sagte, letzte Sendung Blumenzwiebeln vergrub. Warum schwöre ich mir immer, wenigstens dieses Jahr einmal keine Blumenzwiebeln zu bestellen. Ich bringe es ja doch nicht fertig, es muß sich um eine Sucht handeln. Wo immer ich versuche, die Schaufel anzusetzen, wächst ohnehin schon etwas. Die Zwiebelblüher haben um diese Jahreszeit schon kräftige Wurzeln, und die Traubenhyazinthen sogar schon üppige Blätter. Muß das ein Frühling werden!

Auch die Rosen zeigen mit ihrem neuen Leben in den Blattachseln schon jetzt, daß sie im nächsten Jahr wieder zur Stelle sein werden.

Die dicksten Knospen haben aber die Strauchpäonien, und das hat mich mit besonderer Freude erfüllt. Ich habe nämlich eine von den Japanern angewandte und von Sir Peter Smithers beschriebene Schnittmethode ausprobiert. Es ist eine Frage der Geduld, Anfang Juni vorsichtig die für das nächste Jahr gebildeten Knospen aus den obersten Blattachseln zu entfernen. Am besten geht es mit einer Pinzette und einer kleinen Nagelschere. Die darunter liegenden Blattknospen verwandeln sich dann in Blütenknospen. Es sollte sich aber jeder glücklich schätzen, der eine solche Aktion nicht nötig hat, weil er genügend Platz hat, seine Prachtexemplare ungestört wachsen zu lassen. Ich hatte jeweils nur eine Hälfte jeder Pflanze so zurückgeschnitten, da ich nicht riskieren wollte, ein Jahr ohne Blüten zu sein. Durch den Erfolg ermutigt, kommt im nächsten Jahr die andere Hälfte an die Reihe. Wenn man diese Methode von Zeit zu Zeit anwendet, erhält man wunderschön blühende Päonien in der richtigen Größe für einen kleinen Garten.

Obwohl sie im Sommer unzählige kleine Ähren mit winzigen gelappten Blüten hervorbringt, erwähne ich *Hebe vernicosa* > **2.297** <, die Strauchveronika, bewußt erst jetzt im Spätherbst. Dieser immergrüne, kompakte kleine Strauch wirkt durch seine winzigen, dichtstehenden, glänzenden Blättchen so saftig grün und frisch, daß man unwillkürlich an den Frühling denkt. Er steht bei uns in Töpfen. Nicht nur, weil er nicht ganz sicher winterhart ist, sondern aus chronischem Platzmangel.

Seit September erfreuen uns die großen Dolden süß duftender Blüten der halbimmergrünen Schlingpflanze *Jasminum polyanthum* > **2.298** <. Die weißen Blüten sind an der Außenseite zuweilen rosa getönt, was im Zusammenspiel mit den dunkelgrünen Blättern sehr hübsch aussieht. Dieser Jasmin wird 3 m hoch und höher, braucht aber einen warmen, geschützten Platz damit er sich wohlfühlt. Dann blüht er bis weit in den Winter hinein.

Es ist erstaunlich, wieviel um diese späte Jahreszeit immer noch blüht. Selbst ein Zweig der Rose 'Aimée Vibert', der aus Versehen abgeschnitten wurde, steht schon seit über einer Woche in der Vase in voller Blüte. Nie hätte ich für möglich gehalten, daß die kleinen, kugeligen Knospen noch die Kraft haben, sich zu öffnen.

Ehe ich aber richtig darüber nachdenken kann, daß trotz allem die Blühpracht langsam aber sicher nachläßt, trifft mit schönster Regelmäßigkeit die jährliche Samenliste der Royal Horticultural Society aus Wisley ein. Sie liest sich spannender als ein Krimi. Was gibt es da für Raritäten zu finden! Herrlich, das nächste Jahr zu planen und in Sorten zu schwelgen, deren Namen ich zum Teil vorher nie gehört habe. Und dann beginnt das immer aufs Neue faszinierende Spiel: Was bist Du? Wie siehst Du aus? Wirst Du zu uns passen und Dich bei uns wohlfühlen? Wieviel kann man auf diese Weise lernen! Am Ende kann ich allem Weißen und Duftenden wie immer nicht widerstehen. Beschreibungen und Anleitungen machen es leicht, Erfolgserlebnisse zu haben. Man bekommt pro Sorte immer nur ein Tütchen, es sind aber so viele Samen enthalten, daß es für den Hausgebrauch reicht. Wie immer sehnsüchtig erwartet, werden sie versorgt, genau hundert Jiffy-Torfquelltöpfe waren einmal bei 21 Tütchen erforderlich. Einige Sorten kamen erst einmal für vier Wochen in den Kühlschrank, in dem zu gewissen Zeiten im Jahr kaum noch Platz für etwas Eßbares ist. Ich habe schon viele Pflänzchen auf diese Weise gezogen, muß aber auch zugeben, daß es mir nicht bei allen gelingt, wie mit *Paradisea lusitanicum* > **2.299** < und *P. liliastrum* > **2.300** <, den Paradieslilien, die ich wegen ihrer reinweißen, trichterförmigen, süß duftenden Blüten so gerne großgezogen hätte. Irgendetwas muß ich falsch gemacht haben, aber ich gebe so schnell nicht auf.

Und nun beginnt das Planen für das nächste Jahr. Die Vorfreude auf Neues und ein bißchen Nervenkitzel sind auch mit im Spiel. Es macht sehr viel Freude, für den Frühling zu säen und zu erleben, wie aus dem winzigsten Samenkorn ein Pflänzchen wird, und die Gewißheit zu haben, daß es nach der tristen Jahreszeit mit den ersten Frühlingsblühern weitergeht.

Winter
Dezember, Januar, Februar

So weiß wie zur Zeit ist der Garten ganz selten. Selbst die vielen Blüten des Frühlings und des Sommers können da nicht mithalten. Unser Senkgarten ist ein im Schnee versunkener Garten, weißer denn je. Wie macht man das eigentlich bei einem farbigen Konzept? In einem weißen Garten ist selbst der Winter kein Problem. Aber auch ohne Schnee ist er in dieser Jahreszeit noch attraktiv genug.

Einmal ist bei den plötzlichen Schneemassen ein großer Ast der Orangenblume, *Choisya ternata* , abgebrochen, er hielt der nassen, schweren Last nicht stand. Ich brachte es nicht fertig, ihn einfach zu „entsorgen", zumal das Laub auch noch herrlich duftete, und verteilte ihn auf mehrere Vasen. Nach und nach gingen alle Knospen auf, Blüten und Laub waren drei Wochen lang eine Zierde. Diesen Luxus leiste ich mir seither jeden Winter, auch ohne Schneebruch. Der Schnee war der Anlaß, mir auch die anderen Pflanzen näher anzuschauen. Im dichten Schneetreiben habe ich sie alle abgeschüttelt. Viele Zweige lagen am Boden und mußten befreit werden. Der Buchs-Hochstamm sah nicht mehr wie eine Kugel aus, sondern war völlig plattgedrückt. Die Pflanzen müssen sich über diese Aktion sehr gefreut haben,

Ramblerrose 'Kiftsgate'
> 2.209 <

So weiß ist unser Garten ganz selten. Selbst die vielen Blüten des Frühlings und des Sommers können da nicht mithalten. Ein im Schnee versunkener Garten, weißer denn je. Der einzige Farbtupfer sind die winzigen rostroten Hagebutten.

es ist erstaunlich, wie schnell sie sich erholten. Jedenfalls schneller als ich, denn ich war danach halb erfroren.

Wenn ich kurz vor Weihnachten den Garten betrachte, erweckt er eigentlich nicht den Eindruck, als seien wir mitten im Winter, so grün ist er. Unwillkürlich verbindet man mit dem Winter kahle, dürre Äste und braune, nackte Erde. Das muß aber nicht sein. Die breite Palette der immergrünen Pflanzen sorgt für Leben und verleiht dem Garten Struktur, besonders im Winter. Sie sind sozusagen das Rückgrat des Gartens.

Das gilt besonders für den Buchs. Die Buchskugeln in verschiedenen Arten, Sorten und Größen stehen überall in Töpfen im Garten. Es ist erstaunlich, wie gut sie selbst bei strengem Frost dastehen, wenn andere immergrüne Sträucher, insbesondere Rhododendren, aber auch die Kamelien, mit ihrem zusammengerollten Laub oft recht trostlos aussehen. Dagegen verbreitet Buchs ein Flair, das alles andere als winterlich ist. Meist bekommt man *Buxus sempervirens* > 2.301 < angeboten, eine schnell wachsende, winterharte Art mit vielen Sorten. Sie eignet sich ausgesprochen gut für Hecken. Sehr hübsch ist allerdings auch *Buxus microphylla* 'Green Pillow' > 2.302 <. Dieses „grüne Kopfkissen" wächst dicht und rundlich, die Blättchen sind klein und dunkelgrün. Die Sorte *Buxus microphylla* var. *insularis* 'Green Gem' > 2.303 < ist wirklich ein Schmuckstück. Diese Zwerg-Kugelform hat olivgrünes Laub und ist außergewöhnlich winterhart. Wegen der unscheinbaren, grünlich-cremefarbenen Blütchen wird man sich einen Buchs nicht anschaffen, sondern das schöne Grün macht den Reiz aus. Bei einem Formschnitt, den man am besten im späten Frühling oder im Sommer vornimmt, sind der Fantasie keine Grenzen gesetzt.

Selbst manche Rosen sind im Winter erstaunlich lange grün. Die Wichuraiana-Hybriden, wie

'Albéric Barbier' und 'Gardenia' > **2.304** <, sind fast immergrün, *Rosa sempervirens* > **4.19** < wurde in der zweiten Hälfte des 19. Jahrhunderts sogar „immergrüne Rose" genannt. Das kann man von der Sempervirens-Hybride 'Adelaïde d´Orléans' > **4.18** < nur bestätigen. Aber auch 'Purity' > **2.305** <, 'Sanders´ White' > **2.306** < und *Rosa moschata* > **2.234** <stehen noch in vollem Laub.

Noch wäre es zu früh zu sagen, welche Rose die letzte sein wird: 'Aimée Vibert', 'Katharina Zeimet', 'Kronprinzessin Viktoria', 'Lady Romsey', 'Moonlight', 'Schneewittchen' > **2.191** <, 'Swany' und 'White Cockade' – ihnen allen kann ein kurzes Schneegestöber nichts anhaben, sie blühen unverdrossen weiter. Vor Jahren konnten wir einmal am Heiligen Abend eine Aufnahme von einer 'Schneewittchen'-Blüte im Schnee machen, die Blüte kam mir damals wie ein Wunder vor.

Normalerweise bin ich kein Freund der „Treiberei". Es müssen auch keine Erdbeeren und kein Spargel an Weihnachten sein, auch kein Strauß mit weißem Flieder. Aber einmal habe ich mich doch verleiten lassen, etwas Frühling ins Haus zu holen, allerdings mehr, um es auszuprobieren und einmal ein ausgefallenes Geschenk zu haben. Wenige Pflanzen eignen sich dafür so gut wie Hyazinthen. Aber auch Schneeglöckchen und die Paperwhite-Narzisse (*Narcissus tazetta* ssp. *papyraceus*) > **2.307** < versprechen Erfolgserlebnisse.

Mit etwas Geduld gilt das auch für den Ritterstern, *Hippeastrum* 'White Dazzler' > **2.308** <, oft fälschlicherweise als *Amaryllis* angeboten. *Amaryllis* und *Hippeastrum* gehören zwar beide zur gleichen Familie, *Amaryllis* aber ist eine andere Gattung, die nur aus einer Art besteht. Von *Hippeastrum* dagegen, aus Südamerika, gibt es viele Arten. Mindestens vier Wochen bevor man diese herrlichen Blüten haben möchte, sollte man mit dem Treiben beginnen. Die Zwiebel muß so eingepflanzt werden, daß ihre obere Hälfte nicht mit Erde bedeckt ist. Bei einer Temperatur um 15 °C fängt sie an zu treiben. Sie wird dann an ein sonniges Fenster gestellt und regelmäßig gegossen. Wenn die ein bis zwei 60 cm hohen, blattlosen Blütenschäfte ihre jeweils drei oder vier wunderschönen, trichterförmigen, reinweißen Blüten zeigen, freut sich der Ritterstern über monatliches Düngen, solange die Blätter grün sind. Werden die Blätter im Spätsommer oder Herbst gelb, braucht die Pflanze eine Ruhezeit von etwa drei Monaten. Und dann kann das Spiel von Neuem beginnen. Bei manchen Zwiebeln dauert es auch etwas länger, aber die Geduld wird reichlich belohnt.

Schneller geht es mit Eiskeimen, das sind treibfähige Keime von Maiglöckchen. Ich hatte sie in München in einer Samenhandlung auf dem Viktualienmarkt entdeckt und so etwas nie zuvor gesehen. Sie sind allerdings sehr leicht zu übersehen. Sonderlich vertrauenerweckend sahen sie auch nicht aus. Aber irgendwie haben sie mich gereizt, und zu Maiglöckchen habe ich sowieso ein besonderes Verhältnis. Winzige Keime, dafür eine Menge langer, brauner Wurzeln. Ich war sehr im Zweifel, ob das etwas würde. Es wurde. Sie begannen, wohl verpackt, schon auf dem Heimweg im Auto zu wachsen. Eingetopft standen sie dann hell und warm und wurden feucht gehalten. Man konnte zuschauen, wie sie wuchsen. Zu Weihnachten hatte ich Töpfe mit blühenden, duftenden Maiglöckchen zu verschenken.

Der Winter war noch nie meine Jahreszeit, und er wird für mich immer nur das Warten auf den Frühling sein. Seit wir aber den Garten haben, hat der Winter den größten Schrecken verloren. Für Trübsinn ist kein Platz mehr. Und „tot" ist diese Jahreszeit ganz und gar nicht. Wieviel Leben regt sich da, sichtbar und unsichtbar auf den ersten Blick. Nicht nur die Augen der Rosen zeigen schon, daß in der nächsten Saison wieder mit ihnen zu rechnen ist, auch unter der Erde scheint es zu explodieren, und überall zeigen sich schon vorwitzige Spitzen. Ich betrachte sie zwar mit Genugtuung, decke sie aber immer wieder fürsorglich mit Laub zu.

Schon in meinen ersten Gartenjahren wollte ich mich im Winter nicht mit einem kahlen Garten abfinden. Ich habe eine Abneigung gegen alles, was zu Ende geht und beschloß, es lieber mit Karl Foersters „es wird durchgeblüht" zu halten. Doch wie? Es ist viel einfacher, als man sich vorstellt. Während der frostfreien Perioden, die wir häufig haben, blüht unser Garten auch im

Winter, und nicht nur mit Pflanzen, die *noch* blühen, sondern auch mit vielen, die *jetzt erst* oder *schon* aufblühen. Für mich ein Wunder, denn ich würde als Pflanze auf angenehmere Temperaturen warten.

Zum Glück denken die Pflanzen anders, beispielsweise die Christrosen. Ab Mitte Dezember erscheinen sie, eine nach der anderen, um pünktlich an Weihnachten in vollem Glanz zu erstrahlen. Ich habe die Sorte von *Helleborus niger* bereits im Kapitel „Spätwinter" beschrieben > **2.1** <, denn Ende Februar blüht sie immer noch in unveränderter Schönheit. Leider hatte sie keine Sortenbezeichnung, ich war aber von ihrem Aussehen so hingerissen, daß ich sie trotzdem kaufte. Sie wird von Jahr zu Jahr schöner, sollte aber nicht gestört werden. Sehr attraktiv ist auch die Hybride *Helleborus* × *nigercors* 'Alabaster' > **2.309** <. Sie ist sehr starkwüchsig, hat dunkelgrüne Blätter und wunderschöne, weiße Blüten mit grünen Markierungen, durchscheinend wie Alabaster.

Die Christrosen sind völlig winterhart. Aber ich habe für dieses Buch bewußt auch Pflanzen ausgewählt, die ein milderes Klima erfordern, wie es in Deutschland in bevorzugteren Gegenden ja auch vorkommt. Allgemein gilt als winterhart, was ohne Schutz in den kältesten Gebieten aushält. Baumschulen müssen sich an diese Definition halten, denn Ausfälle durch Winterschäden bringen jede Kalkulation ins Wanken. Für Gartenliebhaber dagegen gelten andere Maßstäbe. Geht wirklich einmal eine Pflanze in einem strengen Winter verloren, ist das nicht so tragisch. Schließlich hat man sich einige Zeit daran erfreut, selbst wenn es nur ein Jahr gewesen wäre. Eine Garantie hat man sowieso nie. Auch die winterhärtesten Pflanzen können – aus anderen Gründen, wie Krankheiten oder Sturm – ausfallen. Man kann nur gewinnen, wenn man auch einmal ein Risiko eingeht.

Hier soll nun auf keinen Fall ein falscher Eindruck entstehen. Natürlich zeigt der Garten im Winter nicht die üppige Blütenpracht wie im Frühling und Sommer. Aber jede Blüte, mag sie noch so unscheinbar sein, wird viel intensiver erlebt. Sie braucht auch nicht so auffallend zu sein, die Konkurrenz ist längst nicht so groß. Sie wird gesucht und entdeckt, freudig begrüßt und geliebt. Es ist ein bescheideneres, aber kein ärmeres Leben.

Beispielsweise blüht im Winter *Viburnum* × *bodnantense* 'Deben' > **2.310** <, ein laubabwerfender Strauch mit ovalen, gezähnten Blättern, die erst bronzefarben sind, bevor sie grün werden. Vom späten Herbst bis zum zeitigen Frühjahr öffnen sich aus zartrosa Knospen die weißen Blüten. Im Sommer wären diese Blüten gar nicht so auffällig, im Winter aber sind sie eine Seltenheit.

Es ist eigentlich eine Untertreibung, von einem „bescheidenen Blühen" zu sprechen. Denn lange, bevor die letzten Sasanqua-Kamelien verblüht sind, fangen die ersten Japonicas an. Nicht etwa, daß sie sich ablösen oder ein paar Tage überschneiden. Oh nein! Sie wetteifern über Wochen miteinander in verschwenderischer Fülle, von Bescheidenheit, geschweige denn Unscheinbarkeit keine Spur. Die Rede ist jetzt allerdings von Töpfen, die aber die überwiegende Zeit im Freien verbringen. Der vielgepriesene bewegliche Garten, der vor allem auch uns beweglich hält, kommt hier zur Wirkung.

Als erste Japonica-Kamelie blüht jedes Jahr 'Nobilissima' > **2.311** <, in manchen Jahren schon im November, mit Sicherheit aber an Weihnachten. Das ist für eine Japonica-Sorte sehr früh. Sie hat einen lockeren, aufrechten Wuchs und verhältnismäßig große Blätter. Ihre anemonenförmigen, weißen Blüten mit den ganz zarten, hellgelben Schattierungen in der Mitte sind ausgesprochen dekorativ und wären einmal ein anderer festlicher Schmuck für die weihnachtliche Tafel.

Auch die *Gordonia* > siehe **5.1** <, bringt nun mit ihren strahlenden Blüten Glanz in diese dunkle Jahreszeit.

Weniger spektakulär, dafür dem Wind und unfreundlichem Wetter trotzend, ist *Erica carnea* 'Springwood White' aufgeblüht, als letztes der Heidekräuter. Nicht jeder kann ein Star sein, auch unscheinbare Wesen haben ihre Reize. In diesem Fall beschert uns die *Erica* einen leuchtenden Fleck in dem sonst zur Zeit etwas dunklen Kamelienhang, denn die ersten Freilandkamelien haben zwar schon vielversprechende, dicke Knospen, die

Mit Rauhreif überzogen sehen die attraktiven Hagebutten der Rugosa-Hybride 'Schnee Eule' besonders reizvoll aus.

bereits Farbe zeigen, aber aufgeblüht sind sie noch nicht.

Dafür sind schon vereinzelte Schneeglöckchen zu entdecken, ein allererstes zaghaftes, leises Frühlingserwachen. Wie schön wäre es, wenn jetzt der Winter zu Ende wäre. Er denkt jedoch nicht daran, sich zu verabschieden. Der Januar hat erst angefangen.

Und doch blühen schon Veilchen, Primeln, Christrosen und das Geißblatt 'Winter Beauty' > siehe **2.2** <, und noch Stiefmütterchen, die bereits erwähnten Rosen und auch die Hortensien, deren Blütenköpfe allerdings nicht mehr als weiß, eher als zartgrün und rosa zu bezeichnen sind. Selbst drei Blüten der noch kleinen Japan-Anemone harren tapfer in dem trostlosen Winter aus.

Eine Kostbarkeit im winterlichen Garten ist *Iris reticulata* 'Natascha' > **2.312** < mit ihren einzeln stehenden, elfenbeinweißen Blüten, die in der Mitte orange-gelb gezeichnet sind. Sie wird 10 cm hoch und hat eine ausgesprochen elegante Form. An einem sonnigen, geschützten Platz verwildert sie durch Samen oder Brutzwiebeln und wird immer üppiger. Sie duftet wie die sogenannte „Veilchenwurzel“, die aber aus den Rhizomen von *Iris germanica* 'Florentina' > **2.313** < gewonnen und wegen ihres Veilchendufts auch heute noch bei der Parfum- und Kosmetikherstellung, und von mir in Potpourris, verwendet wird. Diese Iris gehört ebenfalls in einen weißen Garten, aber nicht in den Winter. Sie blüht im Spätfrühling mit weißen, intensiv duftenden Blüten.

Viel Freude in dieser ungemütlichen Jahreszeit bereitet auch *Sternbergia candida* > **2.314** <. Diese Zwiebelpflanze wird auch Gewitterblume genannt, warum, konnte ich nicht herausfinden. „Sternblume“ wäre meines Erachtens viel passender (die großen, reinweißen Blüten öffnen sich sternförmig), auch das englische „Lily of the field“ wird ihrer Schönheit mehr gerecht. Die fast 5 cm langen Blütenblätter sind an der Basis röhrenförmig zusammengewachsen. Sie hat einen köstlichen, süßen Duft und liebt ein sonniges Fleckchen. Diese einzige weißblühende Art der Gattung unterscheidet sich auch in der Blütezeit. Ab Mitte Januar fängt sie bei uns an zu blühen. Sie erinnert ein bißchen an einen Krokus, aber eben nur ein bißchen. Es sieht wunderhübsch aus, wenn ihre Blüten aus dem Schnee hervorlugen.

Nun ist alles dick verschneit, ein zauberhafter Anblick und für die Pflanzen ein guter Schutz. Waren doch die Zwiebelgewächse allzu vorwitzig und hatten schon Frühlingsgedanken. Sogar einige *Scilla* blühen schon, jetzt allerdings unter dem Schnee.

Sarcococca ist eine Pflanzengattung, die bei uns recht selten zu sehen ist. Das ist sehr schade, denn diese zu den Buchsbaumgewächsen gehörenden Sträucher haben etwas mehr Beachtung verdient. Sie sind winterhart, immergrün mit hübschem Laub und kugeligen Früchten. Vor allem blühen sie im Winter. *Sarcococca hookeriana* var. *humilis* > **2.315** < bringt als erste ihre süß duftenden, kleinen, weißen Blütchen mit den rosafarbenen Staubgefäßen hervor. Hellgrüne, schmale Blätter und lackschwarze Früchte lassen sie während des gesamten Jahres dekorativ erscheinen. Sie wird 20 – 40 cm groß und ist besonders winterhart. Bis zu 1 m Höhe kann *Sarcococca confusa* > **2.316** < erreichen. Die ebenfalls süß duftenden, winzigen weißen Blüten haben cremefarbene Staubgefäße, die Blätter sind dunkler grün. Die zuerst roten Früchte färben sich später auch schwarz. Bei *Sarcococca ruscifolia* > 2.317 < bleiben die Früchte dagegen rot. Diese Art hat einen mehr überhängenden Wuchs, kann aber ebenfalls 1 m hoch werden. Ein hübscher Strauch mit ovalen, dunkelgrünen Blättern und cremeweißen Blüten mit einem fruchtigen Duft. Alle drei Arten vertragen auch Halbschatten und sogar Schatten. Ein winterlicher Lichtblick, selbst an einem dunkleren Platz, auch noch mit Duft ausgestattet.

Alle Töpfe mit *Camellia lutchuensis* > siehe 5.49 < stehen Ende Januar in voller Blüte. Der Duft ist himmlisch, und das werde ich bestimmt noch ein paarmal sagen. Ich bin jedes Jahr von neuem überrascht, freue mich jedes Jahr mehr darüber und kann es immer weniger fassen, daß solch eine Pracht mitten im Winter möglich ist. Solange wir von Frost verschont werden, stehen sie, zur Freude vieler Passanten, im Vorgarten. Um diese Zeit beginnen aber auch schon die ersten im Garten ausgepflanzten Kamelien zu blühen. 'Cornish Snow' und 'Charlotte de Rothschild' sind meist besonders früh.

So schließt sich der Kreis: Nun blüht schon so vieles, daß sich die letzten Blüten des Vorjahres ruhig verabschieden dürfen. Sie haben die Stellung gehalten, bis die neuen Blüten so zahlreich erscheinen, daß sie die Rolle auf der Bühne übernehmen können, um aus dem Garten wieder einen weißen Garten zu machen.

Ein Garten läßt sich gut mit einer Bühne vergleichen. Die Kulisse wird von der Umgebung gestellt, immergrüne, nichtblühende Sträucher und Bäume, wie Buchs, Eibe und Thuja, sind die Statisten. Nebenrollen können auf reizende Weise die Hauptdarsteller unterstützen. Manche Schauspieler treten relativ kurz auf, haben aber eine enorme Ausstrahlung (wie Kamelien), andere sind länger auf der Bühne (wie Hortensien) und einige erscheinen mehrmals (wie öfterblühende Strauchrosen). Selbst auf der kleinsten Bühne hat nacheinander viel Platz, der eine verläßt sie mit Applaus, der nächste wird freudig empfangen.

Auch hier spielt die vierte Dimension des Gartens, die Zeit, eine große Rolle. Die Zeit der Schneeglöckchen ist der Winter und der Vorfrühling. Dann machen sie Platz für Pflanzen, die dann an der Reihe sind. Es ist ein ständiges Kommen und Gehen. Es ist viel los auf meiner kleinen Bühne. Langweilig wird es nie, im Gegenteil, es wird von Jahr zu Jahr spannender.

„Das Jahr" in meinem weißen Garten gibt es eigentlich nicht, jedes Jahr verläuft anders. Nicht nur wegen des unterschiedlichen Wetters. Neue Pflanzen kommen hinzu, andere werden ersetzt, ein Sturm kann eine Neugestaltung erforderlich machen, aber auch überhaupt erst die Möglichkeit dazu bieten. So traurig der Verlust eines großen Baumes ist, eröffnet die Lücke nicht ganz neue Perspektiven?

Erstaunlich ist allerdings, wie wenig die Blütezeit variiert. Seit über zehn Jahren mache ich Aufzeichnungen, und oft war nur ein Unterschied von wenigen Tagen festzustellen. Die im Freien wachsenden Kamelien tanzen etwas aus der Reihe. Da sie es dann aber alle tun, stimmt die Regelmäßigkeit wieder. Die Ersten sind mit großer Wahrscheinlichkeit immer die Ersten, die letzte Rose des Jahres ist bei uns immer das 'Schneewittchen' gewesen.

In England, wo die Gärten oft sehr groß sind, werden sie gern in einzelne „Räume" untergliedert, wobei jeder „Raum" dann anders gestaltet wird. Das kann hier, wie in Sissinghurst, ein weißer Garten sein.

Überlegungen zur Gartengestaltung

Neuanlage und Umgestaltung

Ist die Entscheidung getroffen, einen weißen Garten anzulegen, ist das weitere Vorgehen davon abhängig, ob ein Grundstück völlig neu angelegt werden soll, oder ob ein vorhandener Garten neu gestaltet oder vielleicht auch nur neu bepflanzt werden muß.

Man muß die Gegebenheiten nehmen, wie sie sind, und versuchen, das beste daraus zu machen. Es wäre wohl auch schwer, eine solche Entscheidung fällen zu müssen, denn beide Möglichkeiten haben ihre Vor- und Nachteile.

Alter Baumbestand kann reizvoll, aber auch sehr beengend sein. Einen Garten ganz neu anzulegen heißt dagegen: totale Freiheit, aber auch warten müssen.

Wir mußten damals den Garten übernehmen, wie er war. Mußten? Durften! Wir haben das Haus gekauft wegen des Gartens, nicht umgekehrt. Jahrelang hatten wir uns nach einem Haus mit Garten umgesehen, kannten jeden Neubau und jedes zum Verkauf oder zur Vermietung anstehende Haus in der Umgebung. Immer wieder war es an den Finanzen gescheitert. Und dann stießen wir auf dieses Haus ganz in der Nähe unserer früheren Mietwohnung. Wie oft waren wir beim Spazierengehen schon daran vorbeigegangen. Wir nannten es unter uns das „sterile“ Haus, weil so gar kein Leben darin zu sein schien. Als es zum Verkauf stand, sahen wir zuallererst den Garten, den man von der Straße aus nicht einsehen kann – und waren verliebt. Daß sich die Wohnung, die dazu gehört, dann als die kleinste herausstellte, die wir jemals hatten, und nicht einmal einen direkten Zugang zum Garten hatte, das alles hat uns nicht mehr davon abhalten können, zuzugreifen. Nur daß es ein Nordgarten war, ließ uns etwas zögern, doch davon später (siehe Seite 130 – 131).

Der Garten ist klein, das Grundstück, mit Haus und Garage, ganze 400 m^2 groß, aber was für ein Garten: ein Senkgarten, umgrenzt von einem Stützmäuerchen aus verwittertem Naturstein, dahinter Hochbeete mit Rabatten und schließlich, an den Grenzen zu den benachbarten Gärten, Hecken und alte Bäume direkt an der Grundstücksgrenze. Alles winzig, alles etwas verwildert, aber romantisch. Und das fast mitten in der Stadt. Durch die angrenzenden Nachbargärten mit hohen alten Bäumen sieht der Garten viel größer aus, als er ist.

Einen solchen Garten auf einem Neubaugelände anzulegen, würde Jahre, Jahrzehnte dauern. Und Bäume an der Grundstücksgrenze? Das ließe sich heute wahrscheinlich gar nicht mehr realisieren. So waren wir für diesen Garten zu allen Kompromissen bereit.

Das wichtigste für einen Garten ist Schutz für die Pflanzen: durch Hecken, Bäume, Mauern und Wände. Wo sie nicht vorhanden sind, muß man sie schaffen, das gilt für Neuanlage und Umgestaltung gleichermaßen.

Als nächstes muß der Faktor Zeit bedacht werden. Um beispielsweise eine schöne Eibenhecke anzulegen, dauert es Jahre. Setzt man die Pflanzen anfangs sehr dicht, wird es erstens sehr teuer, zweitens bald zu eng. Dazwischengestellte Töpfe sind ideale „Lückenbüßer“.

Das gilt auch für die Rosen, die man bekanntlich am besten wurzelnackt in der Zeit von Spätherbst bis zum zeitigen Frühjahr pflanzt. Die ersten Blüten erscheinen dann frühestens Ende Mai. Das heißt, man müßte eventuell ein ganzes Jahr warten, bis man das erste Weiß begrüßen kann. Auch hier helfen Töpfe.

Rosen in Containern kann man dagegen das ganze Jahr über kaufen und auch pflanzen, entweder in Töpfe oder ins Freiland. Das ist zwar etwas teurer und sie brauchen dann auch etwas mehr

Pflege, aber man hat sehr viel schneller blühende Sträucher.

Der Eindruck eines weißen Gartens läßt sich mit erstaunlich wenig Aufwand erzielen. Eine Kiste mit weißen Stiefmütterchen, im Februar gepflanzt, locker im Garten verteilt, hier ein paar Pflänzchen, dort ein paar, schafft verblüffend schnell weiße Lichtpunkte, die alle anderen weißen Blüten, die sich im Laufe des Jahres, oft erst sehr zögernd einstellen, unterstützen.

Von den ersten Frühlingsblühern (Schneeglöckchen, Scilla, Narzissen, Primeln, Tulpen, Maiglöckchen) über Kamelien, Rhododendren und Azaleen bis zu Rosen, Hortensien, Oleander und Fuchsien und schließlich wieder den Kamelien läßt sich mit Töpfen das ganze Jahr über Weiß in den Garten zaubern.

Damit gewinnt man Zeit, um den Garten selbst anlegen oder umgestalten zu können. Dazu sollte man sich von einem Fachmann beraten lassen.

Die erste Frage wird immer sein: Was für einen Boden habe ich? Die trockene Antwort des Gärtners, dem ich diese Frage stellte, werde ich nie vergessen: „Hier können Sie alles pflanzen". Er ahnte wohl, daß ich hauptsächlich Rosen pflanzen würde, denn für diese ist unser Lehmboden in der Tat wie geschaffen.

Dann wird man zunächst den vorhandenen Baumbestand prüfen. Welche Bäume und Sträucher sind das, die schon auf dem Grundstück stehen? Jeder Baum ist ein Juwel. Wer einen oder gar mehrere sein eigen nennt, kann sich glücklich schätzen. Da fragt man nicht, ob die Blütenfarbe in das Konzept paßt. Die Blütezeit ist ohnehin kurz. Aber der Baum gibt dem Garten das ganze Jahr über Struktur und Schutz.

Bei den Sträuchern sieht das schon anders aus. Ich fand hauptsächlich Cotoneastergestrüpp vor, offensichtlich das Markenzeichen eines „pflegeleichten" Gartens. Für mich stand schnell fest: das kommt raus! Daß es auch durchaus dekorative Sorten gibt, wußte ich damals noch nicht. Dadurch hatte ich Platz für Rosen. Und mit Rosen läßt sich ohne Mühe ein weißer Garten gestalten. Wenig später kamen Kamelien hinzu, einmal weil sie so schön sind, aber auch, weil sie die Vegetationszeit der Rosen so ideal ergänzen. Und Päonien, Glyzinen und Hortensien – die Auswahl ist unermeßlich.

Glücklicherweise habe ich vom ersten Tag an präzise Aufzeichnungen geführt über alles, was ich gepflanzt habe und wo. Ohne diese Aufzeichnungen hätte ich auch dieses Buch nie schreiben können. Es ist erschreckend, wie schnell man das meiste wieder vergißt. Und wenn man bei einer Pflanze nicht weiß, was es ist, kann man sie auch nicht richtig pflegen. Man kann sich nicht einmal Rat holen. Am meisten habe ich mit der Beschilderung gekämpft, ja, ich kämpfe immer noch. Nachdem ich so gut wie alles ausprobiert habe, was am Markt angeboten wird, muß ich resigniert feststellen: das ideale Mittel zur Beschilderung ist noch nicht erfunden. Für Bäume und Sträucher ja, aber für Stauden? Am zuverlässigsten sind immer noch meine Aufzeichnungen, wo ich etwas gepflanzt habe, denn die Schildchen sind das liebste Spielzeug der Amseln.

Ob Neuanlage oder Umgestaltung, die Anlage eines weißen Gartens, wie jedes Gartens überhaupt, erfordert eine Menge Überlegung und Planung. In einem habe ich mich dabei gründlich getäuscht. Ich erinnere mich noch gut, wie ich, als mein weißer Garten endlich angelegt war, dachte: und was machst du nun? Habe ich doch tatsächlich geglaubt, das sei ein Ende. Dabei war es erst ein bescheidener Anfang.

Lage, Größe und Umgebung

Häufig wird behauptet, ein Farbkonzept ließe sich nur in einem sehr großen Garten realisieren. Das Gegenteil ist der Fall. Je kleiner der Garten, um so notwendiger ist ein Farbkonzept, ist die Beschränkung. Wo alles bunt neben-, über- und durcheinander wächst, kann das Auge keinen Ruhepunkt finden, wird man erschlagen, nicht beeindruckt.

Der kleinste weiße Garten, den ich kenne, liegt auf einem Friedhof. Es ist das Grab meiner Eltern, ein Reihengrab, 1 m² groß. Ein schlichter schwarzer Stein, nur mit einer eingemeißelten Rose verziert, zwei Buchskugeln, zwei Rosen ('Little White

Pet' und darüber, als Halbstamm, 'Yvonne Rabier'), darunter weiße Pfingstveilchen, im Vorfrühling Schneeglöckchen, das ist alles. In dem durchweg bunten Umfeld wirkt es wie eine Insel im Meer. Für mich ist es das schönste Grab auf dem Friedhof.

Dieses Beispiel zeigt zwei Dinge: daß die Größe des Gartens keine Rolle spielt, und daß sich ein weißer Garten in jeder Umgebung gestalten läßt.

Es hilft, sich von der Vorstellung zu lösen, ein Garten müsse immer ein großer oder auch ein ganzer Garten sein. Auch Teile eines größeren Ganzen, wie das einzelne Grab auf einem Friedhof, kann man als Garten ansehen und gestalten. Genauso kann man jedes Beet, aber auch jeden sonstigen Platz als „Garten" in einem weiteren Sinne ansehen und anlegen: ein Fensterbrett, einen Balkon, eine Terrasse, einen Innenhof, einen Hauseingang, eine Beeteinfassung. In England, wo die Gärten oft sehr groß sind, werden sie gern in einzelne „Räume" untergliedert, wobei jeder „Raum" dann anders gestaltet wird. Das kann dann, wie in Sissinghurst, ein weißer Garten sein. Hecken (vor allem Eiben- oder Buchshecken) und Mauern (insbesondere Ziegel- und Natursteinmauern) trennen die „Räume", sind Windschutz und Kletterhilfe und bilden gleichzeitig einen hervorragenden Hintergrund, vor dem sich gerade weiße Blüten gut abheben.

Ein weißer Garten läßt sich überall problemlos einfügen. Er wirkt nie störend, eher verbindend. Gartengestalter verwenden Weiß gern als Puffer zwischen Farben, die nicht harmonieren. Es wird aber auch die Meinung vertreten, die Wirkung werde dadurch nicht gemildert, sondern das Weiß mache den Mißklang erst richtig deutlich. Vielleicht wäre ein Cremeton besser geeignet für diese Aufgabe. Obwohl ein weißer Garten nicht dominant wirkt – im Gegensatz zu einem Garten, der, beispielsweise, ganz in Gelb oder gar Orange gestaltet wäre – ist sein Einfluß auf die Umgebung dennoch spürbar, aber in einem positiven Sinn: Weiß wirkt erhebend, nie aufdringlich.

Der kleinste weiße Garten ist ein Grab: Ein schlichter schwarzer Stein, nur mit einer eingemeißelten Rose verziert, zwei Buchskugeln, zwei Rosen ('Little White Pet' und darüber, als Halbstamm, 'Yvonne Rabier').

Formale oder naturnahe Gestaltung

Jahrhundertelang schien Gartenkultur mit formaler Gestaltung identisch zu sein. Die französischen „Parterres" ebenso wie die italienischen Renaissancegärten schwelgten in geometrischen Formen und Anordnungen. Auch der frühe Garten in England war streng formal. Auch heute sind formale Gestaltungen noch und teilweise wieder sehr beliebt, wie sich bei Gartenschauen, auf Ausstellungen und im öffentlichen Grün immer wieder zeigt.

Erst der Einfluß des großen englischen Gartengestalters und -schriftstellers William Robinson (1838 – 1935), der fünfzig Jahre lang für eine naturnahe Gartengestaltung kämpfte, und der ebenso berühmten Gertrude Jekyll (1843 – 1932), deren Bücher heute noch stolze Auflagen erreichen, führte zu einem Umdenken und der Erkenntnis, daß auch Wildblumen oder freiwachsende Ramblerrosen mit Gartenkultur vereinbar sind. Heute, wo Gartenarbeit zunehmend unbezahlbar geworden ist und das Interesse an der Umwelt im Vordergrund steht, hat sich eine ungezwungene Gartengestaltung mehr und mehr durchgesetzt.

Dabei ist interessant zu beobachten, daß selbst die Verfechter einer naturnahen Gartengestaltung (wie William Robinson und Sir Peter Smithers) in ihr Konzept dennoch formale Elemente einbauen. Und der sogenannte „Wild Garden“ von William Robinson ist weder ein Wildgehege noch ein verwilderter Garten, sondern ein mit viel Sachverstand kunstvoll angelegter Gartenbereich, der aber so naturnah wirkt, daß man den Einfluß des Menschen kaum noch spürt.

In größeren Gärten stehen oft beide Prinzipien sich ergänzend beieinander. An einen formalen Bereich, häufig nahe dem Haus, schließt ein mehr naturnaher Bereich an oder naturnah gestaltete Bereiche werden von formalen Elementen, wie Hecken oder Einfassungen, umschlossen.

Besonders geglückte Beispiele findet man in England, wo herrschaftliche Gärten oft inmitten landwirtschaftlicher Umgebung angesiedelt sind. Ein tadellos geschnittener Rasenweg schlängelt sich durch eine Wiese mit Wildblumen zwischen Obstbäumen, in die Ramblerrosen frei wachsen. Oder: eine Wiese mit Frühlingsblumen, nur am Wegrand ein schmaler, als Rasen geschnittener Streifen. Bei einer Mühle nahe der holländischen Grenze sah ich kürzlich eine ähnliche Lösung: neben der Gartenterrasse ein sauber geschnittener Rasen, der an einen Bach grenzt, die Uferböschung dann wild mit Brennesseln bewachsen und inmitten des Rasens ein Rondell, ungemäht als Margeritenwiese stehen geblieben.

Ein weißer Garten läßt sich gleichermaßen formal oder naturnah gestalten. Für die Pflanzenauswahl und den späteren Pflegeaufwand hat diese Entscheidung aber große Bedeutung.

Sich selbst aussäende Pflanzen führen in einem formalen Konzept schnell zu Problemen, in einem naturnah gestalteten Bereich dagegen sind sie sehr erwünscht. Ramblerrosen mit ihrem üppigen Wachstum kann man in einem naturnahen Be-

Ziegel- oder Natursteinmauern trennen die Gartenräume, sind Windschutz und Kletterhilfe und bilden gleichzeitig einen hervorragenden Hintergrund, vor dem sich gerade weiße Blüten gut abheben. Hier haben sich *Cymbalaria muralis* 'Alba' > 4.10 < angesiedelt.

reich fast sich selbst überlassen, in einem formalen Garten, an Rosenbögen, Girlanden und Obelisken, ist ein erheblicher Schneideaufwand erforderlich, um sie in Form zu halten.

Viele Pflanzen, ausgenommen die immergrünen, sehen nach dem Verblühen unschön aus, insbesondere die Frühlingsblüher. In einem naturnahen Bereich darf das Laub ruhig einziehen.

Einjährige Sommerblumen passen mehr in einen formalen Bereich, Stauden wirken eher ungezwungen.

Mein weißer Garten ist sehr ungezwungen gestaltet. Dafür sorgen schon die vielen Frühlingsblüher und verschiedenen Stauden, die Ramblerrosen und anderen Kletterpflanzen. Die Dichte der Bepflanzung verstärkt den Eindruck eines romantischen Gartens. Daß er trotzdem nicht verwildert wirkt, liegt nicht zuletzt an der Auswahl der Pflanzen: Kamelien, Strauchpäonien, Oleander und andere edle oder exotische Pflanzen sorgen immer für das nötige Gleichgewicht.

Pflegeleichte oder arbeitsintensive Gestaltung

Der Begriff „pflegeleicht" im Zusammenhang mit einem Garten kann schnell zu Mißverständnissen führen. Ein Garten ist ein vom Menschen gestaltetes Stück Erde. Gleichgültig, wie groß oder wie klein es ist, die Gestaltung und die Erhaltung des Gartens machen Arbeit. Es kann nur darum gehen, den Pflegeaufwand einigermaßen in Grenzen zu halten. Wenn man das nicht ganz bewußt macht, gerät der Garten schnell zu einer sehr arbeitsintensiven Angelegenheit. Einen Garten ohne Arbeit gibt es nicht.

Sir Peter Smithers hat allerdings in seinem berühmten Garten in Vico Morcote am Luganer See bewiesen, daß man einen Garten so anlegen kann, daß er sich nach einer Reihe von Jahren ohne allzuviel menschliches Zutun im Gleichgewicht hält. Gleichwohl sollte man sich keine übertriebenen Hoffnungen machen. Erstens bedarf es eines umfassenden gärtnerischen Wissens, um alles zu bedenken, damit ein solches Konzept funktioniert. Zweitens hat es – selbst unter den günstigen klimatischen Bedingungen des Luganer Sees – über zwanzig Jahre gedauert, bis sich dieses Gleichgewicht tatsächlich eingestellt hat. Und schließlich muß man die hohen Maßstäbe bedenken, die Sir Peter anlegt. Was er als „pflegeleicht" bezeichnet, mag ein weniger ambitionierter Gartenliebhaber durchaus als sehr arbeitsintensiv ansehen.

Dennoch lassen sich einige Regeln aufstellen, deren Befolgung dazu beiträgt, die mit einem Garten verbundene Arbeit in Grenzen zu halten.

Man braucht sich nur vor Augen zu führen, welche Arbeiten es sind, die einen Garten so arbeitsintensiv machen: Unkrautbeseitigung, Wässern, Düngen, Schneiden, Krankheits- und Schädlingsbekämpfung.

Blanke Erde zwischen einzeln stehenden Zierpflanzen fordert das Unkraut und die zu seiner Beseitigung erforderliche Arbeit geradezu heraus. Ich mußte, um auf dem engen Raum möglichst viele interessante Pflanzen unterbringen zu können, die Pflanzen eng zusammen setzen, und konnte dabei feststellen, daß für Unkraut kaum noch Platz blieb. Es gibt ausgezeichnete bodendeckende Pflanzen, beispielsweise Ysander oder Waldmeister, die selbst in Schattenbereichen das Aufkommen von Unkraut weitgehend unterdrücken.

Sich selbst aussäende Pflanzen, das zeigen vernachlässigte Gärten, erfordern so gut wie keine Pflege. Von Vögeln bei uns „gepflanzte" wilde Erdbeeren haben nicht nur hübsches Laub, sondern schmücken sich zusätzlich mit entzückenden Blüten und tragen attraktive und wohlschmeckende Früchte. Ähnlich ist es mit den Veilchen, die sich in meinem Garten ebenfalls sichtlich wohl fühlen und an den unmöglichsten Stellen ohne mein Zutun erscheinen, selbst zwischen Steinritzen, wo ich nie wagen würde, etwas zu pflanzen. Wo sich solche Pflanzen von selbst einstellen, kann man sicher sein, daß sie mit den gegebenen Standortbedingungen bestens zurecht kommen.

Voraussetzung dafür ist allerdings eine naturnahe Gestaltung des Gartens. In einem streng formal angelegten Garten würde man solche Bereiche als störend empfinden. Hier wird die Strenge meist mit geschnittenen Hecken und mit Bäumen in Kugel-

Heute, wo Gartenarbeit zunehmend unbezahlbar geworden ist und das Interesse an der Umwelt im Vordergrund steht, hat sich eine ungezwungene Gartengestaltung mehr und mehr durchgesetzt.

oder Kegelform erreicht. Diese Schnittpraktiken erfordern Geschick und sind sehr arbeitsintensiv.

Gerade ein weißer Garten kann auch auf andere Weise ausgesprochen formal wirken. Weiße Blütengruppen, zum Beispiel, die Entfernungen betonen, geben einem weißen Garten eine gewisse Strenge, besonders, wenn es sich um Pflanzen mit markanten Formen handelt, wie der Fingerhut. So erreicht man einen formalen Aspekt mit einem Arbeitsaufwand, der sich in Grenzen hält.

Das Wässern bleibt niemandem erspart. Tief wurzelnde Pflanzen können sich allerdings weitgehend selbst versorgen, sobald sie sich erst einmal richtig etabliert haben. Sie werden seltener, dafür gründlicher gewässert.

Kritische Standorte in dieser Beziehung sind Plätze im Regenschatten. Ich bin immer wieder erstaunt, an wieviele Stellen in meinem Garten selbst bei starkem Regen kein Tropfen Wasser kommt. Ich habe diese Standorte dennoch bepflanzt, weiß aber, daß damit viel Arbeit verbunden ist.

Mit computergesteuerten Bewässerungssytemen soll man das Problem weitgehend lösen können. Ich habe allerdings noch keine Lösung gesehen, bei der die verlegten Schläuche nicht optisch gestört hätten.

Besonders aufwendig sind Töpfe. Sie müssen regelmäßig gewässert und gedüngt werden, wenn die Pflanzen darin gedeihen sollen. Wer die Gartenarbeit im Rahmen halten möchte, sollte auf Töpfe weitgehend verzichten. Er verzichtet dabei allerdings auch auf eine unvorstellbare Vielfalt.

Das gilt auch für veredelte Pflanzen, beispielsweise Rosen. Werden die sich schnell bildenden Wildlinge nicht regelmäßig entfernt, überwachsen sie bald, da sie viel starkwüchsiger sind als die Veredlung, die gewünschte Sorte. Dieses Problem besteht nicht bei Rosen, die auf eigener Wurzel vermehrt sind. Das ist besonders wichtig, wenn Rosen als Bodendecker verwendet werden.

Auch das Entfernen abgeblühter Triebe kann sehr arbeitsaufwendig sein. Bei vielen Rosen mit gefüllten Blüten hängen die verwelkten Blüten traurig am Strauch. Besonders störend ist das in einem kleinen und noch mehr in einem formal angelegten Garten. Alles Unschöne fällt sofort ins Auge. Bei Sorten, die sich selbst putzen, besteht dieses Problem nicht. Vielleicht ist das mit ein Grund, warum ich Rambler-Rosen so sehr bevorzuge.

Als extrem arbeitsintensiv empfinde ich den Rasen, der nur schön aussieht, wenn er regelmäßig geschnitten, gedüngt, gewässert und ab und zu vertikutiert wird. Eine durchaus akzeptable Alternive ist eine Blumenwiese, beispielsweise mit Margeriten, bei der nur die Ränder gemäht werden. Das Nebeneinander von ungemähter Wiese und geschnittenem Rasen kann sehr gelungen aussehen und schafft einen Übergang vom formalen zum naturnahen Garten.

Jeder Gartenbesitzer muß sich entscheiden: Wer Vielfalt möchte und außergewöhnliche Pflanzen, und wer die Grenzen der Standortgegebenheiten ausschöpfen will, muß besondere Arbeitsintensität in Kauf nehmen.

Das Laub

Jeder Garten, ob farbig oder weiß, ist vor allem grün. Das Laub hat in einem Garten eine größere Bedeutung, als man im allgemeinen denkt, ganz besonders in einem weißen Garten. Jede Blütenpflanze hat mehr oder weniger grünes Laub, oft nicht genug. Hell und schön wie sie sind, kämen weiße Blüten alleinstehend nicht zur Wirkung. Bei starker Sonneneinstrahlung können zarte Blüten ihre Konturen verlieren und im Vergleich mit dominanteren Blumen einen nur vagen Eindruck hinterlassen. Um besser zu wirken, brauchen sie einen Hintergrund als optische Unterstützung. Laub mit all seinen unterschiedlichen Farben, Formen und Beschaffenheiten erfüllt diese Funktion ideal und schafft noch eine zusätzliche Di-

Mein weißer Garten ist sehr ungezwungen gestaltet. Dafür sorgen die vielen Frühlingsblüher und verschiedenen Stauden, die Ramblerrosen und anderen Kletterpflanzen.

Pflanzen mit attraktivem Laub

Art / Sorte	Laub	Textziffer
Acorus gramineus 'Albovariegatus'	grasähnlich, gestreifte Blätter	> 4.34 <
Aegopodium podagraria 'Variegatum'	Laub mit weißer Zeichnung	> 2.62 <
Arundo donax 'Versicolor'	cremeweiß gestreifte Blätter	> 3.1 <
Bergenia	große löffelförmige, ledrige Blätter	
Camellia japonica	glänzendes, mittel- bis dunkelgrünes Laub, immergrün	
Camellia sasanqua	kleines, glänzendes, dunkelgrünes Laub, immergrün	
Cerastium tomentosum	wollige, weißsilbrige Blätter	> 3.10 <
Chlorophytum 'Variegatum'	gestreifte Blätter, mit weißem Rand	> 3.9 <
Chlorophytum 'Vittatum'	gestreifte Blätter, cremeweißer Mittelstreifen	> 3.8 <
Convallaria majalis 'Albistriata'	gestreifte Blätter	> 2.120 <
Cornus controversa 'Variegata'	Laub attraktiv cremeweiß gefleckt, schöne Herbstfärbung	> 3.7 <
Cordyalis ochroleuca	zartgrünes, filigranes Laub	
Erythronium revolutum 'White Beauty'	Blätter auffallend marmoriert	> 2.35 <
Euonymus fortunei 'Silver Queen'	dunkelgrüne, weiß geränderte Blätter	> 3.6 <
Fothergilla major	große Blätter mit schöner Herbstfärbung	> 7.1 <
Fragaria vesca	hübsches, dunkelgrünes, tief geädertes und gezähntes Laub	> 2.60 <
Fragaria × *ananassa* 'Variegata'	panaschiertes Laub	> 2.61 <
Galium odoratum	quirlständige Blätter	> 2.115 <
Gardenia augusta 'Fortuniana'	dunkelgrünes, glänzendes Laub	> 2.258 <
Hebe vernicosa	winzige, dichtstehende, glänzende Blätter	> 2.297 <
Hedera helix 'Anna Marie' und 'Eva'	cremefarbenes Muster	> 3.2 <, > 3.3 <
Helleborus niger	schönes geteiltes Laub	> 2.1 <
Hosta plantaginea 'Aphrodite'	große, glänzende, eiförmige Blätter	> 2.244 <
Hydrangea quercifolia	gelappte Blätter	> 2.237 <
Hymenocallis × *festalis*	1 m lange Blätter	> 2.180 <
Ilex aquifolium 'Silver Milkmaid'	leuchtend grüne Blätter mit cremeweißen Flecken	> 3.5 <
Lamium maculatum 'Album'	dunkelgrünes Laub mit weißen Mittelstreifen	> 2.59 <
Lamium maculatum 'White Nancy'	silbrig-weiß panaschierte Blätter	> 2.58 <
Lavandula angustifolia 'Nana Alba'	silbergraue Blätter	> 4.49 <
Ledum palustre f. *decumbens*	fast nadelartige Blättchen	
Lewisia nevadensis	lockere Rosetten dunkelgrüner Blätter	
Liriope spicata 'Alba'	grasartige, glänzende, dunkelgrüne Blätter	
Magnolia grandiflora	große, ledrige, glänzende, dunkelgrüne Blätter	
Mentha suaveolens 'Variegata'	weiche, wollige, weißgefleckte Blätter	> 4.50<
Myrthus communis	kleine, schmale, leuchtend grüne Blätter	> 5.14 <
Osmanthus heterophyllus 'Purpureus'	dunkelgrüne, scharf gezähnte Blätter	> 2.285 <
Pachysandra terminalis 'Green Carpet'	hellgrüne, leicht gezähnte Blätter	> 2.40 <

Pflanzen mit attraktivem Laub		
Art / Sorte	**Laub**	**Textziffer**
Paeonia suffruticosa	tief gelappte, hell- bis mittelgrüne Blätter, attraktiver rötlicher Neuaustrieb	
Papaver alpinum 'White'	blaugrünes, farnähliches Laub	> 2.179 <
Parthenocissus quinquefolia	5 einzelne Blätter bilden ein großes Blatt. Schöne Herbstfärbung	
Parthenocissus tricuspidata	dreiteilig gelappte, dunkelgrüne Blätter, Herrliche Herbstfärbung	
Pelargonium-Hybride 'Joy Lucille'	samtige, hellgrüne Blätter	> 5.10 <
Pelargonium-Hybride 'Fragrans'	kleine, weiche, samtige Blätter	> 5.11 <
Pieris formosa var. *forrestii* 'Wakehurst'	große, längliche, dunkelgrüne Blätter, leuchtend roter Austrieb	
Pileostegia viburnoides	ledrige, dunkelgrüne, 15 cm lange dekorative Blätter	> 5.5 <
Pistia stratiotes	dicke, muschelförmige, lindgrüne Blätter	> 4.29 <
Prunus cerasifera	Purpurfarbenes Laub	> 2.49 <
Prunus laurocerasus	große, schöne, glänzend grüne Blätter, immergrün	> 2.102 <
Pulmonaria officinalis	20 cm große Blätter mit weißen Flecken, immergrün	> 2.57 <
Pulsatilla vulgaris 'Alba'	fiedrige Blätter	
Rhododenren	meist große dunkelgrüne Blätter, oft immergrün	
Salvia argentea	silbrige, weiche, duftende Blätter	
Salvia officinalis	graugrüne, wollige Blätter, immergrün	> 4.41 <
Sanguinaria canadensis 'Multiplex'	herzförmige Blätter	> 2.56 <
Schizophragma hydrangeoides	gezähnte, dunkelgrüne Blätter	> 2.187 <
Sedum spectabile 'Iceberg'	fleischige, helle, graugrüne Blätter	
Tanacetum argenteum	schön geformtes, silbriges Laub	> 3.11 <
Tricyrtis hirta 'White Towers'	dunkelgrüne, fein behaarte Blätter	> 2.275 <
Viburnum rhytidophyllum	große, längliche, tief geäderte, dunkelgrüne Blätter	> 2.124 <
Zantedeschia aethiopica 'Green Goddess'	große, dunkelgrüne, attraktive Blätter	> 4.40 <

mension. Die sorgfältige Auswahl und Anordnung von Laubgewächsen bringt zusätzlich Ausgewogenheit und Abstufung in einen Garten und erhöht seinen Reiz.

Immergrüne Pflanzen sind ausgesprochen wertvoll für einen Dauereffekt. Sie bilden den Rahmen für die Fülle der Blüten und einen dunkleren Hintergrund, um alle hellen Blüten besser hervorzuheben.

Es sind die Immergrünen, die das winterliche Bild eines Gartens bestimmen. Und trotzdem sollte dabei auch der sommerliche Aspekt nicht vergessen werden. Der Kontrast von sehr dunkelgrünem Laub mit weißen Blüten kann zu stark und schwer wirken, mit dem Ergebnis eines künstlichen und theatralischen Effekts.

Wir haben versucht, der weißen Hauswand durch eine kegelförmig geschnittene Eibe Struktur zu verleihen. Die Wirkung wäre aber zu streng und der Kontrast zu groß, würde nicht auf einer Seite eine Rose ihre Triebe hinaufschicken und ihre Blüten herabfallen lassen und somit das Gesamtbild auflockern.

Hübsche Kontraste ergeben sich, wenn unterschiedliche Strukturen und Texturen der Blätter, aber auch verschiedene Größen und Formen kombiniert werden: Zartes mit Kräftigem und Grobem;

Weiches mit Hartem und Robustem, Glattes mit Rauhem und Geädertem, oder Glänzendes mit Mattem.

Die großen, dunklen, gezähnten Blätter der Christrose sind das ganze Jahr über eine Zierde und ein schöner Kontrast zu kleinblättrigen Stauden oder Rosen (beispielsweise zu den Pimpinellifolia-Rosen 'Stanwell Perpetual' oder 'Karl Foerster') oder zu einer kleinen Zuckerhutfichte (*Picea glauca* 'Conica').

Weißgrüne oder silbriggrüne Blätter kommen in der Natur kaum vor, meistens handelt es sich um Züchtungen oder Mutationen. Sparsam eingesetzt, ergeben diese „buntlaubigen« Blätter interessante Aspekte, am besten in einem einheitlich grünen Umfeld; ein Zuviel kann unruhig wirken.

Es ist auch besser, sie nicht großflächig zu pflanzen. Es sieht schöner aus, wenn buntlaubige Pflanzen, beispielsweise *Pachysandra terminalis* 'Variegata', von einfarbigen anderen Pflanzen umrahmt werden. Panaschierte Blätter sollten einen gezielten Kontrast bilden, der ganz bewußt zur Steigerung der benachbarten Pflanzen eingesetzt wird. Ein schattiger Platz oder ein dunkler Innenhof werden zusätzlich belebt und die Stimmung wird dort gleich viel heiterer.

Aber ganz unproblematisch sind weiß-grüne Blätter nicht. Die helle Zeichnung wird durch einen Mangel an Chorophyll hervorgerufen. Da sie nicht so gut assimilieren können, sind buntlaubige Pflanzen meist schwachwüchsiger als die Formen mit grünen Blättern unund auch kurzlebiger. Je größer der Weißanteil in den Blättern ist, desto weniger wird intensives Sonnenlicht vertragen. Solche Pflanzen fühlen sich im Halbschatten oder Schatten viel wohler und können nur dort ihre volle Schönheit entfalten.

Sehr dekorativ wirkt das ausdauernde Gras *Arundo donax* 'Versicolor' > **3.1** < , das mit seinen brei-

Lamium maculatum 'White Nancy' > 2.58 <

Diese gefleckte Taubnessel ist ein hübscher Bodendecker mit silbrig-weiß panaschierten Blättern.

ten, cremeweiß gestreiften Blättern allerdings 2 m hoch werden kann.

Auch die Efeusorten *Hedera helix* 'Anna Marie' > 3.2 < und 'Eva' > 3.3 < haben ein cremefarbenes Muster.

Ein deutlich weißes Inneres zeigen die großen, eleganten Blätter von *Zantedeschia aethiopica* 'Green Goddess' > 3.4 <, geschickt plaziert, ein Blickfang für einen Platz am Wasser.

Die Stechpalme *Ilex aquifolium* 'Silver Milkmaid' > 3.5 < mit ihren leuchtend grünen Blättern mit cremeweißen Flecken bildet einen großartigen Kontrast vor einer dunklen Eibe.

Auch das Pfaffenhütchen, *Euonymus fortunei* 'Silver Queen' > 3.6 <, ein immergrüner, buschiger Strauch mit dunkelgrünen, weißgeränderten Blättern, trägt zur Abwechslung im Garten bei.

Besonders hübsch sind *Pulmonaria* 'Sissinghurst White' mit ihren rauhen, silbrig gefleckten Blättern, eine Zierde während des ganzen Jahres, und das entzückende *Lamium maculatum* 'White Nancy', die weiß panaschierte Taubnessel.

Für einen großen Garten ist *Cornus controversa* 'Variegata' > 3.7 < gut als Solitär geeignet. Seine Blätter sind leuchtend grün mit cremeweißen Flecken. Im Sommer trägt er Dolden aus winzigen weißen Blüten. Er kann 10 m hoch werden.

Eine der bekanntesten buntlaubigen Pflanzen dürfte die überall zu findende Grünlilie, *Chlorophytum comosum*, sein. Die Sorte 'Vittatum' > 3.8 < hat einen deutlichen cremeweißen Mittelstreifen, während die Sorte 'Variegatum' > 3.9 < an den Rändern weiß ist. Sie ist das Anspruchsloseste, was man sich überhaupt denken kann. Die Vermehrung von Grünlilien ist ein Kinderspiel, und jedem, der ein gärtnerisches Erfolgserlebnis braucht, zu empfehlen. Zur Zeit stehen zwei besonders üppige Exemplare – gesund, groß, blühend und mit vielen Ablegern – in schönen, schlichten Töpfen in den Kellerfenstern an der Nordseite.Sie bleiben im Freien, bis Frost kommt, aber auch einige Minusgrade machen ihnen nichts aus.

Blätter mit feinen, weißen Härchen wirken oft silbrig oder sogar weiß. Sie geben einer Pflanzung etwas Weiches und gleichzeitig Glitzerndes. *Cerastium tomentosum*, das Hornkraut > 3.10 < – ein Bodendecker mit winzigen, wolligen, silbrigweißen Blättern für einen sonnigen, trockenen Standort – wird in England bezeichnenderweise „snow in summer" genannt.

Tanacetum argenteum > 3.11 <, eine Staude mit schön geformtem, silbrigem Laub, zeigt, daß Blätter nicht nur Beiwerk der Blüten sind, sondern großen eigenen, dekorativen Wert haben können.

Von großer Bedeutung ist auch, wie Wuchsform und Belaubungsdichte zusammenwirken. Bei einem offenen Wuchs besteht ein Wechselspiel von Licht und Schatten zwischen den Blättern und Zweigen. Die großen, glatten Blätter einer Magnolie schaffen eine südliche Atmosphäre, sie vermitteln ein Gefühl von Raum und Ferne, während die Nadeln von Koniferen oder die winzigen Blättchen des Buchsbaums den Eindruck von Dichte entstehen lassen und der Pflanze eine architektonische Form geben.

Pflanzen mit tief eingeschnittenen Blättern dagegen wirken leicht und luftig. Die schwertförmigen Blätter der Iris sorgen für hübsche Kontraste in einer Pflanzung mit weichem und eher rundem Laub. Die Zahl der Möglichkeiten zur Kombination unterschiedlicher Formen ist unbegrenzt. Der Frauenfarn, *Adiantum venustum*, wirkt mit seinen duftigen Wedeln aus vielen, feinen Fiederblättchen unendlich transparent. Der Nestfarn, *Asplenium nidus*, dagegen hat große, breitlanzettliche, lindgrüne Wedel, die trichterförmig angeordnet sind. Sie ergeben eine viel kompaktere, füllende Wirkung.

Die bewehrten Zweige der Distel *Onopordum acanthium* bilden einen aufregenden Gegensatz zu den glänzenden Blättern des Efeus, den weichen des Tabaks und den feinen der Lilien.

Dunkle Blätter oder Nadeln, beispielsweise die der Eibe, lassen einen Garten kleiner erscheinen, wirken aber auch schützend und geben Geborgenheit. Das helle, heitere junge Grün der Birke bewirkt genau das Gegnteil: es ist verspielt, offen und transparent. Einen größeren Unterschied in der Wirkung des Laubes kann man sich kaum vorstellen. Wie unendlich groß sind die Möglichkeiten, den passenden Rahmen für weißblühende Pflanzen zu schaffen.

Eine Rabatte, das berühmte englische „Border", läßt sich sehr vielseitig verwenden. Ob vor einer Hecke oder einer Mauer, entlang einer Hauswand oder an einem Weg, immer wird sich die Möglichkeit finden, der Fantasie freien Lauf zu lassen. Es ist eigentlich eine gestaltete Randbepflanzung, für die es ungeahnte Möglichkeiten der Zusammenstellung von Pflanzen gibt, die aber auch Geschick und Geschmack erfordert, nicht zuletzt auch ein Wissen um die Pflanzen. Solche Rabatten sollten so groß wie möglich angelegt werden. Besonders gelungen ist dieses Arrangement im weißen Garten von Chenies Manor in England: gefüllte späte Tulpe 'Mount Tacoma' über niedrigen Stauden vor einem üppig blühendem Viburnum.
Foto MAP/Clive Nichols

Besondere Gartensituationen

Rabatten

Mein kleiner Garten weist kein einziges Beet mit Sommerblumen auf. Für eine Fläche, um die man herumgehen und deren wechselnde Bepflanzung man von allen Seiten betrachten kann, ist einfach kein Platz. Solche Beete sind eher etwas für große Gärten oder für Parkanlagen, in denen beispielsweise hunderte von Tulpen einer Sorte stehen, bestenfalls mit einem geometrischen Muster aus Hyazinthen, oder Rosen einer Sorte mit einer Einfassung aus Lavendel. Das kann aus der Entfernung sehr gut und großzügig wirken, kaum aber in einem kleinen Garten.

Eine Rabatte, das berühmte englische „Border", eignet sich für die meisten Gärten viel besser. Ob vor einer Hecke oder einer Mauer, entlang einer Hauswand oder an einem Weg, immer wird sich die Möglichkeit finden, der Fantasie freien Lauf zu lassen. Es ist eigentlich eine gestaltete Randbepflanzung, für die es ungeahnte Möglichkeiten der Zusammenstellung von Pflanzen gibt, die aber auch Geschick und Geschmack erfordert, nicht zuletzt auch ein Wissen um die Pflanzen. Solche Rabatten sollten so groß wie möglich angelegt werden. Immer mehr Steinplatten wurden bei uns entfernt und die Rasenfläche schrumpfte. Doch eine Rabatte macht weniger Arbeit als ein makelloser Rasen, und auch viel mehr Spaß.

Eine weiß gestaltete Rabatte hebt sich besonders gut vor einem dunklen Hintergrund ab, beispielsweise vor einer Eibenhecke, oder auch von der grünen Fläche des Rasens. Ein grüner Hintergrund aus Blättern läßt das Weiß der Blüten besonders dekorativ erscheinen.

Man kann in einer Rabatte natürlich nur Stauden verwenden, dann liegt der Höhepunkt der Pflanzung im Sommer. Das „Mixed Border", die gemischte Rabatte, ist dagegen, bei geschickter Auswahl und Anordnung der Pflanzen, das ganze Jahr über interessant. Hier finden nicht nur Stauden, sondern auch Zwiebelgewächse, Einjahresblumen und Sträucher Verwendung. Einige größere dekorative Pflanzen dienen als optische Stütze und geben der Rabatte Struktur. Der immergrüne *Osmanthus* × *burkwoodii* wirkt durch sein dichtes, dunkles Blattwerk eher schwer, während *Viburnum* × *burkwoodii* 'Anne Russell' oder die öfterblühende Strauchrose 'Francine Austin' leicht und filigran wirken.

Im allgemeinen werden die niedrigeren und breitwüchsigen Pflanzen vorn und die höheren und mehr aufrecht wachsenden weiter hinten angeordnet. Dafür ist es wichtig, bereits beim Pflanzen den Habitus und die endgültige Wuchshöhe zu berücksichtigen. Allzu streng sollte man das jedoch nicht nehmen. Wichtig ist allein, daß eine harmonische Gestaltung erreicht wird.

Es sind Länge, Breite und Höhe der Rabatte zu beachten. Bei einer geraden, langgestreckten Rabatte kann eine spiegelbildliche Bepflanzung äußerst wirkungsvoll sein. Die Pflanzhöhe nimmt dabei von der äußeren Breite zur Mitte hin ab, um genau gegengleich wieder anzusteigen. Ein besonders gelungenes Beispiel habe ich in Holland in dem Garten De Rhulenhof gesehen.

Die berühmte englische Gartengestalterin Gertrude Jekyll bepflanzte ihre Rabatten in „drifts", in schmalen, geschwungenen und langgezogenen Flächen. So ergeben sich zwei Perspektiven: von vorne betrachtet ,wirkt die Bepflanzung langgestreckt, von der Seite aus verkürzt. Ist die Blütezeit vorbei, sieht dieser Teil weniger leer und unschön aus.

Man sollte bei Rabatten stets versuchen, ein harmonisches Auf und Ab zu erreichen. Durchaus kann auch einmal etwas Größeres in den Vordergrund gesetzt werden. Dabei spielt auch die Blütezeit eine wesentliche Rolle. *Abeliophyllum distichum*, die Schneeforsythie, blüht im Frühling und paßt um diese Zeit gut in den vorderen Bereich. Ist ihre Pracht vorbei, übernehmen Strauchpäonien, Rosen und größere Stauden, beispielsweise Phlox, ihre Rolle, unterpflanzt mit niedrigen Stauden, wie Veilchen oder Taubnessel; letztere eignet sich durch ihren anmutig hängenden Wuchs besonders gut für den Vordergrund.

Das Problem der harmonischen Abstimmung der Farben entfällt bei einer weiß gestalteten Rabatte völlig. Man kann sich bei der Gestaltung ganz auf die Pflanzen konzentrieren, auf die Größe und Form ihrer Blüten und Blätter, ohne Rücksicht auf die Farbe nehmen zu müssen. Auch die Notwendigkeit, von jeder Sorte eine ganze Gruppe pflanzen zu müssen, um eine unruhige Wirkung zu vermeiden, ist bei weitem nicht so groß. Besonders für den noch nicht so erfahrenen Gartenliebhaber und bei einem kleinen Garten sind das Vorteile. Damit eine solche Bepflanzung dennoch nicht langweilig wirkt, muß allerdings besondere Sorgfalt auf ein spannungsreiches Nebeneinander unterschiedlicher Wuchshöhen sowie der Formen und Beschaffenheit des Laubes geachtet werden.

Eine weiß gestaltete Rabatte kann auch der einzige weiße Teil in einem größeren Garten sein, ein weißer Garten „en miniature“, vielleicht, um einen schattigen Teil aufzuhellen, oder um, in Verbindung mit silbrigem Laub, einen Übergang zu anderen Tönen, beispielsweise Blau, zu schaffen. Sie kann Bereiche voneinander abgrenzen oder für Kontraste sorgen. Um ein wenig Stille in den Garten zu bringen, sich ein Plätzchen zum Träumen zu schaffen, bietet sich eine Rabatte aus weißblühenden Pflanzen an.

Selbst nur für eine bestimmte Jahreszeit läßt sich eine Rabatte in Weiß bepflanzen. Warum nicht eine Rabatte ganz dem Frühling widmen? Ein Frühlingserwachen mit Christrosen, Schneeglöckchen,

Hecken erfüllen nicht nur einen praktischen Zweck. Sie sind strukturgebende Elemente, als Hintergrund genauso ideal wie zur Teilung verschiedener Bereiche. Sie können denselben Zweck wie eine Mauer erfüllen, brauchen allerdings mehr Platz, müssen gepflegt und in den meisten Fällen geschnitten werden. Im Vordergrund links die Polyantha-Rose 'Schneewittchen' von Lambert 1901.

Scilla, Traubenhyazinthen, Anemonen, Schachbrettblume bis hin zu den vielen Narzissensorten, ganz in Weiß, ist zauberhaft. Höhe könnten Seidelbast oder auch eine Kamelie, beispielsweise 'Cornish Snow', bringen, die sich beide nach der Blüte in neutralem Grün präsentieren. Wobei ich (am richtigen Standort) der immergrünen Kamelie den Vorzug geben würde, wenn ich mich für eine entscheiden müßte.

Maler und Gärtner haben vieles gemeinsam. Sie müssen bei der Arbeit das fertige Bild vor Augen haben. Ein Gärtner hat es dabei noch schwerer, denn er muß im voraus planen, den Frühlingsgarten bereits im Herbst anlegen und die Veränderungen bedenken, die die Zeit unweigerlich mit sich bringt, die aber auch durch die sich ständig ändernden Pflanzen mit ihren unterschiedlichen Blütezeiten im Laufe des Jahres entstehen. Die schönsten Ideen lassen sich auch leider nicht sofort mit wenigen Pinselstrichen verwirklichen. Doch auch im nächsten Jahr kommt wieder ein Frühling.

Zäune und Hecken

Zäune und Hecken dienen im allgemeinen der Teilung und der Abgrenzung. Zäune, die einen Vorgarten zur Straße abgrenzen, sollten idealerweise eine Ergänzung zu Haus und Garten bilden, sozusagen auf das „Dahinterliegende" einstimmen. Selten jedoch findet man ein wirklich harmonisches Miteinander. Beim Kauf eines Hauses muß man mit manchen Gegebenheiten leben. Muß man es wirklich? Etwas neues ist meist sehr aufwendig und auch eine Frage des Geldes.

Über das Geländer unseres Zauns ranken sich jetzt Rosen, und die dicht davor gepflanzten Sträucher hängen teilweise darüber oder schauen vorwitzig und einladend hindurch. Ein Rosenzaun! Dank der Südlage konnte ich sogar *Rosa banksiae* > **2.163** < verwenden, sie blüht besonders früh. Die anderen in dem Reigen sind die Englische Rose 'Glamis Castle', die Bourbon-Rose 'Boule de Neige' und die öfter blühende Strauchrose 'Schneewittchen' mit ihrer bis in den Winter dauernden Blüte. 'Boule de Neige' habe ich gewählt, weil sie so wenig Stacheln hat und weil sich ihre Triebe gut über das Geländer ziehen lassen. An den fast waagerecht festgebundenen Zweigen entstehen dann die kugeligen, dicht gefüllten Blüten besonders zahlreich. Beim Aufblühen haben die Blüten an den Rändern rötliche Schattierungen, danach aber machen sie ihrem Namen alle Ehre und sehen aus wie kleine Schneebälle, die auch noch duften.

Mit dem horizontalen Aufbinden habe ich die besten Erfahrungen gemacht. An Zäunen bietet sich diese Abwandlung des „pegging down" (Festpflocken der Zweige auf der Erde) geradezu an. Das Ergebnis ist eine besonders reichblühende Rose, ein Schmuckstück für jeden Gartenzaun.

Stabile Zäune sind oft wenig attraktiv. Wir wurden an der Grenze zu einem Nachbarn mit einem ockerfarbenen Zaun aus künstlichem Schilfrohr konfrontiert. Irgendwie kamen wir anfangs nicht dazu, dieses wirklich häßliche Etwas von über 15 m Länge zu ersetzen. Eine Hecke kam aus Platzmangel nicht in Frage. Nun haben diesen Zaun Efeu und Wilder Wein völlig in Besitz genommen. Wo es möglich war, habe ich kleine Pflanzzonen davor eingerichtet, darin sorgen verschiedene Kamelien (die Hybride 'Cornish Snow', die Wildkamelie *C. oleifera* und *C. japonica* 'Shirobotan'), eine *Choisya ternata* , eine Clematis *(Clematis recta)*, eine Kletterhortensie und eine *Schizophragma hydrangeoides* für das Weiß an diesem Zaun. Die Kletterhortensie ist mit erstaunlich wenig Erdreich zufrieden, wuchs bis zur Höhe des Zauns und ließ sich dann leicht horizontal daran entlang ziehen. Vorhandene Lücken werden je nach Jahreszeit mit Töpfen gefüllt, mit denen sich immer wieder ein neues Bild gestalten läßt.

Ein besonders häufig verwendetes Material für die Grundstücksabgrenzung ist Maschendraht, nicht sehr schön, aber praktisch. Man kann gut mit ihm leben, da er nicht dominiert, sondern fast unsichtbar ist. Es lassen sich Hecken davor pflanzen, er kann aber auch „überwachsen" werden, und zwar von oben nach unten. Wir haben entlang des Zauns zwischen zwei starke Holzpfosten ein Drahtseil gespannt und eine weißblühende Glyzine entlanggezogen. Es sieht wunderschön aus, wenn ihre langen Blütentrauben herabhängen. Man hat sie auf diese Weise in Augenhöhe und ist auch viel näher an dem herrlichen Duft. Was nützt er in 4 m Höhe?

Hecken erfüllen nicht nur einen praktischen Zweck. Sie sind strukturgebende Elemente, als Hintergrund genauso ideal wie zur Teilung verschiedener Bereiche. Sie können denselben Zweck wie eine Mauer erfüllen, brauchen allerdings mehr Platz, müssen gepflegt und in den meisten Fällen geschnitten werden. Dafür sind sie natürlich, sie leben, und sie bieten Leben Schutz, insbesondere Vögeln, die sich darin tummeln, ihre Nester bauen und Nahrung finden. Hecken sind außerdem ein hervorragender Schutz vor kaltem Wind. Sie mildern ihn und schaffen ein Kleinklima, sie umarmen den Garten und geben ihm Geborgenheit.

Eine immergrüne Hecke ist ein idealer Hintergrund für weißblühende Pflanzen. Unsere wunderschöne Eibenhecke, *Taxus baccata* > **4.1** < wird einmal im Jahr in Form geschnitten. Damals, bei der Anlage der Hecke, mußte die von der Gärtnerei empfohlene Zahl der Pflanzen aus Kostengründen halbiert werden. Was anfangs zwar etwas dürftig aussah, ist heute eine dichte grüne Wand, die dem Garten auch im Winter einen dekorativen Rahmen gibt. Sie ist nicht nur Hintergrund, sondern auch Stütze für Rambler-Rosen wie 'Adélaïde d´Orléans', 'Polstjärnan', 'Silver Moon' und 'Thalia', die an Rosenbögen emporwachsen, um dann im Bogen über der Hecke mit ihrer Fülle von kleinen weißen Blütchen herabzurieseln. Aber auch Hecken aus Buchs und Kirschlorbeer lassen sich formal ziehen und eignen sich gut für einen weißen Garten.

Selbst die im Winter kahle Hainbuchenhecke, *Carpinus betulus* > **4.2** <, wirkt mit ihrem braunen Geäst dekorativ. Die Rambler-Rose 'Seagull', die in und über sie wächst, hat noch ihr grünes Laub, wenn die Blätter der Hainbuche längst braun oder schon abgefallen sind. Im Sommer dagegen ist sie eine locker aufgebaute Hecke mit Charme.

Viele nichtblühende Hecken kann man mit passenden weißblühenden Kletterpflanzen überwachsen lassen.

Sehr hübsch sieht beispielsweise *Clematis flammula* > **4.3** < aus. Diese sehr alte Wildform kann, von August bis Oktober, mit ihren reinweißen, nach Mandeln duftenden Blütenrispen die frühen Rosen ablösen und für eine leichte und fedrige Wirkung sorgen. Sie bevorzugt einen geschützten Standort und bietet sich geradezu an, im Schutz einer Hecke zu wachsen.

Mit Hecken läßt sich auch hervorragend spielen, beispielsweise durch abwechselnde Verwendung verschiedener immergrüner Pflanzen wie Stechpalmen und Kamelien, zum Beispiel 'K. Sawada', die einen wunderschönen Wuchs hat und einen Schnitt nicht übelnimmt. Solche abwechslungsreichen Hecken lassen sich ganz nach persönlichen Vorlieben gestalten und bringen Leben in den Garten.

Wer den nötigen Platz für freiwachsende Hecken als Raumteiler hat, dem bieten sich noch mehr Möglichkeiten. Allein bei Rosen ist die Auswahl riesig. Je nachdem, wie informell eine solche Hecke sein soll oder darf, lassen sich die Sorten zusammenstellen. Am besten läßt man sich von einem Rosenschuler seines Vertrauens beraten. Eine Auswahl ist in der Tabelle „Weiße Rosen für Hecken" auf Seite 55 zusammengestellt. Solche Hecken machen viel Arbeit, können aber zauberhaft aussehen.

So viel Raum, um ihn noch zu teilen, weist unser Garten nicht auf. Und doch haben wir eine Andeutung davon. Mitten im Rasen wachsen, leicht bogenförmig angeordnet: 'Prosperity' (Moschata-Hybride), 'Moonlight' (Moschata-Hybride, auf Hochstamm), 'Glamis Castle' (Englische Rose), 'Sanders´White' (Rambler, auf Hochstamm,

Weißblühende Pflanzen mit duftendem Laub

Name	Laub duftet	Textziffer
Choisya ternata	nach Orangen	> **2.88** <
Citrus limon 'Quattro Stagioni'	nach Zitronenschale	> **5.2** <
Hyssopus officinalis 'Albus'	stark aromatisch	> **4.47** <
Lavandula angustifolia 'Alba'	nach Lavendel	> **4.49** <
Pelargonium 'Joy Lucille'	nach Pfefferminz	> **5.10** <
Pelargonium fragrans	nach Kiefern	> **5.11** <
Salvia argentea	würzig	
Thymus × *citriodorus* 'Silver Posie'	nach Zitrone	> **4.43** <

In Wisley, dem Garten der Royal Horticultural Society in der Nähe von London hat sich die kletternde Wildrose *R. gigantea* die gesamte Hauswand erobert. (Bei uns leider nicht ganz winterhart).

als Kaskade wachsend), 'Reine Blanche' (Moosrose), 'Swany' (Bodendecker, auf Hochstamm) und 'Blanchefleur' (Zentifolie). Durch die Abwechslung von Strauch und Hochstamm wird diese Hecke nicht zu üppig, sie wirkt transparent und durch den Höhenunterschied sehr locker. Unter den Hochstämmen sorgen im Frühling Zwiebelgewächse und im Sommer und Herbst Stauden für Spannung. Diese Rosenhecke schafft die Möglichkeit, sich einmal zurückzuziehen, sie schirmt ab, ohne zu trennen.

Mauern und Wände

Eine meiner Sünden in den Anfangsjahren meines Gärtnerlebens war, daß ich eine Wand des damaligen Erdgeschoßbalkons mit Knöterich bepflanzte. Zuerst freute ich mich, wie zügig *Polygonum aubertii* (syn. *Fallopia aubertii)* > 4.4 < wuchs und führte es auf meine gute Pflege zurück. Als wir dann von unserem Urlaub zurückkamen, ließ sich die Balkontür kaum noch öffnen, er hatte allein in dieser kurzen Zeit 3 m zurückgelegt. Obwohl er hübsche weiße und duftende Rispen hat, möchte ich ihn nicht mehr im Garten haben. Die starkwüchsigste Kletterpflanze, die ich kenne, bekommt pro Jahr allein 8 m lange Triebe, ideal für die Begrünung der Lärmschutzwände entlang der Autobahnen oder um einen alten Schuppen binnen kürzester Zeit in ein grünes Kleid zu hüllen. Für einen Garten gibt es edlere Gewächse.

Die einzigen Mauern, die man heutzutage in den meisten Gärten antrifft, sind die Wände des Hauses und vielleicht einer Garage. Wer hat schon eine alte Gartenmauer? Eine verwitterte, alte Ziegelsteinmauer als Grundstückseinfassung kann eine Zierde für sich sein. Und vor einer graugrünen Natursteinmauer wirken weißblühende Pflanzen besonders erlesen.

Mauern und Wände speichern die Wärme. In ihrem Bereich sind die Temperaturen etwas höher, hier gedeihen auch Pflanzen, die ein wärmeres Kli-

Clematis montana > 4.5 <

ma gewohnt sind. Oftmals läßt sich durch eine Mauer eine günstigere Kleinstklimazone als im übrigen Garten schaffen. An der Südwand unseres Hauses fühlen sich südliche Gewächse der Klimazone 9 wohl, während auf die anderen Teile des Gartens Zone 7 zutrifft. Aber die Wärme trocknet auch das Erdreich aus, und überstehende Dächer halten den Regen ab. Regelmäßiges Gießen ist notwendig.

Mauern und Wände bieten den Pflanzen Schutz und Halt. Bei einer Mauer kommen noch schmückende und strukturgebende Elemente hinzu. Sie läßt sich auch wesentlich einfacher bepflanzen, normalerweise braucht keine Rücksicht auf Unterbrechungen durch Türen und Fenster genommen zu werden. Und an einer Mauer haben die Pflanzen die Möglichkeit, über sie zu wachsen, um auf der anderen Seite herabzufallen. Das hat zum Beispiel bei der Clematis den Vorteil, daß sie auf der Schattenseite gepflanzt werden kann, um dann in das Licht zu wachsen. Die in unseren Gärten am weitesten verbreitete *Clematis*-Art ist *Clematis montana* > **4.5** <. Die reinweißen, leicht duftenden Blüten mit den vier Blütenblättern erscheinen an den Trieben des Vorjahres. Diese Art wird bis zu 8 m hoch und kann schnell hohe Mauern begrünen. Die Blüten der Sorte 'Superba' > **4.6** < sind etwas größer als bei der Wildform und erscheinen besonders reichlich an einem sonnigen Teil der Mauer; sie blüht bereits im späten Frühjahr. Bei der entzückenden *Clematis montana* var. *wilsonii* > **4.7** < erscheinen die kleinen, duftenden Blüten in großer Fülle erst ab Juni.

Spät blüht *Clematis viticella* 'Albiflora' > **4.8** <. Ihre reinweißen, glockenförmig geöffneten Blüten zeigen sich von Juli bis September an den diesjährigen Trieben. Sie hat einen zierlichen Wuchs, wird nur 4 m hoch und bevorzugt einen halbschattigen Platz.

In unseren Garten passen kleinblütige Clematis am besten. Sie wirken natürlicher als die großen, oft unwirklich aussehenden Blüten der Hybriden.

Wieder andere Möglichkeiten bieten niedrige Stützmauern. Man kann sie mit kleinen Kletterpflanzen überwachsen lassen und niedrige Sträucher und Stauden davor pflanzen. *Pulmonaria* 'Sissinghurst White', beispielsweise, fühlt sich selbst im tiefsten Schatten wohl und ist auch im Winter eine Zierde, Anemonen und *Geranium* allerdings brauchen etwas Sonne.

Vor allem aber lassen sich niedrige Stützmauern auch oben bepflanzen. Glockenblumen, die gefüllt blühende Taubnessel 'White Nancy' > siehe **2.58** <, Erdbeeren und die Miniatur-Rose 'Snow Carpet' hängen durch ihren Wuchs sehr anmutig über die Mauer.

Ganz besonders reizend allerdings sehen bepflanzte Mauernischen und -spalten aus. *Bellium minutum* > **4.9** < sieht mit seinen kleinen weißen Blüten ganz entzückend aus. Es wächst lockerer und nicht so kompakt wie Gänseblümchen. Das Zimbelkraut, auch Efeublättriges Leinkraut genannt, *Cymbalaria muralis* > **4.10** <, wächst in der allerkleinsten Mauerritze. Es gibt mehrere weiße Sorten, beispielsweise 'Alba' > **4.11** < (reinweiß), 'Albiflora' > **4.12** < (mit gelbem Innerem), 'Globosa Alba' > **4.13** < (sehr dicht wachsend) und 'Nana Alba' > **4.14** < (winzig, aber schnell wachsend). Es sieht allerliebst aus, blüht unermüdlich vom Frühling bis zum Winter, fühlt sich in Sonne und Schatten wohl, nimmt keinen Rückschnitt übel und sät sich sogar selbst aus. Kann man mehr erwarten? Höchstens noch einen herrlichen Duft, aber das wäre wohl zu viel verlangt.

Bei Wänden dagegen ist der Gestaltungsraum eingeschränkter. In den meisten Fällen handelt es sich auch um verputzte oder gestrichene Wände, die instandgehalten werden müssen. Auch sollten unbedingt Dachrinnen und Fallrohre freibleiben. Und trotzdem bietet sich eine Fülle von Möglichkeiten an. Die Kletterpflanzen können allerdings nur in die Höhe wachsen, es sei denn, sie werden horizontal gezogen. Aber genau wie bei den Mauern wirken davor gepflanzte Sträucher sehr gut, außerdem kaschieren sie in idealer Weise die häufig verkahlten Stellen im unteren Bereich der Kletterer.

Pflanzen wie die Kletterhortensie brauchen keine Hilfe, mit ihren Haftwurzeln finden sie selbst auf einer relativ glatten Wand Halt. Die meisten Kletterpflanzen jedoch benötigen eine Vorrichtung, um den Weg nach oben zu finden. Das sollte man bei der Auswahl der Pflanzen bedenken und sich gut beraten lassen. Auch die Himmelsrichtung, in die

Strauchrose 'Schneewittchen'
> 2.191 <

Als erste Rose des Sommers fängt 'Schneewittchen' an zu blühen. Die schön geformten Knospen öffnen sich zu lockeren, reinweißen Blüten mit feinem Duft – ein wirkungsvoller Kontrast vor dieser Ziegelsteinwand.

die jeweilige Wand gerichtet ist, spielt eine große Rolle. Pflanzen mit den gleichen Ansprüchen an Standort und Boden lassen sich wunderbar kombinieren und können eine langweilige Wand mit Leben füllen und zu einem Blickfang machen.

Eine Südmauer kann vielen wärmeliebenden Gewächsen, die sonst ohne ihren Schutz keine Chance hätten, zur Heimat werden. Hier fühlen sich *Rosa moschata*, *Rosa banksiae* 'Alba Plena', das Geißblatt *Lonicera* × *purpusii* 'Winter Beauty' und die immergrüne *Clematis armandii* wohl. Sie wachsen bei uns dicht nebeneinander an einem einfachen weißen Holzgerüst. Selbst Sternjasmin und die Passionsblume 'Constance Elliott' finden hier ein geeignetes Plätzchen.

Mit zusätzlichem Winterschutz lassen sich an einer Südmauer selbst Pflanzen kultivieren, die aus Südafrika stammen, wie die Nerine. Eine Art, *Nerine sarniensis*, wächst wild auf der Kanalinsel Guernsey, daher der Name Guernsey-Lilie. Aus ihr gingen viele Hybriden hervor. *Nerine* 'Vesta' > 4.15 < schmückt sich mit Dolden aus 10 bis 15 großen, schneeweißen Blüten auf einem 75 cm hohen Schaft. Die Blütezeit dieses wärmeliebenden Zwiebelgewächses liegt je nach Standort und Witterungsverlauf von September bis Dezember. 'Kirstenbosch White' > 4.16 < hat die schönsten reinweißen Blüten dieser Gattung.

Auf die häufig als besonders kritisch angesehene Nordwand wird auf Seite 130 – 131 ausführlich eingegangen.

Bei der Bepflanzung einer Ostmauer ist zu bedenken, daß die Morgensonne für viele immergrüne Pflanzen ein Problem ist. Im Winter tauen durch ihre Wärme die Blätter auf, und die Verdunstung beginnt, die Pflanze kann sogar dazu veranlaßt werden, zu früh auszutreiben. Wenn die Wurzeln aber noch gefroren sind, können sie nicht für den nötigen Nachschub an Nährstoffen sorgen. Die Pflanze vertrocknet. Der Winterschutz besteht hier in erster Linie in Sonnenschutz. An der Ostwand steht die Rose 'Mrs. Herbert Stevens Climbing', außerdem die immergrünen Kletterpflanzen *Hydrangea serratifolia* > siehe 5.4 < und *Pileostegia viburnoides* > siehe 5.5 <.

Bei einer Westmauer hat man dieses Problem nicht. Außerdem bekommen die Pflanzen hier genug Regen ab, und die Nachmittagssonne sorgt für eine angenehme Erwärmung. Hier fühlt sich vieles wohl, man kann nach Lust und Laune aus dem Vollen schöpfen. Wir haben diese Seite den Glyzinen vorbehalten (siehe Seite 39 – 41). Daneben bringt die Rose 'Pax' > 4.17 < Frieden in unseren Eingangsbereich, sie hat sich, durch eine Glyzine hindurch, in die erstaunliche Höhe von über 3 m emporgearbeitet. Allgemein wird die Höhe dieser Moschata-Hybride mit 1,80 m angegeben. Ihre sehr großen, halbgefüllten, weißen Blüten mit den prominenten goldfarbenen Staubgefäßen erscheinen in Büscheln und sehen in der Glyzine ganz allerliebst aus, zu einer Zeit, in der sie schon lange nicht mehr blüht. Zu ihren Füßen zeigen sich die ersten Zwiebelblüher; flach wachsende Rosen und Stauden aller Art fühlen sich hier wohl.

Wer eine ganz persönliche Note in seinen Garten bringen möchte, kann das mit einem Spalier erreichen, nicht nur an einer Wand, sondern auch an einem Zaun oder als Teilelement. Hier lassen sich neben Rosen auch Obstbäume ziehen wie Sauerkirschen und Aprikosen und, im Weinbauklima, selbst Feigen.

Eine ganz reizende Art, eine Rosenwand ohne die oft auftretenden Unterbrechungen zu gestalten, beschreibt Adalbert Stifter in seinem Roman „Der Nachsommer“. Dort werden Rosen in verschiedenen Wuchshöhen so angeordnet, daß sich eine lückenlose Bepflanzung ergibt. Ich habe es ausprobiert, mit 'Little White Pet' als niedrigster, gefolgt von 'Yvonne Rabier' und 'Schneewittchen' bis zu *Rosa moschata* und 'Climbing Schneewittchen'. Das Ergebnis kann sich sehen lassen. Die Sorten können ganz nach Lust und Laune und persönlichem Geschmack zusammengestellt werden.

Kletterhilfen

Mauern und Wände sind nicht der einzige Platz zur Verwendung von Kletterpflanzen. Sie können auch frei wachsen, allerdings nicht ohne Stütze.

Je kleiner ein Garten ist, um so wichtiger ist es, den knappen Platz optimal zu nutzen. Ob an Bögen, Obelisken, Pflanzwänden oder einfachen Pfählen – Kletterpflanzen können Struktur in einen Garten bringen und ihn interessant machen.

Eine Pergola, ganz überzogen mit *Rosa longicuspis* oder eine mit Clematis bewachsene Laube sind sicher ein Traum. Aus Platzgründen werden Pergolen oder Lauben aber für viele Gärten nicht in Frage kommen. Bögen und Rankhilfen aus verzinktem Stahl dagegen nehmen kaum Platz in Anspruch und ermöglichen eine Vielfalt, die man sonst nicht hätte. Das Material wird nicht morsch und rostet nicht, paßt sich der Umgebung an und wird, wenn die Pflanzen von ihnen Besitz ergriffen haben, fast unsichtbar. Alle Bögen und Rankhilfen unseres Gartens sind mit den unterschiedlichsten Kletter- und Rambler-Rosen bewachsen. Sie rahmen den Garten entlang seiner Grenzen ein und sorgen für einen vertikalen Aspekt. Ein Obelisk aus dem gleichen Material steht in der Mitte eines Halbkreises aus Rosen. Ihn schmückt mit ihren Blüten zuerst eine Glyzine, dann übernehmen Passionsblume und Glockenrebe das Zepter.

Holz hat keine so lange Lebensdauer, wirkt aber natürlicher. Im „Garden of the Rose“ der Royal National Rose Society in St. Albans, nördlich von London, bestechen Kletterrosen an ganz einfachen,

'Schneewittchen' > 2.191 <

Auch vor unserer weißen Südwand ist diese Rose eine Augenweide.

stabilen Holzlatten. Und da ich immer wieder aufs Neue entzückenden Sorten nicht widerstehen kann, aber alle Mauern, Zäune, Hecken und Bögen bereits belegt sind, zum Teil schon doppelt, stehen bei uns Kletterrosen an dicken Holzpfählen sogar mitten im Garten. Um nicht den Eindruck von Bohnenstangen aufkommen zu lassen, sind sie nur 1,50 m hoch. Rambler-Rosen wie 'Janet B. Wood' wachsen bis zu dieser Höhe, um dann anmutig herabzufallen. Es ist wohl die einfachste Art, eine Kletterrose zu präsentieren und sehr dekorativ.

Sehr hübsch ist es, Rosen als Girlanden zu ziehen, wie es in Frankreich im 19. Jahrhundert Mode wurde. Dicke Seile werden zwischen zwei Stützen locker hängend befestigt. Dann kann man, je nach Wunsch, entweder eine Rose an einem Pfosten nach oben und dann am Seil entlang führen, bis zur nächsten Stütze. Oder man kann an jeden Pfosten eine andere Rose setzen und die Rosen in der Mitte des Seils ineinander wachsen lassen. Rambler mit überhängendem Wuchs eignen sich für diese Art der Präsentation besonders, beispielsweise 'Albéric Barbier' oder die *R. sempervirens*-Hybride 'Adélaïde d´Orléans' > **4.18** <. Diese fast immergrüne Rose hat Büschel kleiner, halbgefüllter Blüten mit einem Hauch von pudrigem Rosa. Wem das für ein weißes Farbkonzept zu viel Farbe ist, bleibt die reinweiße Wildform *R. sempervirens* > **4.19** < mit einfachen, duftenden Blüten. Sehr schöne Girlanden mit Rosen sind in London in Queen Mary´s Rose Garden, einem besonders reizvollen Teil des Regent Park, zu bewundern.

Natürlich ist diese nostalgische Präsentation genausogut mit anderen Kletterpflanzen möglich, sofern sie biegsame Triebe und einen überhängenden Wuchs haben. Clematis, Geißblatt und Passionsblume kommen dafür in Frage.

Ein auf diese Art eingerahmter Eingangsbereich kann sehr einladend aussehen. Kann man sich eine hübschere Einfassung eines Weges vorstellen?

Besonders schöne Kletterhilfen sind ausgewachsene Bäume. Wenn aus dem dunklen Laub unserer alten, knorrigen, sturmgeplagten Blutpflaume die kleinen Blüten der Rambler-Rose 'Rambling Rector' kaskadenförmig herabfallen, gerate ich ins Schwärmen über so viel Anmut und Natürlichkeit.

Kletterpflanzen, die in Bäume wachsen sollen, brauchen anfangs etwas Starthilfe, um den Weg ans Licht zu finden. Damit sie diese Durststrecke überhaupt durchstehen, müssen sie etwas schattenverträglich sein. Sind sie einmal in luftiger Höhe angelangt, kann man sie weitgehend sich selbst überlassen.

Da wir nicht viele große Bäume haben, haben wir sie den Rosen und dem Geißblatt vorbehalten. Selbst ein Baum, der sein Leben ausgehaucht hat, kann als ideale Stütze für eine attraktive Kletterpflanze dienen und noch einmal zu einem Blickfang werden. Es ist ohnehin oftmals unmöglich, einen großen Baumstamm mit all seinen Wurzeln auszugraben, ohne den ganzen Garten zu ruinieren.

Einem gesunden, ausgewachsenen Baum schadet eine mit Bedacht ausgewählte Kletterpflanze nicht. Es gibt kaum etwas Schöneres, als einen Laubbaum, etwa eine Birke, erblühen zu lassen oder einem Obstbaum eine zweite Blütezeit zu ermöglichen.

Wasser

Wasser im Garten ist der Wunsch eines jeden Gartenbesitzers. Es bringt im doppelten Sinn Leben in den Garten: Es lebt in seiner ganz eigenen Art und zieht Leben an.

In unserem Garten haben wir sogar einen Miniteich. Streng genommen ist es ein kleines Wasserbecken, da der Rand mit Steinen eingefaßt ist. Spätestens an ihm sieht jeder, wann das Haus gebaut wurde: Er hat die typische Nierenform der 50er Jahre und gefiel uns anfangs überhaupt nicht. Er ist nicht größer als 1,20 m auf 0,60 m, nicht viel mehr als eine Pfütze, und als Krönung hatte er eine Fontäne und lila Beleuchtung. Beleuchtung und Fontäne konnten sofort entfernt werden, der Rest mußte, aus finanziellen Gründen, für später aufgehoben werden. Dieses „Später" ist jedoch bis heute, nach über zehn Jahren, noch nicht gekommen – und wird auch nicht kommen. Inzwischen haben wir uns an diesen kleinen „Teich" so gewöhnt und ihn so lieben gelernt, daß wir uns den Garten ohne ihn nicht mehr vorstellen können.

Aber nicht nur wir lieben ihn. Er ist ein Anziehungspunkt für viele Vögel, die ihn selbst im Winter benutzen, und zwar als Schlittschuhbahn, und dankbar sind für ein Loch im Eis, aus dem sie trinken können. Libellen stehen über ihm in der Luft und auch Schmetterlinge fühlen sich dort wohl, und eines Morgens ließ sich sogar ein Entenpärchen in ihm nieder. Am Abend war es verschwunden, wohl einsichtig genug, daß dieses kleine Wässerchen für eine Familienplanung nun doch nicht ausreichend war. Selbst ein Reiher hat sich dort eingefunden, aber da stimmte das Größenverhältnis noch weniger.

Als das Becken gründlich gesäubert und mit frischem Wasser versehen war, wollte ich es am nächsten Tag voller Tatendrang bepflanzen. Ich hatte Visionen von Monets Seerosenteich in einem „Giverny en miniature“. Aber stattdessen war kein Tropfen Wasser mehr zu sehen, und so hieß es erst einmal, die ganze Geschichte dicht zu bekommen.

Mit den Seerosen wurde es aber schwierig. Fast alle brauchen viel mehr Platz und viel tieferes Wasser als die vorhandenen 30 cm. Die meisten werden auch zu groß, die Proportionen stimmen dann nicht mehr.

Die *Nymphaea*-Hybride 'Hermine' > **4.20** < hat eine entzückende, reinweiße, gefüllte kleine Blüte mit einem dicken Büschel von Staubgefäßen. Die Blüte hat einen leichten, feinen Duft, den herauszufinden meine ganzen akrobatischen Fähigkeiten forderte. Eine Wassertiefe von 50 – 80 cm würde ihr besser gefallen, dafür kann ich ihr einen vollsonnigen Platz bieten. Vielleicht entschädigt sie das.

Besser geeignet ist allerdings *Nymphaea tetragona* 'Alba' > **4.21** < , meist angeboten unter *N. pygmaea*. Wie der Name schon sagt, ein Zwerg, nicht größer als 30 cm, mit kleinen, schmalen, dunkelgrünen Blättern, deren Unterseite purpurfarben ist, und mit kleinen, einfachen, sternförmigen Blüten von 2 bis 3 cm Durchmesser.

In unserem Garten haben wir einen Miniteich. Streng genommen ist es ein kleines Wasserbecken, da der Rand mit Steinen eingefaßt ist. Spätestens an ihm sieht jeder, wann das Haus gebaut wurde: Er hat die typische Nierenform der 50er Jahre und gefiel uns anfangs überhaupt nicht. Er ist nicht größer als 1,20 m auf 0,60 m, nicht viel mehr als eine Pfütze, und als Krönung hatte er eine Fontäne und lila Beleuchtung.

Nymphaea odorata 'Minor' > 4.22 < hat weiße, duftende Blüten, herzförmige Blätter und benötigt eine Wassertiefe von 30 bis 70 cm.

Ist man glücklicher Besitzer eines tieferen Wassers, ist die Auswahl um so größer. Die *Nymphaea*-Hybride 'Gonnère' > 4.23 < braucht eine Tiefe von etwa 1 m. Sie hat hellgrüne Blätter mit einem Durchmesser von 15 bis 20 cm und duftende, weiße, gefüllte, kugelförmige Blüten von 10 bis 15 cm. *Nymphaea caroliniana* 'Nivea' > 4.24 < liebt es noch etwas tiefer, 1,50 m wären ihr recht. Dafür werden ihre blaßgrünen Blätter bis 25 cm und die ebenfalls duftenden, cremeweißen, becherförmigen Blüten 15 cm groß. Beide Sorten sind völlig winterhart.

Seerosen sind die dekorativsten Pflanzen im Wasser. Sie bringen etwas Majestätisches in einen weißen Garten.

Die weiße Lotosblume, unbestritten die edelste aller weißen Blumen, kommt für unsere Klimazonen für das Freiland nicht in Betracht. Ich habe sie deshalb im Kapitel „Töpfe" beschrieben > siehe 5.28 und 5.29 <. In südlichen Gefilden aber ist ein Teich, nur mit diesen unvergleichlichen Blüten geschmückt, wohl der Inbegriff der Eleganz.

Froschlöffel und Zypergras sorgen für Abwechslung im Teich, ebenso die Wasserähre und der Wassersalat.

Der Froschlöffel, *Alisma plantago-aquatica* > 4.25 <, ist eine Flachwasserpflanze, beliebt wegen ihrer leuchtend grünen Blätter und lockeren weißen Blütenrispen, die bis 80 cm hoch werden können.

Es gibt auch einen Froschbiß, *Hydrocharis morsus-ranae* > 4.26 < mit 2 cm großen, weißen Blüten. Er würde mit seinen nierenförmigen Blättern gut in unseren Teich passen, bevorzugt aber fließende Gewässer.

Das Zypergras, *Cyperus longus* > 4.27 <, toleriert einen Wasserstand bis 30 cm und wird gut 1 m hoch. Es ist winterhart, immergrün, und verleiht dem kleinen Teich an der breiteren Seite seiner Niere Struktur. Im Sommer erscheinen attraktive Dolden mit kleinen, hellbraunen Ähren.

Aponogeton distachyos, die Wasserähre > 4.28 < ist eine staudige Pflanze mit gabelförmigen, weißen Blüten mit schwarzen Staubbeuteln. Der intensive

Nymphaea-**Hybride 'Hermine'** > 4.20 <

Diese zierliche Seerose hat eine entzückende, reinweiße, gefüllte Blüte mit einem dicken Büschel von Staubgefäßen. Eine Wassertiefe von 50 – 80 cm würde ihr besser gefallen als die vorhandenen 30 cm. 'Hermine' eignet sich besonders für kleinste Teiche, weil sie schwachwüchsig ist.

Cyperus longus, Zypergras, > 4.27 <
Alisma plantago-aquatica, > 4.25 <,
Rose 'White Bells' > 4.38 <

Zypergras und Froschlöffel fühlen sich selbst in solch einem flachen, kleinen Wasserbecken wohl. Die Rose läßt ihre Triebe anmutig hinabfallen.

Duft erinnert an den von Weißdorn, ich würde ihn als balsamisch bezeichnen. Die Wasserähre wird nicht sehr hoch, aber etwa 1 m breit.

Sehr hübsch, auch für das noch so kleine Wasserbecken, ist *Pistia stratiotes* > 4.29 <, eine schwimmende, sommergrüne Staude mit hübschen, lindgrünen, dicken samtigen Blättern, die längs geriffelt sind wie bei einer Muschel. Der englische Name „Shellflower" ist viel treffender als unser deutscher „Wassersalat". Die Blüten sind Nebensache: winzig und grünlich. Man sollte immer nur eine Pflanze kaufen und nicht gleich ein halbes Dutzend, sie vermehren sich unglaublich. Sie muß im Herbst hereingeholt werden. In einer Glasschale überwintert, bleibt sie immergrün wie in den Tropen und ist außerdem ein hübscher Blickfang.

Generell kann man sagen, daß alle Wasserpflanzen – besonders die Schwimmpflanzen, wie der Wassersalat – mehr oder weniger stark wuchern und schnell ein kleines Wasserbecken für sich einnehmen. Bei meinem Miniteich, bei dem ich vom Rand aus alle Pflanzen leicht erreichen kann, stört das wenig, denn sie lassen sich alle teilen und in gewünschten Grenzen halten. Bei einem größeren Wasser muß von Zeit zu Zeit, daß heißt alle paar Jahre reduziert werden.

Ein so kleines Wasserbecken sollte nach einigen Jahren völlig geleert, gründlich gesäubert und mit den geteilten Pflanzen neu gestaltet werden. Es ist keine schöne Gartenarbeit, bis zu den Ellenbogen im Schlamm zu wühlen, aber sie ist nötig.

Auch das kleinste bißchen Wasser im Garten macht viel Freude, und sei es nur ein Faß oder eine Schale auf dem Balkon. Dem Einfallsreichtum sind keine Grenzen gesetzt. Wer hat schon einen leise murmelnden Bach, der sich durch sein Grundstück schlängelt, außer dann, wenn sich das Gewinde am Gartenschlauch einmal wieder selbständig gemacht hat.

***

Rund um einen Teich läßt sich ein kleines Feuchtgebiet schaffen. Geht das Wasser in eine Sumpfzone über (oft reicht es aus, diesen Bereich etwas feuchter zu halten als den übrigen Garten), bieten sich Sumpfvergißmeinnicht, Sumpfklee, Sumpfkalla und Kalmus an.

Das Sumpfvergißmeinnicht, *Myosotis palustris* > 4.30 < (syn. *M. scorpioides*) 'Alba', ist eine ausdauernde Staude mit mittelgrünen Blättern und kleinen weißen Blütchen. Das Garten-Vergißmeinnicht, *Myosotis sylvatica* mit seiner weißen Sorte 'White Ball' > 4.31 < ist buschig und kompakt mit hübschen, breitlanzettlichen Blättern und niedlichen, reinweißen Blüten. Es ist zweijährig und gedeiht an dem Teichrand genauso gut wie im übrigen Garten.

Menyanthes trifoliata > 4.32 <, der Sumpfklee, ist eine sommergrüne mehrjährige, winterharte Uferpflanze, auch für ganz flaches Wasser geeignet. Die Blätter sind dreiteilig, die weißen, niedlich gefransten Blüten erscheinen im Frühling; Höhe etwa 25 cm.

Calla palustris, die Sumpfkalla > 4.33 <, ist dagegen eine halbimmergrüne Staude mit herzförmigen, glänzenden Blättern. Sie schmückt die Randbereiche im Frühling mit ihren großen, weißen Hochblättern, später mit leuchtend roten Früchten. Sie wird ebenfalls 25 cm hoch.

Acorus gramineus 'Albovariegatus', ein langer Name für den Kalmus > 4.34 <, ist ebenfalls eine Staude für Gewässerränder und für Flachwasserzonen. Hier sind es die schmalen, steifen, grasähnlichen, dunkelgrünen Blätter mit den weißen Rändern, die den Zierwert ausmachen. Diese Sorte ist sehr niedrig und für ein kleines Wasseranwesen besonders zu empfehlen.

Es gibt auch einen sehr hübschen, immergrünen, mehrjährigen Bodendecker für eine Sumpfzone oder den Rand eines Teichs. *Houttuynia cordata* 'Flore Pleno' > 4.35 < ist eine Staude von 20 cm Höhe für sehr feuchten Boden und Halbschatten. Hat sie diese für sie idealen Bedingungen, wuchert sie sehr stark. An einem trockeneren Standort hält sie sich in ihrer Wuchsfreudigkeit mehr zurück. Die herzförmigen Blätter in dunklem Flaschengrün werden im Herbst purpurfarben. Sie haben den aromatischen Duft der Zitronen. Diese niedliche Pflanze hat kleine, gefüllte, reinweiße Blüten, die von den Brakteen dekorativ umhüllt werden.

Als Hintergrund dieser Teichrandbepflanzung wächst *Zantedeschia aethiopica* 'Crowborough' > 4.36 < mit ihren aronstabähnlichen, reinweißen Hochblättern und den gelben Blütenkolben. Dieses Knollengewächs ist schon durch seine glänzenden, dunkelgrünen großen Blätter eine Augenweide, durch seine Blüten, die vom Frühsommer bis weit in den Sommer hinein erscheinen, wird es zu einer edlen, äußerst aristokratischen Pflanze, die einem Jugendstilfenster entsprungen sein könnte. Sie steht bei uns in einem Topf, um sie bei sehr niedrigen Temperaturen hereinholen zu können. Die Erde muß allerdings sehr feucht gehalten werden, da Zantedeschia auch als Sumpfpflanze in einer Wassertiefe von 10 bis 30 cm gedeiht. Sie ist der ideale Übergang.

In dem Übergangsbereich kann man auch mit verschiedenen Iris-Arten, mit Akelei und mit der Elfenblume „spielen“. Dabei sollte man eine lockere, harmonische Gestaltung anstreben, die Übergänge vom Wasser zu den Pflanzen und von den Pflanzen zum Wasser schafft. Das Ergebnis wird sich sehen lassen und der Stolz des Gärtners sein: eine stille kleine Insel und doch so lebendig.

Wasser, und sei die Fläche noch so klein, bringt eine zusätzliche Dimension in den Garten: die Spiegelung. Deshalb sollte man sich immer gut überlegen, was man an den Rand oder das Ufer pflanzt. Was immer es ist, bei einer glatten, freien Wasserfläche sieht man es gleich zweimal. Das kommt natürlich bei großen Wasserflächen besonders zur Geltung, dort kann es phantastisch wirken. Monets Seerosenteich in Giverny ist wohl das bekannteste Beispiel. Wie traumhaft schön, wenn sich eine weißblühende Glyzine auch noch in der Wasserfläche spiegelt.

Nicht in den Sumpfzonen, aber an den Ufern von natürlichem Wasser, wie Bächen, Teichen oder gar Seen, sollten immer Bäume und Sträucher einen Lebensraum finden, die mit dem Wasser harmonieren. Aber sogar zum Wasser herabhängende Wildrosen wie *R. multiflora* > 4.37 < mit ihren großen Büscheln kleiner, einfacher, weißer Blütchen, haben eine ganz natürliche Wirkung und „verschmelzen“ mit dem Wasser. Wer eine starkwüchsige Rambler-Rose, beispielsweise

R. filipes 'Kiftsgate', dazu veranlassen kann, erst in einen Baum zu wachsen, um dann kaskadenartig zum Wasser herabzufallen, wird einen großartigen Effekt erzielen.

Bei künstlich angelegten Teichen ist erstaunlicherweise die Zahl der Rosen, die sich dafür eignen, um so größer, je kleiner der Teich ist. Ich habe mich für die kleine Strauchrose 'White Bells' > **4.38** < entschieden. Ihre langen Triebe mit glänzendem, dunkelgrünem Laub und den kleinen, weißen, dicht gefüllten Blüten hängen romantisch bis über das Wasser. Die Blüten erscheinen in großer Fülle während des ganzen Sommers. Es ist praktisch, daß sie sich selbst putzen, sie fallen fein säuberlich ab. Ich hätte aber genausogut eine andere Sorte mit überhängendem Wuchs wählen können. Selbst diese kleine Rose spiegelt sich in dem Miniteich.

Der Kräutergarten

Mit einem Kräutergarten verbindet man unwillkürlich etwas Nostalgisches. Die zarten Grüntöne, das duftende Laub und die dekorativen getrockneten Kräuter im Haus lassen an eine längst vergangene Zeit denken. Im Mittelalter mußte alles im Garten zu verwenden sein, entweder in der Küche oder für medizinische oder kosmetische Zwecke. Wir haben es heute besser: die seit Generationen geschätzten Kräuter finden ein neues Interesse, ohne daß man gleich zum Selbstversorger werden müßte.

Ein Kräutergarten muß nicht mit großem Aufwand angelegt und unterhalten werden. Natürlich wirkt ein Kräutergarten in kunstvoll verschlungenen Mustern oder in strengen geometrischen Formen äußerst dekorativ, ein solcher Garten ist aber meist großen oder herrschaftlichen Gärten vorbehalten.

Ein separates Beet mit Kräutern kann dagegen in jedem Garten einen ruhenden Pol darstellen, und wenn man sich zudem noch für weißblühende

Hydrangea petiolaris > **2.186** <
***Lonicera periclymenum* 'Graham Thomas'** > **2.188** <

Kräuter entscheidet, wird dieser Eindruck noch verstärkt.

Kleine Beete mit Trittsteinen dazwischen erleichtern das Arbeiten und das Ernten, ein erhöhtes Beet ist eine nicht zu unterschätzende Wohltat für den Rücken. Selbst vom Rollstuhl aus kann man es bearbeiten und den Duft wahrnehmen.

Hübsch wirken Buchseinfassungen, mit denen man beispielsweise auch ein rundes Beet wie eine Torte in verschiedene Stücke teilen kann, die dann einzeln bepflanzt werden. Das ist allerdings schon wieder ein bißchen Arbeit, doch der Buchs läßt das Beet auch im Winter dekorativ erscheinen. Ein Rosenstrauch in der Mitte vervollständigt das Bild. Eine Rose hat in einem Kräutergarten durchaus ihre Berechtigung, Blütenblätter und Hagebutten finden in Küche, Haus und Keller die unterschiedlichste Verwendung.

Aber auch die kleinste Ecke in der Nähe eines Sitzplatzes, selbst wenn sie nur mit Töpfen gestaltet ist, kann ein Kräutergärtchen werden. Man kann auch Rosen mit duftenden Kräutern unterpflanzen, um das Kräuter-Duft-Erlebnis zu vergrößern. Viele Kräuter lassen sich hervorragend in die Gartengestaltung einbeziehen, beispielsweise Lavendel. Für Töpfe auf der Küchenfensterbank oder in einem Balkonkasten wird jeder ein freies Plätzchen finden. Wie herrlich ist es, ein duftendes Gewürz griffbereit und ganz frisch zu haben! Nur den Lorbeer sollte man besser als Solitärpflanze an den Eingang stellen, oder auf den Balkon (siehe Kapitel „Töpfe" Seite 133 – 155).

Botanisch sind Kräuter unverholzte Pflanzen, die am Ende ihrer Vegetationsperiode entweder ganz oder nur oberirdisch absterben. Dann würden Rosen oder Lorbeer auf keinen Fall in einen Kräutergarten gehören. Werden jedoch Gewächse, die kulinarisch, medizinisch oder kosmetisch Verwendung finden, als Kräuter bezeichnet, haben sie durchaus ihre Berechtigung in einem Kräutergarten. So eng sollte man das nicht sehen und den Garten nach dem eigenen Geschmack bepflanzen: je nachdem, wie man gern seine Gerichte würzt, ob man Duftwässer und Potpourris selbst herstellt oder ob man sich einfach daran erfreuen will.

Kräuter lieben im allgemeinen volle Sonne, obwohl Pfefferminze, Zitronenmelisse und Waldmeister auch an einem sehr schattigen Platz gedeihen. Sie kommen in fast allen Böden zurecht, und gerade ein magerer Boden ist kein Problem. Sie brauchen wenig Dünger, für häufiges Teilen und Versetzen sind sie jedoch dankbar. Thymian eignet sich für eine trockene Stelle an einer niedrigen Mauer, während Pfefferminze es lieber feucht mag.

Für diese duftenden Gewächse findet sich immer ein Fleckchen im Garten oder ein Platz für einen Topf. Ich habe einige etwas ausgefallenere und besonders hübsche Sorten ausgesucht.

Salbei > **4.39** < aus der Art-Shades-Serie gibt es mit kleinen weißen Blüten. Röhrenförmige, weiße Blüten in dichten Ähren zeigt *Salvia splendens* 'Alba' > **4.40** < aus der Carabinière-Serie. Die langsam wachsende, buschige Staude mit den saftig grünen Blättern wird 30 cm hoch. *Salvia officinalis* 'Albiflora' > **4.41** <, der Küchensalbei, wird dagegen 60 cm hoch.

Auch *Thymus carnosus* > **4.42** < blüht weiß. Eine besonders niedliche Thymian-Sorte ist *Thymus* × *citriodorus* 'Silver Posie' > **4.43** < mit winzigen, silbrig-grünen Blättern mit weißem Rand. Er wird nur 15 cm hoch und braucht volle Sonne. Sowohl Blättchen als auch Stengel duften intensiv nach Zitrone.

Die Zitronenmelisse, *Melissa officinalis* > **4.44** <, ist mit ihren winzigen weißen Blütchen nicht nur ein Tummelplatz für Bienen; von dieser dekorativen Staude lassen sich die duftenden Blätter auch in Potpourris sehr gut verwenden.

Und wie herrlich schmecken frische Pfefferminzblätter (*Mentha* × *piperita*) > **4.45** < auf einem Schüsselchen Erdbeeren. Für diesen Gaumen- und Augenschmaus brauche ich noch nicht einmal vom sommerlichen Eßtisch aufzustehen, der kleine, nostalgische Tontopf steht in Reichweite. Blüten habe ich von dieser Pflanze noch nie gesehen, dazu kommt es nicht. Eine weitere, äußerst dekorative Minze ist *Mentha suaveolens* 'Variegata' > **4.46** <. Die weichen, wolligen Blätter dieser Staude sind weiß gefleckt und duften nach Äpfeln. Die Pflanze blüht selten, und wenn, dann weiß.

Auch *Hyssopus officinalis* 'Albus' > 4.47 <, der weißblühende Ysop, ist eine Staude von sehr hübschem Wuchs. Die duftenden Blüten werden gerne von Bienen und Schmetterlingen besucht. Das Aroma der Blätter ist frisch und erinnert an Kampfer.

Reseda odorata > 4.48 <, eine sehr alte Pflanze, wird meist einjährig gezogen. Eher bescheiden im Aussehen, lohnt es sich, sie allein des Duftes wegen mit in den Kräuterbereich einzubeziehen. Sie wird auch „Mignonette" genannt, die französische Bezeichnung für Liebchen. Die ovalen Blätter sind hellgrün, ich konnte mir früher unter der Farbbezeichnung „reseda-grün" nie etwas vorstellen. Vom späten Frühling an erscheinen kleine, sternförmige, grünlich-weiße Blüten in endständigen Trauben mit feinem, herb-süßem Duft, besonders intensiv bei warmem, sonnigem und windstillem Wetter. Dann duftet es in einem Kräutergarten sowieso am verführerischsten. Die Blüten der Reseden werden nicht nur von Bienen begehrt, sie halten ihren Duft noch über Monate, auch wenn sie getrocknet sind.

Das ist bekannterweise auch bei Lavendel der Fall. Hier verströmen Blätter und Blüten den unvergleichlichen, nostalgischen Duft, den Duft eines Sommertages in der Provence. Dieser immergrüne Strauch braucht volle Sonne, als Beeteinfassung wirkt er ganz anders als Buchs, ist aber ebenso hübsch. Es gibt mehrere weißblühende Sorten, *Lavandula angustifolia* 'Nana Alba' > 4.49 < ist eine besonders hübsche. Mit ihren silbergrauen Blättern, dem kompakten Wuchs und mit einer Höhe von nur 15 cm läßt sie sich gut überall integrieren und sieht auch in einem Topf ganz entzückend aus. Der Duft der weißen Blüten ist nicht ganz so intensiv wie der der meisten lilafarbenen Sorten.

Selbst im Winter muß ein Kräutergarten nicht trostlos aussehen, immergrüne Sträucher, wie Lavendel, Myrte und Buchs, sorgen für Struktur. Aber selbst auf Blüten braucht man nicht zu verzichten. *Tanacetum parthenium* > 4.50 <, oft angeboten unter *Chrysanthemum parthenium*, blüht noch Ende Dezember. Diese hübsche, buschige Pflanze wird meist als Einjährige beschrieben, die sich leicht versamt. Bei uns ist sie, einmal aus Samen gezogen, ganz einfach immer da. Ist sie nun eine Staude, die wiederkommt, oder eine Einjährige, die nahtlos für ihren Fortbestand sorgt? Wahrscheinlich eine kurzlebige Staude, die rechtzeitig den Nachwuchs plant. Ich freue mich darüber. Der auch als Gartenkamille bezeichnete Korbblütler hat entzückende Blütchen, wie Mini-Margeriten. Sie erscheinen im Juli. Kann man mehr erwarten als eine Blütezeit von sechs Monaten? Die gelappten Blätter duften aromatisch.

Nordseite

Der größte Teil unseres Gartens liegt nach Norden, ein Grund, weshalb wir das Haus eigentlich nicht nehmen wollten. Was sollten wir mit einem Garten ohne Sonne? Allgemein wird ein Nordgarten als Problem dargestellt. Hätte ich damals die vielen Möglichkeiten, die solch ein Garten bietet, auch nur im Entferntesten geahnt, hätte ich nicht so lange gezögert.

Es ist erstaunlich, wieviel Sonne in einem Nordgarten scheinen kann, ein sonniges Fleckchen gibt es zu jeder Tageszeit. Manchmal ist es sogar fast zuviel. Ich brauche zwar keinen Sonnenschirm, aber einige meiner Pflanzen sind dankbar, wenn ich sie in der Mittagshitze mit einem alten Regenschirm – einem weißen natürlich – vor allzu intensiver Sonneneinstrahlung schütze, denn Schatten ist auch Schutz.

Aber das schöne ist, daß von der Sonne bis zum tiefen Schatten jede Abstufung vorhanden ist.

Der volle Schatten unter Kronen von immergrünen Bäumen läßt längst nicht nur Efeu oder Immergrün gedeihen. Hier stehen einige meiner schönsten Kamelien, auch Schneeglöckchen fühlen sich dort wohl, mit Ausnahme der herbstblühenden Art > siehe 2.293 <.

An der Nordseite von Gebäuden oder von Hecken ist der Schatten sehr sanft und bietet für viele Pflanzen ideale Bedingungen. Eine Nordmauer, beispielsweise, bietet viel mehr Möglichkeiten, als man im allgemeinen denkt. Bei uns sind eine Kletterhortensie, ein Geißblatt und eine Rambler-

Rose in schönster Eintracht dabei, sich diese Wand zu erobern, völlig ohne Kletterhilfe; die Hortensie bietet den anderen genügend Halt. Glockenblumen und die dekorativen Hosta-Sorten sehen sehr hübsch zu ihren Füßen aus.

Von Halbschatten spricht man, wenn an einem Platz die Sonne ungefähr einen halben Tag scheint. Bei der Auswahl der Pflanzen spielt es allerdings auch eine Rolle, ob das morgens oder nachmittags ist. Bei schattenliebenden Pflanzen kann die Morgensonne zum Problem werden, sie bevorzugen oft die sanftere Nachmittagssonne.

Günstig ist ein lichter Schatten. In dem gebrochenen Licht unter laubabwerfenden Bäumen fühlen sich viele Pflanzen sehr wohl. Sie finden Schutz vor allzu intensiver Sonne und werden in der lichtarmen Jahreszeit nicht beschattet.

So gibt es für einen nach Norden liegenden Garten ungeahnte Möglichkeiten der Bepflanzung. Von Sonnenkindern über schattenverträgliche Pflanzen bis zu schattenliebenden ist, je nach Standort, bei uns alles vertreten, von Rosen über Rhododendren bis zum Dreiblatt.

Ein wunderschöner Blickfang für einen halbschattigen Platz ist *Viburnum plicatum* 'Mariesii' > **4.51** <. Dieser laubabwerfende, flachwachsende Schneeball hat herzförmige, dunkelgrüne, stark geäderte Blätter, die im Herbst durch ihre rötliche Färbung auffallen. Die Seitentriebe stehen fast waagerecht ab. Der Strauch wird 1,50 m hoch, aber fast doppelt so breit. Im Spätfrühlung und im Sommer ist er mit seinen großen, abgeflachten Blütendolden mit den reinweißen, sterilen Blüten eine Zierde für jeden Nordgarten. Wenn der Boden auch noch feucht ist, wird dieser Schneeball nur Freude bereiten.

Skimmia japonica > **4.52** <, ein japanischer Strauch von großer Schönheit, kann sogar tiefen Schatten vertragen. Er ist völlig winterhart, hat einen hübschen, kuppelförmigen Wuchs, attraktives, aromatisches Laub und reizende Blüten. Möchte man Früchte haben, muß man allerdings weibliche und männliche Exemplare pflanzen. Die Sorte 'Veitchii' > **4.53** < bringt im Frühling dichte Trauben kleiner, sternchenförmiger weißer Blüten mit einem süßen Duft hervor. Bei diesem weiblichen Strauch folgen rote, große, runde Früchte. Die breiten, ovalen Blätter sind sattgrün. Die Pflanze ist immergrün und kann 1,50 m breit und hoch werden. Ein Zwergstrauch mit würzig duftenden Blättern ist 'Fructo Albo' > **4.54** <. Wie der Name schon sagt, schmückt sich dieser ebenfalls weibliche Strauch mit cremeweißen Früchten. Auch die Sorte 'Wakehurst White' > **4.55** < hat weiße Früchte. 'Snow Dwarf' > **4.56** < hingegen ist ein männlicher Zwerg mit reinweißen Blüten. Die schmalen Blätter mögen gar keine Sonne, sie verlieren dann ihre schöne, dunkelgrüne Farbe.

In einem Nordgarten mit seinem sanften Licht und seinen Tönen nur in Grün und Weiß läßt sich auch ein bißchen spielen. Sehr schattige Plätze können durch geschickte Plazierung eines oder mehrerer Spiegel zusätzlich an Interesse gewinnen. Diese optische Täuschung, „Trompe l´oeil-Effekt" genannt, kann den Eindruck einer räumlichen Tiefe hervorrufen, der geradezu verblüffend ist. Ich habe die erstaunlichsten Beispiele gesehen, ideal, um einen kleinen Garten etwas größer, einen Weg etwas länger erscheinen zu lassen. Ein bißchen Betrug, aber mit welchem Ergebnis! Leider waren bei uns ein paar Vögel so irritiert, daß ich um ihren Verstand bangte und den Spiegel wieder entfernte. Ich werde es an einer anderen Stelle noch einmal versuchen, so faszinierend ist die Wirkung.

Aber auch ohne solche künstlichen Effekte wird in einem Nordgarten die Schönheit der Pflanzen durch das immer wechselnde Spiel von Licht und Schatten noch erhöht. Es ist also keine Problemzone, wie oft angenommen, sondern ein Stück Erde mit ungeahnten Möglichkeiten.

'Swany' > 2.195 <

Mit Treppen ist unser kleines Grundstück reichlich ausgestattet. Es gibt nicht eine Stufe, auf der nicht vom Frühling bis zum Herbst ein Topf steht. 'Swany' blüht bis in den späten Herbst.

Gestaltung mit Töpfen

Als wir vor über zehn Jahren anfingen, den trostlosen Streifen vor dem Haus in einen ansehnlichen Vorgarten zu verwandeln, ahnten wir nicht, daß daraus eine kleine Oase für ausgefallene Pflanzen entstehen würde. Der schmale Streifen bestand damals, trotz seiner geschützten Südlage, nur aus verunkrautetem Rasen, einer ungeschnittenen Eibe direkt an der Hauswand und einer Mülltonne, die nicht zu übersehen war.

Wir wollten an den Gartenzaun zur Straße an die vorhandenen drei Pfosten je eine Rose setzen. Aber „der Mensch macht einen Plan..." sagte schon Bert Brecht. Zwei der Rosen ließen sich tatsächlich pflanzen, wenn auch nur mit Mühe, da die Vorbesitzer des Gartens wohl noch nie etwas von Erdverbesserung gehört hatten. Bei der dritten Rose aber war es uns, trotz größter Anstrengung, stärkstem Willen und sogar trotz Einsatz eines Preßlufthammers nicht möglich, das erforderliche Pflanzloch auszuheben. Wie sich herausstellte, war eine Metallplatte im Wege. Wir werden wahrscheinlich nie erfahren, was sich darunter verbirgt. Mir war wichtiger, die dritte Rose an diese Stelle zu bekommen, um die Harmonie nicht zu gefährden. Die einzige Möglichkeit war ein Topf. Und so fing alles an.

Inzwischen haben wir über zweihundert Töpfe bepflanzt.

Diese Töpfe machen sehr viel Arbeit, das sollte man wissen, und sich gut überlegen, ob man die Zeit erübrigen kann, im Sommer täglich zu wässern, einige Pflanzen sogar zweimal am Tag. Im Sommer ist ein Urlaub unmöglich. Selbst dem gutwilligsten Freund oder Nachbarn ist so viel diffizile Arbeit einfach nicht zuzumuten.

Aber welche Möglichkeiten eröffnen sich durch Töpfe! Der Unterschied, den Töpfe ausmachen, wird immer so richtig sichtbar, wenn im Herbst der Großteil der Töpfe ins Winterquartier eingeräumt werden muß. Wie kahl ist dann der Garten und wie bekommt er innerhalb von Stunden ein südliches Flair, wenn im Frühjahr die Töpfe wieder ihre Sommerwohnung beziehen. Das allein wäre die Mühe schon wert. Und kann man nicht ruhig ein bißchen Mühe aufwenden, um etwas mehr als nur einen „normalen Garten" zu schaffen? Wer möchte nicht einen Garten haben, der das ganze Jahr hindurch interessant ist? Das läßt sich mit Töpfen viel leichter erreichen, ja es ist ohne Töpfe gar nicht möglich, für jede Gelegenheit einen Blickfang zu schaffen.

Es gibt zwar eine Menge Pflanzen, die sich in unserem Klima nur für Töpfe eignen, es gibt aber kaum Pflanzen, die sich nicht auch in Töpfen kultivieren lassen. Sie müssen nur die richtige Größe haben – Töpfe wie Pflanzen. In dem holländischen Garten De Rhulenhof gibt es eine wunderschöne Allee von Hortensien, erst auf den zweiten Blick ist zu erkennen, daß die Pflanzen alle in großen Tontöpfen stehen. Ein ganzer Garten ließe sich nur mit Töpfen gestalten, wenn eine Pflanzung in die Erde nicht möglich wäre. Töpfe erlauben eine Begrünung, wo sonst absolut nichts wächst. Bei uns grenzt an eine Seite des Hauses eine Kiesschicht, die anderen Seiten sind mit Steinplatten belegt. Wie hübsch läßt sich eine solche Problemzone mit Töpfen gestalten, zumal sich jederzeit spontane Änderungen vornehmen lassen. Wir haben auch das „Problem Mülltonne" durch einen Topf gelöst. Eine inzwischen sehr groß gewordene, immergrüne und äußerst dekorative Japanische Schirmtanne, *Sciadopitys verticillata* verdeckt sie völlig.

Auch Pflanzen, die normalerweise nicht für unser Klima geeignet sind, können mit Hilfe von Töpfen in den Garten einziehen. Ist ihnen während der Sommermonate die Außentemperatur angenehm, kommen sie ins Freie. Natürlich kann man sagen, man pflanzt nur etwas, das bei uns winterhart ist und den Bodengegebenheiten entspricht. Ich möchte aber weder auf den südlichen Charme noch auf Pflanzen verzichten, die besondere Ansprüche an die Erde stellen. Hat man sich beispielsweise in einen seltenen Rhododendron oder in eine Kamelie verliebt, im Garten aber nur schweren Lehmboden, dann kultiviert man die Pflanzen einfach in Töpfen und braucht der Versuchung nicht zu widerstehen. Das kann ich ohnehin oft nicht, und konnte es schon gar nicht bei den klassisch schönen Blüten der *Zantedeschia aethiopica* 'Crowborough' (Kalla). Um sich wohlzufühlen, benötigt sie sehr feuchten Boden, am besten eine Sumpfzone, die ich auf normalem Wege nicht bieten kann. Unser kleiner Teich ist mit breiten Natursteinplatten umgrenzt, und rundherum ist es durch die sehr große Birke sehr trocken. Im Stil fügt sie sich in idealer Weise dort ein, zumal die angrenzende Stützmauer nach einem Highlight verlangt: in einem Topf, der sehr oft gewässert und völlig von den Blättern anderer Pflanzen bedeckt wird. Sie steht dort im Sommer „wie gewachsen" und kann im Winter dennoch hereingeholt werden.

Fuchsie 'Annabel' > 5.55 <

Besonders hübsch sieht diese Fuchsie als Hochstämmchen aus. Sie ist unter den weißen Fuchsien eine häufig angebotene Sorte.

Zum Bepflanzen eignet sich eigentlich alles, das etwas Erde faßt. Es gibt die kuriosesten Pflanzgefäße. Ein alter Schubkarren oder sogar ein alter Schuh können in einem bunten Bauerngarten sehr reizvoll aussehen, ob sie auch vor eine Jugendstilvilla passen, ist letztlich eine Frage des Geschmacks. Die Pflanzgefäße sollten auf jeden Fall zum Stil des Hauses und des Gartens passen, wobei außer persönlichen Vorlieben natürlich auch der Geldbeutel eine Rolle spielt. Besonders wichtig ist aber, daß Gefäß und Pflanzen harmonieren. Ein Zitronenbäumchen sieht nun einmal in einem italienischen Terrakottatopf oder in einem Versaille-Kübel besser aus als in einem rustikalen halben Faß.

Wir hatten uns von Anfang an für Tontöpfe entschieden, wenn möglich für Terrakotta. In diesen Töpfen unterschiedlichster Größe, Form und Preisklasse wirken alle Pflanzen, ob Kamelie oder Myrte, Rose oder Buchs, harmonisch, und im Zusammenspiel mit Haus und Garten ergeben sie eine Einheit. Außerdem haben Tontöpfe durchaus Vorteile.

Im Gegensatz zu Töpfen aus Kunststoff speichern sie die Feuchtigkeit, und der Wurzelbereich erhitzt sich bei Sonneneinstrahlung nicht so schnell.

Tontöpfe sind aber vergleichsweise schwer. Deswegen sind sie zwar sehr standfest, man sollte aber bedenken, daß es mit zunehmender Größe immer schwieriger wird, sie zu bewegen. Auf der einen Seite gehört Mobilität zu den größten Vorteilen, auf der anderen Seite ist es wichtig zu überlegen, wie man die Töpfe bewältigen kann. Die besten Erfahrungen haben wir mit einem Brett auf Rollen gemacht, wie es von Speditionen verwendet wird, bei Treppen geht es aber oft nicht ohne fremde Hilfe.

Die Standfestigkeit ist am besten bei Töpfen, die unten ebenso breit sind wie oben. Ein sich nach unten verjüngender Topf mag sehr dekorativ sein, kippt aber bei starkem Wind leicht um.

Tontöpfe werden mit zunehmendem Alter immer schöner. Wenn irgendmöglich kaufe ich solche, die schon Patina angesetzt haben. Mit dieser Auffassung stoße ich zwar oft auf Unverständnis, gealterte Töpfe wirken aber viel natürlicher.

Ein Nachteil der Tontöpfe, besonders bei den etwas preisgünstigeren, ist, daß sie bei starkem Frost leiden und sogar springen können.

Alle Pflanzen in Töpfen lassen sich, geschickt plaziert, harmonisch in Rabatten einfügen und können das Auge lenken und ablenken. Auch räumliche Tiefe läßt sich durch Arrangieren von Pflanzen in Töpfen erreichen.

Pflanzen in Töpfen brauchen auch im Winter Wasser. Der Wasserbedarf ist zwar geringer, aber je nach Standort und auch nach Pflanzenart vorhanden. Sowohl im Freien während frostfreier Perioden als auch im Wintergarten darf das Wässern nicht vergessen werden.

Erst durch Töpfe ist mein Garten ein vielseitiger und interessanter Garten geworden, ein kleines Paradies.

***Nerium oleander* 'Mont Blanc'** > 5.3 <

Eingangsbereich und Vorgarten

Der erste Eindruck eines Gartens entsteht am Eingang des Hauses oder auch, je nach Lage, durch den Vorgarten. Diesen Bereich versuche ich, immer besonders einladend, abwechslungsreich und interessant, ja sogar aufregend zu gestalten. Hier wechsle ich die Töpfe ständig aus. Ist etwas gerade abgeblüht, wird es ausgetauscht gegen eine Pflanze, die ihren Höhepunkt gerade vor sich hat. Pflanzen, die eine Pause einlegen oder sich für diese Saison verabschiedet haben, bekommen einen weniger prominenten Platz. An keiner anderen Stelle ist unser Garten so mobil wie hier.

Ein großer Lorbeerbaum *(Laurus nobilis)* hat dort allerdings seinen Stammplatz, ausgenommen, wenn es frostig kalt wird. Er steht in einem schlichten, stabilen Tontopf und eignet sich sehr gut für die Kultur im Kübel. Der echte Lorbeer sieht auch sehr dekorativ als Hochstamm aus, die Kugel läßt sich gut in Form schneiden. Der „Abfall" versorgt nicht nur mich, auch Freunde und Nachbarn eine ganze Weile in der Küche. Wegen der kleinen, kaum auffallenden Blüten lohnt es sich nicht, den Echten Lorbeer zu kultivieren, wohl aber als strukturgebendes und dekoratives Element. Der relativ große Topf läßt noch genügend Platz, um ihn ganz individuell mit Einjahrespflanzen, zum Beispiel mit *Bacopa* und Lobelien, zu gestalten.

Um die oft kahlen unteren Triebe von Kletterrosen zu verdecken, gibt es die verschiedensten Möglichkeiten. Am besten ist natürlich, es durch einen entsprechenden Rückschnitt gar nicht erst so weit kommen zu lassen, das ist allerdings nicht leicht. Oder man pflanzt etwas Niedrigeres davor. Oft ist dafür aber nicht genügend Platz. Das Rosenspalier steht an der prominentesten Stelle im Vorgarten, der Visitenkarte des Hauses. Wie schön lassen sich da immer wechselnde Bilder mit Töpfen arrangieren.

Hier steht auch eine große *Gordonia axillaris* > **5.1** <, eine Verwandte der Kamelien und ebenfalls ein Teegewächs. Ihre Heimat ist China und Taiwan. Sie bildet einen immergrünen, buschigen Strauch mit glänzenden, ledrigen, ovalen Blättern.

Citrus limon 'Quattro Stagioni' > 5.2 <

Schon die im Sommer erscheinenden Knospenstände wirken mit ihren zartgrünen Sternen sehr dekorativ. Wenn sie sich dann im Winter bis zum Frühjahr zu großen, reinweißen Blüten öffnen, mit Blütenblättern wie Crêpe-de-Chine-Seide und einem dicken Büschel gelber Staubgefäße, kann man leicht ins Schwärmen geraten, zumal sie noch leicht süß duften. Die Gordonia wird wie Kamelien kultiviert, kommt also als Topfpflanze bei Minustemperaturen ins Winterquartier.

Goethe läßt in seinem Gedicht „Mignon" fragen: „Kennst Du das Land, wo die Zitronen blühen...?" Er dachte dabei wohl kaum an einen Frankfurter Vorgarten. Aber warum denn in die Ferne schweifen.

Bei uns stehen fünf Zitronenbäumchen verschiedenster Größe, als Büsche und als Hochstämme. Sie sind mit das Unkomplizierteste, was ich im Garten habe – und das mit Abstand am meisten Bewunderte. Die Töpfe stehen vor einer weißen Südwand, ein idealer Platz. Diese Pflanzen versorgen uns das ganze Jahr über mit herrlichen, großen, saftigen Früchten, die viel weniger sauer sind als die gekauften. Kein Wunder, sie dürfen an der Pflanze reifen und werden erst bei Bedarf gepflückt. Letztes Jahr habe ich viele direkt vom Baum an Spaziergänger verschenkt, die mir alle nicht glauben wollten, daß es sich um echte Früchte handelt. Die erste verwunderte Frage lautet meist: „sind die echt?"

Es ist eigenartig: Am Gartenzaun können die herrlichsten Strauchpäonien, groß wie Salatköpfe, oder später Rosen in Hülle und Fülle blühen, sie werden völlig ignoriert und beiseite gebogen, um den Blick auf die Zitronen freizubekommen. Ist es die Sehnsucht nach dem Süden, das Exotische oder einfach, weil es etwas zum Essen ist?

Die Sorte *Citrus limon* 'Quattro Stagioni' > 5.2 < ist ein kleiner Baum, ideal für einen Topf, mit hellgrünen, großen Blättern und rötlichem Austrieb

Obwohl ich ihren Namen nicht kenne, hat diese Strauchpäonie es nicht verdient, zugunsten der Zitronen ignoriert zu werden.

mit kleinen, wachsartigen Blüten, die aus fünf reinweißen, weit auseinanderstehenden Blütenblättern zusammengesetzt sind. In diesen kleinen Blüten ist der ganze Duft des Südens enthalten. Eine geöffnete Blüte erfüllt den gesamten Vorgarten mit ihrem berauschenden Duft. Diese „Zitrone der vier Jahreszeiten" trägt gleichzeitig Knospen, geöffnete Blüten, kleine, unreife Minifrüchte, große grüne Früchte bis zu den reifen, gelben, saftigen Zitronen. Selbst sie halten sich noch ungefähr ein halbes Jahr am Baum. Von der Blüte bis zur reifen Zitrone vergehen eineinhalb Jahre.

Die Zitronen stehen meist von März bis Mitte November im Freien, die übrige Zeit werden sie kühl und hell überwintert, wie andere frostempfindliche Pflanzen auch.

Zitronen lassen sich völlig unproblematisch zurückschneiden, am besten, bevor sie ins meist beengte Winterquartier kommen. Sie sind dankbar für nährstoffreiche Erde und häufiges Gießen im Sommer, durchaus mit Leitungswasser, wenn es nicht zu hart ist. Wer so emsig blüht und fruchtet, sollte während der Wachstumszeit auch regelmäßig gedüngt werden.

Zitronen sind immergrün, wenn sie im Winter recht feucht gehalten werden. Mir ist es aber schon passiert, daß sie im Winter alle Blätter verloren haben, weil sie zu trocken standen. Es sah erbarmungswürdig aus, als an der völlig kahlen Pflanze nur noch die Zitronen hingen. Mein Schrecken war entsprechend groß, aber noch größer war die Freude, als sie im Frühjahr wieder unverdrossen austrieben und sogar besonders reich blühten. Es besteht also nicht der geringste Grund zur Panik, wenn sich diese Exoten entblättern.

Immer wieder taucht die Frage auf, ob man die Pflanzen auch aus Kernen ziehen kann. Man kann, man bekommt auch hübsche Blattpflanzen, die vielleicht auch kleine Zitronen tragen. Um aber eine gutgewachsene Pflanze mit ausgezeichneter Fruchtqualität zu bekommen, muß sie veredelt werden. Und das sollte man besser Fachleuten überlassen. Es werden so hübsche Pflanzen in Baumschulen und Gartencentern, manchmal sogar in Kaufhäusern, angeboten, daß sowieso nicht zu verstehen ist, warum die Zitronen in unserem Vorgarten wie ein Weltwunder bestaunt werden. Sie könnten auf jedem Balkon stehen, etwas Einfacheres gibt es nicht.

Die gelbe Schale, reich an flüchtigem Öl, ist, im eigenen Garten ungespritzt, als vielseitiges Gewürz zu verwenden. Eine Spaziergängerin wartet immer sehnsüchtig darauf, daß ich meine Zitronen zurückschneide. Sie holt sich die Blätter ab, friert sie auf Vorrat ein und benutzt sie als Gewürz. Wozu, ist mir zwar nicht ganz klar, aber ich mache sie glücklich.

Längst keine solche Sehenswürdigkeit ist der Oleander, er ist viel bekannter. Aber er ist mir ans Herz gewachsen, schließlich habe ich die großen Exemplare selbst aus Stecklingen gezogen. Übrigens ein Kinderspiel: etwa 10 cm lange Triebe ohne Blüten stelle ich in eine dunkle Flasche mit Wasser, schon nach vier Wochen können die Wurzeln so kräftig sein, daß man das Pflänzchen in ein Töpfchen mit ganz normaler Gartenerde setzen kann. Nach zwei Jahren ist der Oleander 60 bis 80 cm groß und blüht bereits wunderschön.

Nerium oleander 'Mont Blanc' > 5.3 < ist eine einfach blühende Form, die angenehm süß duftet. Es gibt auch eine weiße gefüllt blühende Sorte ohne Duft.

Oleander ist ein immergrüner Strauch mit schmalen, ledrigen Blättern. Die Triebe enthalten einen milchigen, giftigen Saft. Zeit, Qualität und Üppigkeit der Blüte hängen sehr vom Wetter ab. Je sonniger und heißer, desto wohler fühlt sich der Oleander, aber nur, wenn es seine Wurzeln stets feucht haben. Im Hochsommer muß er oft zweimal täglich gegossen werden. Wie alle Exoten kommt er im Spätherbst ins Winterquartier.

Treppen und Podeste

Mit Treppen und immer wieder verbindenden ebenen Flächen ist unser kleines Grundstück reichlich ausgestattet. Es gibt nicht eine Treppenstufe, auf der vom Frühling bis zum Herbst nicht mindestens ein Topf steht.

An der Ostseite, zwischen Haus und Gartenhaus, unserer ehemaligen Garage, befindet sich nur ein enger Durchgang, recht dunkel und mit Kellerfenstern. Er könnte das Trostloseste sein, was man sich denken kann, ist es aber nicht, denn in den Kellerfenstern und auch davor steht ein Teil der Fuchsien, hängende Sorten fallen anmutig über die Mauer, aufrecht wachsende Pflanzen haben darunter auch noch Platz. Sie blühen ab Juli, sind Mitte September auf ihrem Höhepunkt und werten diesen tristen Bereich ungemein auf. Ohne Töpfe wäre das unmöglich (siehe Fuchsien Seite 155).

Zusätzlich stehen zwischen den Kellerfenstern zwei große Halbtöpfe direkt an der Wand. Sie haben den Vorteil, in dem ohnehin engen Gang nur wenig Platz zu beanspruchen, und bieten doch ausreichend Erde für je eine Kletterpflanze. Etwas Buschiges käme hier nicht in Frage. Für die recht kahle Ostwand bieten sich zwei immergrüne, selbstkletternde, winterharte Pflanzen an: *Pileostegia viburnoides* und *Hydrangea serratifolia* sind einander sehr ähnlich, aber doch nicht gleich. Beide haben dunkelgrüne, ledrige, etwa 15 cm lange, dekorative Blätter.

Hydrangea serratifolia > **5.4** < bringt im Sommer Dolden mit einem Durchmesser bis 15 cm und kleinen, cremeweißen, fertilen Blüten hervor; sterile Blüten fehlen normalerweise ganz. Die jungen Blätter sind gezähnt.

Pileostegia viburnoides > **5.5** < schmückt unsere Wand bis in den Herbst hinein mit dichten Rispen sternchenförmiger, cremeweißer Blüten.

Es wird lange dauern, bis beide Pflanzen die Wand einmal völlig bedecken. Sie sollen 6 und die andere sogar 10 m hoch werden. Nach meiner Erfahrung mit ähnlichen Kletterpflanzen, beispielsweise mit *Hydrangea petiolaris*, die Kletterhortensie und mit *Schizophragma hydrangeoides*, vergehen aber Jahre, bis sie sich richtig etabliert haben, und in einem Topf werden die Pflanzen ohnehin nicht so groß.

So klein kann kein Balkon sein, daß ihn nicht wenigstens ein Blumentopf schmücken könnte. Auf diesem winzigen Balkon eines alten Hauses in Italien stand nichts als ein betagter Tontopf mit einer weißblühenden Hortensie. Ein einfaches, doch nostalgisches Arrangement.

Am Ende des langen Durchganges, an einem Regenfallrohr aufgebunden, wächst die anmutige Kletterrose 'Mrs. Herbert Stevens, Climbing', eine kletternde Teehybride, in einem großen Topf; ein Blickfang, auf den ich ohne die Hilfe eines Topfes verzichten müßte.

An der Nordwand stehen – in Töpfen, die schon gar nicht mehr zu sehen sind – dicht nebeneinander das Geißblatt *Lonicera periclymenum* 'Graham Thomas', die Kletterhortensie *Hydrangea petiolaris* und die Ramblerrose 'Albéric Barbier'. Die drei haben die Nordwand in völliger Harmonie bereits bis zum ersten Stock erobert. Sie schicken sich an, die gesamte Wand zu bekleiden und geben sich gegenseitig den nötigen Halt, ohne jegliche Kletterhilfe.

Wichtig ist, daß so große, fleißig wachsende Pflanzen in Töpfen gut gewässert und mit Nahrung versorgt werden.

Der dank Fuchsien und Kletterpflanzen doch recht ansehnliche Durchgang endet an der Gartenseite in einen quadratischen Platz hinter dem Gartenhaus. Um einen großen Topf herum lassen sich die unterschiedlichsten Pflanzen gruppieren, jeweils mit wechselnder Blütezeit. Ob Traubenhyazinthen oder Narzissen, Rhododendren, Rosen, Lilien oder Fuchsien, alles wächst hier. Man könnte diesen Platz als „Topfgarten" bezeichnen.

Auch manches seltene Gewächs ist hier zu finden, beispielsweise *Diplarrhena moraea* > 5.6 < , eine sommerblühende Staude mit langen, schmalen Blättern und irisähnlichen, kleinen weißen Blüten mit zarten gelben und lilafarbenen Markierungen in der Mitte. Diese interessante Rarität wird etwa 45 cm hoch.

Balkon, Terrasse, Dachgarten

So klein kann kein Balkon sein, daß ihn nicht wenigstens ein Blumentopf schmücken könnte. In Italien haben wir einmal an einem alten Haus einen winzigen Balkon gesehen, nicht mehr als einen „Austritt", auf ihm stand nichts als ein betagter Tontopf mit einer weißblühenden Hortensie – traumhaft schön. Wie öde wäre die Wand gewesen ohne dieses nostalgische Arrangement.

Sehr viel größer ist unser Balkon auch nicht, und er liegt auch noch an der Nordseite. Immerhin haben auf ihm ein Bistrotischchen mit zwei zierlichen Stühlen und ein Tontopf Platz. Durch den Topf ist es ziemlich eng, aber er ist es, der das Flair ausmacht.

Während des Frühlings blüht dort die Kamelie 'Snowman', im Sommer wird sie von *Solanum jasminoides* 'Album' abgelöst. Seine Triebe mit den reinweißen Blüten wachsen anmutig durch das Geländer. Im Winter ist 'Snowman' wieder an der Reihe, seine Knospen und das schöne Laub sind auch außerhalb der Blütezeit eine Zierde. Nur in ganz kalten Nächten wird der Topf vorübergehend hereingeholt.

Wer Platz für Blumenkästen hat, dem bieten sich viele Möglichkeiten, ganz nach persönlichem Geschmack. Besonders hübsch ist es, wenn die Kästen nicht nur an der Balkonbrüstung hängen, sondern auch auf dem Boden stehen und mit Hängepflanzen bestückt sind. Wegen der schmalen Fensterbretter bieten sich bei uns nur die Kellerfenster an, von denen aber jedes einen Blumenkasten zur Verschönerung bekommen hat, die alle unterschiedlich bepflanzt sind.

Beispiele:

- Kleinwüchsige, weiße Azaleen – zum Beispiel die wintergrünen Japanischen Azaleen („Diamant-Azaleen") oder 'Hisako Geisha' > 5.7 < , eine zwergige Sorte – stehen zusammen mit *Juniperus procumbens* 'Nana' > 5.8 < , einem polsterbildenden, kriechenden Wacholder, der nur 20 cm hoch wird.
- *Bacopa monnieri* 'Snow Flake' mit Efeu.
- Halbhängende oder hängende Fuchsien, zum Beispiel 'Igloo Maid' und 'White Galore', mit kleinen Buchs-Kugeln.
- Buchskugeln wirken auch sehr hübsch in der Kombination mit panaschiertem Efeu und Fleißigen Lieschen > 5.9 < . Von diesen *Impatiens* ist die gefüllte Form aus der Rosette-Serie besonders dekorativ.

Es gibt so viele Möglichkeiten für eine weiß-grüne Bepflanzung, daß dies nur eine Anregung sein kann. Man sollte darauf achten, daß in jedem Ka-

sten mindestens eine wintergrüne Pflanze wächst. Die Lücken der Einjährigen und die kahlen Triebe von Hängeröschen lassen sich dann im Winter gut durch Tannenzweige kaschieren. So braucht man in der ohnehin tristen Jahreszeit nicht ganz auf einen Blickfang zu verzichten.

Was wäre eine Terrasse oder ein Dachgarten ohne Töpfe. Sie gehören, in harmonischen Gruppen angeordnet, einfach dazu. Für die Töpfe in der Nähe eines Sitzplatzes bieten sich Pflanzen nicht nur mit duftenden Blüten, sondern auch mit aromatischen Blättern an.

Lange habe ich nach weißblühenden Pelargonien mit duftenden Blättern gesucht. *Pelargonium* 'Joy Lucille' > 5.10 < hat tief eingeschnittene, hellgrüne, samtige Blätter, die beim Reiben intensiv nach Pfefferminze duften. Die kleinen, weißen Blüten haben eine dunkellila Maserung und sehen aus wie kleine Stiefmütterchen. Der Wuchs ist sehr ausladend. Im Wuchs hübscher ist *Pelargonium fragrans* > 5.11 < , sein Aufbau ist eher buschig. Die Blätter sind kleiner, ganz weich und samtig, ihre Form ähnelt mehr den Pelargonien. Der würzige Duft erinnert an den von Kiefern. Die winzigen weißen Blüten sind innen purpurfarben gestrichelt. Beide Sorten eignen sich am besten für Töpfe. Sie lieben einen warmen, geschützten Standort im Freien, im Winter holt man sie am besten ins Zimmer. So hat man auch dann den Duft der Blätter in der Nähe.

In eine Ecke mit duftenden, weißblühenden Pflanzen gehört auch eine *Brugmansia* (oder *Datura,* wie sie meist noch genannt wird). Allerdings sollte ausreichend Platz für sie vorhanden sein, auch für die Überwinterung. *Brugmansia* × *candida* sieht auf einer geräumigen, geschützten Dachterrasse wunderschön aus. Die gefüllten Sorten 'Double White' > 5.12 < und 'Knightii' > 5.13 < sind besonders dekorativ. Diese halbimmergrünen, subtropischen Sträucher müssen während ihrer Wachstumszeit viel gegossen werden. Im

***Brugmansia suaveolens* 'Alba'**

Sommer und im Herbst schmücken sie sich mit bis 20 cm langen, trompetenförmigen, gefüllten Blüten. Die weißen Sorten duften am intensivsten. Ihr unvergleichlicher Lilienduft verbreitet sich vor allem gegen Abend, ein Traum in Duft und Blütenform, der Inbegriff eines warmen Sommerabends.

Auf einer sonnigen Terrasse oder einem Dachgarten, der in voller Sonne liegt, erhöht die grazil wachsende Myrte die südliche Stimmung. Ein schöner toskanischer Terrakottatopf mit einer Myrte, die von Jahr zu Jahr schöner und anmutiger wird, mit aromatischen Blättchen und kleinen, zarten, süß duftenden Blütenwölkchen läßt an eine andere Zeile aus Goethes „Mignon" denken:

„... ein sanfter Wind vom blauen Himmel weht,
die Myrte still und hoch der Lorbeer steht,
kennst Du es wohl? ..."

Ein bißchen Süden läßt sich auch zu Hause gestalten. Natürlich werden Myrten so wenig wie Zitronen und Lorbeer in unseren heimatlichen Gefilden im Topf groß wie im Süden. *Myrtus communis* > **5.14** < läßt sich jedoch in geschützten Gegenden vor einer warmen Süd- oder Westwand durchaus sogar im Freien kultivieren. Sie bildet einen immergrünen, buschigen Strauch mit kleinen, schmalen, leuchtend grünen, glänzenden Blättern. Die weißen, zierlichen Blütchen mit einem hübschen Büschel weißer Staubgefäße und einem Durchmesser von 2 cm erscheinen zwischen Juli und September. Ihnen folgen purpurschwarze Beeren. Eine andere, längst nicht so bekannte Art ist *Myrtus lechleriana* > **5.15** <. Ihre kompakten Trauben von 4 bis 10 cremeweißen, süß duftenden Blüten mit einem Durchmesser von nur 1 cm überziehen diese aus Chile stammende Art schon im Mai wie mit einem Schleier. Die zuerst roten Beeren werden später schwarz, was auch sehr dekorativ aussieht. Diese Art hat einen besonders anmutigen Wuchs, leicht überhängend und bis zur Basis dicht mit leicht aromatischen Blättchen besetzt, die doppelt so breit sind wie bei *Myrtus communis*. So viel Harmonie, Liebreiz, Beschwingtheit und Leichtigkeit sollte man ständig im Blickfeld haben.

Selbst *Clematis*-Liebhaber brauchen nicht zu verzichten, wenn sie keinen Garten haben. Wählt man die Sorten und die Pflanzgefäße sorgfältig

Weiße Clematis

Name	Blütezeit	Blüte	Wuchshöhe	Textziffer
Clematis armandii	Februar/März	4 cm, duftet	bis 5 m	> **2.3** <
Clematis flammula	August – Oktober	2 cm duftet	bis 5 m	> **4.3** <
Clematis florida 'Alba Plena'	Juni/Juli	12 cm, gefüllt	4 m	> **5.16** <
Clematis montana	Mai – Juli	2 – 5 cm	bis 8 m	> **4.5** <
Clematis montana 'Alexander'	Mai/Juni	8 – 10 cm, duftet	bis 7 m	> **6.2** <
Clematis montana var. *wilsonii*	Mai – Juli	3 cm	bis 8 m	> **4.7** <
Clematis recta	Juni/Juli	1 cm	1 – 2 m, krautig	> **2.172** <
Clematis viticella 'Alba Luxurians'	Mai	3 – 5 cm	bis 4 m	
Clematis viticella f. *albiflora*	Mai	3 – 5 cm	bis 4 m	> **4.8** <
Clematis × *fargesioides* 'Paul Farges'	August – Oktober	4 cm	7 – 9 m	
Clematis × *jackmanii* 'John Huxtable'	Juli-Oktober	einfach, groß		
Clematis-Hybride 'Arctic Queen'	Mai/Juni	gefüllt	3 m	> **5.18** <
Clematis-Hybride 'Miss Bateman'	Mai/Juni	10 – 15 cm	2 – 3 m	> **5.^7** <
Clematis-Hybride 'Mrs. George Jackman'	Juni	10 cm	2-3 m	> **5.19** <
Clematis-Hybride 'Superba'	Mai/Juni	5 cm	bis 8 m	> **4.6** <

aus, lassen sich auf einer Terrasse oder einem Dachgarten von Mai bis September beeindruckende Blickpunkte erzielen. Insbesondere auf einem Dachgarten sollten Clematis in Töpfen allerdings einen windgeschützten Platz bekommen

Die beste Wahl sind Sorten, die schon ab Mai am vorjährigen Holz blühen; sie haben im allgemeinen einen kompakteren Wuchs. Sie fühlen sich in einem Topf wohl, und durch den beengteren Raum für ihre Wurzeln werden sie auch nicht so hoch. Die verwelkten Blüten sollten abgeschnitten werden, das fördert neues Wachstum und somit den nächsten Blütenflor. Es lohnt sich allerdings, einige Samenstände nicht zu entfernen, sie wirken im Sommer und im Herbst ausgesprochen dekorativ und verleihen der Clematis ein höchst interessantes Aussehen.

Clematis dürfen niemals austrocknen, darauf ist bei der Kultur in Töpfen besonders zu achten. Das fängt schon bei der Auswahl des Topfes an. Ein Gefäß aus dickem, frostbeständigem Ton oder festem, behandeltem Holz schützt die Wurzeln im Winter vor Kälte und im Sommer vor Hitze. Clematis lieben es im Wurzelbereich zwar kühl (das läßt sich durch kleinere, davorgestellte Töpfe auf dekorative Weise erreichen), aber nasse Füße mögen sie gar nicht. Eine dicke Drainageschicht ist deshalb nötig. In einem großen Topf ist die Clematis am besten aufgehoben, kleine, dazugepflanzte Einjahresblumen können noch für Abwechslung sorgen.

Clematis florida 'Alba Plena' > **5.16** < hat weiße, gefüllte Blüten mit einem Hauch von Grün, die ab Juni erscheinen. Sie benötigt einen warmen, geschützten Standort. Die Hybride 'Miss Bateman' > **5.17** < blüht schon ab Mai. Ihre einfachen Blüten sind reinweiß mit rostroten Staubgefäßen. Sie duften sogar etwas und können einen Durchmesser von 10 bis 15 cm erreichen; es lohnt sich, auf die Suche nach dieser alten Sorte zu gehen. Etwas später blüht die gefüllte Sorte 'Arctic Queen' > **5.18** < , ebenso die halbgefüllte 'Mrs. George Jackman' > **5.19** < mit ihren cremeweißen Blüten und braunen Staubgefäßen. Sie blüht besonders üppig.

Alle hier aufgeführten Sorten benötigen eine Stütze, um ihre Höhe auf anmutige Weise zu erreichen. Ein bißchen Mühe ist es schon wert, die Pflanzen von Anfang an in eine hübsche Form zu ziehen. An einem Obelisken aus Holzlatten in einem ausreichend großen Topf lassen sich sogar mehrere Sorten unterbringen. Warum nicht mit einer andersfarbigen Sorte kombiniert auf einer ganz in Weiß gehaltenen Terrasse?

Wintergarten oder Gewächshaus

Ein Wintergarten oder ein Gewächshaus ist ein idealer Platz für empfindliche und südliche Pflanzen, die den Unbillen unserer Winter nicht standhalten oder sogar ständig ein besonderes Klima brauchen, um gut zu gedeihen.

Während ein Wintergarten im allgemeinen dem Wohnbereich angegliedert ist – oft als zusätzliches sommerliches Zimmer mit Korbmöbeln eingerichtet, ein kuscheliges Plätzchen für Mußestunden -, dient das Gewächshaus eher der Arbeit. Hier werden Pflanzen vermehrt und aufgezogen, hier ist Kinderstube und Krankenstation und vor allem das Winterquartier für die Pflanzen in Töpfen, die im Sommer draußen stehen oder sich „leihweise" im Beet befinden.

Im Wintergarten sollten schöne dekorative Pflanzen, die Wärme und Helligkeit brauchen, ihren Stammplatz haben. Ein Gewächshaus dagegen ist in der Regel ein vorübergehender Aufenthaltsort für Pflanzen, in ihm herrscht meist auch eine hohe Luftfeuchtigkeit. Das wäre in einem gemütlich eingerichteten Wintergarten nicht so optimal.

Wir haben weder das eine noch das andere. Trotzdem kommen viele Exoten gut über den Winter. Unser Gartenhaus – die ehemalige Garage – ist ein Kompromiß zwischen beiden. Das Rolltor wurde durch eine doppelte Glastür ersetzt; ein Fenster war ohnehin vorhanden. Durch eine thermostatgesteuerte Elektroheizung läßt sich die gewünschte Temperatur einstellen, die nötige Helligkeit wird durch Pflanzenleuchten erreicht und die Luftfeuchtigkeit durch eifriges Besprühen. Not macht nun einmal erfinderisch.

Von November bis März stehen alle frostempfindlichen Pflanzen – wie Zitronen, Oleander, Lorbeer und Kamelien (siehe Seite 147 – 150), auch eine empfindiche Rose – in diesem Gartenhaus. Noch exotischere Gewächse, beispielsweise *Plumeria* (Frangipani) haben ein entsprechend längeres „Innenleben".

Die empfindliche Rose ist 'Niphetos' > **5.20** <, eine anmutige Teerose mit dem typischen feinen Teerosenduft. Die für den dünnen Stengel viel zu schweren Blüten hängen leicht nach unten, was dieser Rose von 1843 einen besonderen Reiz verleiht. Es wäre zu schade, wenn sie erfrieren würde. Sie läßt sich auch hervorragend das ganze Jahr über im Wintergarten kultivieren, und nur dort entwickeln sich ihre reizenden Knospen mit einem Hauch von Rosa und Zitrone zu reinweißen Blüten von vollendeter Schönheit.

Bei der *Plumeria* ist viel Einfühlungsvermögen nötig, damit sie sich hier wohlfühlt. Das ausgesprochen tropische Gewächs habe ich als Baum auf den Fidji-Inseln kennengelernt. Der warme Jasminduft der Blüten hat mir die Pflanze so begehrenswert gemacht, daß ich auf die Suche nach einer reinweißen Sorte ging. Es schien zuerst ein aussichtsloses Unterfangen, bis ein Aussteller auf einer Pflanzenbörse im Frankfurter Palmengarten versprach, mir eine Pflanze zu ziehen. Lange Zeit hörte ich nichts, ich glaubte schon nicht mehr daran, bis eines Tages der heißersehnte Anruf kam. Nun habe ich ein Prachtexemplar. Es sollte sich um *Plumeria rubra* f. *acutifolia* > **5.21** < handeln, obwohl es auch noch andere weißblühende Arten gibt. *P. obtusa* > **5.22** < hat deutlich abgerundete Blätter, die sie im Winter nicht verliert. Natürlich wird diese „Duftwolke" im Topf kein Baum von 7 m Höhe wie in ihren Heimatländern. Dem Himmel sei dank, wo sollte man sonst im Winter damit hin? Wer hat schon ein so hohes Zimmer, und sie möchte es nicht kühler haben als 12 °C. In Ländern wie Thailand, Indien oder Indonesien wird sie aus religiösen Gründen nicht in Privatgärten gepflanzt. Dort ist sie Tempelanlagen und Friedhöfen vorbehalten. Glücklicherweise hindert uns kein Glaube und kein Aberglaube daran, es mit dieser herrlichen Pflanze zu versuchen. Die großen, ovalen Blätter sind mattgrün mit deutlicher Äderung. Die aufrechten Büschel der trichterförmigen, wachsähnlichen weißen Blüten mit gelber Mitte duften besonders abends umwerfend. Der Duft ist ähnlich der Essenz, die in der Renaissance von Frangipani, einem Adligen, hergestellt wurde. Daher soll auch der Handelsname dieses tropischen Gewächses kommen.

Ähnliche Blüten, aber im Miniaturformat, hat *Carissa grandiflora* (syn. *C. macrocarpa)* 'Tuttlei' > **5.23** <. Intensiv exotisch duftende, reinweiße Blütchen ohne sichtbare Staubgefäße sitzen an einem dichten, breiten Busch mit dornigen Zweigen. Das Laub ist glänzend grün und ledrig. Die relativ großen, länglichen, roten Früchte sind eßbar und schmecken nach Pflaumen. Sie sind der einzige ungiftige Teil der Pflanze. *Carissa* fängt erst an, sich wohl zu fühlen, wenn die Temperatur über 10 °C steigt. Ist die Temperatur niedriger, darf nur ganz sparsam gegossen werden. Sie muß hell und frostfrei überwintert werden, ein Treppenhaus ist gut geeignet. Sie ist erheblich robuster als *Plumeria* und viel einfacher zu beschaffen.

Eine weitere exotische Rarität ist *Zingiber mioga* > **5.24** <, die Ingwerpflanze. Für mich als Teeliebhaberin gehört zum Tee ein Stückchen Ingwer. Ist es also verwunderlich, daß in unserer „Zone 9" (siehe Seite 61) auch eine Ingwerpflanze steht? Sie wird in einem Topf etwa 1 m hoch, die schmalen Blätter sind 30 cm lang, die Hochblätter sind grün oder weiß, und die weißen Blütenblätter haben eine gelbe Basis. Im Frühjahr müssen die Triebe auf 10 cm zurückgeschnitten werden, dann ist die Pflanze auch dankbar für eine kräftige Düngung. Aus dem dicken Wurzelstock, der oberhalb der Erde liegt, wird das Gewürz gewonnen. Es ist allerdings Geschmacksache, man mag Ingwer oder man mag ihn nicht.

Jasminum sambac 'Maid of Orleans' > **5.25** < braucht ebenfalls viel Wärme und fühlt sich an einer sonnigen Hauswand wohl. Die immergrüne Kletterpflanze mit dunkelgrünen, glänzenden, etwa 7 cm großen Blättern blüht ständig, allerdings nur, wenn sie im Winter hereingeholt wird. Dieser chinesische Jasmin kann genausogut als niedrig wachsender Strauch gezogen werden. Wenn er relativ trocken gehalten, häufig gedüngt und zurückgeschnitten wird, blüht er besonders reichlich. Die wachsartigen, 2 cm großen weißen Blüten mit sechs Blütenblättern und versteckten Staubgefäßen erscheinen in Büscheln und duften intensiv nach Jasmin. Jasmin Parfum wird unter anderem von diesen Blüten gewonnen. Früher wurden diese Blüten zum Parfümieren von Salben verwendet. Ein eisgekühltes Getränk, mit den noch nicht ganz geöffneten Blüten dekoriert, sieht sehr hübsch aus und duftet himmlisch.

Kühlere Temperaturen verträgt der Sternjasmin, *Trachelospermum jasminoides* > 5.26 <, eine kletternde Pflanze aus Japan mit dunkelgrünen, glänzenden Blättern und kleinen, weißen, intensiv duftenden Blüten, die an ein Windmühlrädchen erinnern. Der Sternjasmin sendet seine Wurzeln direkt aus den Blattachseln in die Erde, wo immer sie Kontakt damit bekommen.

Als sommerlichen Lückenbüßer kann man sich kaum etwas Geeigneteres vorstellen als *Solanum jasminoides* 'Album' > 5.27 <. Ob Sonne, Halbschatten oder Schatten – diese Pflanze verträgt alles und blüht willig und üppig mit ihren sternförmigen, 2 cm großen, reinweißen Blüten mit den prominenten Staubgefäßen. Die Blüten halten sehr lange und hellen jede Pflanzung auf, die gerade ihre wohlverdiente Ruhepause hat. Ein Topf mit dieser halbimmergrünen, verholzenden Schlingpflanze mit den hellgrünen, oval-lanzettlichen Blättchen läßt sich überall hinstellen, auch vorübergehend als Blickfang in eine Rabatte integrieren.

Das Solanum kann, entgegen vielen Behauptungen, gut überwintert werden. In einem verhältnismäßig kalten Winter hatten wir einen Topf im Freien stehen. Im Frühjahr habe ich die Triebe radikal zurückgeschnitten, sie trieben bald danach aus. Diese Pflanze blühte von meinen drei *Solanum*-Pflanzen am schönsten. Die Triebe sind fast 2 m lang.

***

Die wohl edelste aller weißblühenden Pflanzen erfordert ganz besondere Bedingungen: sie braucht 60 cm tiefes, stilles Wasser und mindestens einen halben Tag direktes Sonnenlicht, wenn man sie im Freien kultivieren möchte.

Die Rede ist von der Lotosblume, dem Sinnbild für Reinheit und Wahrheit, in China Symbol für die Ewigkeit, da sie Knospen, Blüten und Fruchtstände zur gleichen Zeit zeigt. Die reinweißen, kelchförmigen Blüten von *Nelumbo nucifera* 'Alba' > 5.28 < haben einen Durchmesser von 15 cm ('Alba Grandiflora' > 5.29 < hat noch größere Blüten), sind sehr ebenmäßig gebaut und stehen – genau wie die großen Blätter, die in den Tropen 1 m Durchmesser erreichen können – weit über der Wasserfläche. Die Blüten öffnen sich im Sonnenlicht und schließen ihre Kelche am späten Nachmittag wieder. Nach jüngsten Erkenntnissen haben sie die wunderbare Fähigkeit, Wärme nicht nur zu produzieren, sondern auch die Temperatur erstaunlich präzise zu regeln. Die „Heizung" fängt ein bis zwei Tage, bevor sich die Knospe öffnet, an zu „laufen" und bleibt dann einige Tage „eingeschaltet". Während dieser Zeit ist die Lotosblüte befruchtungsfähig. Wer würde sich nicht in solch einem einladenden, warmen Stübchen wohlfühlen?

Im Garten der Villa Taranto am Lago Maggiore kann man den Anblick eines ganzen Teichs voller Lotosblumen genießen. Ein feiner Duft wie der von Teerosen schwebt in der Luft. Dort unter der

Weiße Orchideen

Gattung, Art	Sorte	Gruppe	Wuchs	Textziffer
Angraecum	Veitchii'	monopodial	aufrecht, duftet stark	
Angraecum sesquipedale		monopodial	aufrecht, duftet stark	> 5.30 <
Cattleya	Bow Bells'	monopodial	aufrecht	
Cattleya harrisoniana var. *alba*		sympodial	leicht hängend	
Cattleya schroederae var. *alba*		sympodial	leicht hängend, duftet stark	
Coelogyne cristata		sympodial	hängend	> 5.35 <
Dendrobium farmeri		sympodial	hängend	> 5.32 <
Dendrobium kingianum	Album'	sympodial	aufrecht, sehr klein, duftet	> 5.33 <
Dendrobium nobile		sympodial	aufrecht	
Miltonia roezelii	Alba'	sympodial	leicht hängend, duftet	> 5.34 <
Odontoglossum pulchellum		sympodial	hängend, duftet	> 5.31 <

Bei monopodialen Orchideen erscheinen neue Blätter an der Spitze der Hauptachse, bei sympodialen Orchideen wachsen neue Triebe seitlich aus der Hauptachse; diese Orchideen bilden Pseudobulben.

südlichen Sonne ist es warm genug für diese exquisiten Geschöpfe.

Aber auch bei uns im nördlicheren Europa braucht man nicht auf die außergewöhnlich schönen Blüten zu verzichten, wenn man den Pflanzen in der kälteren Jahreszeit den Schutz eines Gewächshauses geben kann. In einem Bottich mit Wasser auf dem sonnigsten Platz der Terrasse hat man gute Chancen, die Lotosblume zum Blühen zu bringen. Je heißer der Sommer, desto besser. Sollte man glücklicher Besitzer eines Hauspools mit tropischen Bedingungen sein, wäre dieses Umfeld der ideale Platz für so viel Schönheit.

Ich begnüge mich mit den dekorativen Fruchtständen, die es zuweilen in guten Blumengeschäften zu kaufen gibt. Naturbelassen oder mit Gold- oder Silberfarbe besprüht sind sie ein ausgefallener Schmuck für die Weihnachtsdekoration. Ein kleiner, bescheidener Ersatz.

Fensterbank

Eine individuell mit hübschen Pflanzen gestaltete Fensterbank kann eine ideale Verbindung von Haus und Garten sein, der nahtlose Übergang von einem Zimmer in den dahinter liegenden „grünen Bereich". Genauso, wie ein duftiger, weißer, wehender Vorhang, der Garten und Haus optisch in Einklang bringt, sollten die Pflanzen auf der Fensterbank im Stil zu beiden passen.

Es gibt sehr viele weißblühende Pflanzen, die dafür in Frage kommen. Wichtig ist, nach welcher Himmelsrichtung die Fenster gehen, ob – beispielsweise bei einem Südfenster – die Möglichkeit einer Schattierung gegeben ist, ob sich direkt unter der Fensterbank ein Heizkörper befindet und ob sie tief genug für einen Blumentopf ist.

In unserer Wohnung gibt es nicht ein einziges Fenster, das für irgendeine blühende Pflanze ideal wäre. Alle Fensterbänke sind eigentlich viel zu schmal.

Bei diesen unzulänglichen Möglichkeiten habe ich im Sommer die beste Erfahrung mit kleinen Buchskugeln, *Buxus sempervirens,* in Glastöpfen gemacht. Sie stehen zu mehreren, aufgereiht wie die Soldaten, auf meiner schmalen, weißgestrichenen Holzfensterbank und sehen sowohl von innen als auch von außen dekorativ aus.

In den anderen Monaten schmücken Orchideen meine Fensterbänke, obwohl ich weiß, daß ich ihnen keine idealen Bedingungen bieten kann. Die Schönheit ihrer Blüten und der wunderbare Duft vieler weißblühender Sorten haben mich ganz in ihren Bann gezogen.

Im September kommen die Pflanzen aus ihrer Sommerfrische im Garten wieder ins Haus. Der Aufenthalt im Freien tut ihnen gut: ein schattiger, geschützter Platz – einige hängen in der Blutpflaume –, mäßiges, aber regelmäßiges Düngen und häufiges Übersprühen bei trockener Witterung.

Das größte Problem ist, im Winter bei Heizungsluft die erforderliche Luftfeuchtigkeit zu gewährleisten. Wer über ein Blumenfenster verfügt, sollte sich glücklich schätzen. Aber auch Wasserschalen zwischen den Töpfen und häufiges, feines Übersprühen erfüllen den Zweck. Sehr hilfreich ist auch, die Töpfe in größere Übertöpfe zu stellen. Eine Drainageschicht verhindert, daß die Pflanzen im Wasser stehen (das mögen sie gar nicht), das verdunstende Wasser schafft aber ein feuchtes Kleinstklima, und das mögen sie sehr.

Am günstigsten stehen Orchideen an Ost- oder Westfenstern. An Nordfenstern ist oft eine zusätzliche Lichtquelle erforderlich und an Südseiten eine Schattierung. Das bringt alles etwas Mühe mit sich. Fühlt sich eine Orchidee jedoch wohl, wird man dafür mit ihrer unvergleichlichen Blütenpracht belohnt.

Auf meiner Fensterbank habe ich viel Erfolg mit *Angraecum sesquipedale* > **5.30** < . Selbst eine der elfenbeinfarbenen Blüten duftet am Abend so intensiv, daß sie damit einen ganzen Raum füllt. Wegen ihres extrem langen Sporns heißt sie im Englischen auch „comet orchid".

Odontoglossum pulchellum > **5.31** < hat mich durch ihre wunderbar nach Maiglöckchen duftenden, reinweißen Blüten in ihren Bann gezogen. Sie blüht im Frühling, wächst hängend und hat grazile, schmale Blätter.

Einen wunderschönen, leicht überhängenden Wuchs hat *Dendrobium farmeri* > **5.32** < . Sie hat ent-

Coelogyne cristata > **5.35** <

Außer in den Sommermonaten schmücken Orchideen meine Fensterbänke, obwohl ich weiß, daß ich ihnen keine idealen Bedingungen bieten kann. Die Schönheit ihrer Blüten und der wunderbare Duft vieler weißblühender Sorten haben mich ganz in ihren Bann gezogen. Im Vordergrund Coelogyne, ein Traum in Weiß mit gelber Lippe.

zückende Blüten, weiß mit etwas Gelb. Da sie aus dem Monsungebiet stammt, hat sie es im Frühling und Sommer gern warm und feucht, danach liebt sie es kühl und trocken.

Auf einer noch so schmalen Fensterbank findet *Dendrobium kingianum* 'Album' > **5.33** < Platz. Eine reizende kleine Pflanze mit charmantem, aufrechtem Wuchs und reinweißen, etwas ins Grünliche gehenden, herrlich nach Honig duftenden Blüten. Die Blütentriebe erscheinen ab Dezember, ihnen folgen im zeitigen Frühjahr die dekorativen Blütenstände. Auch sie verbringt den Sommer an einem halbschattigen Platz im Garten, im Winter steht sie kühl und hell auf einer Fensterbank.

Ebenfalls intensiv nach Honig duftet *Miltonia roezlii* 'Alba' > **5.34** <, nicht ganz leicht zu pflegen, aber ein bißchen extra Mühe wert. Sie liebt es das ganze Jahr über hell, aber nicht sonnig, gleichmäßig feucht, aber nicht naß, im Sommer nicht über 25 °C und im Winter auch nachts nicht unter 15 °C. Sie bevorzugt das Mäßige, ohne auch nur eine Spur von Mittelmäßigkeit. Eine relativ hohe Luftfeuchtigkeit dankt sie mit niedlichen weißen Blüten, die etwas Gelb zeigen. Auch sie bietet viel Schönheit auf kleinem Raum.

Nicht anspruchsvoll in der Pflege, und wie *Dendrobium kingianum* 'Album' zu kultivieren, ist *Coelogyne cristata* > **5.35** <, ein Traum in Weiß mit gelber Lippe. Durch ihren wunderschönen, hängenden Wuchs kann man sie anmutig von einer Fensterbank herabfallend wachsen lassen, auf ein kleines Tischchen in Fensternähe stellen oder auch aus einer Ampel über der Fensterbank ihren Zauber entfalten lassen. Würde sie noch duften,hätte man mit ihr das Paradies auf Erden. Leider tut sie es nicht.

Ampeln

Durch hübsch bepflanzte Ampeln lassen sich Hauswände, schmale Durchgänge, Eingangsbereiche, ja selbst Straßenlaternen verschönern.

Eigentlich braucht man nur einen starken Haken. Ob das Gefäß dann ein einfacher Drahtkorb ist oder aus Holz, Terrakotta oder Metall, bleibt dem Geschmack und dem Verwendungszweck überlassen.

Wir haben einen sehr alten Kupferkessel an einer genauso alten Kette seit Jahren an der Decke über dem Balkon hängen und schon viele Möglichkeiten der Bepflanzung ausprobiert.

Sehr schön wirkt *Solanum jasminoides* 'Album'. Die Triebe mit den reinweißen Blüten hängen anmutig herab, schlingen sich aber auch sehr hübsch um die Aufhängevorrichtung. In unseren normalkalten Wintern kann dieses Solanum draußen bleiben und ist im nächsten Sommer noch schöner wieder zur Stelle. In sehr kalten Nächten sollte man eine so bepflanzte Ampel vorübergehend hereinholen.

Auch Fuchsien, beispielsweise 'White Galore', 'Harry Gray' oder 'La Bianca' sehen in einer Ampel wunderhübsch aus, besonders wenn sich ihre weißen Blütenglocken vor einem dunklen Topf abheben. Fuchsien wirken am besten allein. Solanum kann, Fuchsien müssen zur Überwinterung hereingeholt werden.

Als Zwischenlösung bietet sich eine Bepflanzung mit Efeu und Frühlingsblühern an. Ich mag Efeusorten mit unifarbenen, dunkelgrünen Blättern am liebsten, sie vertragen auch eher Schatten und sind widerstandsfähiger gegen Frost. Bei den im Handel angebotenen Sorten handelt es sich meist um *Hedera helix* 'Arborescens' > **5.36** < .

Ich hatte Zwiebeln von Traubenhyazinthen dazwischen gesteckt. Es sah entzückend aus, als erst die kleinen, dichten Blütenstände von *Muscari azureum* 'Album' erschienen, gefolgt von *Muscari botryoides* 'Album', deren süß duftende Blüten uns bis in den Mai hinein erfreuten – eine Frühlingsampel.

Eine zauberhafte Sommerstimmung läßt sich mit der Rose 'Snow Ballett' > **5.37** < erreichen. Anmutig und elegant wachsend, bietet sie sich geradezu für eine Ampelbepflanzung an. Sie ist der bekannteren Sorte 'Swany' ähnlich, aber graziler im Wuchs, feiner in den Trieben, und ihre reinweißen, duftenden Blüten sind lockerer gefüllt. Sie ist nicht so starkwüchsig, für diese Art der Verwendung ein großer Vorteil. Im Winter ist sie natürlich kahl, aber die dazwischen gesteckten Kiefernzweige ließen die Ampel auch in dieser tristen Jahreszeit dekorativ erscheinen. Und als es auch noch darauf schneite war sie sogar wieder weiß.

Eine ganz außergewöhnliche, ja elitäre Wirkung läßt sich mit der Kamelie 'Quintessence' > **5.38** < erzielen. Sie hat etwas ausgesprochen Graziles an sich und eignet sich durch ihren überhängenden, trotzdem aber dichten Wuchs ideal für eine Ampel. Diese Lutchuensis-Hybride bezaubert durch ihren intensiven, dem für *Camellia lutchuensis* charakteristischen Duft. Die nach Honig duftenden Blüten sind klein, weiß und einfach, sie erinnern etwas an Glocken. Die zierlichen, spitzen, rosa getönten Knospen sind allein schon eine Zierde für sich. Aber eine mit 'Quintessence' bepflanzte Ampel ist das ganze Jahr hindurch attraktiv, denn auch die kleinen, ovalen, spitz zulaufenden Blätter sind ein hübscher Anblick. Allerdings sollte die Ampel bei Frost hereingeholt werden, denn sehr winterhart ist sie nicht. Selbst wenn nur die Knospen abfielen, wäre es traurig, ein Jahr auf die nächste traumhafte Blüte warten zu müssen. Eine edle Ampelbepflanzung für jemanden, der das Besondere liebt.

Kamelien in Töpfen

Den prominentesten Platz hinter der Glastür, wie im Schaufenster für alle Passanten sichtbar, hat in der kalten Jahreszeit eine Kamelie. Dieser Bereich ist ein Ersatz-Wintergarten. Wenn die Reticulata-Hybride 'White Retic' > **5.39** < ihre großen, halbgefüllten Blüten geöffnet hat, würde sie auch in dem stilvollsten und elegantesten Wintergarten eine Zierde sein.

Die Reticulatas haben von allen Kamelien die prächtigsten Blüten. Trotzdem kommen sie bei uns kaum vor. Das hat zwei Gründe: erstens sind sie nicht winterhart, und zweitens wachsen sie zu richtigen kleinen Bäumen heran, werden also für ein Gewächshaus schnell zu groß.

Inzwischen wurden Reticulatas mit anderen Kamelienarten gekreuzt; es gibt schon Sorten, die niedrigere Temperaturen vertragen, dann aber mit deutlich kleineren Blüten. 'White Retic' kommt in

Weiße Kamelien

Sorte / Art	Gruppe	Blütenform	Winterhärte	Abb. Seite	Textziffer
'Alba Plena'	*C. japonica*	vollständig gefüllt	**		
'Alba Simplex'	*C. japonica*	einfach	****		
'Angel'	*C. japonica*	halbgefüllt	***		
'Baronesa de Soutelinho'	*C. sasanqua*	einfach, duftet	8)		
'Bianco Natale'	*C. sasanqua*	gefüllt, klein, duftet	8)		> 5.44 <
'Centifolia Alba'	*C. japonica*	vollständig gefüllt	***		
'Charlotte de Rothschild'	*C. japonica*	einfach	***		> 2.16 <
'China Clay'	Williamsii-Hybride	halbgefüllt	6)	24	> 2.20 <
'Chow´s Han-Ling'	*C. japonica*	halbgefüllt	***		
'Colonial Lady'	*C. japonica*	halbgefüllt	***		
'Cornish Snow'	Hybride	einfach	****		> 2.25 <
'Dear Jenny'	*C. japonica*	halbgefüllt	7)		
'Devonia'	*C. japonica*	einfach	****		> 2.17 <
'E.T.R. Carlyon'	Williamsii-Hybride	halbgefüllt bis gefüllt	***		
'Elegans Champagne'	*C. japonica*	anemonenförmig	***		
'Emmet Barnes'	*C. japonica*	halbgefüllt	****		> 2.23 <
'Eric Baker'	*C. japonica*	päonienförmig	7)		> 5.51 <
'Francis Hanger'	Williamsii-Hybride	einfach	***		
'Frost Queen'	*C. japonica*	halbgefüllt	7)		
'Fuji-no-mine'	*C. sasanqua*	gefüllt	8)		
'Hagoromo weiß'	*C. japonica*	Lotusform	****		
'Hakurakuten'	*C. japonica*	halbgefüllt	****		> 2.18 <
'Hina Yuki'	*C. sasanqua*	gefüllt	8)		
'Janet Waterhouse'	*C. japonica*	vollständig gefüllt	****		
'Jill Totty'	Williamsii-Hybride	päonienförmig	***		
'Joshua E. Youtz'	*C. japonica*	vollständig gefüllt	**		
'Jury´s Yellow'	Williamsii-Hybride	anemonenförmig	***		
'Justine Heurtin'	*C. japonica*	ganz gefüllt	****		
'K. Ohara'	*C. japonica*	halbgefüllt	6)		
'K. Sawada'	*C. japonica*	ganz gefüllt, rosenförmig	****	151	> 5.54 <
'Kenkyo'	*C. sasanqua*	einfach	8)		
'Kingyoba Shiro Wabisuke'	*C. japonica*	einfach	****		
'Kona'	*C. japonica*	päonienförmig	6)		
'Lago dei Cigni'	*C. sasanqua*	halbgefüllt, duftet	8)		> 5.41 <
'Lily Pons'	*C. japonica*	einfach bis halbgefüllt	7)		
'Little Liane'	Paradise-Kamelie	päonienförmig	6)		> 5.45 <
'Lovelight'	*C. japonica*	halbgefüllt	***		> 5.52 <

Weiße Kamelien					
Sorte / Art	Gruppe	Blütenform	Winterhärte	Abb. Seite	Textziffer
'Lulu Belle'	*C. japonica*	halbgefüllt, päonienförmig	7)		
'Madame Henri Cormerais'	*C. japonica*	halbgeüllt	6)		
'Madame Lourmand'	*C. japonica*	einfach	****		> 2.19 <
'Mangetsu'	*C. japonica*, Higo	einfach	****		
'Maria Irene'	*C. japonica*	päonienförmig	6)		
'Mary Costa'	*C. japonica*	anemonenförmig	****	23	> 2.24 <
'Matilija Poppy'	*C. japonica*	halbgefüllt	****		
'Mine-no-yuki'	*C. sasanqua*	päonienförmig	8)		
'Miyakodori'	*C. japonica*	halbgefüllt	***		
'Mizuyoshi'	*C. japonica* var. *rusticana*	halbgefüllt	***		
'Montironi'	*C. japonica*	ganz gefüllt	****		
'Narumigata'	C. sasanqua	einfach	8)		> 5.42 <
'Nobilissima'	*C. japonica*	anemonenförmig	**		> 2.311 <
'Nuccio´s Gem'	*C. japonica*	ganz gefüllt	***		
'Paeoniflora Alba'	*C. japonica*	päonienförmig	***		
'Polar Ice'	Oleifera-Hybride	anemonenförmig	6)		> 2.296 <
'Quintessence'	Lutchuensis-Hybride	einfach, duftet stark	*		> 5.38 <
'Ryûge'	*C. japonica*	halbgefüllt	***	153	> 5.53 <
'Sasanqua Ben'	*C. sasanqua*	einfach, duftet	8)		
'Sasanqua fragrans'	*C. sasanqua*	einfach, duftet stark	8)		
'Scentuous'	Lutchuensis-Hybride	halbgefüllt, duftet	*	152	> 5.50 <
'Sea Gull'	*C. japonica*	halbgefüllt	****		
'Setsugekka'	*C. sasanqua*	halbgefüllt, duftet	8)		> 5.40 <
'Shiragiku' ('Purity')	*C. japonica*	vollständig gefüllt	***		
'Shiro Chan'	*C. japonica*	anemonenförmig	****		
'Shiro Wabisuke'	*C. japonica* / Wabisuke	einfach	***		
'Shirobotan'	*C. japonica*	halbgefüllt, päonienförmig	****		> 2.21 <
'Silver Anniversary'	*C. japonica*	halbgefüllt	***		
'Silver Dollar'	*C. japonica*	päonienförmig, gefranst	7)		
'Snow Chan'	*C. japonica*	anemonenförmig	****		
'Snow Flurry'	Oleifera-Hybride	anemonenförmig	6)		> 2.294 <
'Snow White' ('Star')	*C. japonica*	halbgefülltrosenförmig	****		
'Snow White'	*C. japonica*	einfach	****		
'Snowfall'	*C. japonica*	einfach	***		
'Snowflake [Sawada]'	*C. sasanqua*	einfach, duftet	8)		> 5.43 <
'Snowgoose'	*C. japonica*	einfach	****		
'Snowman'	*C. japonica*	halbgefüllt	****		> 2.22 <

Weiße Kamelien

Sorte / Art	Gruppe	Blütenform	Winterhärte	Abb. Seite	Textziffer
'Tootsie'	*C. japonica*	vollständig gefüllt	****		
'White Lady'	*C. sasanqua*	einfach, duftet	8)		
'White Nun'	*C. japonica*	halbgefüllt	**		
'White Retic'	Reticulata-Hybride	halbgefüllt	*	154	> 5.39 <
'Winter´s Snowman'	Oleifera-Hybride	anemonenförmig	6)		> 2.295 <
'Yukimiguruma'	*C. japonica*	einfaach	****		
'Zhenzhu Cha'	*C. grijsii*	vollständig gefüllt	*		
C. cuspidata	Wildform	einfach, klein	*		> 5.46 <
C. forrestii	Wildform	einfach	*		
C. fraterna	Wildform	einfach	*		> 5.47 <
C. granthamiana	Wildform	einfach, groß	*		
C. grijsii	Wildform	einfach	*		
C. kissii	Wildform	einfach	*		
C. lutchuensis	Wildform	einfach, klein, duftet stark	*		> 5.49 <
C. oleifera	Wildform	einfach, klein, duftet	****		
C. sinensis var. *assamica*	Wildform, "Teepflanze"	einfach, klein, duftet	*		> 2.284 <
C. sinensis var. *sinensis*	Wildform, "Teepflanze"	einfach, klein, duftet	*		> 2.283 <
C. taliensis	Wildform	einfach	*		
C. tsaii	Wildform	einfach	*		
C. yuhsienensis	Wildform	einfach	*		> 5.48 <

Skala für Winterhärte:

*	Frostempfindlich
**	Verträgt leichten Frost
***	Gilt als relativ winterhart (bis -18 °C)
****	Gilt als besonders winterhart (bis -20 °C, in Einzelfällen sogar bis -25 °C, bedarf aber in Deutschland immer noch eines Winterschutzes)
6)	Winterhärte vermutlich *** oder gar ****, es liegen aber noch keine ausreichenden Erfahrungen vor.
7)	Über die Winterhärte gibt es bisher keine Erfahrungen
8)	Pflanzen durchaus winterhart, aber Blüten frostempfindlich

der Blüte, aber auch im Wuchs, noch sehr auf eine Reticulata hinaus. Sie ist die einzige weiße Sorte dieser Gruppe, und ich habe es deshalb trotz aller Bedenken mit ihr versucht. Allein schon die zauberhaften Blüten, mit einem rosa Schimmer auf der Unterseite, sind den Versuch wert. Im Sommer steht sie im sonnigen Vorgarten und setzt als erste der Kamelien dicke Knospen an. Der Wuchs ist locker und aufrecht. Und wenn sie eines Tages die Decke des Gartenhauses erreicht haben wird, werde ich sie nach der Blüte zurückschneiden. Die sich öffnenden Knospen freuen sich, wenn sie mit Wasser besprüht werden, sie brauchen die Luftfeuchtigkeit, um sich vollendet zu entfalten. Die notwendige Schattierung liefert ein inzwischen recht groß gewordener *Osmanthus* × *burkwoodii* , der das ganze Jahr über, ebenfalls in einem Topf, vor der Glastür steht.

Selbst wenn ich den Zauber dieser wunderschönen Blüten nur einen Frühling lang genießen könnte, hätte sich der Versuch schon gelohnt. Ein üppiger Blumenstrauß über viele Wochen hinweg käme erheblich teurer. Zum Glück ist 'White Retic' keine Pflanze für nur ein Jahr, ich hoffe auf viele, viele Frühlinge.

Im Gegensatz zu den anderen Kamelien-Gruppen blühen Sasanquas bereits im Herbst, je nach Sorte und Witterungsverlauf etwa ab Oktober, manchmal schon Ende September. Ihr Wuchs ist strauchförmig, sehr anmutig und grazil, nicht so kompakt wie bei den Japonica-Kamelien. Das Laub ist wunderschön dunkelgrün und matt glänzend, deutlich kleiner als bei den Japonicas. Auch die Blüten sind etwas kleiner, meist einfach oder halbgefüllt.

Diese herbstblühenden Kamelien stehen während der warmen Jahreszeit im Vorgarten in voller Sonne. Je wärmer und sonniger sich der Sommer präsentiert, um so üppiger ist der Knospenansatz. Wie wunderschön sieht es aus, wenn die Sasanquas in einem milden Herbst, zu Anfang ihrer Blütezeit, noch draußen stehen, zu dieser Jahreszeit ist eine solche Blütenpracht fast unwirklich. Die Töpfe kommen während der Blütezeit

Camellia japonica **'K. Sawada'** > 5.54 <

Kamelie 'Scentuous' > 5.50 <

Die Lutchuensis-Hybride bezaubert, wie der Name schon sagt, mit einem intensiven Duft, dem für *Camellia lutchuensis* charakteristischen Duft. Kein Wunder, sie hat *C. japonica* Tiffany' und *C. lutchuensis* als Eltern.

und zur Überwinterung in das Gartenhaus, wo sich die Blüten besser entfalten können und ihr Duft besser wahrgenommen werden kann. Und neben der außergewöhnlichen Blütezeit ist der Duft das Besondere an ihnen.

Angefangen habe ich mit *Camellia sasanqua* 'Setsugekka' > 5.40 <. Ihr japanischer Name bedeutet, sehr zutreffend, „Schnee, Mond und Blumen". Kein Wunder, daß ich mich in ein kleines Pflänzchen dieser Sorte sofort verliebt hatte, als ich es in einer renommierten Kameliengärtnerei in der Schweiz entdeckte. Nur war der Besitzer nicht gewillt, sie mir zu verkaufen. Seine Worte „die kriegen Sie ja noch nicht einmal heile bis zur Grenze" werde ich nie vergessen, so sehr haben sie mich getroffen. Er mußte sehr schlechte Erfahrungen gemacht haben. Als er sie mir dann, aus unerklärlichen Gründen, doch verkaufte, haben mich seine Worte angespornt. Inzwischen ist meine 'Setsugekka' 2 m hoch, und als wir dem Baumschulbesitzer bei unserem nächsten Besuch ein Foto von ihr zeigten, war er schon etwas zugänglicher. Mit ihren reinweißen, halbgefüllten Blüten erfreut uns 'Setsugekka', wenn wir Glück haben, schon ab September. Die wunderschönen Staubgefäße werden von stark gewellten Blütenblättern umgeben. Der Wuchs ist locker und überhängend. – Wie gesagt, mit 'Setsugekka' fing alles an. Auch Kamelien können zur Sucht werden. Erst dachte ich mir, sie fühlt sich, so allein, bestimmt einsam, und hatte somit eine Rechtfertigung vor mir selber für die zweite Sorte. Inzwischen kann keine Pflanze bei mir im Garten mehr unter Einsamkeitsgefühlen leiden, eher unter Platzmangel.

'Lago dei Cigni' (Schwanensee) > 5.41 < ist eine ebenfalls zauberhafte Sorte mit einfachen, reinweißen Blüten mit orientalischem, aber trotzdem frischem Duft. Die Blüten erinnern wirklich an Schwäne.

'Narumigata' > 5.42 < gehört zu den am intensivsten duftenden Sasanquas. Ihre einfachen bis halbgefüllten Blüten haben eine hübsche Schalenform, die Blütenblätter zeigen an den Rändern zuweilen rosafarbene Schattierungen. Sie ist sehr starkwüchsig, was sich aber in der Enge eines Topfes in Grenzen hält.

Einer Schneeflocke gleich sind die Blüten von 'Snowflake [Sawada]' > **5.43** <. Einfach und intensiv duftend, erscheinen sie allerdings schon im Oktober.

Weiße Weihnachten lassen sich garantiert mit 'Bianco Natale' > **5.44** < feiern. Ihre dicht gefüllten, verhältnismäßig kleinen Blüten haben einen leichten, typischen Sasanqua-Duft und erscheinen ab Oktober bis ins neue Jahr hinein. Sie blüht in großer Fülle. Ein bestimmt nicht alltäglicher, aber ein extravaganter Weihnachtsschmuck.

Relativ neu bei uns auf dem Markt sind die sogenannten „Paradise"-Kamelien. Wie die Sasanquas blühen sie im Herbst und im Winter, sie wachsen aber langsamer als die Sasanquas und haben einen kompakteren Wuchs, eignen sich deshalb besser für einen Wintergarten oder ein Gewächshaus. Sie sind ebenfalls sehr reichblühend, die Blätter sind noch etwas kleiner, und es gibt auch Sorten mit gefüllten Blüten. Die bisher einzige weiße Sorte, 'Little Liane' > **5.45** <, hat päonienförmige Blüten.

Etwas Besonderes sind die Wildformen der Kamelien. Erfreulicherweise sind fast alle weiß, leider aber – bis auf eine Ausnahme (*C. oleifera*) – sind sie nicht winterhart. Deshalb bietet sich die Kultur in Töpfen an.

Ein wirkliches Schmuckstück ist *Camellia cuspidata* > **5.46** < mit ihrer Vielzahl kleiner, duftender weißer Blütchen. Sie schmücken diese Pflanze, die wie ein kleines Bäumchen wächst, ab Anfang Februar. Sehr dekorativ ist auch der kupferfarbene Blattaustrieb. Dieses Jahr hat meine Pflanze Samen angesetzt, wie rote Erbsen, sehr dekorativ.

Auch *Camellia fraterna* > **5.47** < kann sich durchaus sehen lassen. Sie ist über und über mit kleinen, duftenden Blüten bedeckt. Die locker auseinanderstehenden, goldfarbenen Staubgefäße, deren Staubbeutel später bräunlich werden, sind das Entzückende an ihr. Sie hat einen sich ausbreitenden Wuchs.

Für eine Wildkamelie relativ große Blüten hat *Camellia yuhsienensis* > **5.48** < (Durchmesser etwa 5 cm). Das Besondere an den duftenden Blüten sind die länglichen, leicht gedrehten Blütenblätter, sie stehen deutlich einzeln und erinnern an Windmühlenflügel. Man würde nicht denken, daß es sich um eine Kamelie handelt.

Am intensivsten ist der Duft von *Camellia lutchuensis* > **5.49** < , als öffne man ein Glas herrlich duftenden Honigs. Sie ist Elternsorte fast aller duftender Hybriden. Die zierlichen einfachen, weißen Blüten ähneln denen von *C. fraterna*, die Staubgefäße stehen aber enger zusammen und werden nicht bräunlich. *C. lutchensis* hat winzige Blätter, einen wunderschönen rötlichen, glänzenden Neuaustrieb und einen locker überhängenden Wuchs. Sie tut sich zuweilen als junge Pflanze schwer, etwas besondere Zuwendung lohnt sich aber unbedingt. Der Dank ist ein wunderbar duftendes, charmantes Kleinod. Ihre Blüten verströmen den himmlischen Duft sogar dann noch, wenn sie abgefallen sind. In einer Schale mit Wasser halten sie sich noch viele Tage und geben einem Wohnraum ein ganz besonderes Flair.

Der typische Lutchuensis-Duft ist auch in einigen ihrer Hybriden zu finden, zum Beispiel in 'Scentuous' > **5.50** <. Sie hat kleine, halbgefüllte, weiße Blüten, bei denen die Rückseiten der Blü-

Camellia japonica 'Ryûge'
> **5.53** <

'Ryûge' kann mit ihren sehr großen, halbgefüllten Blüten schon im Februar für ein Frühlingsahnen sorgen.

Reticulata-Hybride
'White Retic' > 5.39 <

Wenn diese Kamelie ihre großen, halbgefüllten Blüten öffnet, ist sie eine Zierde für den stilvollsten und elegantesten Wintergarten. Sie ist die einzige weiße Sorte dieser Gruppe – ein Traum, der zur Wirklichkeit werden kann.

tenblätter rosa getönt sind. Die Blüten erscheinen manchmal etwas zögernd. Innere kleine, gewellte Blütenblätter geben der Blüte ein hübsches, lockeres Aussehen. Die hellgrünen Blätter sind oval, spitz zulaufend und gezähnt. Der rötliche Neuaustrieb und der lockere, breite und zugleich aufrechte Wuchs machen die Pflanze auch außerhalb der Blütezeit attraktiv.

Eine weitere sehr hübsche Lutchuensis-Hybride ist 'Quintessence' > siehe **5.38** <.

Eine Augenweide in jedem Wintergarten oder Gewächshaus sind die vielen Sorten von *Camellia japonica*. In klimatisch weniger begünstigten Lagen oder wenn man sich über die Winterhärte nicht sicher ist – bei den meisten Kamelien ist über die Winterhärte bisher zu wenig bekannt -, geht man mit einer Kultur in Töpfen auf jeden Fall kein Risiko ein.

'Eric Baker' > **5.51** < (syn. 'Trewithen White') hat wunderschöne, päonienförmige, sehr große Blüten, die sich im Schutz eines Wintergartens ab März zur vollen Schönheit entfalten.

'Lovelight' > **5.52** < hat große, halbgefüllte, weiße Blüten mit dicken, gekreppten Blütenblättern. Die Blütenblätter öffnen sich erst becherförmig, um sich später zurückzubiegen und die äußerst dekorativen goldgelben Staubgefäße zu zeigen. Der Wuchs ist aufrecht und kräftig, mit herrlichem Laub. Diese hervorragende Sorte ist ein "Muß" für jeden Sammler. (In günstigen Lagen ist sie auch für das Freiland geeignet; die Winterhärte wird mit -20 °C angegeben). Im Schutz eines Gartenhauses blüht sie aber früher als im Freiland, und kein unfreundliches Wetter kann ihre Blütenpracht beeinträchtigen.

'Ryuge' > **5.53** < steht ihr in keiner Beziehung nach. Sehr große, halbgefüllte Blüten mit zwei Reihen gekräuselter und gewellter Blütenblätter, die ein dickes Büschel leuchtend gelber Staubgefäße umgeben, können sich schon im Februar öffnen und für ein Frühlingsahnen sorgen. Diese Sorte hat erstmalig Samen angesetzt. Es ist der bisher größte Kameliensamen, leuchtend grün wie ein unreifes Äpfelchen und von 4 cm Durchmesser. Es ist auf jeden Fall ein Abenteuer, zu versuchen, aus Kameliensamen eine neue Pflanze zu ziehen. Man braucht zwar viel Geduld, bis der Sämling das erste Mal blüht, dafür ist die Spannung um so größer. Einige meiner Sämlinge, drei und vier Jahre alt, haben bei mir nun Blütenknospen angesetzt. Obwohl die Wahrscheinlichkeit, daß es weiße Blüten werden, sehr gering ist, bin ich sehr aufgeregt und kann es kaum abwarten. Vielleicht ist ja etwas ganz Besonderes dabei, einmalig ist es auf jeden Fall.

In einem Topf, der viel zu groß und schwer ist, um ihn noch zu bewegen, steht das ganze Jahr über *Camellia japonica* 'K. Sawada' > **5.54** < im Freien. Sie wächst nur langsam, hat aber dennoch inzwischen eine Höhe von fast 2 m erreicht. Der Wuchs ist ausgesprochen schön, schmal und aufrecht. Ihre reinweißen, vollständig gefüllten Blüten mit den dachziegelartig angeordneten Blütenblättern öffnen sich im allgemeinen im März. An sich sind Kamelien in Töpfen bei uns nicht winterhart. Insbesondere bei kleinen Töpfen würde der Wurzelbereich durchfrieren und austrocknen. Ich habe es dennoch gewagt und brauchte es bisher nicht zu bereuen. Sie steht seit acht Jahren in dem Topf, war einem Schneesturm ausgesetzt, der sie völlig niederdrückte und überstand auch den letzten, für hiesige Verhältnisse kalten, langen und besonders trockenen Winter. Allerdings ist der Topf sehr groß (70 cm), und zum Schutz der Wurzeln wird er in der kalten Jahreszeit mit einer lockeren Matte aus Kokosfasern umwickelt. Dieses Material hält warm, ist leicht und die braune Farbe fällt kaum auf. Eine Noppenfolie würde diesen Zweck auch erfüllen, sähe aber nicht so gut aus.

Fuchsien

Eine meiner ersten Fuchsien war die Sorte 'Annabel' > **5.55** <. Sie kam als ganz kleiner bewurzelter Steckling zu mir, eine Gegengabe für Lorbeerblätter. Ich habe inzwischen mehrere Pflanzen davon gezogen, besonders hübsch sieht sie als Hochstämmchen aus. Ihre großen, gefüllten Blüten sind reizend, die Staubgefäße altrosa, und die Kelchblätter zeigen einen Hauch von Rosa. Ihr Wuchs ist aufrecht und robust, sie ist unter den weißen Fuchsien eine häufig angebotene Sorte.

'Florence Mary Abbott' > **5.56** < hat eine anmutige, einfache Blütenform. Der Tubus ist rosarot, die dunkellilafarbenen Staubbeutel bilden einen hübschen Kontrast.

Bei 'Bobby Shaftoe' > **5.57** < sehen die Knospen wie kleine Ballons aus, die sich zu entzückenden, gefüllten Blüten mit himbeerroten Staubgefäßen öffnen.

'Ann Howard Tripp' > **5.58** < läßt sich ebenfalls hervorragend als Hochstamm ziehen. Ihre Blüten sind durch die an den Rändern gewellten Blütenblätter besonders hübsch.

Die ebenfalls aufrecht wachsende 'Sleigh Bells' > **5.59** < hat einfache, elegante Blütenglocken, bei denen sich die Kelchblätter anmutig nach oben biegen. Der Name ist gut gewählt; man kann sich die Blütchen gut als Glöckchen an einem Schlitten vorstellen. Am schönsten wirkt sie im tiefen Schatten.

'White Bride' > **5.60** < hat eine gezackte Korolle mit etwas Erdbeerrot am Rand und Staubgefäße in derselben Farbe.

Was erwartet man von einer 'Little Snow Queen' > **5.61** < anderes als hübsche weiße, kleine Blüten mit nur etwas Himbeerrot durch die Staubbeutel? Auch die Blätter sind verhältnismäßig klein, der Wuchs ist hängend.

Meine drei weißesten Sorten sind:

'White Galore' > **5.62** < mit vergleichsweise riesigen, reinweißen, gefüllten Blüten, die kurz vor dem Öffnen die Form eines Lampions haben. Diese Sorte sieht durch ihren hängenden Wuchs sehr dekorativ auf einer oberen Treppenstufe oder auch in einer Ampel aus.

Einen kleinen Busch bildet dagegen 'Ting-a-Ling' > **5.63** <. Ihre Blüten sind wunderschön, ebenfalls reinweiß, einfach und sehr edel. Bei meiner Pflanze bringt ein Trieb allerdings halbgefüllte Blüten hervor.

'Snowstorm' > **5.64** < wirkt durch ihre grünlichweißen Kelchblätter noch weißer. Die Blütenglocken sind gefüllt, der Wuchs ist hängend.

Außerdem schmücken noch viele andere weiße Sorten unsere Treppen und Podeste (siehe Tabelle weiße Fuchsien Seite 79). Ich möchte Fuchsien wegen ihrer vielseitigen Verwendungsmöglichkeit und ihrer langen Blütezeit nicht mehr missen. Einziger Nachteil ist die Brüchigkeit ihrer Triebe. Da ist erhöhte Vorsicht geboten, denn schon manche liebevoll gezogene Pflanze wurde durch Unachtsamkeit beschädigt.

Syringa vulgaris
'Madame Lemoine' > 2.101 <

Es ist erwiesen, daß die am intensivsten duftenden Blüten unter den weißen zu finden sind. Die reinweißen, gefüllten Blüten dieser Sorte haben einen unvergleichlichen, nostalgischen Duft.

Weißblühende Pflanzen und ihr Duft

Als mein Traum von einem weißen Garten anfing, Wirklichkeit zu werden, war mir nicht bewußt, daß ich dabei war, mir gleichzeitig einen Duftgarten zu schaffen. Oder doch? War der Duft vielleicht sogar, in meinem tiefsten Innern, der eigentliche Grund, weshalb ich mich überhaupt für die Farbe Weiß entschieden habe?

Duft hat für mich schon immer viel mehr als den meisten anderen Menschen bedeutet. Bereits seit meinem siebzehnten Lebensjahr habe ich mich beruflich mit Düften beschäftigt. Vielleicht war schon meine Berufswahl von meiner Vorliebe für angenehme Düfte bestimmt.

Warum weißblühende Pflanzen häufiger duften

Ein Mußestündchen im Garten. Die Sonne wird gleich untergehen. Die Vögel zwitschern, die Luft ist mild und angenehm. Die weißen Blüten leuchten. – Doch was wäre das alles ohne Duft? Nur halb so schön. Das trifft jedoch zum Glück nicht zu, denn der größte Teil meiner weißblühenden Pflanzen duftet, und das ist kein Zufall.

Bei einer Studie, die Ende des 19. Jahrhunderts in Frankreich erstellt wurde, ergab sich, daß von rund 5.000 untersuchten Pflanzenarten nicht mehr als 10 % einen angenehmen Duft aufwiesen. Von diesen allerdings waren 60 % weiß- oder hellgelbblühend. Auch wenn man die Blütenfarben nach der Intensität des Duftes ordnet, steht Weiß an erster Stelle, gefolgt von Blaßrosa, Lilarosa, Hellgelb, Gelb und Purpur. Dagegen haben blaue, orangefarbene, rote und besonders rotbraune Blüten meist wenig oder gar keinen Duft. Das hängt mit dem Pigmentanteil zusammen. Bei den meisten Blüten tritt der Duft an die Stelle der Farbe, sozusagen als „Ersatz“.

Je mehr bei der Züchtungsarbeit Wert auf eine besonders intensive Farbe der Blüten gelegt wurde, desto mehr ging im allgemeinen der Duft verloren. So duftet der weiße Duftsteinrich (*Lobularia maritima*, syn. *Alyssum maritimum*) > **6.1** < wunderbar süß, bei der purpurfarbenen Sorte ist von dem Duft nicht viel übriggeblieben. Auch bei den Maiglöckchen hat die rosafarbene Sorte zugunsten der Farbe etwas von dem herrlichen Duft opfern müssen. Und bei *Clematis montana* , deren weiße Sorte 'Alexander' > **6.2** < noch intensiv duftet, ist der Duft bei der karmesinroten Form *C. montana* var. *rubens* nur schwach.

Dieser Zusammenhang wird leichter verständlich, wenn man bedenkt, daß es sich bei den Blüten um nichts anderes als um umgewandelte Blätter handelt – umgewandelt, damit sie eine neue Funktion erfüllen können: das Anlocken von Insekten. Diese Funktion kann durch die Farbe (Pigmente) oder den Duft (ätherische Öle) unterstützt werden. Pigmente und ätherische Öle sind das Ergebnis einer Umwandlung des Chlorophylls. Deshalb haben grüne Blüten – beispielsweise die der Rose 'Viridiflora' – keinen Duft, weiße Blüten dagegen oft einen besonders intensiven.

Aber auch nicht alle weißen Blüten duften. Ein berühmtes Beispiel ist die Remontant-Rose 'Frau Karl Druschki', makellos schön und gesund – war da kein Raum mehr für einen Duft?

Was sind überhaupt Duftstoffe bei Pflanzen? Es sind flüchtige Ausscheidungsprodukte, entweder von Blüten (beispielsweise bei Rosen oder Jasmin) oder von Blättern (beispielsweise bei Thymian oder Lorbeer), kommen aber auch in Früchten oder Fruchtschalen, Wurzeln, Holz, Rinde oder Harz vor. Die Pflanzen haben sich für ihren Duft aus den unterschiedlichsten Gründen entschieden.

Pflanzen mit duftenden Blättern dient das ätherische Öl als Schutz gegen Krankheiten, die durch den Befall von Bakterien und Pilzen verursacht

Die schönsten duftenden Weißen

Art / Sorte	duftet nach	Textziffer
Abeliophyllum distichum	Honig	> 2.34 <
Brugmansia × candida 'Double White' und 'Knightii'	Lilien	> 5.12 <, > 5.13 <
Camellia lutchuensis	Honig	> 5.49 <
Camellia sasanqua 'Narumigata'	Honig	> 5.42 <
Carissa grandiflora 'Tuttlei'	exotisch	> 5.23 <
Choisya ternata	Orangen	> 2.88 <
Citrus limon 'Quattro Stagioni'	exotisch	> 5.2 <
Clematis armandii	süß	> 2.3 <
Convallaria majalis	Maiglöckchen	> 2.120 <
Daphne mezereum	Veilchen	> 2.12 <
Daphne odora	würzig	> 2.13 <
Dodecatheon meadia 'Hermes'	balsamisch	> 2.139 <
Dregea sinensis	Hopfen	> 2.190 <
Gardenia augusta 'Fortuniana' und *G. misteri*	Jasmin	> 2.258 <, > 2.259 <
Gladiolus tristis	Nelken	> 2.273 <
Hesperis matronalis 'Alba'	Nelke	> 2.181 <
Hosta 'Royal Standard' und *H. plantaginea* 'Aphrodite'	Lilien	> 2.245 <
Hyazinthus orientalis 'Carnegie'	balsamisch	> 2.128 <
Hydrangea paniculata 'Praecox'	Honig	> 2.238 <
Iris Barbata-Nana 'Green Spot'	süß	> 2.72 <
Jasminum sambac 'Maid of Orleans'	honigartig/blumig	> 5.25 <
Lavandula angustifolia 'Alba'	Lavendel	> 4.49 <
Lilium candidum	Honig	> 2.231 <
Lilium longiflorum	Honig	> 2.232 <
Lilium regale 'Alba'	Jonquillen	> 2.229 <
Lonicera caprifolium 'Praecox'	Honig	> 2.189 <
Lonicera × purpusii	Veilchen	> 2.2 <
Magnolia × soulangiana 'Alba Superba'	intensiv süß	> 2.46 <
Magnolia grandiflora	Zitronen	
Michelia figo	exotisch	> 7.7 <
Miltonia roezelii 'Alba'	Honig	> 5.34 <
Narcissus 'Double White'	süß	> 2.98 <
Nelumbo nucifera 'Alba Grandiflora'	Teerosen	> 5.28 <
Nerium oleander 'Album'	süß	> 5.3<
Osmanthus × burkwoodii	Honig	> 2.68 <
Passiflora caerulea 'Constance Elliott'	Amber	> 2.242 <
Phlox paniculata 'White Admiral'	süß	> 2.184 <

werden, aber auch gegen den übermäßigen Appetit von Insekten oder sogar größerer Räuber. So haben Pflanzen mit duftenden Blättern selten Stacheln oder Dornen. Sie brauchen sie nicht. Eine Ausnahme bilden hier die Rubiginosa-Rosen, deren Laub nach Äpfeln duftet. Von ihnen gibt es aber keine reinweiße Sorte. Viele der Pflanzen mit duftendem Laub stammen aus dem Süden. Das ätherische Öl in den Blättern schützt sie vor dem Austrocknen durch zu hohen Feuchtigkeitsverlust. Viele haben zur Verstärkung dieses Schutzes noch eine samtartige Blattoberfläche, beispielsweise *Pelargonium* 'Joy Lucille'. Eine Auswahl an Pflanzen mit duftendem Laub ist in der Tabelle weißblühende Pflanzen mit duftendem Laub zusammengestellt (siehe Seite 116).

Aber in erster Linie konzentrieren Pflanzen die Duftstoffe in ihren Blüten, um Insekten anzulocken und dadurch für ihre Fortpflanzung zu sorgen, nicht etwa, um uns Menschen zu erfreuen. Aber da Bienen, Hummeln und Schmetterlinge Düfte lieben, die auch wir als angenehm empfinden, kommt uns das ja auch zugute. Manche Düfte wirken auf Insekten erregend und lösen so den Anflug zu den Blüten und ihre Bestäubung aus. Da die meisten Insekten kurzsichtig sind, können die Blüten von ihnen nur aus der Nähe gesehen werden. Auf viel größere Entfernung wird dagegen der Duft wahrgenommen, ein weiterer Pluspunkt für die weißen duftenden Blüten, die somit auf viel emsigeren Insektenbesuch hoffen dürfen. Die Wirtschaftlichkeit der Natur ist erstaunlich. Blüten, die nicht durch Farbe auffallen (also weiß oder blaßgelb sind) oder unscheinbar und klein sind oder im Schatten wachsen oder nur abends blühen (darunter sind jeweils viele weiße, die dann noch durch ihre Leuchtkraft »Wegweiser« sind), sind mit einem betörenden Duft ausgestattet.

Es hätte wenig Sinn, wenn dunkel- oder mattfarbene Blüten ihren Duft in der Dunkelheit verströmten. Die armen, halbblinden Nachtfalter, durch den Duft angezogen, würden nur umherirren und die Blüte niemals finden. Orchideen beispielsweise, die nachts duften, sind in der Regel glitzernd weiß. Die Kombination von Duft, Farbe und auch Form der Blüte sorgt dafür, daß die bestäubenden Insekten ihr Ziel finden und nicht unnötig ihre Zeit vergeuden.

Jede noch so abstrakt gebaute Blüte, in der der Nektar fast unzugänglich erscheint, findet ihr passendes Insekt. So wird die cremeweiße, nur am Abend süß duftende, schattenliebende Orchidee *Angraecum sesquipedale*, die ihren Nektar am Ende eines Sporns von 30 cm Länge versteckt, in ihrer Heimat Madagaskar von einem Nachtfalter aufgesucht, der speziell zu ihr paßt. Daß es diesen Nachtfalter geben müsse, hatte bereits Darwin vorhergesagt, lange bevor der Falter später entdeckt wurde. Eine einzige Blüte erfüllt mit ihrem umwerfenden Duft einen ganzen Raum.

Auch das nur abends duftende Geißblatt *Lonicera caprifolium* 'Praecox' hat einen Sporn, der so gebaut ist, daß nur Falter mit einem Rüssel von 3 cm Länge den darin enthaltenen Nektar herausholen können. Dagegen duftet *Lonicera periclymenum* 'Graham Thomas' klugerweise bei Tag und bei Nacht, da in den kühleren Regionen, in denen dieses Geißblatt beheimatet ist, die Nachtfalter nicht so zahlreich sind und bei schlechtem Wetter auch nicht so fluglustig. So ist sein 2 cm langer Sporn sowohl für Bienen als auch für Schmetterlinge erreichbar. Blasse Farben werden eher von Nachtfaltern besucht, während Schmetterlinge Rosa bevorzugen. Deswegen hat sich dieses „intelligente" Geißblatt sowohl zartgelbe als auch blaßrosa Schattierungen zugelegt, um für beide attraktiv zu sein.

Weiße Blüten mußten sich, um den Mangel an Farbe auszugleichen, einen mehr oder weniger intensiven Duft als Lockmittel zulegen. Was haben sie aus diesem Mangel gemacht!

Die schönsten duftenden Weißen

Art / Sorte	duftet nach	Textziffer
Plumeria rubra f. *acutifolia*	Jasmin	> 5.21 <
Polianthes tuberosa	exotisch süß	> 2.260 <
Rhododendron 'Fragrantissimum'	süß	> 2.142 <
Rhododendron × loderi 'King George'	Lilien	> 2.141 <
Rosa 'Blanc Double de Coubert'	Rosen	> 2.164 <
Rosa 'Glamis Castle'	Myrrhe	> 2.196 <
Rosa 'Kronprinzessin Viktoria'	Rosen	> 2.193 <
Rosa 'Marie Bugnet'	intensiv	> 2.221 <
Syringa vulgaris 'Madame Lemoine'	Flieder	> 2.101 <
Trachelospermum jasminoides	Jasmin	> 5.26 <
Viburnum × *burkwoodii* 'Anne Russell'	exotisch / Muskat	> 2.77 <
Wisteria sinensis 'Alba'	Vanille	> 2.113 <

Duftskala weißblühender Pflanzen

Selten wird bei der Beschreibung einer Pflanze näher auf den Duft eingegangen, allenfalls bekommt sie den Zusatz „duftend". Aber wie vielfältig sind die Düfte und wie unterschiedlich werden sie wahrgenommen.

Die Empfindung eines Duftes ist etwas sehr Subjektives. Ein gutes Beispiel ist der Duft der Sasanquas: sehr eigenständig, orientalisch anmutend, an Moschus und feuchte Erde erinnernd – süß und herb zugleich. Manche nehmen ihn überhaupt nicht wahr, andere empfinden ihn sogar als unangenehm, und mich erinnert er an ein Märchen aus 1001 Nacht.

Selbst wenn der Geruchssinn bei allen Menschen gleich gut ausgebildet wäre, gäbe es unendlich viele Nuancen zu unterscheiden, allein durch die Zusammensetzung der Düfte. Aber damit nicht genug, auch andere Kriterien spielen eine nicht zu unterschätzende Rolle: Bodenverhältnisse und Tageszeit, das Wetter und, bei veredelten Pflanzen, auch die Unterlage. Ich habe schon festgestellt, daß dieselbe Blüte morgens anders duftet als abends, und nach einem warmen Sommerregen intensiver als sonst. Kein Wunder, daß es so schwierig ist, einen Duft zu »fassen« und ihn verbindlich festzulegen.

Der Duft kommt in der Regel von flüchtigen ätherischen Ölen und wird freigesetzt, wenn diese sich mit dem Sauerstoff der Luft verbinden. Ätherische Öle sind komplexe chemische Verbindungen. Die bekanntesten Geruchsträger sind die Ester, gebildet aus einer Säure und einem Alkohol unter Austritt von Wasser. In der Magnolienblüte, beispielsweise, hat sich Essigsäure mit Äthylalkohol zu Äther aceticus verbunden, einem süßen

Duft mit einer zitronigen Komponente, viel angenehmer natürlich als die Essigsäure selbst. Aber auch die Alkohole der ätherischen Öle (sie enden alle auf -ol) haben großen Einfluß auf die Duftrichtung. So ist Geraniol verantwortlich für den Rosenduft, der auch im Storchschnabel (*Geranium*) zu finden ist. Indol hingegen bestimmt den charakteristischen Duft der Jasminblüten und der Jonquillen-Narzissen.

Bei den Blüten sind die Duftstoffe in Zellen an der Oberfläche der Blütenblätter eingelagert. Da die Blütenblätter in der Knospe eng beieinander lagern, ist der Duft auch auf der Rückseite wahrnehmbar. Die am intensivsten duftenden Blüten, wie die von Maiglöckchen, Tuberosen, *Citrus* und *Camellia sasanqua*, haben dicke Blütenblätter, die ihr Parfum halten, indem sie den größten Teil der ätherischen Öle hindern, sich vor dem Verwelken der Blüte zu verflüchtigen. Öffnet sich eine Knospe, läßt sich noch kein Duft wahrnehmen. Erst wenn die Knospe ihre Blütenblätter entfaltet, wird der Duft freigesetzt. Selbst wenn sie gepflückt ist, gibt eine Blüte mit hohem Anteil ätherischen Öls weiterhin diesen Duftstoff ab. Ein Glück für uns, sonst müßten wir auf duftende Blumensträuße verzichten.

Für viele Menschen duften Blüten einer Farbe gleich, und besonders die weißen. Ein bestimmter Duft dieser Farbe, zum Beispiel der von Lilien, ist vielleicht aus einem persönlichen Grund in Erinnerung geblieben, und schon wird er im Unterbewußtsein mit der Farbe Weiß in Verbindung gebracht.

Es ist erwiesen, daß die am intensivsten duftenden Blüten unter den weißen zu finden sind. Vergleichen wir den Duft der Madonnenlilie mit dem des Jasmins. Er ist ganz anders und doch wiederum ähnlich. Die blumige Note ist in beiden enthalten und wird für gewöhnlich sehr deutlich wahrgenommen, sie spricht das Herz an.

Der Duft innerhalb einer Pflanzenfamilie ist in der Regel gleich, zumindest ähnlich. So haben alle Blüten der Familie Leguminosae einen an Vanille erinnernden Duft mit einem leichten, aber deutlichen Unterton aus Zitrone, wie die Duftwicken und der Goldregen.

So vielfältig, unterschiedlich und schwer faßbar die Düfte sind, sie lassen sich doch in Gruppen zusammenfassen. Hier werden jedoch nur die beschrieben, die bei weißblühenden Pflanzen vorkommen. Leider muß bei der Einteilung mit den weniger angenehmen Düften begonnen werden. Ob ein Duft als unangenehm empfunden wird, ist jedoch meist eine Frage der Konzentration des Duftes.

Unangenehme Düfte sind oft in Blüten von gebrochenem Weiß zu finden. Der Ammoniak ähnliche Geruch der meist kleinen, in dichten Büscheln erscheinenden Blüten zieht in erster Linie Fliegen an, die einen leicht zugänglichen Nektar finden. Der Geruch ist sehr stark und aus der Nähe unangenehm, wie bei der Felsenbirne, dem Feuerdorn und bei *Cotoneaster*.

Schwere Düfte haben ebenfalls einen leicht stechenden Geruch, sind aber wesentlich süßer und weit davon entfernt, unangenehm zu sein. In dieser Gruppe sind weiße Blüten überdurchschnittlich stark vertreten. Dichternarzissen, Madonnenlilien, Tuberosen, weißer Flieder und *Osmanthus* gehören dazu. Der leicht unangenehme Unterton verschwindet völlig, wenn der Duft aus einiger Entfernung wahrgenommen wird. Viele dieser Pflanzen kommen aus den Subtropen und werden von Nachtfaltern bestäubt. Zu einem gewissen Grad gehören auch Maiglöckchen, Geißblatt und Seidelbast in diese Kategorie.

Aromatische Düfte werden von vielen Menschen als die angenehmsten überhaupt empfunden. Der würzige Nelkenduft ist nicht nur in Nelken, sondern auch in der Nachtviole und in *Gladiolus tristis* enthalten. In vielen Magnolienblüten finden wir einen Anisduft, und in *Hyacinthoides non-scripta* einen balsamischen Duft. An einem Vanilleduft mit einem zitronigen Unterton können wir uns berauschen, wenn die Glyzinen in voller Blüte stehen, aber auch bei einigen Alpenveilchenarten und der *Gordonia*. Es ist ein sehr zärtlicher Duft, süß, aber unaufdringlich, weithin wahrnehmbar und ebenso herrlich aus der Nähe. Der bittersüße Mandelduft ist in den Blüten der Blutpflaume ausfindig zu machen, aber auch in abgeschwächterer Form im Kirschlorbeer.

Magnolia grandiflora

Die großen, schalenförmigen, reinweißen Blüten dieser immergrünen Magnolie verströmen einen hinreißenden Duft – zitronig, manchmal auch wie Lilien und Maiglöckchen, dann wiederum wie Veilchen und Aprikosen, oder wie ein Bouquet aus all diesen Noten.

Rosendüfte sind niemals schwer und überlagernd, sondern angenehm süß, oft mit einer fruchtigen Komponente. Der englische Pflanzensammler, Gärtner und Autor John Parkinson (1567–1650) beschrieb den Duft der Damascena-Rosen – zu denen 'Mme Hardy', 'Botzaris', 'Leda' und die Moos-Rose 'Quatre Saisons Blanc Mousseux' gehören – folgendermaßen: „weder berauschend noch zu intensiv, weder schwül noch unangenehm süß". Das haben wir dem schon erwähnten Geraniol zu verdanken.

Zitronige Düfte sind vorwiegend in Blättern zu finden, wie in denen der Zitronenmelisse. Aber auch die Blüten von *Magnolia × soulangiana* haben diesen herrlich erfrischenden Duft.

Fruchtige Düfte: Zu dieser Gruppe zählt man alle fruchtigen, aber nicht zitronigen Noten. So duften bei den Rosen 'The Garland' nach Orangen, 'Janet B. Wood' nach jungem, spritzigem Wein, 'Silver Moon' nach grünen Äpfeln, und *Choisya ternata* wird ihrem deutschen Namen „Orangenblume" mit ihrem Duft durchaus gerecht, allerdings mit einem leichten Mandelton.

Düfte aus dem Tierreich sind in ihrer Konzentration oft unerträglich, in sehr geringen Dosen jedoch großartig. Zu dieser Gruppe zählt der Moschusduft, der *Rosa moschata* auszeichnet, und der Ambraduft der Passionsblume, etwas eigenartig und herb, aber wunderbar. Meist treten diese Düfte jedoch nicht allein auf, eine fruchtige Note ist mit im Spiel. Oft ist diese sogar zuerst wahrnehmbar, um dann von den „tierischen" überlagert zu werden.

Honig-Düfte könnten als Untergruppe der „tierischen" Düfte gelten. Man sollte sie aber doch gesondert betrachten, sind sie doch so viel süßer, weicher und lieblicher. Nicht umsonst wirkt der Buddleja-Strauch so anziehend auf Schmetterlinge. Auch das Geißblatt *Lonicera caprifolium* duftet eindeutig nach Honig und die kleinen, unscheinbaren Blüten der *Camellia lutchuensis*? Himmlisch duftend, als hätte man ein Glas des feinsten Honigs geöffnet.

Mit der Nase nehmen wir einen Duft nur auf. Wie er auf uns wirkt, entscheidet sich letztlich im Gehirn. Düfte und Erinnerungen werden dort gemeinsam gespeichert. So ist das Duftempfinden nicht nur sehr unterschiedlich, es kommt auch auf die persönliche Stimmung an. Ein Duft berührt die Seele und geht ins Herz.

Echinacea purpurea
'White Lustre'

Diese etwas steif wirkende, hochstielige Staude wird gern von der Sonne verwöhnt. Die großen, reinweißen Blütenblätter senken sich später oft schirmartig, die hervorstehenden, orangebraunen Zapfen in der Mitte bilden einen ausdrucksvollen Kontrast.

Farbakzente in einem weißen Garten

Die Umgebung

Unser kleiner Garten wirkt durch die vier angrenzenden Nachbargärten viel größer. Von weitem verschmelzen die verschiedenen Gärten zu einem Ganzen. Das ist von Vorteil, wir schmücken uns sozusagen mit fremden Federn. Nur: diese „Federn" können wir uns nicht aussuchen, wir bekommen sie gratis mitgeliefert, müssen sie also akzeptieren, auch wenn uns die Farbe nicht immer gefällt und mit unseren Vorstellungen oft nicht harmoniert.

Der ideale Garten paßt sich seiner Umgebung an, und das verleiht ihm wiederum Atmosphäre. Da haben wir es mit unserer Beschränkung auf Weiß sehr einfach. Wir müssen bei unserer Farbwahl nicht die Vorlieben der Nachbarn berücksichtigen, um ein einheitliches Bild zu schaffen. Der rosa blühende Zierapfel direkt an der Grundstücksgrenze verträgt sich zum Glück mit unserer Blutpflaume, die ebenfalls rosa, aber viel zarter blüht. Der Goldregen eines anderen Nachbarn, mit seinen dichten Trauben großer, leuchtend gelber Schmetterlingsblüten, wartet freundlicherweise, bis sich die rosafarbenen Wolken verabschiedet haben. Denn das wäre doch etwas zu viel, obwohl es nicht zu ändern wäre.

Ich versuche beim Umgang mit dem Garten nach dem auch sonst sehr sinnvollen Motto zu leben: Man gebe mir die Kraft, Dinge zu ändern, die ich ändern kann, Dinge zu akzeptieren, die ich nicht ändern kann, und die Weisheit, zwischen beiden zu unterscheiden. Leider hapert es mit der Weisheit noch sehr.

Immerhin freue ich mich geradezu auf die rosa blühende riesige Magnolie, die vom Nachbargarten fast bis zu unserer Haustür überhängt, auch auf den lila Flieder, der uns auch von allen Seiten begrüßt. Glücklicherweise filtert das Grün der den Garten umgebenden Hecken allzu starke Kontraste. Sie mildern selbst das intensive Gelb der nachbarlichen Forsythien.

Auch bei einem großen Garten, der als Umgebung die freie Natur noch als Zugabe hat, ist es von Vorteil, farbliche Übergänge zu schaffen, die auf die Landschaft abgestimmt sind. In England gibt es sehr gelungene Beispiele, wie man durch einen nicht sichtbaren Graben – der ursprünglich dazu diente, Tiere fernzuhalten – die umgebende Natur mit dem Garten optisch verbindet.

Wenn die Größe eines Gartens es zuläßt, kann man ihn in mehrere Bereiche, in Räume, unterteilen. Diese sollten dann untereinander eine Harmonie bilden, Pflanzen und Gestaltung einen Bezug zueinander haben. Besonders die Farben sollten aufeinander abgestimmt sein. Hecken und Durchgänge schaffen bei der Gestaltung solcher Räume Trennung und Übergang zugleich. Ein ganz in Weiß gehaltener Raum in einem solchen großen Garten läßt sich nahtlos einfügen, Sissinghurst ist sicher das berühmteste Beispiel dafür.

Selbst wenn weniger Platz zur Verfügung steht, reicht er oft aus, um wenigstens einen Teilbereich für ein bestimmtes Thema zu reservieren, das sich vom übrigen Garten in Stil und Farbe abhebt: in einem Rosengarten einen Teil nur mit weißen Rosen gestalten, oder einen Päoniengarten – als Kostbarkeit aus dem Fernen Osten – oder ein Frühlingsbeet, angefangen mit den allerersten Schneeglöckchen. Auf kleinem Raum lassen sich immer nur einige Ideen verwirklichen. Eine gute Planung, die ein ausgewogenes Bild mit den angrenzenden Bereichen in farblicher Harmonie ergibt, ist hier ganz besonders wichtig.

Die Knospen

Selbst ein konsequent in Weiß gehaltener Garten ist zu keiner Zeit des Jahres reinweiß. Dazu tragen auch die Knospen bei, deren Farbe mich schon oft bei einer mir noch unbekannten Pflanze in helle Aufregung versetzt hat. Meist kaufe ich die Neuzugänge als ganz kleine Exemplare, ziehe sie in froher Erwartung liebevoll groß, und endlich zeigt sich ein Knospenansatz. So ging es mir beispielsweise bei *Rhododendron yakushimanum* 'Koichiro Wada'. Als die Knospen dicker wurden und kleine Kugeln bildeten, zeigten sie sich in einem herrlichen, leuchtenden Pink. Nur, so herrlich fand ich es gar nicht, ich war schockiert. Hätte ich gewußt, daß sich diese vermeintlichen Irrläufer zu wirklich schneeweißen Blüten öffnen, wäre mir die Ungewißheit, ob ich die richtige Sorte erstanden habe, erspart geblieben. Viel zu selten ist in Katalogen oder Büchern bei der Beschreibung der Blütenfarbe die Farbe der Knospen angegeben, ist sie doch für die Farbgestaltung ebenfalls wichtig. Denn oftmals erfreut – oder ärgert – uns die Knospe länger als die geöffnete Blüte. Auch *Camellia sasanqua* 'Narumigata' schmückt sich mit pinkfarbenen Knospen. Die Blüte öffnet sich zwar weiß, zeigt aber an den Rändern der Blütenblätter zuweilen zarte Schattierungen dieser Farbe. Dagegen sind bei der Noisette-Rose 'Aimée Vibert' die Blüten reinweiß, das Karmesinrot der kugeligen Knospen verliert sich völlig. Viele weiße Rosen haben farbige Knospen. Bei 'Pearl Drift' zeigen sie ein schönes Rosa, bei 'Gardenia' sind sie apricotfarben und bei 'Albéric Barbier' zitronengelb. Ich habe immer wieder die Beobachtung gemacht, daß sich apricotfarbene oder gelbe Knospen meist zu rahmweißen Blüten öffnen, während Blüten, die einen Hauch Rosa zeigen, als Knospen mehr oder weniger kräftig rosafarben sind. Das ist eigentlich leicht zu verstehen, wenn man bedenkt, wie eng zusammengerollt die Blütenblätter in der Knospe liegen. Selbst wenn der Farbanteil im Weiß für unser Auge kaum wahrnehmbar ist, ist er doch vorhanden (auf Fotos oft deutlich zu sehen, da das Objektiv genauer sieht als unser Auge) und in der Knospe geballt als Farbe zu erkennen. Hat man die Gewißheit, daß sich aus den farbenprächtigen Knospen die gewünschten weißen Blüten entfalten, kann man sie souverän als Farbspiele in einem weißen Garten betrachten.

Herbstfärbung und Früchte

Im Herbst fängt selbst ein weißer Garten an, Farbe zu zeigen. Dieses Schauspiel dauert eine ganze Weile, und ich möchte es nicht missen. Als ich schrieb, wie wichtig bei der Wahl einer Pflanze das Laub ist, war von der Herbstfärbung noch gar nicht die Rede. Manche Pflanzen kommen noch einmal in Hochform, sie ziehen ein leuchtendes Prachtgewand an, bevor sie sich zur Ruhe begeben, als wollten sie sagen: „Vergeßt mich nicht, ich bin nächstes Jahr wieder da, und behaltet mich in schönster Erinnerung."

Viburnum × burkwoodii 'Anne Russell' > siehe **2.77** < hat sich ganz in Goldgelb gehüllt, in diesem Teil des Gartens scheint dadurch selbst an trüben Tagen die Sonne. Auch die Sternmagnolie bringt Farbe in den Vorgarten, sie wirkt jetzt sehr interessant mit ihren grünen, gelben und ockerfarbenen Blättern.

Der kleine *Cornus canadensis* > siehe **2.134** < nimmt eine purpurfarbene Tönung an, bevor er sich ganz in die Unterwelt zurückzieht.

Auch manche Sorten der Strauchpäonien bekommen einzelne schöne, purpurfarbene Blätter, nie nehmen alle Blätter diese Tönung an, viele Blätter werden gleich braun, bevor sie abfallen. Leider fallen – wie beim Wilden Wein – die langen Blattstiele nicht mit ab, was der ganzen Pflanze dann ein recht abstraktes Aussehen verleiht.

Das Laub der Rugosa-Rosen, beispielsweise von 'Blanc Double de Coubert', wird senffarben, dagegen würde ich die Tönung des Laubs der Alba-Rosen, beispielsweise von 'Maxima', eher als honigfarben bezeichnen, und *R. pimpinellifolia* und ihre Hybriden, beispielsweise 'Double White', nimmt ein bräunliches Rot an. Die etwas düstere Wirkung wird durch die schwarzen Hagebutten noch unterstrichen.

Ganz und gar nicht düster wirkt das Herbstkleid von *Fothergilla major*, dem Federbuschstrauch > **7.1** <. Die 10 cm großen dunkelgrünen Blätter werden erst leuchtend rot, dann orange, um schließlich in sattem Gelb zu glänzen. Ein Sonnenfleck im Spätherbst. Im Winter ist dieser aufrecht wachsende Strauch allerdings kahl. Er bevorzugt Moorbeeterde und ist völlig winterhart. Wir haben ihn trotzdem in einem großen Tontopf stehen. Seine interessante Herbstfärbung gibt einem erdlosen Eckchen des Gartens die fehlende Leuchtkraft. Wie schön jedoch, wenn Blätter und Blüten von gleich hohem Zierwert sind. Die reinweißen, süß duftenden Blüten erinnern an eine Flaschenbürste: sie haben keine Blütenblätter, nur auffällig lange Staubgefäße. Sie erscheinen im Spätfrühling vor oder mit dem Laub.

Die größte Leuchtkraft bringt jedoch der Wilde Wein in oder vor den Garten. Die dreiteilig gelappten Blätter von *Parthenocissus tricuspidata* 'Veitchii' > **7.2** < bieten ein herrliches Farbenspiel von Grün über Gelb und leuchtend Rot bis zu Purpur. Er ist ein ausgesprochen starkwüchsiger Geselle, der 20 m erreichen kann, die er bei uns, am Eingangstor gepflanzt, bereits zurückgelegt hat: den ganzen Nachbarzaun entlang bis zur Straßenecke , wo er sich jetzt anschickt, auch um die Ecke zu wachsen. Der Nachbar war übrigens einverstanden. Dieser Wilde Wein hat an den Spitzen der Triebe Haftscheiben, mit denen sich die Pflanze an ihrer Unterlage festklammert. Die dunkelblauen, matten Beeren sind auch am Anfang des Winters noch ein Schmuck, jedenfalls, so lange die Vögel noch etwas davon übrig lassen. Ich habe ja nichts dagegen, daß die Amseln sich daran laben, wenn sie sich nur abgewöhnen könnten, mit ihren intensiv färbenden Hinterlassenschaften ausgerechnet die helle Eingangstreppe zu dekorieren. Die andere Art des Wilden Weins, *Parthenocissus quinquefolia* > **7.3** < , ist nicht ganz so starkwüchsig und im Habitus anmutiger und zarter. Er hat nicht so deutlich ausgeprägte Haftorgane und rankt mehr als er klimmt. Fünf einzelne Blätter gehen von einem Punkt aus, um ein großes Blatt zu bilden. Die Herbstfärbung ist nicht so kräftig wie bei *P. tricuspidata*. Die unscheinbaren grünen Blütchen beider Arten müssen im Spätsommer ein Eldorado für Bienen und Wespen sein. Es ist ein Getummel und ein Gesumme, das unseren Eingang während dieser Zeit besser schützt als ein Wachhund. Außerdem läßt sich ein saftiger Pflaumenkuchen ungestört und mit Genuß im Garten verzehren, da alle Plagegeister den Wilden Wein bevorzugen.

Feuerdorn
Pyracantha angustifolia

Die sonst so schlichte Feuerdornhecke bildet mit ihren Rispen voller weicher, leichter Beeren für lange Zeit einen hellroten Abschluß zu unseren Nachbarn.

Einen reizenden Kontrast bringt die spätblühende Noisette-Rose 'Aimée Vibert' in dieses herbstliche Bild, indem sie anmutig über den Wilden Wein hängt. Hier verbinden sich in idealer Weise grüne und bunte Blätter, kleine rote Knospen, dunkelblaue Früchte und traumhafte weiße Blüten zu einer vollendeten Harmonie.

Auch die Früchte der Pflanzen schmücken im Herbst den Garten durch ihre Formen und Farben. Bereits im September setzt das Geißblatt mit seinen leuchtendroten Büscheln herrliche Farbakzente an unsere weiße Hauswand. Die einzelne Frucht hat große Ähnlichkeit mit einer Johannisbeere.

Sehr reizvoll, wenn auch sehr unterschiedlich in ihrer Schönheit, sind die Hagebutten der Rosen, besonders der Rambler-Rosen. 'Kiftsgate' hat winzige, ovale, rostfarbene Früchte, diese aber in Hülle und Fülle. Bei *R. multiflora* sind die Früchte klein, fast rund und rot, bei 'Rambling Rector' und 'Bobbie James' ebenfalls klein, aber flaschenförmig und hellorange, äußerst dekorativ vor dunklen Koniferen. Da *R. moschata* ihre schlichten, weißen Blüten bis in den November hinein zeigt, sind ihre kugeligen Hagebutten noch grün, wenn andere bereits leuchtend rot gefärbt sind. Dafür sorgen sie zu einer Zeit für einen herrlichen Schmuck, wenn das frühe Feuerwerk bereits abklingt. Die Hagebutten bleiben oft erstaunlich lange hängen, vielleicht sind das Sorten, die den Vögeln nicht schmecken. Wunderschöne, große, flaschenförmige Früchte hat die Alba-Rose 'Semiplena'. Ihre kirschrote Farbe leuchtet schon von weitem.

Doch auch andere Pflanzen haben schöne Früchte. Die sonst so schlichte Feuerdornhecke bildet mit ihren Rispen voller weicher, leichter Beeren für lange Zeit einen hellroten Abschluß zu unseren Nachbarn.

Niedliche kleine Äpfelchen in den Farben Gelb, Orange und Rot hängen an dem Zierapfel 'Professor Sprenger'. Ich sorge dafür, daß dieser Malus nicht zu groß wird und die Produktion dieser Früchtchen sich somit in Grenzen hält. Das Fallobst eines alten, überhängenden Nachbarbaums reicht zur Genüge, denn es ist sehr mühselig, aus dem Staudenbeet darunter unzählige dieser Äpfelchen aufzusammeln. Leider verrotten sie nicht gut, sie werden faul, und es riecht wie in einer Apfelweinkelterei.

Die winterblühenden *Sarcococca*-Arten > siehe **2.315 – 2.317** < schmücken sich mit roten oder lackschwarzen Früchten, zu einer Jahreszeit, in der solch eine Zierde recht selten ist.

Auch die meisten Sorten der Stechpalme tragen rote oder auch schwarze Beeren, unser immergrüner Strauch allerdings bringt gelbe Beeren hervor. Wahrscheinlich handelt es sich um *Ilex aquifolium* 'Fructu Lutea' > **7.4** < oder um 'Bacciflava' > **7.5** < . Wir haben dieses stachelige Gewächs mit übernommen.

Entweder rot oder weiß sind die Früchte der *Skimmia japonica*, je nach Sorte. Hübsch sind sie alle.

Die weißen Schneebeeren – als »Knallerbsen« ein Spaß nicht nur für Kinder – von *Symphoricarpos albus* > **7.6** < sind an jeder Ecke zu finden. Doch auch *Pachysandra terminalis* , das Dickmännchen, trägt weiße Beeren.

Während die meisten Beeren und anderen Früchte in unserem Garten giftig oder zumindest ungenießbar sind, gibt es doch einige, die sehr gut schmecken. Dazu gehören die Früchte der Blutpflaume und der *Carissa grandiflora*, frisch gepflückt ein Genuß. Aus den Hagebutten der Wildrosen, bevorzugt wegen ihres hohen Gehalts an Vitamin C, lassen sich köstliche Konfitüren oder Tees bereiten.

Die allergrößten Früchte tragen jedoch die Zitronen: groß und intensiv gelb leuchten sie appetitlich im Vorgarten. Sie sind besonders saftig und vergleichsweise süß, dürfen sie doch in Ruhe in unserer Eschersheimer Sonne am Stamm reifen.

Der ungewollte und der mutige Farbtupfer

Hätte ich alle Pflanzen, die ich als »weiß« gekauft habe, wachsen lassen, dann wäre der Garten jetzt sehr bunt.

Ich werde nie die Zeit vergessen, als ich mit Narzissen anfing und ihre Zwiebeln liebevoll in den Vorgarten setzte. Sie trieben im Frühling kräftig aus, zeigten Knospen, und ich freute mich auf ihre Blüten. Doch als wir von einem verlängerten Wochenende zurückkehrten, war das erste, was ich sah, daß sie nicht weiß waren. Nicht cremefarben oder zartgelb, nein, in fröhlichstem Orange leuchteten sie mir entgegen. Ich war enttäuscht und erbost zugleich. Aber Irrtümer können selbst in den renommiertesten Gärtnereien und Baumschulen vorkommen, besonders leicht passiert es bei Blumenzwiebeln. Gerade habe ich eine Gruppe *Crocus speciosus* 'Albus' wieder ausgegraben, sie hatte es gewagt, leuchtend violettblau zu erscheinen.

Man muß sich entscheiden, welche Farben man als ungewollte Farbtupfer toleriert und welche man beim besten Willen nicht dulden kann. Das Orange hatte bei mir keine Chance, und auch der herbstblühende Krokus paßte in dieser Farbe und um diese Zeit nicht in den Vorgarten. Zum Glück gibt es viele dankbare Abnehmer für solche „Fehlfarben".

Narcissus poeticus

Bei den intensiv duftenden Dichternarzissen ist bei der Wildform der Rand der Nebenkrone rötlich-orange, bei Hybriden bestenfalls gelblichgrün. Hier toleriere ich die Farbabweichung gern.

Obwohl ich Blau und Violett zwar nicht bewußt einsetze, toleriere ich diese Farbtöne zu anderen Jahreszeiten. Die Nachkommen der sich mit großem Eifer selbst aussäenden weißen Scilla werden zum großen Teil hübsch dunkelblau. Sie schenken mir im Frühling „den Himmel auf Erden“. Veilchen gibt es in Hülle und Fülle – neben den gepflanzten weißen Sorten Unmengen von lilafarbenen; Vögel und Ameisen haben hier gute Arbeit geleistet. Auch sie dürfen bleiben, schon allein des Duftes wegen. Sie dürfen sich nur nicht zu sehr ausbreiten.

Michelia figo > 7.7 < , eine Verwandte der Magnolien, ist kaum bekannt. Auf der Suche nach duftenden, weißblühenden Raritäten entdeckte ich sie auf einer Pflanzenbörse, nachdem ich bei Sir Peter Smithers am Luganer See ein prachtvolles Exemplar, groß wie ein Baum, mit herrlichen weißen Blüten gesehen hatte. Sie ist ein rundlicher, immergrüner Strauch mit hellgrünen, glänzenden Blättern. Sie sollte in einen schönen Terrakotta-Topf gepflanzt werden, denn Edles braucht den angemessenen Rahmen. In unseren Breiten ist sie nicht winterhart, eine Temperatur um den Gefrierpunkt empfindet sie schon als ungemütlich. Aus ungewöhnlich hübschen, seidig behaarten Knospen kommen eher unscheinbare, aber wunderbar exotisch duftende Blüten zum Vorschein. Die Blüten sind in der einschlägigen Literatur überall als wächsern beschrieben, elfenbeinfarben mit gelegentlichen purpurfarbenen Markierungen im Innern oder mit einem Rand in dieser Farbe. Wächsern sind die Blüten meiner Pflanze auch, nur sie sind durch und durch dunkelpurpurfarben, innen wie außen, auch nicht ein Fleckchen von Weiß. Die Farbe ist wunderschön, aber eben nicht das, was ich wollte, und auch nicht das, was sie sein sollte. In keinem Lexikon ist eine unifarbene Sorte angegeben, außer in Weiß. *Michelia figo* scheint für Überraschungen gut zu sein, von Reinweiß, wie bei Sir Peter bis zu dem tiefen Purpurton, mit dem sich unsere Pflanze schmückt, scheint alles drin zu sein. Mußte ausgerechnet ich diese seltene Farbe erwischen? Aber vielleicht ist ja eine neue Sorte entstanden. Ich werde die Pflanze auf jeden Fall behalten, schon um zu sehen, wie sie sich weiterentwickelt. Wäre ich ganz konsequent, hätte sie in einem weißen Garten natürlich keine Daseinsberechtigung.

So wird man immer wieder vor die Frage gestellt: Was darf bleiben, wenn es sich als andersfarbig entpuppt? Man hat sich wider jegliche Vernunft für eine kostspielige Rarität entschieden, hat das Pflänzchen gehegt und gepflegt, hat voller Erwartung das Schwellen der ersten Knospe beobachtet, ständig nachgeschaut, um nur nicht das Öffnen der Blüte zu versäumen, – und dann ist sie alles, nur nicht weiß.

Bei einem bewußt eingesetzten Farbtupfer sollte man sich, abgesehen von der persönlichen Vorliebe, auch die Wirkung dieser Farbe auf das Weiß bewußt machen. Es mag sich um noch so feine, subtile Zwischentöne handeln, sie beeinflussen die Erscheinung weißer Blüten. Viele Blüten haben in sich schon mehr oder weniger kräftige Schattierungen, die ein ganz besonderes Bild prägen. *Viburnum × burkwoodii* ‘Anne Russell’ oder *Rhododendron yakushimanum* erwecken mit ihren Rosatönen im Knospenstadium einen femininen Eindruck, während ein kräftiges Rot ein Weiß dramatisch, aber auch fröhlich wirken läßt. Der sonnige Charakter von Gelb bringt Wärme und Glanz in einen Garten, er macht ihn heiter und einladend. Gelb tritt durch die Staubgefäße ohnehin fast immer auf, oft in Verbindung mit gelber Zeichnung an der Basis der Blütenblätter. Dazu gehören *Camellia japonica* ‘Shirobotan’, *Lilium regale* ‘Album’ und die Strauchpäonie ‘Godaishu’. Grün in Verbindung mit weißen Blüten wirkt kühl und „sophisticated“. Die klaren grünen Flecken an vielen Schneeglöckchensorten und die elegante grüne Äderung der weißen Schachbrettblume vermitteln eine Kühle wie schmelzender Schnee im Frühling. Auch das Salomonssiegel, *Polygonatum odoratum* > 7.8 < , mit seinen grünen Spitzen an den Blüten, unterstreicht an einem schattigen Standort noch die Kühle. Sein Duft ist verführerisch, ähnlich dem der Tuberosen.

Da die Farben Violett und Blau ohne mein Zutun gegeben sind, habe ich Violett als mutigen Farbtupfer gewählt. Angefangen hat es mit einer violett blühenden Glyzine an der weißen Hauswand als Pendant zu einem vorhandenen, gleichfarbigen großen Rhododendron, der inzwischen durch die ebenfalls violettblühende Kamelie 'Dona Herzilia de Freitas Magalhaes', eine edle Portugiesin, abgelöst wurde. Auch die Strauchpäonie 'Rock´s Variety' (Foto Seite 182) mit ihren markanten Flecken an der Basis der Blütenblätter spiegelt diesen Farbton wieder, genau wie die kleine *Tulipa pulchella* und zwischen den weißen Schachbrettblumen darf auch die dunkelviolette bleiben.

Ich habe dafür gesorgt, daß die Farbe Violett nicht allein steht, daß sie ein Gegengewicht findet. Die weißen Blüten mit ihren farbigen Herzen im vorderen Bereich des Gartens schaffen einen allmählichen Übergang, zu den kleinen Zwiebelblühern, der Kamelie und weiter bis hinauf zu den Blütentrauben der Glyzine, die in dem Blau des Himmels verschmelzen. Dort findet mein Farbkonzept seinen Abschluß.

Das dunkle, warme Violett läßt das Weiß im Garten noch mehr leuchten. Es vermittelt auch ein Gefühl von Raum und Ferne, wird es in einem entlegeneren Teil des Gartens oder vertikal eingesetzt. Und Violett bringt auch ein bißchen Extravaganz in einen weißen Garten.

Stilvoller Gartenschmuck

Über Geschmack läßt sich bekanntlich streiten. Was für den einen stilvoll ist, empfindet ein anderer vielleicht als Kitsch. Schmückende Elemente im Garten sollten jedoch zum Stil des Hauses und zu der Bepflanzung gleichermaßen passen, sollten sie ergänzen, nicht erdrücken.

Unser Haus ist im Stil der frühen 1950er Jahre gebaut. An Beleuchtung wurde nicht gespart, überall sind kleine Laternen angebracht, und mitten im Garten steht eine große, alle weißlackiert. Man kann das nun schön finden oder nicht, zum Haus aber paßt es. Wir haben die Dominanz der großen Laterne gemildert, indem wir ihr zu Füßen die Rose 'Nevada' gesetzt haben. Durch ihren anmutigen Wuchs ergibt sich nun ein harmonisches Bild, das natürlich besonders reizvoll ist, wenn 'Nevada' in voller Blüte steht.

Schon das Eingangstor oder der Zaun zur Straße sollten liebevoll und einladend gestaltet werden und sich in das Gesamtbild einfügen. Und wenn nur ein hübscher Topf oder eine Schale das Thema des Gartens aufgreifen. Es wirkt besonders dekorativ und gekonnt, wenn durch geschickte Auswahl der Pflanzen die Form eines schönen Pflanzgefäßes noch betont wird.

Sitzgelegenheiten im Garten sind nicht nur nützlich, sie können gleichzeitig sehr dekorativ sein. Einen Platz zum Verweilen braucht ganz einfach jeder Garten. Idealerweise bietet ein Garten zu jeder Tageszeit einen Sonnen- und einen Schattenplatz. Wie gern ruht man seinen geplagten Rücken zwischendurch einmal aus oder lädt einen Zaungast spontan zu einer Tasse Tee ein.

Die schlichte Eleganz einer weißen Holzbank macht sich besonders gut, wenn sie in einer geschützten Nische oder unter einem Baum steht oder wenn sie von Kletterpflanzen umhüllt ist. Grazil geformt und weiß lackiert hat sie die größte Wirkung.

Auch zwei verzinkte Stühle stehen bei uns bei Wind und Wetter im Garten. Sie treten optisch nicht so sehr in den Vordergrund wie etwas Weißes, und doch sind sie da. Sie harmonieren farblich mit dem im Garten verwendeten Naturstein und lassen sich leicht an ein bevorzugtes Plätzchen stellen. Eine Sitzgelegenheit sollte in der Nähe schöner und duftender Pflanzen und mit einem lohnenden Ausblick geschaffen werden.

Das verzinkte Material wiederholt sich bei den Rankgerüsten und Rosenbögen. Zuerst hatte ich vor, sie weiß zu streichen. Nun bin ich froh, daß es dazu aus Zeitmangel nicht kam. Erstens sind die Pflanzen an ihnen die Hauptsache und das Material tritt in den Hintergrund, ist also nur die Stütze des natürlichen Gartenschmucks, und zweitens kann keine Farbe abblättern. Wie sollte man zwischen all den stacheligen Rosen immer wieder streichen?

Skulpturen, gleich welcher Stilrichtung – ob Bacchus oder Wasserträgerin, ob Frosch oder sogar Gartenzwerg – können einen Blickfang ergeben. Gut ausgewählt und geschickt plaziert, können sie den Betrachter verzaubern und in eine

Rose 'Nevada' > 2.166 <

Wir haben die Dominanz der weißen Laterne aus den 1950er Jahren gemildert, indem wir ihr zu Füßen die Rose 'Nevada' gesetzt haben. Durch ihren anmutigen Wuchs ergibt sich nun ein harmonisches Bild, das natürlich besonders reizvoll ist, wenn die Rose in voller Blüte steht.

andere Welt versetzen. Eine größere Statue am Ende eines Weges oder in einer Ecke des Gartens aufgestellt, sollte immer eine Harmonie mit der Umgebung bilden und von Pflanzen umspielt werden. Sie führt das Auge zu einem Ziel, es findet einen ruhenden Punkt. Das kann genausogut eine überwachsene Pergola sein oder eine Laube, ein Pavillon oder ein kleines Teehaus, Voraussetzung dafür ist allerdings ein genügend großer Garten, in dem für schmückende Elemente Raum ist.

Doch auch bei weniger Quadratmetern braucht man sich nicht gänzlich in Abstinenz zu üben. Vielleicht ist in einer Ecke Platz für eine Schaukel oder ein dekoratives Vogelhaus zur Freude der zwitschernden Schar und zur eigenen.

Ein wie vergessen wirkender alter Korb oder ein Arrangement von leeren Tontöpfen haben durchaus ihren Reiz und können gerade in einer Jahreszeit, in der im Garten nicht so viel los ist, zur Gestaltung beitragen.

Meine besondere Vorliebe gilt alten Glasglocken, wie sie schon im 18. Jahrhundert zum Schutz einzelner empfindlicher Planzen verwendet wurden. Solche Glocken sind auch heute noch erhältlich, bei viel Glück auch einmal bei einem Trödler zu finden. Sie wirken äußerst dekorativ zwischen den Pflanzen und erfüllen gleichzeitig ihren Zweck. Sehr dekorativ sind auch alte Glashauben, die ruhig schon etwas lädiert sein dürfen. Mein ganzer Stolz ist ein Mini-Gewächshaus aus viktorianischer Zeit. Es besteht aus zwei Teilen: einem quadratischen Rahmen mit 50 cm Seitenlänge, und einer Pyramide mit Griff als Dach. Es schützt meine empfindlichen Lieblinge und sieht gleichzeitig sehr reizvoll aus. Ein attraktiver Blickfang, selbst im kleinsten Garten.

Bei allem schmückenden Zubehör sollten immer die Pflanzen den Vortritt haben, sie sollten im Vordergrund stehen und den Stil bestimmen. Ein individueller Schmuck kann diesen Stil noch unterstreichen und ihn besonders reizvoll machen. Auf keinen Fall darf der Garten durch Schmuck überladen wirken und die Hauptsache, die Pflanzen, erdrücken. Ein Weniger ist auch hier, wie in so vielen Fällen, ein Mehr.

Beschaffung und Vermehrung seltener weißblühender Pflanzen

Es setzt einigen Pioniergeist voraus und erfordert eine gewisse Hartnäckigkeit, wenn man auf der Suche nach einer ganz bestimmten Pflanze ist, zumal der Begriff „weißblühend" dehnbar ist. Als weiß bezeichnete Blüten von Fuchsien oder Rhododendren sind selten so reinweiß wie die von Alpenveilchen, Flieder, Kamelien, Maiglöckchen oder der Rose 'Blanc Double de Coubert'.

Der Handel ist in erster Linie an einem breiten Sortiment interessiert. Wer sich in eine seltene Sorte verliebt hat, hat es oft schwer, sie zu finden. Unmöglich ist es jedoch meist nicht. Um so glücklicher kann man sich schätzen, wenn man einen Schatz durch geduldige Suche, manchmal auch durch Zufall, aufgetrieben hat. Mir wächst er dann besonders ans Herz.

Um die Suche etwas zu erleichtern, sind im Bezugsquellenverzeichnis Gärtnereien und Baumschulen zusammengestellt, von denen ich weiß, daß sie ein beachtenswertes Angebot auch an weißblühenden Pflanzen haben. Betriebe, die sich nur auf weißblühende Pflanzen spezialisiert haben, gibt es meines Wissens nicht.

Schon das Aufstöbern von Raritäten macht viel Freude und kann sogar aufregend sein. Ich habe immer einen „Wunschzettel" bei mir, und neulich entdeckte ich eine lange gesuchte Blumenzwiebel sogar in der Frankfurter Kleinmarkthalle. Man muß also nicht unbedingt um die halbe Welt reisen. Obwohl das sehr schön sein kann und die Arbeit eines „Planthunters" bestimmt seine Reize hat. Aber wer kann sich das schon leisten, wer kann auch seinen Garten so lange allein lassen?

Ich fordere ständig Kataloge aus dem In- und Ausland an. Viele Anbieter haben auch Versand. Selbst Kamelien kann man sich schicken lassen, sogar aus Kalifornien. Per Luftfracht sind sie innerhalb von drei Tagen in Deutschland, ohne Erde, aber in bestem Zustand. Das Porto ist dann zwar fast so teuer wie die Pflanze selbst (es lohnt sich daher, gleich mehrere Pflanzen zu bestellen), wenn aber eine lange gesuchte Rarität nur dort zu finden ist, nimmt man die Kosten gern in Kauf. Unerschwinglich ist es trotz allem nicht. Es ist eigentlich verwunderlich, wie preiswert Pflanzen im Vergleich zu vielen anderen Dingen sind. Man bedenke, wieviel Arbeit meist in der Vermehrung steckt.

Auch Gartenzeitschriften, zum Beispiel die monatlich erscheinende „Gartenpraxis", bringen Anregungen und wertvolle Hilfe bei der Suche, ebenso der PPP-Index und der englische „Plantfinder" oder, für Rosen aus England, das preiswerte Heftchen „Find that Rose". Eine wahre Fundgrube für Samen ist auch der jährliche Katalog der Royal Horticultural Society (ein zusätzlicher Grund, bei dieser Gesellschaft Mitglied zu werden).

Bei Gärtnereien und Baumschulen mit großem Sortiment oder bei Spezialitäten-Betrieben ist die Chance, fündig zu werden, natürlich am größten. Ein richtiger „Geheimtip" sind die Pflanzenraritäten-Börsen, die inzwischen in vielen Städten stattfinden. Die Termine findet man ebenfalls in der „Gartenpraxis". Wann immer ich es mir einrichten kann, besuche ich diese Liebhaber-Börsen, ob in Frankfurt, Essen oder Erfurt, und es hat sich stets gelohnt.

Bei allen diesen Möglichkeiten erweist sich die Verwendung der botanischen Namen als sehr hilfreich, ja als unbedingt notwendig. Die Sortimente und Kataloge der Anbieter im In- und Ausland, ob Baumschule oder Samenhandlung, sind durchweg nach diesen botanischen Namen geordnet. Man muß und kann sich damit anfreunden, auch wenn es anfangs schwerfällt. Mir ging es auch nicht anders. Auch die Synonyme helfen oft weiter, denn die botanisch korrekten Bezeichnungen haben sich im Handel durchaus noch nicht überall durchgesetzt und gelegentlich ändern sie sich leider auch.

Ein anderer Weg, zu seltenen und begehrten weißblühenden Pflanzen zu kommen, ist, sie selbst zu vermehren. Oft sind Gartenbesitzer gern bereit und so großzügig, Stecklinge oder Samen abzugeben. Es schadet den Pflanzen nicht und kann andere Menschen glücklich machen. So ist bei mir aus einem winzigen Geißblattsteckling aus einem englischen Garten eine meterhohe, üppige Kletterpflanze geworden, und von mir kamen Samen einer seltenen Akelei-Sorte sogar in den Botanischen Garten nach München. Es ist ein Nehmen und ein Geben, und ich gebe gern von meinem Reichtum ab.

Natürlich gibt es noch andere Gründe, weshalb ich gern selbst vermehre.

Die Bewahrung spielt eine große Rolle. Hat man nun endlich nach langer Suche ein Pflänzchen gefunden, möchte man es natürlich behalten und seinen Bestand sichern. Auch die Risikoverminderung bei nicht winterharten Arten und Sorten ist ein Grund, das bißchen Mühe auf sich zu nehmen. Ist dann mindestens ein zusätzliches Pflänzchen vorhanden, pflanze ich eins in den Garten mit dem beruhigenden Gefühl, ein anderes in Reserve zu haben, wenn der Versuch wirklich mißlingen sollte.

Auch viele kleine, persönliche Geschenke lassen sich mit selbst gezogenen Pflanzen machen.

Und nicht zu vergessen die Freude am Ausprobieren. Klappt es oder klappt es nicht? Auch wenn man kein Gewächshaus hat und die Bedingungen für eine Vermehrung alles andere als optimal sind, kann man bei nicht zu hohen Erwartungen herrliche Erfolgserlebnisse haben. Zu sehen, wie aus dem winzigsten Samenkorn eine blühende Pflanze wird, ist jedesmal aufs Neue ein Wunder. Zugegeben, es dauert oft Jahre und strapaziert die Geduld dann beträchtlich. Aber jeder, der sich mit Pflanzen beschäftigt, wird lernen, sich in Geduld zu üben.

Viel öfter, als es einem lieb ist, wird man gezwungen, Stecklinge zu machen, ganz einfach, weil es immer wieder einmal vorkommt, daß ein Trieb unabsichtlich abgebrochen wird. Das einzige, was dann den Ärger etwas lindert, ist, daß auf diese Art und Weise Erfahrungen gesammelt werden können und das Ergebnis neue Pflanzen sind. Besonders oft kann es bei Fuchsien passieren. Zum Glück bewurzeln sie sehr willig, und mein Fuchsienbestand ist dadurch recht beachtlich geworden.

Bei der Stecklingsvermehrung handelt es sich um eine vegetative Vermehrung, die – im Gegensatz zur generativen Vermehrung durch Samen – sortenechte Pflanzen erwarten läßt. Nicht, daß man bei Samen nicht auch Glück haben kann, aber man weiß halt nie, auf welch fremden Pfaden die Insekten vorher gewandelt sind. Hat man dann eine farbig blühende Sorte großgezogen, freut sich bestimmt ein lieber Nachbar oder Kollege.

Akelei lassen sich sehr gut und erfolgreich durch Samen vermehren, und die Stecklinge von Fuchsien, von *Choisya ternata* und vom Oleander bewurzeln leicht und schnell.

Eine andere Art der Vermehrung ist die Teilung der Pflanze. Das ist bei vielen Stauden, zum Beispiel bei Phlox, sogar ratsam, schon allein, um dadurch die Schönheit der Pflanze zu bewahren. Auch durch Ausläufer (wie Erdbeeren sie beispielsweise sehr fleißig bilden), durch Tochterzwiebeln (wie bei den Narzissen) oder durch Zwiebelschuppen von Lilien lassen sich durch vegetative Vermehrung neue Pflanzen gewinnen.

Ich hatte bisher auf keinem anderen Gebiet solche Erfolgserlebnisse wie im Garten, und dort wieder in besonderem Maße bei der Vermehrung. Keimt erst einmal das kleinste Samenkorn oder zeigt sich bei einem Steckling das erste feine Würzelchen, ist das ein großer Ansporn für weitere oder schwierigere Taten. Außerdem ist die Vermehrung eine sehr beruhigende Aufgabe. Sie erfordert auf der einen Seite Konzentration, man kann dabei aber auch herrlich abschalten, seinen Gedanken freien Lauf lassen und, zumindest für eine Weile, den Rest der Welt vergessen.

Die schönsten Pflanzen für einen weißen Garten

Erläuterungen zu den Pflanzenbeschreibungen

Auswahl der Pflanzen:
Die Zahl der Pflanzen, die für einen weißen Garten in Frage kommen, ist unglaublich groß. Von fast allen Pflanzengattungen gibt es weißblühende Arten oder Sorten. Hinzu kommen Pflanzen mit besonders schönem Laub als Rahmen und Hintergrund. Eine Vollständigkeit anzustreben war nicht mein Ziel.

Es mußte eine Auswahl getroffen werden, und sie ist zwangsläufig subjektiv. Ich habe für dieses Lexikon zunächst alle die Pflanzen ausgewählt, die ich im Text erwähnt habe. Dabei handelt es sich ganz überwiegend um Pflanzen, mit denen ich eigene Erfahrungen habe, fast durchweg besonders schöne Pflanzen, viele davon duftend. Die zusätzlich aufgenommenen Pflanzen sollen nur eine Ahnung von der Fülle des Angebots an Pflanzen für den weißen Garten vermitteln.

Anordnung der Pflanzen:
Die Pflanzen sind alphabetisch nach Gattungen geordnet, innerhalb einer Gattung nach Arten und innerhalb einer Art nach Sorten.

Die botanischen Namen orientieren sich nach Möglichkeit an Robert Zander, Handwörterbuch der Pflanzennamen, in Zweifelsfällen und bei sehr seltenen Pflanzen an Mark Griffiths, Index of Garden Plants.

Aufbau der Pflanzenbeschreibungen:
Alle Pflanzenbeschreibungen folgen einem einheitlichen Aufbau.

Die Kurzbeschreibungen der Arten oder Sorten gehen auf Wuchs, Laub, Blüten, Duft und Früchte ein, soweit notwendig auch auf die Winterhärte.

Die Symbole am Ende jeder Beschreibung liefern auf einen Blick Angaben zu:

- **Höhe in cm oder m**
  Bei einigen Pflanzen ist auch die Breite angegeben. Die Angaben können nur Richtwerte sein. Wie hoch oder breit eine Pflanze im Einzelfall wird, hängt auch von Boden, Standort, Klima und Pflege (Wässern, Düngen, Schneiden) ab.

- **Winterhärte**
  WH* = nicht winterhart
  WH** = Pflanze ist nur bedingt winterhart, Winterschutz ist nötig bzw. empfehlenswert, je nach Lage.
  WH*** = Pflanze ist winterhart

- **Duft**
  d = leicht duftend
  D = duftend
  DD = intensiv duftend
  Die Duftwahrnehmung ist bekanntlich sehr subjektiv.

- **Blütezeit**
  F = Frühling
  S = Sommer
  H = Herbst
  W = Winter

- **Verwendungsmöglichkeiten**
  Bd = Bodendecker
  Fr = Früchte oder interessante Samenkapseln
  G/W = Gewächshaus oder Wintergarten
  H = Hecke
  HF = schöne Herbstfärbung
  IG = Immergrün
  K = Kletterpflanze
  Tg = Topf ganzjährig im Freien
  Tü = Topf mit Überwinterungsmöglichkeit
  Wa = am Wasser
  Wi = im Wasser
  ! = Vorsicht, Pflanze ist ganz oder in Teilen giftig oder kann Irritationen hervorrufen

- **Text-Ziffer**
  Bei im Text beschriebenen Pflanzen ist jeweils eine Text-Ziffer angegeben (grün in > <). Die Pflanzen sind innerhalb jedes Kapitels fortlaufend durchnumeriert. Die Text-Ziffern wiederholen sich im Lexikonteil und in den Tabellen. Das ermöglicht schnelle Querverweise und eindeutige Identifizierung der Pflanzen.

- **Abbildung**
  Abgebildete Pflanzen sind durch eine fettgedruckte Seitenzahl mit Stern gekennzeichnet

Abeliophyllum, Schneeforsythie. Laubabwerfender Strauch mit duftenden Blüten im Spätwinter oder Frühling.
A. distichum, Wuchs locker. Pflanze winterhart, aber strenge Fröste können Blüten schädigen. Aus zartgelben Knospen öffnen sich sternförmige, reinweiße Blüten, die intensiv nach Honig duften. Blüten sind frostempfindlich.
1,20 x 1,20 m, DD, W, > 2.34 <

Abeliophyllum > 2.34 <

Acorus, Kalmus. Sumpf- oder Flachwasserpflanzen mit hübschem Laub.
A. gramineus 'Albovariegatus', grasähnliche, gestreifte Blätter.
10 x 10 cm, W***, Wa, Wi, > 4.34 <

Aegopodium, Giersch, Geißfuß. Wuchernde Stauden mit unterirdischen Ausläufern, an sich lästiges Unkraut, aber guter Bodendecker.
A. podagraria. Als Unkraut schwer zu bekämpfen.
10 cm, W***, Bd, > 2.62 <
'Variegatum'. Zierform, Laub mit weißer Zeichnung, unscheinbare weiße Blütchen.
10 cm, W***, Bd, > 2.63 <

Alisma, Froschlöffel. Sumpf- oder Flachwasserpflanzen.
A. plantago-aquatica. Leuchtend grüne Blätter und lockere weiße Blütenrispen mit einem Hauch von Rosa.
80 x 50 cm, W***, S, Wi, > 4.25 <, **126***

Allium, Zierlauch. Zwiebelgewächse mit deutlichem Zwiebelgeruch.
A. triquetrum. Hübsche kleine weiße Trompetenblüten, leider nicht ganz winterhart.
15 cm, W**, F, S

Amelanchier, Felsenbirne. Laubabwerfende Bäume und Sträucher mit üppiger Blüte im Frühling und schöner Herbstfärbung.
A. asiatica. Anmutiger Wuchs, sternförmige, weiße Blüten, eßbare, schwarze Früchte.
8 x 10 m, W***, d, F, Fr, HF, > 2.66 <

Anemone. Frühlings-, sommer- oder herbstblühende Stauden mit Knollen oder Rhizom, mit hübschen, flach schalenförmigen Blüten.
A. blanda 'White Splendour', Strahlenanemone. Frühlingsblüher mit großen, reinweißen Blütensternen.
5 – 10 cm, W***, F, !, > 2.28 <
A. apennina 'Alba'. Frühlingsblüher, ähnlich *A. blanda*.
20 cm, W***, F, !
A. Japonica-Hybriden, Japan-Anemone. Herbstblüher.
'Honorine Jobert', milchigweiße, wunderschöne, einfache Blüten an einer kräftig verzweigten Staude.
1,50 m, W**, H, !, > 2.269 <, **84***
'Whirlwind', Blüten halbgefüllt mit gedrehten Blütenblättern.
1,50 m, W**, H, !, > 2.270 <
A. nemorosa 'Multiplex'. Buschwindröschen, Frühlingsblüher, entzückende gefüllte Blüten.
15 cm, W***, F, ! > 2.78 <
A. sylvestris, Waldanemone. Frühlingsblüher mit reinweißen, nickenden, leicht duftenden Blütensternen.
30 – 50 cm, W***, d, F, ! > 2.29 <

Anemonella. Frühlingsblühende Knollenstaude für Schatten und humusreichen Boden.
A. thalictroides 'Alba Plena'. Feine, farnähnliche Blätter, eine Rarität, entzückende, winzige, gefüllte Blüten, anmutiges, graziles Pflänzchen.
10 cm, W***, F, S, > 2.79 <
'Alba Semi-Plena'. Schalenförmige, halbgefüllte, reinweiße Blütchen.
30 cm, F, S

Angraecum siehe Tabelle weiße Orchideen Seite 144

Anthericum, Graslilie. Stauden mit grasähnlichen Blättern.
A. liliago. Aufrechte Blütenstände mit sehr zarten, trichterförmigen Blüten im Frühsommer.
45 – 60 x 30 cm, W**, S
A. ramosum. Sehr duftig und locker im Wuchs. 60 cm, W**, S

Aponogeton, Wasserähre. Wasserpflanzen.
A. distachyos. Winzige, gabelförmige, intensiv duftende, weiße Blüten mit schwarzen Staubbeuteln.
10 – 20 cm, W**, DD, S, Wi, > 4.28 <

Aquilegia, Akelei. Horstbildende Stauden mit hübschen, glockenförmigen Blüten.
A. caerulea 'Candidissima'. Reinweiße Blüten mit sehr langem Sporn. 30 cm, W***, F, S, !, > 2.138 <
A. flabellata 'Nana Alba'. Glockenförmige Blüten mit sehr kurzem Sporn.
25 cm, W***, F, !, > 2.135 <, **45***
A. fragrans. Cremefarbene, duftende Blüten.
20 – 40 cm, W***, d, F, S, !
A. vulgaris 'Double White'. Zierliche, kleine, en>ückende, gefüllte Blüten.
20 cm, W***, F, S, !, > 2.137 <, **46***
A. vulgaris 'Munstead White'. Reinweiße, große Blüten.
75 cm, W***, F, S, !, > 2.136 <

Arthropodium. Stauden mit hübschen Blüten im Frühsommer, nur bedingt winterhart.
A. cirrhatum. Immergrün, aus Neuseeland, sternförmige, weiße Blüten. 90 cm, W**, S

Arundo, Pfahlrohr. Schilfähnliche Staude mit dekorativem Laub.
A. donax 'Versicolor'. Riesenschilfrohr, cremeweiß gestreifte Blätter.
Etwa 2 m, W*, S, Wa, > 3.1 <

Aster. Stauden und Einjährige mit vielen Arten und Sorten, mit hübschen, gänseblümchenähnlichen Blüten.
A. dumosus 'Niobe'. Zwergaster, Kissenaster, reinweiße, fedrige Blüten.
25 cm, W**, H, > 2.268 <

Astilbe, Prachtspiere. Sommerblühende Stauden mit vielen Arten und Sorten, mit attraktiven, fedrigen Blütenrispen.
A. × arendsii 'Brautschleier'. Schneeweiße Blüten, schönes, gefiedertes Laub. 70cm, W***, S
A. x arendsii, 'Irrlicht'. Elegante Rispen. 40 cm, W***, F

Astrantia, Sterndolde. Horstbildende Stauden.
A. major 'Alba', Große Sterndolde. Reinweiße Blütenköpfe, hübsches Laub. 60 cm, W***, S, H, **90***
A. minor, Zwergsterndolde. Interessante, scharf gezähnte Blätter.
20 cm, W***, S, H

Azaleen siehe Tabelle weiße Rhododendren und Azaleen Seite 48

Bacopa. Einjährige und Stauden.
B. monnieri 'Snow Flake'. Winzige weiße Blüten bis in den frühen Winter, bei uns einjährig.
10 cm, Bd. > 2.109 <, **39***

Bellis, Maßliebchen. Horstbildende Stauden.
B. perennis, Gänseblümchen. Hübsche weiße Blüten.
15 x 15 cm, W***, F, S, H, > 2.44 <

Bellium, Zwergmaßliebchen. Einjährige und Stauden.
B. minutum. Niedliche, sternförmige Blüten, wächst lockerer als Gänseblümchen. 5 cm, W**, S, > 4.9 <

Bergenia, Löffelblatt. Immergrüne, horstbildende Stauden mit großen, löffelförmigen, ledrigen Blättern.
B.-Hybride 'Bressingham White'. Kleine, reinweiße, glockenförmige Blüten in dichten Dolden an aufrechten Stielen.
30 – 45 cm, W***, F, S, Bd
'Silberlicht'. Weiße Blüten, oft mit zartrosa Schimmer.
30 x 50 cm, W***, F

Betula, Birke. Laubabwerfende Bäume und Sträucher.
B. pendula, Weißbirke, Sandbirke. Silbrigweiße Rinde, die im Alter rissig wird. Bis 20 m hoch und bis 8 m breit, W***, F, > 2.64 <

Brugmansia, (syn. *Datura*), Stechapfel, Engelstrompete. Halbimmergrüner Strauch, große, trompetenförmige, hängende Blüten.
B. × *candida* 'Double White'. Gefüllte weiße Blüten.
3 – 5 m x 1,50 – 2,50 m, W*, DD, S, H, G/W, Tü, !, > 5.12 <
'Knightii'. Blüten in hose-in-hose-Form.
3 – 5 x 1,50 – 2,50m, W*, DD, S, H, G/W, Tü, !, > 5.13 <, **140***
B. suaveolens 'Alba'. Blüten reinweiß, abends intensiv duftend. 4m, W*, DD, S, H, G/W, Tü, !.

Brugmansia > 5.13 <

Buddleja, Buddleie, Schmetterlingsstrauch, Sommerflieder. Meist laubabwerfende Sträucher mit kräftigem, bogig überhängendem Wuchs, auch Bäume und Kletterer, meist mit fliederähnlichen Rispen kleiner, oft duftender Blüten.
B. davidii. Laubabwerfend, dichte Blütenrispen.
'Peace'. Sehr lange Rispen (50cm).
2 x 3 m, W***, D, S, H, > 2.263 <
'White Bouquet'. Blüten weiß mit gelbem Auge. W***, DD, S, H
> 2.264 <
'White Cloud', Blüten reinweiß.
W***, D, S, H, > 2.265 <
'White Profusion'. Sehr dichte Rispen. W***, D, S, H, > 2.266 <
B. davidii var. *alba*. Laubabwerfend, Rispen 30 cm.
W***, D, S, H, > 2.262 <
B. fallowiana var. *alba*. Laubabwerfend, Rispen 15 cm.
2 x 3 m, W**, DD, S, H, > 2.261 <

Buxus, Buchsbaum. Edle immergrüne Sträucher für Töpfe und Einfassungen, lassen sich gut in Form schneiden.
B. microphylla 'Green Pillow'. Bildet dichten, rundlichen, kompakten Busch, sehr kleine Blätter.
40 cm, W**, IG, Tg, !, > 2.302 <
B. microphylla var. *insularis* 'Green Gem'. Zwergform mit olivgrünem Laub. W***, IG, Tg, !, > 2.303 <
B. sempervirens. Schnell wachsend, gut für Einfassungen.
Bis 1 m x 30 – 50 cm, W***, H, IG, !, > 2.301 <

Calamintha. Stauden.
C. nepeta 'Alba', Steinquendel. Kleine, hymenartige Blüten in Trugdolden, aromatischer Duft, beliebt bei Bienen, dunkelgrüne, haarige Blätter.
50 cm, W***, D, S, H,

Calla. Staude für Flachwasser und Uferzonen.
C. palustris, Sumpfkalla. Halbimmergrün, bildet im Frühling Blüten aus großen, weißen Hochblättern, schöne herzförmige, glänzendgrüne Blätter, frostempfindlich.
25 cm, W*, F, Fr, G/W, Tü, Wa, Wi, ! > 4.33 <

Calluna siehe Tabelle weiße Heidekräuter Seite 89

Camellia siehe Tabelle weiße Kamelien Seite 148 – 150

Campanula siehe Tabelle weiße *Campanula* Seite 72

Cardiocrinum giganteum, Riesenlilie. Sehr große, trompetenförmige, duftende Blüten, weiß mit purpurroter Zeichnung im Innern.
1,50 m, W***, DD, S

Carissa grandiflora (syn. *C. macrocarpa*) 'Tuttlei', Wachsbaum. Immergrüner Strauch, duftende, kleine, sternförmige Blüten, kompakter, sich ausbreitender Wuchs, eßbare, rote Früchte, frostempfindlich.
W*, DD, F, S, Fr, G/W, IG, Tü > 5.23 <

Carpinus, Hainbuche. Laubabwerfende Bäume oder Sträucher.
C. betulus, gut für Hecken.
W***, H, > 4.2 <

Cattleya siehe Tabelle weiße Orchideen Seite 144

Centaurea, Flockenblume.
C. montana 'Alba', Bergflockenblume. Staude, sternförmige Blüten im Frühsommer.
50 x 60 cm, W***, F, S, > 2.171 <

Cerastium, Hornkraut. Niedrige, breitwüchsige, wuchernde Stauden.
C. tomentosum, kriechender Wuchs, bodendeckend, winzige, silbrigweiße Blätter, viele kleine, sternförmige Blüten.
8 cm, W***, F, S, Bd > 3.10 <

Chionodoxa, Schneeglanz. Scillaähnliche, frühlingsblühende Zwiebelgewächse.
C. forbesii 'Alba'. Ähren mit mindestens 3 sternförmigen Blüten.
10 – 25 cm, W***, F, > 2.38 <

Chlorophytum. Immergrüne Staude mit langen, schmalen Blättern.
C. comosum, Grünlilie. Hübsche, leicht zu kultivierende Blattpflanze mit vielen kleinen, sternchenförmigen weißen Blüten an dünnen, langen Stielen, frostempfindlich.
'Variegatum'. Gestreifte Blätter (weißer Rand).
30 cm, W*, IG, Tü, > 3.9 <
'Vittatum'. Gestreifte Blätter (cremeweißer Mittelstreifen).
30 cm, W*, IG, Tü, > 3.8 <

Choisya ternata, Orangenblume, Mexikanische Orange. Immergrüner, attraktiver Strauch mit duftendem Laub und hübschen kleinen, weißen, sternförmigen Blüten.
1 – 3m, W**, D, F, H, IG > 2.88 <

Cistus, Zistrose. Immergrüne Ziersträucher.

Choisya ternata > 2.88 <

C. laurifolius. Im Sommer weiße Blüten mit gelbem Auge, aromatisches Laub, bedingt winterhart.
2 x 2m, W**, S, IG, Tü.
C. monspeliensis. Kleine, weiße Blüten im Frühsommer und Sommer, frostempfindlich.
Bis 1,50 m, W*, S, G/W, IG, Tü

Citrus. Immergrüne Sträucher mit aromatischem Laub, duftenden weißen Blüten und saftigen Früchten (Zitronen, Orangen), frostempfindlich.
C. limon 'Quattro Stagioni', Zitrone. Hervorragend für Topfkultur, blüht und trägt Früchte (unreife und reife) gleichzeitig, sehr dekorativ. 2 m, W*, DD, F, S, H, W, Fr, G/W, IG, Tü > 5.2 <

Clematis siehe Tabelle weiße Clematis Seite 141, **118***

Cobaea, Glockenrebe. Kletterpflanze, frostempfindlich, wird bei uns einjährig gezogen.

Cobaea > 2.241 <

C. scandens 'Alba'. Vom Spätsommer bis zum ersten Frost reizvolle glockenförmige, cremefarbene bis grünliche Blüten.
4 – 5 m, W*, S, H, G/W, K, > 2.241 <

Codonopsis, Glockenwinde. Stauden und Kletterpflanzen.
C. pilosula. Selbstklimmende, krautige Staude mit grünlich-beigen Blütenglocken.
2 m, W***, S, H, K > 2.286 <

Coelogyne siehe Tabelle weiße Orchideen Seite 144, **146***

Coffea, Kaffee. Immergrüne Sträucher oder kleine Bäume mit glänzendem, attraktivem Laub.
C. arabica 'Nana', Kaffeestrauch. Kleinwüchsig, Büschel mit kleinen, weißen, duftenden Blüten, rote oder gelbe Früchte, olivgrüne Bohnen. W*, D, F, S, Fr

Colchicum, Herbstzeitlose. Frühlings- und herbstblühende Knollenpflanzen.
C. autumnale 'Alboplenum'. Gefüllte weiße Blüten erscheinen lange vor den Blättern.
10 cm, W***, H, > 2.288 <

Convallaria, Maiglöckchen. Frühlingsblühende Stauden mit Rhizomen, mit herrlich duftenden Blütenglöckchen im Mai.
C. majalis. Wildform, einfache, schneeweiße Glöckchen.
W***, DD, F, Bd, !, > 2.120 <
'Flore Pleno'. Gefüllte Blüten.
W***, D, F, Bd, !, > 2.121 <
'Albistriata'. Gestreifte Blätter.
W***, DD, F, Bd, !, > 2.122 <
'Fortin´s Giant'. Besonders groß in Wuchs und Blüten.
W***, DD, F, Bd, !, > 2.123 <

Cornus, Hartriegel. Laubabwerfende Bäume und Sträucher, aber auch bodendeckende Stauden, mit attraktiven Blüten, die aus Hochblättern gebildet werden.
C. nuttallii 'Ascona', Blumenhartriegel. Stattlicher Baum mit attraktiven großen Blüten im Frühling, braucht geschützten Standort.
10 m, W**, F, Fr, !, > 2.67 <, **30***

C. canadensis, Kanadischer Hartriegel. Bodendeckende Staude mit kriechenden Rhizomen, schneeweiße Hochblätter um winzige grünliche fertile Blütchen ergeben die Blüten, extrem winterhart.
10 cm, W***, F, S, Bd, Fr, !,
> 2.134 <, **44***
C. controversa 'Variegata'. Stattlicher Baum mit attraktivem Laub (cremeweiß gefleckt) und reizvoller Herbstfärbung, Dolden aus winzigen weißen Blüten.
10 m, W***, S, Fr, HF, !, > 3.7 <
C. florida. Üppig blühend, schöne Herbstfärbung.
6 m, W**, F, HF

Cornus florida

Corydalis, Lerchensporn. Stauden oder Einjährige.
C. ochroleuca. Immergrüne Staude mit besonders schönem Laub. Wuchs herabhängend. Kleine, röhrenförmige, gespornte weiße Blüten mit gelbem Schlund bis in den Spätherbst. 45 cm, W***, S, H

Cosmos bipinnatus, Kosmee, Schmuckkörbchen. Einjährige Sommerblume mit margeritenähnlichen Korbblüten in verschiedenen Farben, auch in Weiß.
'Purity'. Reinweiß.
90 x 60 cm, H, > 2.271 <, **86***

Crassula socialis, Dickblatt. Sukkulente mit kurzen, dichten Rosetten aus hellgrünem Laub, sternförmige weiße Blüten. 7cm, W*, F, G/W, Tü

Crinum × powellii 'Album', Hakenlilie. Herbstblühendes Zwiebelgewächs mit großen, süß duftenden Blütentrompeten.
75 cm, W***, D, H, !

Crocus, Krokus. Frühlings- oder herbstblühende Knollenpflanzen.
C. chrysanthus 'Snow Bunting'. Frühlingsblüher, schneeweiß mit interessanten Staubgefäßen in hellem Orange. 10 cm, W***, F, W, > 2.14 <
C. cartwrightianus 'Albus', Wilder Safran. Herbstblüher, weiße, süß duftende Blüten mit langen, leuchtendroten Narben.
10 cm, W**, D, H, > 2.291 <
C. ochroleucus. Herbstblüher, zierliche weiße Blüten bis zum Dezember. 5 cm, W***, H, > 2.292 <
C. pulchellus 'Albus'. Herbstblüher, große, reinweiße Blüten. 10 cm, W***, H, > 2.290 <
C. speciosus 'Albus'. Herbstblüher,elegante reinweiße Blüten.
10 cm, W***, H, > 2.289 <

Cyclamen, Alpenveilchen. Frühlings- oder herbstblühende Knollenpflanzen.
C. cilicium 'Album'. Herbstblüher, herzförmige Blätter, schlanke Blüten. 5 cm, W**, H, !
C. coum 'Album'. Frühlingsblüher, zierliche weiße Blüten an kurzen Stielen. 10 cm, W***, F, !, > 2.10 <, **22***
'Maurice Dryden'. Frühlingsblüher, ganz entzückend, wie 'Album', aber mit silbrigen Blättern.
10 cm, W***, F, !, > 2.11 <
C. cyprium. Herbstblüher, intensiv duftend. 5 cm, W**, H, !
C. hederifolium 'Album'. Herbstblüher mit schönem Laub im Winter. 10 cm, W***, H, ! > 2.267 <
C. persicum 'Album'. Winterblüher, duftend, mit schönem Laub.
20 cm, W***, D, W, !

Cymbalaria. Ein- und Zweijährige und Stauden.
C. muralis, Zimbelkraut, Efeublättriges Leinkraut. Wächst in kleinsten Mauerritzen.
10 – 20 cm, W***, S, > 4.10 <, **104***
'Alba'. Reinweiß.
10 – 20 cm, W***, S, > 4.11 <
'Albiflora'. Weiß mit gelbem Innerem, 10 – 20 cm, W***, S, > 4.12 <
'Globosa Alba'. Sehr dicht wachsend. 10 – 20 cm, W***, S, > 4.13 <
'Nana Alba'. Winzig, aber schnell wachsend. 5 cm, W***, S, > 4.14 <

Cyperus, Zypergras. Immergrünes Staudenschilf.
C. longus. Immergrünes Gras, mit attraktiven Dolden kleiner, hellbrauner Ähren. 1m, W**, Wi,
> 4.27 <, **126***

D

Daboecia siehe Tabelle weiße Heidekräuter Seite 89

Daphne, Seidelbast. Laubabwerfende oder immergrüne Sträucher.
D. mezereum var. *alba*. Laub abwerfender Strauch, im Spätwinter und Vorfrühling stark duftende, weiße bis cremeweiße Blüten an kahlen Trieben. 1,20 m, W***, DD, F, W, Fr, !, > 2.12 <
D. odora var. *alba*. In milden Wintern immergrüner Strauch, vom Spätwinter bis in den Vorfrühling stark duftende, weiße Blüten.
1,50 m, W**, DD, F, W, Fr, ! > 2.13 <
D. oleoides. Immergrüner Strauch. cremeweiße, meist duftende Blüten im Sommer. 20 cm, W**, d, S, Fr, !

Davidia, Taubenbaum. Laubabwerfender , nur für sehr geschützte Lagen.
D. involucrata var. *vilmoriniana*. Konischer Wuchs, herzförmige Blätter, die großen, dekorativen Brakteen erscheinen erst an älteren Pflanzen. Hängende Früchte.
Bis 15 m, W**, F, S, Fr, **15***

Delphinium, Rittersporn. Stauden und Einjährige mit dekorativen Blütenähren.
D.-Hybride, 'Dwarf Snowhite'. Reinweiße, gefüllte Blüten. 90 cm, W***, S, ! > 2.176 <
D. × belladonna 'Casablanca'. Reinweiße Blüten. 1,50m, W***, S, !
'Moorheim'. Locker verzweigte Ähren reinweißer Blüten.
1m, W***, S, ! > 2.175 <
D. Exquisit-Serie 'White King'. Hybriden mit nostalgischem Charme, reinweiße Blüten. 1,20 m, W***, S, !
D. × cultorum Pacific-Hybride 'Galahad'. Reinweiß.
1,80 m, W***, S, ! > 2.174 <

Dendrobium siehe Tabelle weiße Orchideen Seite 144

Deutzia, Deutzie. Laubabwerfende Ziersträucher mit üppiger Blüte.
D. scabra 'Candidissima'. Dichte Blütenrispen aus sternförmigen kleinen weißen Blüten im Sommer. Etwa 2,50 m, W***, D, S

Dianthus, Nelke, Federnelke. Stauden und Ein- oder Zweijährige mit duftenden Blüten im Sommer.
D. deltoides 'Albus', Heidenelke. Polsterbildende Staude für Steingärten oder Trockenmauern.
15 x 30 cm, W***, d, S

Dicentra, Tränendes Herz. Stauden und Einjährige.
D. spectabilis 'Alba'. Im Spätfrühling und Sommer hübsche herzförmige, hängende, reinweiße Blüten an anmutig überhängenden Stielen. Hübsches, farnähnliches Laub.
75 x 50 cm, W***, F, S, !, > **2.65** <
D. eximia 'Alba'. Zierliche Staude mit farnartigem, hellgrünem Laub und vereinzelten, kleinen, herzförmigen Blüten bis in den Herbst hinein.
30 cm, W***, S, H, !, > **2.255** <

Digitalis, Fingerhut. Zweijährige und kurzlebige Stauden.
D. purpurea 'Alba'. Aufrechte Staude, wird als Zweijährige kultiviert. Im ersten Jahr imposante Rosette aus großen, dunkelgrünen Blättern, im zweiten Jahr im Sommer reinweiße Blütenglocken an etwa 1 m hohem Stiel.
1 – 1,50 m, W***, S, !, > **2.168** <

Diplarrhena moraea. Sommerblühende Staude mit langen schmalen Blättern und im Sommer irisähnlichen, kleinen weißen Blüten mit zarten gelben und lilafarbenen Markierungen in der Mitte.
45 cm, W*, S, Tü, > **5.6** <

Dodecatheon, Götterblume. Stauden mit auffälligen Blüten. Zurückgebogene Blütenblätter und hervorstehende Staubgefäße.
D. meadia 'Hermes'. Anmutig und zierlich, entzückende weiße Blüten mit dunklerer Mitte und wunderbarem Duft.
20 cm, W***, DD, F, S, > **2.139** <

Dregea sinensis. Exotische, immergrüne verholzende Schlingpflanze mit langgestielten weißen Blüten mit etwas Lila, duftet intensiv nach Hopfen. Frostempfindlich. 3 m, W*, DD, S, Fr, G/W, IG, Tü, > **2.190** <

Echinacea purpurea. Aufrechte Staude mit lanzettlichen, dunkelgrünen Blättern. 'White Lustre'. Cremeweiße Blüten mit dominanter orangebrauner Mitte.
80 cm, W***, S, H, **162***

Epilobium. Stauden und Ein- oder Zweijährige.
E. glabellum, Weidenröschen. Halbimmergrüne, horstbildende Staude, Bodendecker, kleine weiße Blüten im Sommer, frostempfindlich.
20 cm, W*, S, Bd, Tü

Epimedium, Elfenblume. Bodendeckende Stauden.
E. × youngianum 'Niveum'. Zarte, schneeweiße Blüten im Frühling.
15 – 30 cm, W***, F, Bd, > **2.39** <
E. grandiflorum 'Nanum'. Weiße, hängende Blütchen. 7cm, W***, F
'White Queen'. Große, reinweiße Blüten mit 4 – 5 cm Durchmesser.
20 – 30 cm, W***, F

Erica siehe Tabelle weiße Heidekräuter Seite 89

Erodium, Reiherschnabel. Niedrige Stauden und Einjährige, besonders für Steingärten.
E. reichardii 'Album'. Winzige Blätter, einfache weiße Blüten im Sommer, bedingt winterhart.
5 cm, W**, S

Erythronium, Hundszahn. Frühlingsblühende Knollenstauden.
E. revolutum 'White Beauty' (syn. *E. californicum* 'White Beauty'). Entzückende Blüten im zeitigen Frühling, reinweiß, im Innern gelb mit einem braunen Fleck. Anmutig zurückgebogene Blütenblätter. Blätter auffallend marmoriert.
15 – 35 cm, W***, F, > **2.35** <
E. dens-canis 'Snowflake'. Im Frühling zierliche, nickende reinweiße Blüten mit zurückgebogenen Blütenblättern. 10 – 15 cm, W***, F

Eucomis, Schopflilie. Sommer- oder herbstblühende Zwiebelgewächse.
E. autumnalis. Aus basalen Blattbüscheln aufragende blattlose Stiele tragen kleine, sternchenförmige, weiße Blüten in dichten Ähren mit einem kleinen Blattschopf an der Spitze, leicht moosartiger Duft.
20 – 30 x 60 – 75 cm, W*, d, S, H, Tü, !, > **2.257** <, **89***

Euonymus, Pfaffenhütchen. Immergrüne oder laubabwerfende Sträucher.
E. fortunei 'Silver Queen'. Immergrüner Strauch mit dunkelgrünen, weiß geränderten Blättern. Unscheinbare grünlich-weiße Blüten im Frühling.
2 m, W***, F, IG, > **3.6** <

Exochorda giraldii var. wilsonii, Chinesischer Perlstrauch. Laubabwerfender Baum oder Strauch, Wuchs aufrecht, rosagrüne Triebe, aufrechte Trauben großer, weißer Blüten. 3 m, W**, F

Filipendula. Frühlings- oder sommerblühende Stauden.
F. palmata var. *alba*, Japanische Scheinspiere. Weiße, fedrige Blüten. 1 m, W***, S
F. ulmaria 'Flore Plena', Mädesüß. Sehr robust, gefüllte weiße Blüten. 1m, W***, S
'Variegata'. Gelb gemusterte oder gestreifte Blätter. 1 m, W***, S

Fothergilla > **7.12** <

Fothergilla, Federbuschstrauch. Laubabwerfende, frühlingsblühende Sträucher.
F. major. Große Blätter mit schöner Herbstfärbung, im Frühjahr reinweiße, süß duftende Blüten, die nur Staubgefäße zeigen, ohne Blütenblätter.
2,50 m, W***, D, F, HF, > **7.1** <

Fuchsia

Fragaria, Erdbeere. Stauden.
F. vesca, Wilde Erdbeere. Werden von den Vögeln verbreitet, über oberirdische Ausläufer stark wuchernd. Reizende kleine weiße Blüten und kleine rote, eßbare Früchte, hübsches, dunkelgrünes Laub.
10 cm, W***, F, S, H, Bd, Fr > **2.60** <
16*
F. × ananassa 'Variegata'. Gartenform mit panaschiertem Laub.
15 cm, W***, F, S, Bd, Fr, > **2.61** <

Fritillaria, Schachbrettblume, Frühlingsblühende Zwiebelgewächse.
F. meleagris 'Alba', Schachbrettblume, Kiebitzei. Weiße, große Blütenglocken, jedes Blütenblatt hat in der Mitte einen zarten grünen Strich. 30 cm, W***, F, > **2.36** <
'Aphrodite'. Wie 'Alba', aber mit besonders großen Blütenglocken.
30 cm, W***, F, > **2.37** <
F. thunbergii. Etwas kleinere Blüten, leicht grünlich geädert oder gemustert. 60 cm, W***, F

Fuchsia siehe Tabelle weiße Fuchsien Seite 79, **80***, **134***

Galanthus, Schneeglöckchen. Frühlings- oder herbstblühende Zwiebelgewächse.
G. caucasicus × elwesii. Blüht sehr früh, dunkelgrüner Fruchtknoten, hübsch geformte Blüten.
10 – 20 cm, W***, d, W, !, > 2.5 <
G. gracilis. Gedrehte Blätter.
10 cm, W***, d, W, !, > 2.6 <
G.-Hybride 'Samuel Arnott'. Sehr kräftig.
20 cm, W***, d, F, W, !, > 2.8 <
'Straffan'. Besonders große Blüten, remontierend.
10 cm, W***, F, W, !, > 2.7 <
G. nivalis. Wildform, echtes Waldschneeglöckchen.
10 cm, W***, F, W, !, > 2.4 <, 21*
'Flore Pleno'. Gartenform, gefüllt.
10 cm, W***, F, W, !, > 2.9 <
'Magnet'. Sehr große Blüten an langen Stielen. 20 cm, W***, F, W, !
'Viridiapicis'. Grüne Markierungen an den äußeren Blütenblättern.
10 cm, W***, F, W, !
G. reginae-olgae, Herbstblühend, eine Rarität. Leicht duftende, reinweiße Blüten mit grünen Tupfen an den Spitzen der inneren Blütenblätter. Blätter mit grauem Mittelstreifen, erscheinen erst nach den Blüten.
10 cm, W***, d, H, !, > 2.293 <

Galium, Labkraut. Frühlings- oder herbstblühende Stauden und Einjährige.
G. odoratum, Waldmeister. Bodendeckende Staude, stark wuchernd. Ab Mai erscheinen über den quirlständigen Blättern winzige weiße Blüten. Stark aromatisches Laub.
20 cm, W***, D, F, Bd, > 2.115 <

Galtonia. Sommer- oder herbstblühende Zwiebelgewächse.
G. candicans, Sommerhyazinthe, Riesenhyazinthe. Blüht im Spätsommer oder Herbst. Kleine, weiße, nickende, trichterförmige Blüten, bis zu 30 an einer blattlosen Ähre. Etwa 1m, W**, d, S, H

Gardenia, Gardenie. Edle immergrüne Ziersträucher und -bäume.
G. augusta (syn. *G. jasminoides*) 'Fortuniana'. Besonders dicht gefüllte, große Blüten, intensiv duftend. Dunkelgrünes, glänzendes Laub. Bis 2 m, W*, DD, S, H, G/W, IG, Tü, > 2.258 <, 83*
G. misteri. Niedriger, buschiger Wuchs, reinweiße, fast vollständig gefüllte Blüten, angeblich bedingt winterhart. Bis etwa 50 cm, W**, DD, S, H, G/W, IG, Tü, > 2.259 <

Gaura lindheimeri, 'Whirling Butterflies', Prachtkerze. Buschige Staude mit Trauben röhrenförmiger weißer Blüten mit einem Hauch von Rosa an der Außenseite, sehr grazil.
0,60 – 1,20 m, W**, S, > 2.253 <

Gentiana, Enzian. Niedrige Stauden und Einjährige, besonders für einen Steingarten oder Heidegarten.
G. acaulis 'Alba', Koch´scher Enzian. Frühjahrsblüher, immergrüne, polster-bildende Staude, trompetenförmige weiße Blüten mit grünem Schlundstreifen, ohne Blütenstengel. Verlangt sauren Boden. Eine Rarität. 8cm, W***, F, > 2.132 <
G. clusii 'Alba', Clusischer Enzian. Frühjahrsblüher, immergrüne, polster-bildende Staude, trompetenförmige weiße Blüten mit gelben Schlundstreifen und Punkten, verträgt alkalischen Boden.
8 cm, W***, F, > 2.133 <
G. sinoornata 'Alba', Chinesischer Enzian. Herbstblüher, immergrüne, flachwachsene, kriechende Staude, trompetenförmige reinweiße Blüten, verlangt kalkfreien Boden.
5 cm, W***, H, > 2.287 <

Geranium, Storchschnabel. Staudengeranie. Stauden. Nicht zu verwechseln mit den volkstümlich Geranien genannten Pelargonien.
G. clarkei 'Kashmir White'. Bodendeckende Staude mit hübschem, tief eingeschnittenem Laub. Blüten weiß mit zarter, blaßlila Strichelung. 20 cm, W**, S, Bd, > 2.130 <
G. pratense 'Album' und 'Albiflorum', Wiesenstorchschnabel. Horstbildende Staude. Gelappte oder geteilte Blätter, tellerförmige weiße Blüten. 75 cm, W***, S
G. sanguineum 'Album'. Horstbildende, kriechende Staude, bodendeckend, tief geteilte Blätter und reinweiße Blüten.
25 cm, W***, S, Bd, > 2.131 <
G. sylvaticum 'Album'. Aufrecht wachsende Staude von anmutigem Wuchs, reinweiße Blüten im Frühjahr. 75 cm, W***, F, > 2.129 <

Geranium sanguineum > 2.131 <

Gladiolus, Gladiole. Knollenpflanzen.
G. callianthus 'Murielae', syn. Acidanthera. Sehr zierliche Form mit duftenden weißen Blüten, nur bedingt winterhart.
75 cm, W*, DD, H, > 2.272 <
G. tristis. Seltene Art aus Südafrika. Lockere Ähren mit bis zu 20 cremeweißen Blüten, nachts intensiver Duft nach Gewürznelken.
0,40 – 1,50 m, W**, DD, F, W, > 2.273 <

Gordonia, Gordonie. Immergrüner Zierstrauch, verwandt mit Kamelien, wächst in seiner Heimat zu einem kleinen Baum.
G. axillaris. Immergrüner, buschiger Strauch mit glänzenden, ovalen, ledrigen Blättern, im Winter bis Frühjahr große, reinweiße Blüten mit seidigen Blütenblättern, leicht duftend. Bis 2 m, W*, d, F, W, G/W, Tü, > 5.1 <

Gypsophila, Schleierkraut. Stauden und Einjährige.
G. cerastioides. Flachwachsende Staude. Im Spätfrühling bis Frühsommer kleine weiße Blüten mit purpurfarbener Äderung.
5 cm, W***, F, S
G. paniculata 'Bristol Fairy'. Duftige Büschel winziger, gefüllter weißer Blüten. 70 cm, W***, F, S, H
'Compacta Plena'. Gefüllte weiße Blüten. 25 cm, W**, F, S, H
'Double Snowflake'. Gefüllte reinweiße Blüten. 70 cm, W**, F, S, H
'Early Snowball'. Gefüllte weiße Blüten, blüht sehr früh.
70 cm, W**, F, S, H

Halesia, Schneeglöckchenbaum. Frühlingsblühende, laubabwerfende Bäume und Sträucher.
H. monticola. Kegelförmiger Wuchs, weiße Blütenglöckchen erscheinen vor den Blättern, vierflügelige, grüne Früchte. 12 m, W***, F, Fr

× Halimiocistus. Immergrüne Sträucher, Kreuzung zwischen den Gattungen *Cistus* und *Halimium*.
H.-Hybride 'Ingwersenii'. Dichter, sich ausbreitender Strauch, schalenförmige, reinweiße Blüten.
50 cm, W**, F, S

Hebe, Strauchveronika. Immergrüne Sträucher.
H. macrantha. Aufrecht wachsender Strauch mit leuchtend grünen Blättern. 2cm große, reinweiße Blüten.
60 cm, W*, S, IG
H. pinguifolia 'Pagei'. Immergrüner, fast kriechender Strauch, im Frühsommer kurze Ähren mit kleinen, reinweißen Blüten. 20 x 60 cm, W***, F, S, IG
H. vernicosa. Kompakter, kleiner Strauch mit winzigen, dichtstehenden, glänzenden Blättern, im Sommer unzählige Ähren mit winzigen weißen Blüten. 30 cm W**, F, S, IG, > 2.297 <

Hedera, Efeu. Immergrüne Kletterpflanzen.
H. helix. Selbstklimmende Kletter-

Gordonia > 5.1 <

pflanze oder kriechende Staude mit vielen Sorten. Alte Pflanzen gehen oft zu einem vertikalen Wuchs über und bilden bei genügend Licht die Altersform mit ungelappten Blättern. Nur solche alten Triebe entwickeln auch Blüten, diesen folgen schwarze Beeren. Die Altersform läßt sich durch Stecklinge vermehren und wird als *H. helix* 'Arborescens' angeboten. Bis 10m, W***, H, Fr, IG, K, !, > 5.36 <
'Anne Marie'. Panaschiertes Laub. 1,20 m, W***, IG, K, !, > 3.2 <
'Eva'. Panaschiertes Laub. 1,20 m, W***, IG, K, !, > 3.3 <

Helleborus, Christrose, Nieswurz. Immergrüne Stauden.
H. niger. Immergrüne, horstbildende Staude mit schönem, geteiltem Laub. Große, schalenförmige, nickende weiße Blüten im Winter und im Vorfrühling.
30 x 45 cm, W***, F, W, !, > 2.1 <
H. × nigercors 'Alabaster'. Besonders schöne, durchscheinende weiße Blüten mit grünen Markierungen. 30 x 90 cm, W***, F, W, !, > 2.309 <

Heloniopsis orientalis var. breviscapa. Staude mit einer immergrünen, basalen Blattrosette, horstbildend, kleine, nickende weiße Blüten im Frühling. 30 cm, W***, F

Hemerocallis, Taglilie. Stauden mit vielen Sorten, Blüten erscheinen nacheinander. Jede Blüte hält nur einen Tag.
H.-Hybride 'Gentle Shepherd' (syn. 'Gentle Shepard'). Niedriger Wuchs, trompetenförmige, elfenbeinweiße Blüten. 40 cm, W***, S

Hepatica, Leberblümchen. Kleine Stauden mit reizvollen Blüten im zeitigen Frühjahr.
H. nobilis, (syn. *H. triloba*) 'Alba'. Kleine, langsamwachsende, halbimmergrüne Staude mit gelappten Blättern und schneeweißen, kurzstieligen Blüten. Eine Rarität.
8 cm, W***, F, > 2.26 <
H. nobilis var. *japonica* 'Japan´s Alba Plena', Japanisches Leberblümchen. Blüten vollständig gefüllt, japanische Zuchtform. 8cm, W***, F, > 2.27 <
H. transsilvanica 'Alba'. Blüten etwas größer als bei *H. nobilis*.
12 cm, W***, F
'Pure White'. Wie 'Alba', aber mit reinweißen Blüten. 12 cm, W***, F

Hesperis, Nachtviole. Einjährige und Stauden.
H. matronalis 'Alba'. Aufrechte Stauden mit langen Ähren kleiner weißer Blüten, intensiver Duft nach Nelken, besonders abends.
60 – 90 cm, W***, D, S, > 2.181 <
'Alba Plena'. Wie 'Alba', aber mit gefüllten Blüten und noch intensiverem Duft.
60 – 90 cm, W***, DD, S, > 2.182 <
'Candidissima'. Gefüllte, reinweiße Blüten, etwas niedriger im Wuchs. 40 cm, W***, D, S, > 2.183 <

Heuchera, Purpurglöckchen. Immergrüne Stauden, sommerblühend, horstbildend, gut bodendeckend.
H. × brizoides 'Silberregen'. Kleine, hängende, glockenförmige schneeweiße Blüten in langen, gefiederten Rispen. 50 cm, W***, S

Hippeastrum, Ritterstern. Volkstümlich Amaryllis. Zwiebelgewächse mit vielen Arten und Sorten, mit riesigen, trichterförmigen Blüten. Leicht in Töpfen zu kultivieren.
H.-Hybride 'White Dazzler'. 3 bis 4 wunderschöne, trichterförmige, reinweiße Blüten an einem 60 cm hohen blattlosen Schaft.
60 cm, F, W, G/W, Tü, !, > 2.308 <

Hosta, Funkie. Horstbildende Stauden mit vielen Arten und Sorten, mit attraktivem Laub, oft weißbunt, auch mit duftenden Blüten.
H. kikutii. Auffällig geädertes, glänzendes, dunkelgrünes Laub, dichte Rispen weißer Blüten,
40 x 60 cm, W***, S, Bd
H. plantaginea 'Aphrodite', August-Lilie. Große, glänzende, eiförmige Blätter und große, wachsartige, gefüllte, duftende weiße Blüten.
0,60 x 1,20 m, W***, D, S, H, Bd, > 2.244 <
H. sieboldii var. *alba* 'Yakushimamizu' (syn. *H. albomarginata*). Zwergform mit weißen Blüten und reizvollen Samenständen.
20 x 30cm, W***, S, Bd, Fr, > 2.245 <
'Weihenstephan'. Reichblühend, endständige Trauben reinweißer, trompetenförmiger Blüten, runde, erst dunkelgrüne, dann braune Samenstände. 40 cm, W***, S, Fr
H.-Hybride 'Royal Standard'. Große, trompetenförmige, reinweiße Blüten, herrlich duftend.
0,60 x 1,20 m, W***, D, S, H, Bd, > 2.243 <, **78***

Houttuynia cordata 'Flore Pleno'. Sumpfpflanze, niedrige Staude für den Wasserrand mit duftendem Laub und kleinen, gefüllten, reinweißen Blüten.
20 cm, W***, d, S, Bd, > 4.39 <

Hyacinthoides, Scilla, Glockenhyazinthe, Bluebell. Frühlingsblühende Zwiebelgewächse.
H. non-scripta, Englisches Bluebell, Hasenglöckchen, Waldhyazinthe.
'Alba'. Weiße Form der berühmten Bluebells Englands. Die Blütenglöckchen hängen nur nach einer Seite des aufrechten Stengels, duftend, sehr anmutig.
15 – 20 cm, W***, d, F, !, > 2.118 <
H. hispanica 'Alba', Spanisches Bluebell. Unterscheidet sich von dem Englischen Bluebell insbesondere dadurch, daß die Blütenglöckchen rund um den Stengel hängend angeordnet sind, ohne Duft.
15 – 20 cm, W***, F, !, > 2.119 <, **43***

Hyacinthoides hispanica **> 2.119 <**

Hyacinthus, Hyanzinthe. Frühlingsblühende Zwiebelgewächse.
H. orientalis 'Carnegie'. Kompakte, reinweiße, duftende Blüten. 20 cm, W***, DD, F, S, !, > 2.128 <

Hydrangea, Hortensie. Laubabwerfende und immergrüne Sträucher und Kletterpflanzen mit attraktiven Blütenköpfen. Die Blütenstände bestehen aus unscheinbaren fruchtbaren Blüten und größeren unfruchtbaren Blüten, die von auffallenden Kelchblättern umgeben sind. Im Gegensatz zu den farbigen Arten und Sorten besteht das Weiß unabhängig vom pH-Wert des Bodens. Die Blütenköpfe sind bis in den Winter hinein dekorativ, auch getrocknet.
H. macrophylla. Laubabwerfende, buschige Sträucher. Die Blütenköpfe können kugelförmig sein (Hortensia-Typ) oder flach (Lacecap, Teller-Hortensie).
'Libelle'. Lacecap-Form, sterile Blüten 6 cm groß und reinweiß.
1,50 x 2 m, W***, S, H, Tg, !, > 2.235 <
'Madame Emile Mouillère'. Hortensia-Form, anfangs renweiß, später rosa getupft, Blütenblätter gezähnt, schöne Herbstfärbung des Laubes.
1 x 1,50 m, W***, S, H, HF, Tg, !, > 2.236 <
'Kyushu'. Große, dunkelgrüne Blätter und große, weiße Blütenrispen, wächst aufrecht. 2 x 2,50 m, W***, d, S, H, Tg, !, > 2.239 <
'Praecox'. Wächst sehr langsam, besonders früh blühende Sorte, die weißen Blütenrispen duften nach Honig.
1,50 x 1 m, W***, S, Tg, !, > 2.238 <
'Veitchii'. Große Blütenköpfe, die sterilen Blüten bekommen später eine rosarote Tönung.
1,50 x 1 m, W***, S, Tg, **76***
H. paniculata. Langsamer, lockerer Wuchs mit kleinem Stamm, längliche Blütenrispen.
'Floribunda'. Besonders dichte Rispen und große sterile Blüten.
2 x 2,50 m, W***, S, H, Tg, !, > 2.240 <

H. petiolaris (syn. *H. anomala* ssp. *petiolaris*), Kletterhortensie. Langsamwachsende, sehr dekorative Kletterpflanze mit attraktiven, flachen, grünlich-weißen Blütenständen, duftend, gut für eine Nordwand geeignet.
Bis 20 m, W***, S, K, !, > 2.186 <, 128*
H. quercifolia. Einzige Art mit gelappten Blättern (eichenblättrige Hortensie).
'Snowflake'. Besonders dekorative Blütenköpfe mit weißen, gefüllten sterilen Blüten.
2 x 2,50 m, W***, S, H, !, > 2.237 <
H. serratifolia. Kletternder Wuchs, dunkelgrünes, dekoratives Laub, junge Blätter gezähnt, große Dolden mit kleinen, cremeweißen fertilen Blüten, kaum sterile Blüten.
Bis 15 m, W***, S, K, !, > 5.4 <

Hydrocharis morsus-ranae, Froschbiß. Wasserpflanze mit nierenförmigen Blättern und 2 cm großen weißen Blüten, bevorzugt fließendes Wasser.
W***, S, Wa, > 4.26 <

Hymenocallis (syn. *Ismene*), Ismene, Schönhäutchen. Zwiebelgewächse.
H. × *festalis*. Aus 1 m langen Blättern wachsen hohe Stiele mit 2 – 5 abstrakt geformten reinweißen, leicht duftenden Blüten hervor. Etwas Besonderes.
1 m, W*, d, F, S, G/W, > 2.180 <, 58*

Hyssopus officinalis 'Albus', Ysop. Stauden mit aromatischen Blättern mit frischem Kampferduft, kleine weiße Blüten.
50 cm, W***, d, S, H, > 4.47 <

Iberis, Schleifenblume. Einjährige, Stauden, Sträucher und Halbsträucher.
I. sempervirens 'Weißer Zwerg', Immergrün. Kompakter Wuchs, üppige Blüte mit dichten, weißen Blütenköpfen.
15 x 25 cm W***, F, S, Bd

Ilex aquifolium, Stechpalme. Immergrüne, meist aufrecht wachsende Sträucher oder Bäume.

Iberis sempervirens

'Bacciflava'. Gewellte, stark stachelige, glänzende, dunkelgrüne Blätter, unbedeutende, kleine weiße Blüten, gelbe Früchte. Bis 15 m, W**, F, Fr, IG, > 7.5 <
'Fructu Lutea'. Ähnlich 'Bacciflava'. Bis 15 m, W**, F, Fr, IG, > 7.4 <
'Silver Milkmaid'. Leuchtend grüne Blätter mit cremeweißen Flecken, bringt eine Fülle roter Beeren hervor. 5 m, W**, F, Fr, IG, > 3.5 <

Impatiens, Fleißiges Lieschen. Einjährige und immergrüne Stauden.
I.-Hybride Rosette-Serie. Halbgefüllte oder gefüllte reinweiße Blüten, wird einjährig gezogen.
30 cm, S, H, > 5.9 <

Iris siehe Tabelle weiße Iris Seite 33, 13*, 32*

Jasminum, Jasmin. Laubabwerfende oder immergrüne Sträucher oder Kletterpflanzen.
J. polyanthum. Halbimmergrüne Schlingpflanzen mit weißen, intensiv duftenden Blüten. Die Blütezeit hängt von der Art der Überwinterung ab. 3 m, W*, DD, F, H, W, G/W, K, Tü, > 2.298 <
J. sambac 'Maid of Orleans'. Immergrüne Kletterpflanze oder niedrig wachsender Strauch, glänzende, schöne Blätter, 2 cm große, wachsartige, reinweiße, herrlich duftende Blüten. 2 m, W*, DD, F, S, H, W, G/W, K, Tü, > 5.25 <

Jeffersonia diphylla (syn. *Plagiorhegma diphylla*). Staude für Schatten und feuchten Boden, bildet hübsche Teppiche. Reinweiße, schalenförmige Blüten.
20 cm, W***, F, S, Bd, > 2.80 <

Juniperus (syn. *Sabina*), Wacholder. Konifere.
J. procumbens 'Nana'. Kriechender Wuchs, polsterbildend, braune oder schwarze Früchte.
20 cm, W***, Fr, IG, !, > 5.8 <

Kalmia, Lorbeerrose. Immergrüne, sommerblühende Sträucher für feuchten, sauren Boden.
K. angustifolia 'Candida', Berglorbeer. Lockerer, überhängender Wuchs, sehr kleine, schmale Blätter, dichte Büschel schalenförmiger, weißer Blüten.
60 cm, W***, S, IG, !
K. latifolia 'Elf'. Niedriger, kompakter Wuchs, weiße Blüten entfalten sich aus rosa Knospen.
1 m, W***, F, S, !
'Shooting Star'. Weiße, gelappte, stark zurückgebogene Blütenblätter.
3 m, W***, F, S, !
'Silver Dollar'. Sehr große, weiße Blüten bis 4 cm. 3 m, W***, F, S, !

Kamelien siehe Tabelle weiße Kamelien Seite 148

Lamium, Taubnessel. Frühjahrs- oder sommerblühende Stauden, meist halbimmergrün.
L. maculatum 'Album'. Niedrig wachsende Staude. Das dunkelgrüne Laub hat einen weißen Mittelstreifen, unscheinbare, weiße Blüten. 15 x 60 cm, W***, d, F, S, Bd, > 2.59 <
'White Nancy'. Silbrig-weiß panaschierte Blätter, reinweiße Blüten.
0,15 x 1 m, W***, d, F, S, Bd, > 2.58 <, 110*

Laurus nobilis, Echter Lorbeer. Immergrüner Baum oder Strauch, aromatische, schmale, matt glänzende Blätter, cremefarbene, unscheinbare Blütchen, schwarze Beeren, gilt als relativ winterhart, Blätter und Rinde leiden aber bei Temperaturen unter -5 °C. Bis 10 m, W**, F, Fr, IG, Tü, > 2.104 <

Lavandula, Lavendel. Immergrüne Sträucher für einen sonnigen, trockenen Standort.
L. angustifolia 'Nana Alba', Echter Lavendel. Kompakter Wuchs, silbergraue Blätter, weiße, duftende Blütenähren.
15 cm, W**, D, S, > 4.49 <
'Alba'. Buschiger Strauch mit dichten, weißen, duftenden Blütenähren. 1 m, W**, D, S
L. stoechas 'Alba', Schopflavendel. Duftende Blütenähren, von weißen Brakteenbüscheln gekrönt.
60 cm, W**, D, S, H

Lavatera trimestris 'Mont Blanc', Sommermalve. Einjährige Sommerblume mit flachen, trompetenförmigen, reinweißen Blüten, kompakter Wuchs mit dunkelgrünen Blättern. 60 cm, S, H

Ledum, Porst. Immergrüne Sträucher für feuchte, saure Böden.
L. palustre, Sumpfporst. Aromatische Blätter und kleine, weiße, duftende Blüten.
0,30 – 1 m, W***, d, F, S, IG
L. palustre f. *decumbens*. Kriechende, aufgerichtete Zwergform, fast nadelartige Blättchen, weiße, kleine Blütendolden.
0,20 x 1 m, W***, d, F, S, Bd, IG

Leucojum, Knotenblume. Zwiebelgewächse, gut zum Verwildern geeignet.
L. aestivum, Frühlingsknotenblume. Ähnlich den Schneeglöckchen, aber viel größer, und viel später blühend.
'Gravetye Giant'. Bis zu 8 glockenförmige, weiße Blüten mit grünen Spitzen an den äußeren Blütenblättern, sehr robust.
60 cm, W***, F, S, > 2.76 <

Lewisia nevadensis, Bitterwurz. Staude mit lockeren Rosetten dunkelgrüner Blätter, fast stiellose, trichterförmige, weiße Blüten.
10 x 10 cm, W***, F, S

Libertia ixioides. Rhizombildende Staude, bildet dichte Horste grasartiger, dunkelgrüner Blätter, die im Winter orange-braun werden, weiße Blütenrispen. 60cm, W***, F, S, IG

Lilium, Lilie. Edle Zwiebelgewächse mit vielen Arten und Sorten.

L. candidum, Madonnenlilie. Bis zu 20 trichterförmige, reinweiße Blüten mit gelbem Basalfleck, süß duftend, der im Herbst ausgetriebene Blattschopf überwintert.
1m, W***, DD, S, IG, > 2.231 <
L. longiflorum 'White Queen', Osterlilie. 1 bis 6 reinweiße, trichterförmige, 20 cm lange Blüten mit herrlichem Duft, für den Garten geeignet, die wahre Schönheit der Blüte entwickelt sich aber nur im Gewächshaus. 0,40 – 1 m, W*, DD, S, G/W, > 2.232 <, **74***
L. martagon 'Album', Türkenbundlilie. Bis zu 50 nickende, reinweiße Blüten an einem Stengel.
1 m, W***, S
L. regale 'Album', Königsllilie. Bis zu 25 reinweiße, trichterförmige Blüten an einem Stengel, überwältigender Duft, wechselständige, schmale Blätter.
60 cm, W***, DD, S, > 2.229 <, **73***
L. speciosum var. *album*. Bis zu 10 reinweiße Blüten mit Noppen, braucht neutralen bis sauren Boden und Halbschatten.
1m, W***, D, S, H, > 2.256 <
L. wallichianum. Bis zu 4 intensiv duftende, weiße oder cremefarbene, trichterförmige Blüten.
1 m, W*, DD, S, H, Tü
L.-Hybriden 'Apollo'. Cremeweiße, relativ kleine Blüten, feiner Duft.
75 cm, W***, d, S, > 2.230 <
'Olivia'. 15 cm große, reinweiße Blüten ohne Duft, sehr wuchsfreudig. 70 cm, W***, S

Lilium speciosum > 2.256 <

Liriope. Immergrüne und halbimmergrüne Stauden.
L. spicata 'Alba'. Grasartige, glänzende, dunkelgrüne Blätter, Ähren mit kleinen, weißen Blütenglocken. 25 cm, W***, S

Lithodora, Steinsame. Immergrüne, niedrigwachsende Sträucher.
L. diffusa 'Alba'. Kompakter, niedriger Wuchs, behaarte, mattgrüne Blätter und eine Vielzahl trichterförmiger, reinweißer Blüten, bevorzugt sauren Boden. 15cm, W***, F, S, IG

Lobelia erinus, Lobelie, Männertreu. Einjährige Sommerblume.
'Alba'. Kleine, zweilippige weiße Blüten, in wärmeren Gegenden mehrjährig. 10 – 20 cm, W*, S, H, !, > 2.173 <

Lobularia maritima, Duftsteinrich. Einjährige Sommerblume.
'Carpet of Snow'. Locker wachsend, mit winzigen, weißen, duftenden Blüten. 10 cm, D, S, H, Bd, > 6.1 <

Lonicera, Geißblatt, Heckenkirsche. Laubabwerfende, halbimmergrüne oder immergrüne Sträucher oder Kletterpflanzen.
L. caprifolium 'Praecox'. Halbimmergrüne Kletterpflanze, aus zartlila Knospen entstehen reinweiße, intensiv duftende Blüten, orangefarbene Beeren. 6 m, W***, DD, F, S, Fr, K, !, > 2.189 <
L. japonica 'Halliana'. Halbimmergrün, starkwüchsig, intensiv duftende, weiße Blüten gefolgt von blauschwarzen Beeren.
10 m, W***, DD, F, S, Fr, K, !
L. periclymenum 'Graham Thomas'. Laubabwerfend, große, weiße, wunderbar duftende Blüten, leuchtend rote Beeren.
7 m, W***, DD, S, Fr, K, !, > 2.188 <
L. × *purpusii* 'Winter Beauty'. Halbimmergrüner Strauch oder kleiner Kletterer, kleine, weiße, intensiv duftende Blüten ab Spätwinter, große, dunkelgrüne, schöne Blätter.
2 m, W***, DD, F, W, K, !, > 2.2 <

Magnolia, Magnolie. Edle Bäume oder Sträucher, laubabwerfend oder immergrün.
M. denudata. Laubabwerfender Baum mit becherförmigen, duftenden weißen Blüten, die vor dem Laub erscheinen.
10 x 10 m, W***, D, F, > 2.45 <

Magnolia stellata > 2.48 <

M. grandiflora. Immergrüner Baum mit ledrigen, glänzenden, dunkelgrünen Blättern, schalenförmige, duftende weiße Blüten von 25 cm Durchmesser.
6 – 18 m, W**, D, S, H, IG, **161***
M. × *soulangiana* 'Alba Superba'. Laubabwerfend, große, tulpenförmige, süß duftende Blüten,
7 x 5 m, W***, D, F, > 2.46 <
'Amabilis'. Wächst sehr langsam.
7 x 5 m, W***, D, F, > 2.47 <
M. stellata 'Norman Gould', Sternmagnolie. Laubabwerfend, kompakter, buschiger Wuchs, sehr langsam wachsend, aus samtigen Knospen öffnen sich duftende, reinweiße Blütensterne.
5 x 4 m, W***, d, F, > 2.48 <

Malus, Apfelbaum. Laubabwerfende, frühlingsblühende Bäume.
M. -Hybride 'Professor Sprenger', Zierapfel. Rundkroniger Baum, duftende, weiße, transparente Blütchen, orange-rote Äpfelchen im Herbst.
7 x 7 m, W***, d, F, Fr, > 2.87 <

Malva, Malve. Kurzlebige Stauden oder Einjährige.
M. moschata 'Alba', Moschusmalve. Buschige Staude mit Ähren schalenförmiger, reinweißer, leicht duftender Blüten.
0,6 – 1 m, W**, d, S, H

Mazus reptans. Kriechende Staude.
'Albus'. Flachwachsende Staude mit trichterförmigen, reinweißen Blüten, schmale, gezähnte Blätter.
Bis 5 x 30 cm, W**, F, Bd

Melissa officinalis, Zitronenmelisse. Staude mit aromatisch duftendem Laub, kleine, unscheinbare cremeweiße Blütchen.
60 x 30 cm, W***, D, S, > 4.44 <

Mentha, Minze. Mehrjährige Kräuter.
M. × *piperita*, Pfefferminz. Breitwüchsige, wuchernde Staude mit aromatischem Laub.
30 – 60 x 60 cm, W***, D, S, > 4.50 <
M. suaveolens 'Variegata', Buntblättrige Minze. Weiche, wollige, weißgefleckte Blätter mit kräftigem, fruchtigem Duft.
30 – 50 x 60 cm, W**, D, S, > 4.46 <

Menyanthes trifoliata, Sumpfklee. Sommergrüne Pflanze für Ufer oder flaches Wasser, dreiteilige Blätter, niedliche, gefranste weiße Blüten.
25 cm, W***, F, Wa, Wi, > 4.32 <

Mespilus, Mispel. Laubabwerfende Bäume oder große Sträucher mit attraktivem Wuchs und schöner Herbstfärbung.
M. germanica. Dunkelgrüne, stark geäderte, 30 cm lange Blätter, weiße einfache Blüten und kleine braune, fleischige, wohlschmeckende Früchte. 6 x 8 m, W**, F, S, Fr, HF

Michelia, Edle immergrüne Bäume für neutrale bis saure Böden.
M. figo. Ovale, glänzend grüne Blätter. Cremefarbene, wächserne, exotisch duftende Blüten.
3 – 6 x 2 – 4 m, W*, D, F, S, G/W, Tü, > 7.7 <

Miltonia siehe Tabelle weiße Orchideen Seite 144

Monarda didyma, Monarde, Indianernessel, Riesenbalsam. Stauden.

Monarda didyma > 2.249 <

Muscari > 2.31 <

'Alba'. Horstbildend, quirlständige, reinweiße Blütenblätter, sehr dekorativ, das junge Laub duftet nach Bergamotte.
1 m, W***, d, S, > 2.249 <

Muscari, Traubenhyazinthe. Frühlingsblühende Zwiebelgewächse.
M. ambrosiacum(syn. *M. muscarimi*) 'Album'. Weiße Blüten mit bronzefarbenem Rand, die oberen Blüten sind zartlila getönt, herrlicher Duft. 15 cm, W***, D, F, > 2.32 <
M. azureum 'Album'. Dichte Trauben reinweißer Glöckchen, früh und lang blühend, eignet sich gut zum Verwildern.
10 cm, W***, F, > 2.31 <
M. botryoides 'Album'. Reinweiße, lockere, süß duftende Trauben bis in den Mai hinein.
Bis 20 cm, W***, d, F, > 2.33 <

Myosotis, Vergißmeinnicht. Stauden, Ein- oder Zweijährige.
M. palustris, (syn. *M. scorpioides*) 'Alba', Sumpfvergißmeinnicht. Ausdauernde Uferstaude mit kleinen, weißen Blüten.
15 – 30 cm, W***, S, > 4.30 <
M. sylvatica 'White Ball'. Zweijährig, buschiger, kompakter Wuchs mit breitlanzettlichen Blättern und niedlichen, weißen Blüten. 20 cm, W***, F, S, > 4.31 <

Myrtus, Myrte. Immergrüner Strauch oder kleiner Baum.
M. communis. Buschiger Wuchs, kleine, schmale, leuchtend gründe Blätter, weiße, zierliche Blütchen mit einem hübschen Büschel weißer Staubgefäße, purpurschwarze Beeren. 3 x 3 m, W*, S, H, Fr, IG, Tü, > 5.14 <
M. lechleriana. Sehr anmutiger Wuchs. Die aromatischen Blätter sind doppelt so breit wie bei *M. communis*. Kompakte Trauben mit 4 bis 10 kleinen, cremeweißen, süß duftenden Blüten, die roten Beeren werden später schwarz.
6 x 4 m, W*, D, F, Fr, IG, Tü, > 5.15 <

Narcissus siehe Tabelle weiße Narzissen Seite 36, **36***, **37***, **166***

Nelumbo, Lotosblume. Edle Staude für stille Gewässer, nicht zu verwechseln mit Lotus, dem Hornklee.
N. nucifera 'Alba'. Reinweiße, kelchförmige, fein duftende Blüten stehen hoch über der Wasserfläche, sehr große Blätter und dekorative Fruchtstände. 1 – 1,50 m, W*, d, S, Fr, Tü, Wa, > 5.28 <
'Alba Grandiflora'. Noch größere Blüten, Durchmesser 20 cm.
1,50 m, W*, d, S, Fr, Tü, Wa, > 5.29 <

Nerine. Herbstblühende Zwiebelgewächse.
N. -Hybriden 'Kirstenbosch White'. In milden Gegenden an einer warmen Südmauer kultivieren, sonst im Topf. Herrliche, reinweiße Blütendolden. 60 cm, W*, H, G/W, Tü, !, > 4.16 <
'Vesta'. Dolden aus 10 bis 15 schneeweißen Blüten an einem 75 cm hohen Schaft. 90 cm, W*, H, G/W, Tü, !, > 4.15 <

Nerium oleander, Oleander. Immergrüne Sträucher.
'Mont Blanc'. Lanzettliche, mattgrüne Blätter, reinweiße, einfache, süß duftende Blüten.
2 – 6 x 1 – 3 m, W*, d, S, IG, Tü, !, > 5.3 <, **60***, **135***
N. -Hybride 'Soeur Agnes'. Reinweiße, gefüllte Blüten, ohne Duft.
2 x 1 m, W*, S, IG, Tü, !

Nicotiana alata, Ziertabak. Rosettenbildende Staude, die meist einjährig gezogen wird. Die cremeweißen Blüten duften nachts.
75 cm, W**, D, S, !

Nierembergia repens, Becherblume, Weißbecher. Staude mit kleinen, ovalen, hellgrünen Blättern und weißen Blütenglocken.
5 x 60 cm, W**, S, Bd

Nymphaea, Seerose, Edle Wasserpflanzen.
N. caroliniana. Für Wassertiefe von 1,50 m.
'Nivea', 25 cm große Blätter, duftende, cremeweiße, becherförmige Blüten von 15 cm Durchmesser, 1m, W***, d, S, Wa, > 4.24 <
N. odorata. Für Wassertiefen von 30 – 70cm.
'Minor'. Herzförmige Blätter, weiße, duftende Blüten. 40cm, W***, D, S, Wa, > 4.22 <
N. tetragona (syn. *N. pygmaea)* 'Alba'. Für Wassertiefen von 30 – 70 cm, kleine, schmale, dunkelgrüne Blätter, reinweiße, sternförmige Blüten von 2 – 3 cm Durchmesser.
30 cm, W***, S, Wa, > 4.21 <
N. -Hybriden 'Gonnère'. Für Wassertiefe von 1 m, etwa 20 cm große Blätter, weiße, gefüllte, duftende Blüten von 15 cm Durchmesser.
1 m, W***, d, S, Wa, > 4.23 <
'Hermine'. Für Wassertiefen von 50 – 80 cm, leuchtend grüne Blätter, kleine, reinweiße, gefüllte, duftende Blüten.
50 cm, W***, d, S, Wa, > 4.20 <, **125***

Odontoglossum siehe Tabelle weiße Orchideen Seite 144

Ornithogalum, Milchstern. Zwiebelgewächse.
O. nutans, Nickender Milchstern. Weiße, nickende, glockige Blüten erscheinen nach dem Blattaustrieb.
20 – 50 cm, W***, F, !, > 2.117 <
O. umbellatum, Stern von Bethlehem. Kleine weiße Blütensterne, an der Außenseite grün gestreift.
10 – 30 cm, W***, S, !, > 2.116 <

Osmanthus (syn. *Osmarea*), Duftblüte. Immergrüne Sträucher.
O. × burkwoodii. Kleine, dunkelgrüne Blätter, reinweiße, kleine, herrlich duftende Blüten.
3 x 3 m, W***, D, F, > 2.68 <
O. delavayi. Weiße, duftende Blüten in Büscheln, blauschwarze Früchte.
2 x 2m, W**, D, F, Fr, Tü, > 2.69 <
O. heterophyllus 'Purpureus'. Dunkelgrüne, scharf gezähnte Blätter, weiße, kleine, duftende Blüten, purpurfarbener Neuaustrieb, blauschwarze Früchte.
3 m, W***, D, S, H, Fr, > 2.285 <

Pachysandra, Ysander. Immergrüne, kriechende Stauden, gut für schattige Bereiche geeignet.
P. terminalis 'Green Carpet'. Kompakter Wuchs mit leicht gezähnten, hellgrünen Blättern, Ähren mit winzigen weißen Blüten, weiße Früchte.
15 x 60 cm, W***, S, Bd, Fr, > 2.40 <

Paeonia siehe Tabelle weiße Edel- und Strauchpäonien Seite 51, **5***, **52***

Paeonia suffruticosa 'Rock´s Variety' > 2.156 <

Papaver alpinum, Mohn. Staude.
'White'. Blaugrünes, farnähnliches Laub, kleine, weiße Blüten.
20 cm, W***, S, > 2.179 <, **57***

Paradisea. Paradieslilie. Staude mit grasähnlichen Blättern.
P. liliastrum. Trauben weißer, trichterförmiger, duftender Blüten.
30 – 60 cm, W***, d, F, S, > 2.300 <
P. lusitanicum. Rosettenbildend, Trauben mit 20 bis 30 kleineren, reinweißen, duftenden Blüten.
30 – 40 cm, W***, d, S, > 2.299 <

Parthenocissus. Jungfernrebe, Wilder Wein. Laubabwerfende Kletterpflanze.
P. quinquefolia. Anmutiger, rankender Wuchs, 5 einzelne Blätter bilden ein großes Blatt, schöne Herbstfärbung.
15 m, W***, Fr, HF, K, !, > 7.14 <
P. tricuspidata 'Veitchii'. Dreiteilig gelappte Blätter, herrliche Herbst-

färbung, dunkelblaue Beeren.
20 m, W***, Fr, HF, K, !, > 7.2 <

Passiflora, Passionsblume. Immergrüne oder halbimmergrüne Kletterpflanzen.
P. caerulea 'Constance Elliott'. Schnellwachsende, rankende Kletterpflanze, exotische, cremeweiße Blüten mit interessantem Duft, manchmal orangerote Früchte.
10 m, W*, D, S, H, G/W, IG, K, > 2.242 <

Passiflora > 2.242 <

Pelargonium, Pelargonie, Geranie. Stauden.
P. -Hybride 'Joy Lucille'. Samtige, hellgrüne Blätter, intensiv nach Pfefferminz duftend, kleine, weiße, Stiefmütterchen ähnliche Blüten, ausladender Wuchs.
80 cm, W*, D, S, G/W, Tü, > 5.10 <
P. × *fragrans* 'Fragrans'. Buschiger Wuchs, kleinere, weiche, samtige, nach Kiefern duftende Blätter, winzige Blüten.
20 cm, W*, D, S, G/W, Tü, > 5.11 <

Penstemon, Bartfaden. Laubabwerfende, halbimmergrüne oder immergrüne Stauden oder Halbsträucher.
P. barbatus 'Albus'. Staude, halbimmergrüne Rosetten, Trauben leicht nickender, zweilippiger weißer Blüten. 1 m, W***, S, H
P. humilis. Üppig blühende Staude mit kleinen, trichterförmigen, weißen Blüten in Trauben, gut als Bodendecker geeignet.
5 – 30 cm, W***, S, H, Bd
P.-Hybride 'White Bedder' (syn. 'Snow Storm'). Großblättrige Staude mit großen, trichterförmigen weißen Blüten. 60 cm, W***, S, H

Philadelphus, Pfeifenstrauch, Falscher Jasmin. Laubabwerfende Sträucher.
P -Hybride 'Manteau d´Hermine'. Buschiger Wuchs, hellgrüne Blätter, gefüllte, cremeweiße, intensiv duftende Blütenbüschel.
0,75 x 1,50 m, W***, DD, S

Phlox, Flammenblume. Einjährige und Stauden.
P. bifida, Polsterphlox. Immergrüne, polsterbildende Staude, kleine Blütenköpfe aus sternförmigen, weißen, duften Blüten.
20 cm, W***, D, S, Bd
P. douglasii 'Iceberg'. Immergrüne, hügelbildende Staude, kleine, tellerförmige weiße Blüten zeigen zuweilen etwas Blau.
20 cm, W***, F, S, IG
P. maculata 'Miss Lingard'. Aufrechter Wuchs, zylindrische Rispen aus tellerförmigen, weißen, duftenden Blüten mit einem blaßrosa Ring in der Mitte. 80 cm, W***, d, S
P. paniculata 'Mia Ruys'. Aufrechter Wuchs, Rispen aus großen, rund wirkenden, reinweißen, duftenden Blüten.
40 cm, W***, d, S, H, > 2.185 <
'White Admiral'. Aufrechter Wuchs, zylindrische Rispen langgestielter, reinweißer Blüten, herrlicher Duft.
1m, W***, D, S, H, > 2.184 <

Phlox maculata

'Fujiyama'. Reinweiße Blüten.
75 cm, W***, S, H
P. stolonifera 'Ariane'. Ausläuferbildender Polsterphlox. Immergrüne Staude mit blaßgrünen Blättern, blühende Seitentriebe mit sternförmigen weißen Blüten mit einem kleinen, gelben Auge.
10 x 30 cm, W***, S, Bd, IG
P. subulata 'May Snow' (syn. 'Maischnee'). Immergrüne, polsterbildende Staude mit feinen Blättern und einer Fülle sternförmiger, reinweißer Blüten.
10 x 50 cm, W***, F, S, Bd, IG
'White Delight'. Hellgrüne Blätter, reinweiße Blüten,
10 x 50 cm, W***, F, S, Bd

Physalis, Lampionblume, Judenkirsche. Stauden und Einjährige.
P. alkekengi, Blasenkirsche. Ausbreitender Wuchs, oft einjährig kultiviert, glockenförmige, cremeweiße Blüten, große, leuchtend orangerote Früchte in einer papierartigen Umhüllung.
60 x 90 cm, W***, S, Fr, !

Physostegia virginiana, Gelenkblume. Staude.
'Alba'. Ausbreitender Wuchs, Ähren reinweißer Blüten sitzen an gelenkigen Stielen.
30 cm, W***, S, H, > 2.252 <
'Summer Snow'. Große, reinweiße Blütenstände, früh blühend.
60 cm, W***, S, H

Picea, Zuckerhutfichte. Konifere.
P. glauca 'Conica'. Kegelförmig und buschig, sehr langsam wachsend.
2 – 3m, W***, IG

Pieris, Lavendelheide. Immergrüne Sträucher für feuchten, sauren Boden und Halbschatten.
P. formosa. Buschiger, dichter Strauch, große, längliche, dunkelgrüne Blätter, in der Jugend bronzefarben, große Trauben urnenförmiger weißer Blüten.
4 m, W**, F, IG, !
P. formosa var. *forrestii* 'Wakehurst'. Hübscher, leuchtend roter Austrieb, der zu Rosa verblaßt, ehe er dunkelgrün wird. 4 m, W**, F, IG, !
P. japonica 'White Caps'. Rundlicher, dichter Strauch, hängende, lange weiße Blütentrauben.
3 m, W***, F, IG, !

Pileostegia viburnoides. Immergrüne Kletterpflanze mit dunkelgrünen, 15 cm langen, dekorativen Blättern. Dichte Rispen sternchenförmiger, cremeweißer Blüten.
15 m, W**, S, H, IG, K, > 5.5 <

Pistia stratiotes, Wassersalat. Wasserpflanze mit dicken, muschelförmigen, lindgrünen Blättern, in Rosetten angeordnet. Unscheinbare Blüten erscheinen das ganze Jahr.
10 cm, W*, Tü, Wa, > 4.33 <

Platycodon, Ballonglocke. Sommerblühende Stauden, völlig winterhart.
P. grandiflorus var. *albus*. Horstbildende Staude mit großen, weißen, oft blaugeäderten Blütenglocken, die als Knospen wie Ballons aussehen. 60 cm, W***, S

Plumbago auriculata (syn. *P. capensis*), Bleiwurz. Sträucher.
'Alba'. Schnellwachsender, kletternder Strauch mit reinweißen, phloxähnlichen Blüten in kurzen, dichten Ähren. 3m, W*, S, H, K, Tü

Plumbago auriculata

Plumeria, Frangipani. Laubabwerfende oder immergrüne Sträucher und Bäume.
P. obtusa. Halbimmergrün, abgerundete Blätter, langgestielte, duftende weiße Blüten mit gelbem Innerem. Bis 4 m, W*, d, S, H, G/W, Tü, !, > 5.22 <
P. rubra f. *acutifolia*. Laubabwerfend, dunkelgrüne, zugespitzte Blätter mit randläufigem Nerv,

wachsartige, intensiv duftende Blüten, reinweiß mit kleinem, gelbem Fleck. Bis 3 m, W*, DD, S, H, G/W, Tü, !, > 5.21 <

Polianthes tuberosa, Tuberose. Knollenpflanze.
'The Pearl'. Ähre aus trichterförmigen, wachsähnlichen, gefüllten reinweißen Blüten mit betörendem Duft.
60 cm, W*, DD, S, Tü. > 2.260 <

Polygonatum, Salomonssiegel. Stauden mit Rhizom.
P. odoratum. Überhängender Wuchs, ovale bis lanzettliche, hellgrüne Blätter, 1 bis 2 hängende, duftende, weiße Blütenglocken mit grünen Spitzen, schwarze Früchte. 60 cm, W***, D, F, S, Fr, !, > 7.8 <

Polygonum aubertii, Fallopia, Knöterich, Russischer Wein. Starkwüchsige Kletterpflanze für große Flächen. Herzförmige Blätter, große Rispen kleiner, cremeweißer Blüten, rosafarbene, gewinkelte Früchte. 12 m und höher, W***, S, H, Fr, K, > 4.4 <

Potentilla, Fingerkraut. Stauden und laubabwerfende Sträucher.
P. alba. Starkwüchsige, rasenbildende Staude, Blätter sind aus fünf Blättchen zusammengesetzt. Lockere Rispen aus duftigen, weißen Blüten. 5 cm, W***, F, S, Bd, > 2.254 <

Primula, Primel. Stauden, auch immergrüne, mit vielen Arten und Sorten.
P. allionii 'Snowflake'. Rosettenbildend, immergrün, starkwüchsig, 2,5 cm große, weiße Blüten.
7 cm, W***, F, W, IG

Primula vulgaris > 2.53 <

P. chionantha. Im Winter einziehende, rosettenbildende Staude. Hübsche quirlständige, cremeweiße, duftende Blüten mit 2,5 cm Durchmesser. 40 cm, W***, d, F, S
P. denticulata 'Alba', Kugelprimel. Robuste Staude. Auf 10 cm hohen Stielen bilden reinweiße Blüten eine perfekte Kugel.
40 cm, W***, F, S, > 2.53 <, 29*
P. japonica 'Postford White', Etagenprimel. Kräftige, aufrecht wachsende, im Winter einziehende Staude mit großen, hellgrünen Blättern. Kleine weiße Blüten auf einem kräftigen Stengel. 40 cm, W***, F, S, > 2.170 <
P. vulgaris 'Double White' (syn. 'Alba Plena'). Im Winter einziehend, runde Tuffs aus reinweißen, dicht gefüllten, entzückenden Blüten, reichblühend.
10 cm, W***, F, > 2.54 <
P. vulgaris 'Dawn Ansell'. Wuchs etwas lockerer, Blüten nicht ganz so dicht gefüllt.
10 cm, W***, F, > 2.55 <

Prunus, Pflaume, Kirsche, Aprikose, Mandel, Pfirsich, Schlehe. Laubabwerfende oder immergrüne Bäume oder Sträucher.
P. cerasifera 'Diversifolia', Blutpflaume. Purpurfarbenes und bronzegetöntes Laub, weiße, zarte, duftende Blüten, eßbare Früchte.
10 m, W***, d, F, Fr, > 2.49 <
'Nigra'. Purpurfarbenes Laub. Transparente, zartrosa, duftende Blüten, pflaumenartige, eßbare Früchte. 10 m, W***, d, F, Fr
'Pendula'. Überhängender Wuchs, grüne Blätter, weiße Blüten.
4 m, W***, d, F, Fr, > 2.50 <
'Pissardii'. Dunkelrotes Laub, rosa Knospen, weiße Blüten, maronenfarbene Früchte.
10 m, W***, d, F, Fr, > 2.51 <
P. cerasus, Schattenmorelle, Sauerkirsche. Weiße, einfache Blüten. Große, rote, saure Früchte. Es gibt auch Sorten mit halbgefüllten und gefüllten Blüten. 5m, W***, F, Fr, > 2.52 <
P. laurocerasus, Kirschlorbeer. Immergrüner, stark wachsender Strauch, große, schöne, glänzend grüne Blätter, Rispen aus kleinen, weißen, duftenden Blüten, kirschförmige, schwarze Früchte.
8 x 10 m, W***, d, F, Fr, > 2.102 <
'Otto Luyken'. Kompakter Wuchs, schmalere Blätter, frühere Blüte.
1 m, W***, F, Fr, > 2.103 <

Pulmonaria, Lungenkraut. Frühlingsblühende Stauden.
P. officinalis 'Sissinghurst White'. Immergrüne, horstbildende Staude. 20 cm große Blätter mit weißen Flecken, trichterförmige, weiße Blüten. 30 cm, W***, F, IG, > 2.57 <

Pulsatilla, Küchenschelle, Kuhschelle. Stauden mit Rhizom, alle Arten geschützt.
P. vulgaris 'Alba'. Horstbildende Staude mit fiedrigen Blättern, nickende, reinweiße Blütenglocken mit gelber Mitte, danach fedrige Samenschöpfe.
10 x 30 cm, W***, F, !

Puschkinia scilloides 'Alba', Puschkinie. Zwiebelgewächs, scillaähnlicher Frühlingsblüher, meist zwei halbaufrechte, grundständige Blätter, Ähren aus sternförmigen, reinweißen Blüten. 20 cm, W***, F

Pyracantha, Feuerdorn. Immergrüne Sträucher.
P. angustifolia. Dichter, buschiger Strauch mit bösartigen Dornen, dunkelgrüne Blätter und unzählige kleine, weiße, unscheinbare, duftende Blüten, hell orangefarbene Früchte.
3 x 3 m, W***, d, S, Fr, !, 165*

Reseda odorata, Reseda. Ein- oder zweijährige Sommerblume. Ovale, hellgrüne Blätter, konische Blütenähren aus kleinen, sternförmigen, grünlichweißen, herrlich duftenden Blüten.
30 – 60 cm, W***, D, S, H, > 4.48 <
R. odorata var. *grandiflora*. Besonders große Blüten von herb-süßem Duft, 30 – 60 cm, W***, D, S, H

Rhododendron siehe Tabelle weiße Rhododendren und Azaleen Seite 48, 47*, 50*

Rhodohypoxis baurii 'Ruth'. Zwergstaude mit Rhizom, verhältnismäßig große, reinweiße Blüten ohne Auge. An einem im Sommer vollsonnigen und im Winter sehr trockenen Standort ist sie winterhart. Ideal für Steingärten.
5 – 10 cm, W**, S, > 2.169 <

Rosa siehe Tabellen weiße Rosen Seite 55 und 63 – 66

Rose 'Popcorn' > 4.39 <

Salvia, Salbei. Einjährige Pflanzen und Stauden, auch immergrün.
S. argentea. Rosettenbildende, kurzlebige Staude. Silbrige, weiche, duftende Blätter, Rispen mit weißen Blüten. 60 x 60 cm, W**, d, S
S. Art-Shades-Hybride. Einjährig. Ovale, mittelgrüne, duftende Blätter, winzige weiße Blüten in dichten Ähren. 40 cm, d, S, H, > 4.39 <
S. officinalis 'Albiflora', Küchensalbei, Gartensalbei. Immergrüne, buschig wachsende Staude mit graugrünen, wolligen, aromatischen Blättern. 60 cm, W**, d, S, > 4.41 <
S. splendens 'Alba' (Carabinière-Serie). Meist einjährig gezogen, langsam wachsend, saftige grüne Blätter und dichte Trauben besonders großer, reinweißer Blüten.
30 cm, d, S, H, > 4.40 <

Sambucus nigra, Holunder. Laubabwerfende Sträucher und Bäume. Buschiger Wuchs mit abgeflachten Blütenständen cremeweißer, sternchenförmiger, duftender Blüten, schwarze Früchte im Herbst.
6 m, W***, D, S, Fr, !
'Laciniata'. Hat besonders schönes Zierlaub. Sehr attraktiv.
6 m, W***, D, S, Fr, !

Sanguinaria, Blutwurz. Staude mit Rhizom.

Sanguinaria > 2.56 <

S. canadensis 'Multiplex' (syn. 'Flore Pleno'). Mehrjährige Staude mit herzförmigen Blättern, reinweiße, gefüllte Blüten sitzen fast ohne Stiel über der Erde. Eine Rarität.
15 cm, W***, F, > 2.56 <

Sarcococca. Immergrüne Sträucher.
S. confusa. Dichter, runder Strauch, glänzende, dunkelgrüne Blätter, winzige weiße, süß duftende Blüten im Winter, die roten Früchte färben sich später schwarz.
1 m, W**, D, W, Fr, IG, > 2.316 <
S. hookeriana var. *humilis*. Hellgrüne, schmale Blätter, kleine, süß duftende weiße Blüten mit rosa Staubgefäßen, lackschwarze Früchte.
20 – 40 cm, W***, D, W, Fr, IG, > 2.315 <
S. ruscifolia. Überhängender Wuchs, ovale, dunkelgrüne Blätter, cremeweiße Blüten mit fruchtigem Duft, rote Früchte.
1 m, W**, D, W, Fr, IG, > 2.317 <

Saxifraga, Steinbrech.
S. exarata ssp. *moschata*, (syn. *S. muscoides*). Sternförmige, cremefarbene Blütchen über dichten, dunkelgrünen Polstern erscheinen vom späten Frühling bis in den frühen Herbst.
10 cm, W***, F, S, H, Bd

Saxifraga

Scabiosa, Skabiose, Witwenblume. Einjährige und Stauden für einen sonnigen Standort.
S. caucasica 'Alba'. Horstbildende Staude, hellgrüne, lanzettliche Blätter, große, gekräuselte, weiße Blütenblätter umgeben die nadelkissenartige Mitte.
60 cm, W***, S, > 2.250 <
'Miss Willmott'. Blütenköpfe in gebrochenem Weiß.
90 cm, W***, S, > 2.251 <

Schizanthus pinnatus 'Candidissimus', Spaltblume. Einjährige mit farnähnlichem Laub, dekorative weiße Blüten mit gelber Mitte.
20 cm, F, S, H, > 2.110 <, **38***

Schizophragma hydrangeoides. Laubabwerfende Kletterpflanze, Wurzelkletterer mit gezähnten, dunkelgrünen Blättern, sehr langsam wachsend. Die kleinen fertilen Blüten werden von fast herzförmigen, cremeweißen Randblüten umgeben. 10 m, W***, S, K, > 2.187 <

Schizostylis, Spaltgriffel. Stauden mit Rhizom.
S. coccinea 'Alba'. Graziler Wuchs, lange, schmale, grasähnliche Blätter, Ähren aus kleinen, reinweißen Blüten mit zurückgebogenen Blütenblättern. 60 cm, W*, H, > 2.274 <

Sciadopitys verticillata, Japanische Schirmtanne. Sehr dekorative Konifere, kegelförmiger Wuchs, dunkelgrüne, lange Nadeln umgeben quirlständig die Triebenden wie die Streben eines Schirms.
10 x 5 m, W***, IG, Tg

Scilla, Blausternchen. Zwiebelpflanzen.
S. siberica 'Alba'. Lockere Trauben mit 4 bis 5 hängenden, weißen Blütensternen. 10 – 20 cm, W***, F, > 2.30 <

Sedum, Fetthenne. Horstbildende Stauden.
S. spectabile 'Iceberg'. Fleischige, helle, grau-grüne Blätter, sternförmige, weiße, duftende Blüten in flachen Blütenständen.
30 – 40 x 30 – 40 cm, W***, d, S, H, !, > 2.282 <

Silene, Leimkraut. Stauden.
S. uniflora (syn. *S. maritima*) 'Flore Pleno'. Locker wachsend, grau-grüne Blätter, gefüllte weiße Blüten an verzweigten Stengeln.
15 – 20 cm, W***, S

Sisyrinchium, Binsenlilie. Einjährige und Stauden, auch halbimmergrün.
S.-Hybride 'Pole Star'. Halbimmergrüne Staude mit schmalen, langen Blättern, an aufrechten Stengeln sternchenförmige weiße Blüten.
15 x 15 cm, W***, S

Skimmia, Skimmie. Immergrüne, frühlingsblühende Sträucher.
S. japonica. Hübscher, kuppelförmiger Wuchs, attraktives, aromatisches Laub, kleine, weiße, duftende Blüten, bei weiblichen Pflanzen gefolgt von Früchten.
Bis 6 m, W***, d, F, IG, !, > 4.52 <
'Fructo Albo'. Zwergstrauch mit würzig duftenden, weißen Blüten und weißen Früchten.
60 cm, W***, d, F, Fr, IG, !, > 4.54 <
'Snow Dwarf'. Ein männlicher Zwerg mit schmalen Blättern und reinweißen Blüten.
50 cm, W***, d, F, IG, !, > 4.56 <
'Veitchii'. Breite, ovale Blätter, dichte Trauben sternchenförmiger, weißer Blüten, süß duftend, große, runde, rote Früchte.
1,50 m, W***, d, F, Fr, IG, !, > 4.53 <
'Wakehurst White'. Weiße Früchte.
1,50 m, W***, d, F, Fr, IG, !, > 4.55 <

Solanum, Nachtschatten. Halbimmergrüne Kletterpflanzen.
S. jasminoides 'Album'. Verholzende Schlingpflanze mit Büscheln sternförmiger, 2 cm großer, reinweißer Blüten mit prominenten gelben Staubgefäßen. Winzige, eiförmige, dunkellila Beeren. 4 m, W*, S, H, Fr, G/W, K, Tü, !, > 5.27 <

Spirea thunbergii, Spiere. Laubabwerfender oder halbimmergrüner Strauch, dichter, überhängender Strauch, an schmalen Zweigen erscheinen Trauben schalenförmiger, kleiner, reinweißer Blüten.
1,50 m, W***, F, S

Sternbergia candida, Gewitterblume. Zwiebelpflanze, sternförmige, reinweiße, duftende Blüten, ähnlich dem Krokus.
10 – 20 cm, W**, D, F, W, > 2.314 <

Symphoricarpos albus, Schneebeere. Laubabwerfender robuster Strauch mit zartrosa, winzigen Blüten, große, runde, weiße Früchte (Knallerbsen). 2 x 2 m, W***, S, Fr, H, !, > 7.6 <

Symphyandra. Stauden.
S. hofmannii. Kurzlebige Staude mitsehr dauerhaften, hängenden, glöckchenförmigen, cremeweißen Blüten. 30 – 60 cm, W***, S
S. pendula. Überhängender Wuchs. Rispen aus glockenförmigen, samtigen, cremeweißen Blüten.
50 cm, W***, S

Syringa, Flieder. Laubabwerfende Sträucher und Bäume.
S. vulgaris-Hybride 'Mme Lemoine'. Buschiger Strauch, kompakte Rispen aus großen, gefüllten, reinweißen, herrlich duftenden Blüten.
6 x 6 m, W***, D, F, S, > 2.101 <, **156***

Tanacetum (syn. *Chrysanthemum*), Stauden.
T. argenteum, Silbergarbe. Mattenbildende Staude mit schön geformtem, silbrigem Laub. Viele kleine, gänseblümchenähnliche Blüten.
20 x 30 cm, W***, S, !, > 3.11 <
T. parthenium, Gartenkamille. Kurzlebige Staude, entzückende kleine Blüten wie Mini-Margeriten, die gelappten Blätter duften aromatisch.
45 cm, W***, d, S, H, W, > 4.50 <

Taxus baccata, Eibe. Konifere, langsam wachsend, flache, dunkelgrüne Nadeln, männliche Blüten sind kugelig und hellgelb, weibliche unscheinbar, winzig und grünlich, gefolgt von roten Samen, deren Fruchtfleisch der einzige ungiftige Teil der ganzen Pflanze ist. 10 – 20 x 5 – 10 m, W***, Fr, H, IG, Tg, !, > 4.1 <

Thymus, Thymian. Immergrüne Sträucher.
T. carnosus. Mattenbildend, winzige, schmale, aromatische Blätter, Quirle kleiner, weißer, zweilippiger Blüten.
20 x 20 cm, W***, d, S, IG, > 4.42 <
T. × citriodorus 'Silver Posie'. Winzige, silbrig-grüne Blätter mit weißem Rand, Blätter und Stengel duften intensiv nach Zitrone, kleine weiße Blüten.
15 x 15 cm, W***, d, S, IG, > 4.43 <
T. serpyllum 'Snowdrift' Wilder Thymian. Kriechender Wuchs, weiße Blüten in großer Zahl.
25 x 40 cm, W***, d, S

Trachelospermum jasminoides, Sternjasmin. Immergrüne Kletterpflanze, schlingender Strauch mit glänzend grünen Blättern. Kleine, weiße, intensiv duftende Blüten wie kleine Windmühlrädchen.
2 m und höher, W**, DD, S, G/W, IG, K, Tü, > 5.26 <

Tradescantia virginiana (syn. *T.xandersoniana*)Dreimasterblume. Stauden.
'Innocence'. Horstbildende Staude mit schmallanzettlichen Blättern, reinweiße Blüten mit weißen Staubfäden.
50 cm, W**, S, H, !, > 2.178 <
'Osprey'. Die reinweißen Blüten haben purpurblaue Staubfäden.
60 cm, W**, S, H, !, > 2.177 <

Tricyrtis, Krötenlilie. Stauden mit Rhizom.
T. hirta 'White Towers'. Dunkelgrüne, fein behaarte Blätter, in den Blattachseln entstehen aufrechte, trichterförmige, reinweiße Blüten, deren Staubgefäße wie ein Krönchen aussehen.
30 x 50 cm, W***, S, H, > 2.275 <

Trillium, Dreiblatt. Stauden.
T. albidum. Blätter, Blütenblätter und Kelchblätter sind dreiquirlig angeordnet, silbrig weiße, gefleckte, herrlich duftende Blüten. Bis 50 cm, W***, D, F, S, > 2.107 <
T. grandiflorum. Starkwüchsig, breite, ovale Blätter, große, reinweiße Blüten, die später leicht rosa werden. 40 cm, W***, F, S, > 2.105 <
'Flore Pleno'. Wächst langsamer, sehr attraktive, regelmäßig gefüllte, reinweiße, süß duftende Blüten.
40 cm, W***, D, F, S, > 2.106 <
T. sessile 'Snow Queen'. Horstbildend, kleine, reinweiße Blüten sitzen fast verborgen in den dunkelgrünen, weißgesprenkelten Blättern.
Bis 20 x 30cm, W***, F, S, > 2.108 <

Tulipa, Tulpe. Zwiebelgewächse.
'Mount Tacona'. Spät, gefüllt, reinweiß. 50 cm, W***, F, **112***
'Pax'. Einfache, schalenförmige, reinweiße Blüten.
Bis 40 cm, W***, F, > 2.85 <
'White Dream'. Auf kräftigen Stielen fast rundgeformte, cremeweiße Blüten.
50 cm, W***, F, > 2.84 <, **34***
'White Parrot'. Einfache, schalenförmige, reinweiße Blüten mit lockeren, gefransten Blütenblättern. Bis 50 cm, W***, F, > 2.86 <
'White Triumphator'. Reinweiße, lilienförmige Blüten auf festen Stielen. Bis 40 cm, W***, F, > 2.83 <
T. pulchella var. *albocaerulea-oculata*. Blüht bereits ab März, entzückende kleine, weiße Blüten mit dunkellilafarbener Mitte. Eine Rarität.
10 cm, W***, F, > 2.81 <
T. viridiflora 'Spring Green'. Spätblühend, elfenbeinweiße Blüten mit feiner, hellgrüner Zeichnung.
40 cm, W***, F, > 2.82 <, **34***

Viburnum, Schneeball. Laubabwerfende, halbimmergrüne und immergrüne Sträucher und Bäume.
V. × bodnantense 'Deben'. Laubabwerfend, aufrecht wachsend, ovale, gezähnte Blätter, bis zu 7cm große Büschel röhrenförmiger weißer Blüten, im Winter leicht rosa getönt, herrlich duftend. 3 x 2 m, W***, D, F, H, W, !, > 2.310 <
V. × burkwoodii 'Anne Russell', Duftschneeball. Halbimmergrün, offener, buschiger Wuchs, glänzendes Laub, schöne Herbstfärbung, aus rosa Knospen entstehen reinweiße, dicke, duftende Blütenbälle. 1,50 x 1,50 m, W***, D, F, HF, !, > 2.77 <, **32***
V. plicatum 'Mariesii', Etagenschneeball. Laubabwerfend, flachwachsend, herzförmige, dunkelgrüne, stark geäderte Blätter, schöne Herbstfärbung, große, flache, reinweiße Blütendolden, manchmal Früchte.
1,50 x 3 m, W***, F, S, Fr, HF, !, > 4.51 <
V. rhytidophyllum, Zungenschneeball. Immergrün, starkwüchsig, bogig überhängender Wuchs, große, längliche, tief geäderte, dunkelgrüne Blätter, cremefarbene, leicht duftende Trugdolden, kleine, eiförmige Früchte, erst rot, dann schwarz.
4 x 3 m, W***, d, F, Fr, !, > 2.124 <

Viola > 2.42 <

Viola, Veilchen. Einjährige und Stauden mit vielen Arten und Sorten.
V. cornuta 'White Superior', Hornveilchen. Immergrüne, rhizombildende Staude mit ovalen, gezähnten Blättern, große, weiße Blüten mit gelben und lila Pinselstrichen, ohne Duft. 15 x 40 cm, W***, F, S, H, Bd, IG, > 2.42 <
V. odorata 'Alba', Duftveilchen. Halbimmergrüne, herzförmige Blätter,weiße, süß duftende Blüten.
7 x 10 cm, W***, D, F, W, > 2.41 <
V. sororia 'Albiflora', Pfingstveilchen. Sommergrünes, gesundes, kräftiges Laub, große weiße Blüten mit zarter lila Zeichnung, versamt sich fleißig und wächst besonders üppig auf Lehmboden. Ohne Duft.
15 x 20 cm, W***, F, Bd, > 2.43 <, **27***
V. tricolor 'Alba', Stiefmütterchen. Einjährig, leuchtend weiße, 2,5 cm große Blüten, ohne Duft.
10 x 15 cm, W***, F, S, H, > 2.15 <

Wisteria, Glyzine. Laubabwerfende Kletterpflanzen.
W. brachybotrys (syn. *W. venusta*) 'Shiro Capitan Fuji'. Relativ kurze, dichte, milchweiße, duftende Blütentrauben, die gelegentlich gefüllt sind. 20 cm lange, samtig-grüne Samenkapseln, ähnlich denen von Bohnen. 9 m und höher, W***, D, S, Fr, > 2.112 <
W. floribunda 'Alba', Japanische Glyzine. Starkwüchsig. Bis 60cm lange, lockere, weiße, duftende Blütentrauben aus Schmetterlingsblüten erscheinen nach dem Blattaustrieb, bohnenähnliche Schoten. 9 m und höher, W***, D, S, Fr, > 2.111 <, **41***
W. sinensis 'Alba', Chinesische Glyzine. Starkwüchsig, gefiedertes Laub. Die 20 bis 30 cm langen, dichten, weißen Blütentrauben erscheinen vor dem Blattaustrieb und duften herrlich, oft gefolgt von Schoten. 9 m und höher, W***, D, F, S, Fr, > 2.113 <
'Alba Plena'. Gefüllte Blüten, 9 m und höher, W***, D, F, S, > 2.114 <

Zantedeschia aethiopica, Zimmerkalla.
'Crowborough'. In sehr milden Gegenden immergrün, große, dunkelgrüne, attraktive Blätter, reinweiße, aronstabähnliche Hochblätter mit gelbem Blütenkolben, orange-rote Fruchtstände.
90 x 60 cm, W*, F, S, Fr, G/W, Tü, Wa, !, > 4.36 <
'Green Goddess'. Grüne Hochblätter mit weißem Fleck. W*, F, S, Fr, G/W, Tü, Wa, !, > 3.4 <

Zigadenus fremontii. Zwiebelgewächse, horstbildend, lange, lanzettliche Blätter, Ähren aus sternförmigen, cremeweißen Blüten.
50 cm, W*, S, !.

Zingiber mioga, Ingwer. Staude mit Rhizom, schmale, weiche, 30cm lange Blätter an straff aufrecht wachsenden Trieben. Weiße Blüten mit gelber Basis, gelegentlich fleischige Früchte, der dicke Wurzelstock liefert das herb-aromatische Gewürz. 1 m und höher, W*, d, S, Fr, G/W, Tü, > 5.24 <

Verzeichnisse

Weiterführende Literatur

Allgemeine Nachschlagewerke und Sammelwerke, Englisch

Bown, Deni: Alba, The Book of White Flowers. London 1989
Brickell, Christopher (Hsg.): The Royal Horticultural Society Gardeners´ Encyclopedia of Plants & Flowers. London 1989
Brickell, Christopher (Hsg.): The Royal Horticultural Society A-Z Encyclopedia of Garden Plants. 2 Bände, London/New York/Stuttgart/Moskau 1996
Clifton, Joan: Making A White Garden. London 1990
Griffiths, Mark: Index of Garden Plants. The Royal Horticultural Society, London and Basingstoke, 1994
Huxley, A. / Griffiths, M. / Levy, M. (Hsg.): The New Royal Horticultural Society Dictionary of Gardening (4 Bände). London and Basingstoke, 1992
Johnson, Hugh: The Principles of Gardening. London 1979
Lord, Tony (Hsg.): The RHS Plant Finder, 70,000 Plants & Where To Buy Them. The Royal Horticultural Society, London, erscheint jährlich
McDonald, Elvin: The Color Garden (White). Single Color Plantings For Dramatic Landscapes. San Francisco 1995

Allgemeine Nachschlagewerke und Sammelwerke, Deutsch

Bärtels, Andreas: Das große Buch der Ziergehölze. Stuttgart 1996.
Bärtels, Andreas: Kostbarkeiten aus ostasiatischen Gärten. Stuttgart 1987
Beuchert, Marianne: Symbolik der Pflanzen. Von Akelei bis Zypresse. Mit Aquarellen von Maria-Therese Tietmeyer. Frankfurt 1995
Brickell, Christopher (Hsg.): Enzyklopädie der Garten- und Zimmerpflanzen. München 1990
Brickell, Christopher / Sharman, Fay: Pflanzenschätze aus alten Gärten. Stuttgart 1988
Encke, Fritz; Buchheim, Günther und Seybold, Siegmund: Zander, Handwörterbuch der Pflanzennamen. Stuttgart, 14. Aufl. 1994
Erhardt, Anne und Walter: PPP Index, Pflanzeneinkaufsführer für Europa mit CD-ROM. Stuttgart 1995
Frank, Reinhilde: Zwiebel- und Knollengewächse. Stuttgart 1986
Hansen, Richard / Stahl, Friedrich: Die Stauden und ihre Lebensbereiche. Stuttgart, 3. Aufl. 1987
Köhlein, Fritz / Menzel, Peter: Das große Buch der Stauden und Sommerblumen, Stuttgart, 2. Aufl. 1994
Taylor, Patrick: Die 500 besten Gartenpflanzen. Stuttgart 1994

Einzeldarstellungen von Pflanzengattungen oder -familien

Fuchsien: Manthey, Gerda: Fuchsien. Stuttgart, 2. Aufl. 1987
Hortensien: Mallet, Corinne / Mallet, Robert / van Trier, Harry: Hortensien. Stuttgart, 2. Aufl. 1995
Kamelien: Urban, Helga & Klaus: Schöne Kamelien. Stuttgart 1995
Lilien: Feldmaier, Carl / McRae, Judith: Lilien. Stuttgart, 2. Aufl. 1982
Narzissen: Erhardt, Walter: Narzissen: Osterglocken, Jonquillen, Tazetten. Stuttgart 1993
Orchideen: Röllke, Lutz: Das praktische Orchideen-Buch. Stuttgart 1993
– Williams, Brian u.a.: Orchids for Everyone. London 1980
– Smithers, Sir Peter: Strauchpäonien, Aristokraten der Blumenwelt. Fotografien von Josh Westrich. Köln 1990
Päonien: Rivière, Jean: Prachtvolle Päonien. Stuttgart 1996
– Frank, Reinhilde: Päonien. Pfingstrosen. Stuttgart 1989
Rhododendren: Street, John: Rhododendren. Münster 1989
– Berg, Johann und Heft, Lothar: Rhododendron und immergrüne Laubgehölze. Stuttgart, 3. Aufl. 1991
– Härig, Rainer und Helmut: Schöne Thododendren und Azaleen. Stuttgart 1996
Rosen: Austin, David: Alte Rosen & Englische Rosen. Köln 1993 (Deutsche Ausgabe von "Old Roses and English Roses")
– Austin, David: Strauchrosen & Kletterrosen. Köln 1995 (Deutsche Ausgabe von "Shrub Roses and Climbing Roses")
– Beales, Peter: Klassische Rosen. Köln 1992 (Deutsche Ausgabe von "Classic Roses")
– Beales, Peter: Moderne Rosen. Köln 1996 (Deutsche Ausgabe von "Twentieth Century Roses")
– British Rose Growers´ Association: Find That Rose. A Guide to Who Grows What. Erscheint jährlich neu, zu beziehen bei: Editor, 303 Mile End Road, Colchester, Essex CO4 5EA, England
– Cairns, Thomas (Hsg.): Modern Roses 10.The American Rose Society, Shreveport, Louisiana, USA, 1993
– Deutsches Rosarium des Vereins Deutscher Rosenfreunde im Westfalenpark der Stadt Dortmund: Rosenliste. Dortmund 1992
– Kreuzer, Johannes: Rosen, Kletterpflanzen. Kreuzers Gartenpflanzen Lexikon Bd. 6. Braunschweig 1996
– Rosarium Sangerhausen (Hsg.): Rosenverzeichnis. Sangerhausen, 4. Aufl. 1988
– Schultheis, Heinrich: Rosen (Kennen & Pflegen). Stuttgart 1996
– Scarman, John: Gärtnern mit Alten Rosen. München 1997 (Deutsche Ausgabe von "Gardening With Old Roses")

Farben

Heller, Eva: Wie Farben wirken. Farbpsychologie, Farbsymbolik, Kreative Farbgestaltung. Hamburg 1994
Harper, Pamela J.: Color Echos. Harmonizing Color in the Garden.New York/Toronto/Oxford/Singapore/Sydney 1994
Hobhouse, Penelope: Farbe im Garten. Stuttgart, 2. Aufl. 1997

Duft

Genders, Roy: Scented Flora of the World, London 1994
Stiglmayr, Jakob: Schöne Duftpflanzen. Stuttgart 1995

Aufsätze

Köhlein, Fritz: Wie hart sind Evansia-Iris? GARTENPRAXIS 1/97, Seiten 18–21
Reich, Wolfgang: Kleine Rhododendren aus Alfeld. GARTENPRAXIS 5/96, Seiten 21–25
R.W.Warme Blüten locken Insekten an, Lotosblumen mit geregelter Heizung. Gemütliche Herberge für Käfer und Bienen. FAZ, Beilage "Natur und Wissenschaft", vom 8.1.1997
Urban, Helga & Klaus: Eine weiße Rose für jede Gelegenheit. Rosenjahrbuch 1996 des Vereins Deutscher Rosenfreunde

Gartenzeitschriften
Gartenpraxis. Ulmers Pflanzenmagazin. Erscheint monatlich im Verlag Eugen Ulmer, Stuttgart
Mein schöner Garten. Erscheint monatlich im Burda Verlag, Offenburg
The Garden. Journal of the Royal Horticultural Society. Monatszeitschrift für Mitglieder der Royal Horticultural Society, London

Gärten
McRae, Alison: Gardens to visit in New Zealand. Auckland, 4. Aufl. 1994
Rose, Graham / King, Peter (Hsg.): Good Gardens Guide 1994. 1,000 of the best gardens in the British Isles & Europe. London, erscheint jährlich
The National Gardens Scheme (Hsg.) Gardens of England & Wales. Over 2,600 private gardens open in 1997. Guildford 1997, erscheint jährlich

Verzeichnis ausgewählter Bezugsquellen

Spezielle Bezugsquellen für weißblühende Pflanzen gibt es meines Wissens nicht. Folgende Anbieter haben nach meiner Erfahrung ein besonders reiches Angebot an Pflanzen für den weißen Garten:

Blumenzwiebel-Versand
Ballydorn Bulb Farm,Killinchy, Newtownards, Northern Ireland.Tel. +44-1238-541250 Seltene Narzissen, vorwiegend eigene Züchtungen
Broadleigh Gardens, Lady Skelmersdale , Bishops Hull, Taunton, Somerset TA1 1AE, England, Tel. +44-1823-286231, Fax +44-1823-323646 Großartiges Angebot, 4farbiger Katalog 2mal jährlich
Friesland Staudengarten Uwe Knöpnadel, Husumer Weg 16, 26441 Jever-Rahrdum Tel. 04461-3763, Fax 04461-2307
Kurt Kernstein, Am Kirchenfeld 8, 86316 Friedberg Tel. 0821-783275, Fax 0821-279890 Hervorragender 4farbiger Katalog
P. de Jager and Sons Ltd. Staplehurst Road, Marden, Kent, TN12 9BP, England Tel. +44-1622-831235, Fax +44-1622-832416 Großartiges Angebot, 4farbiger Katalog 2mal jährlich
J. Walker Bulbs, A Division of O.A. Taylor & Sons Bulbs Ltd. Washway House Farm, Holbeach, Spalding, Lincs. PE12 7PP, England Tel. +44-1406-426216, Fax +44-1406-425468 Breites Angebot an Narzissen, hervorragender 4farbiger Katalog

Fuchsien
Hermann Ermel, 67308 Zellertal / Harxheim, Kurpfalzstraße Tel. 06355-639, Fax 06355-3462 Umfangreicher Fuchsienkatalog (auch Versand)

Kamelien
Otto Eisenhut, CH-6575 San Nazzaro/TI/Schweiz (oberhalb Lago Maggiore) Tel. +41-93-611867, Fax +41-93-613029
Peter Fischer, Höden 16, 21789 Wingst Tel.04778-263, Fax 04778-274 Größtes Angebot an Kamelien in Deutschland, auch Versand
Baumschulen Huben, Schriesheimer Fußweg 7, 68526 Ladenburg Tel. 06203-9280-0, Fax 06203-9280-80
Walter Klotz, Auf der Trift 13, 63329 Egelsbach/Hessen Tel./Fax 06103-49423
Nuccio´s Nurseries, PO Box 6160, Altadena, California 91003 / USA (auch Versand) Tel. 001-818-794-3383
Claude Thoby, B.P.113, F-44471 Carquefou Cedex, Frankreich Tel. xx-40-777275, Fax xx-40-779192
Trehane Nursery & Camellia Centre, James Trehane & Sons Ltd., Hampreston Road, Wimborne, Dorset BH21 7NE, England (auch Versand) Tel./Fax +44-1202-873490

Orchideen
Burkhard Holm, Alte Bahn 206, 47551 Bedburg-Hau, Louisendorf Tel. 02824-3167, Fax 02824-3207
Orchideen Röhl, Stemweg 14, 59494 Soest-Paradiese Tel. 02921-6038

Passionsblumen
Jens Buddrich, Amselstr. 75, 24837 Schleswig Tel. / Fax 04621-953736

Rhododendren
Leonardslee Gardens Nursery, Lower Beeding, Horsham, West Sussex RH13 6PP, England (auch Versand) Tel. +44-1403-891412, Fax +44-1403-891336
Muncaster Castle, Alan Clark, Ravenglass, Cumbria CA18 1RQ, England (auch Versand) Tel. +44-1229-717357, Fax +44-1229-717010
Wolfgang Reich, Carl-Heise-Str. 1, 31061 Alfeld/Leine, (auch Versand) Tel. 05181-6261 Seltene Rhododendren, viele eigene Züchtungen, auch viele seltene Begleitpflanzen, "Pflanzenliste für Liebhaber"

Rosen
Peter Beales Roses, London Road, Attleborough, Norfolk NR17 1AY, England Tel. +44-1953-454707, Fax +44-1953-456845
Ingwer J. Jensen, Am Schloßpark 2b, 24960 Glücksburg Tel. 04631-60100, Fax 04631-2080
W. Kordes´ Söhne, 25365 Klein Offenseth-Sparrieshoop Tel. 04121-4870-0, Fax 04121-84745
LACON, J.-S. Piazolostr. 4a, 68759 Hockenheim Tel. 06205-4001, Fax 06205-18574
Walter Schultheis, Rosenhof, 61231 Bad Nauheim-Steinfurth Tel. 06032-81013, Fax 06032-85890

Stauden
Broadleigh Gardens : siehe Blumenzwiebel-Versand
Jörg Guthke, Hochbendstr. 81, 47877 Willich-Anrath Tel. 02156-40974
Albrecht Hoch, Potsdamer Str. 40, 14163 Berlin Tel. 030-8026251, Fax 030-802622 Pflanzenspezialitäten, besonders Blumenzwiebeln, Iris und Päonien
W E Th. Ingwersen Ltd Birch Farm Nursery, Gravetye, East Grinstead, West Sussex RH19 4LE Tel. +44-1342-810236
Wolfgang Linnemann, Rheindorfer Str. 49, 53225 Bonn Tel. 0228-471448, Fax 0228-471247 Strauchpäonien
Kayser & Seibert, Wilhelm-Leuschner-Str. 85, 64380 Roßdorf Tel. 06154-9068, Fax 06154-82069
Kurt Kernstein: siehe Blumenzwiebel-Versand
Heinz Klose, Rosenstr. 10, 34253 Lohfelden Tel. 0561-515555, Fax 0561-515120
Jürgen Peters, Auf der Flidd 20, 25436 Uetersen Tel. 04122-3312, Fax 04122-48639
Gräfin von Zeppelin, 79295 Sulzburg-Laufen Tel. 07634-716, Fax 07634-6599

Exotische Kübelpflanzen
G. Koitzsch, Arheilger Str. 16, 64390 Erzhausen bei Darmstadt (auch Versand) Tel. 06150-6147, Fax 06150-82329

Gartencenter mit besonderem weißem Angebot
Baumschulen Huben, Schriesheimer Fußweg 7,

68526 Ladenburg
Tel. 06203-2031

de Rhulenhof, Amy van Ierssel, Kwekerei & Tuinen, Kleefseweg 14, NL-6595 NN Ottersum, Gem. Gennep, Holland
Tel. 031-485-518039
Nach Farben geordnetes Staudensortiment, Sortiment aufgepflanzt

Gartencenter Sunflower, Am Martinszehnten 15, 60437 Frankfurt-Kalbach
Tel. 069-502070,
Fax 069-503000

Samen

Chiltern Seeds, Bortree Stile, Ulverston, Cumbria LA12 7PB, England (Versand)
Tel. +44-1229-581137,
Fax +44-1229-581137
Umfangreicher Samenkatalog mit ausführlichen Beschreibungen, viele seltene Arten und Sorten

(Fast) Alles

RHS Enterprises Ltd., The Royal Horticultural Society´s Garden, Wisley, Woking, Surrey GU23 6QB, England
Tel. +44-1483-211113,
Fax +44-1483-211003

Ausführliche Bezugsquellenverzeichnisse enthalten der „PPP-Index“ von Walter und Anne Erhardt und „The RHS Plant Finder“ siehe Literaturverzeichnis.

Weiße Gärten

Deutschland

Gruga-Park, Essen: Ein Teil des Parks ist als weißer Garten gestaltet

England

Barrington Court Garden, Barrington, Somerset.
Von Gertrude Jekyll gestalteter Garten mit speziellem weißem Garten mit vielen weißblühenden und silbrigblättrigen Pflanzen.

Chenies Manor, Chenies, Buckinghamshire.
Besonders schönes „Mixed Border“ in Weiß.

Folly Farm, Sulhamstead, Near Reading, Berkeshire
Weißer Garten, von Gertrude Jekyll gestaltet

Hazelby House, North End, Nr Newbury, Berkshire
Kleiner, schöner weißer Garten

Hidcote Manor Garden Hidcote Bartrim, Chipping Campden, Gloucestershire
Berühmter formaler Garten mit edlem weißem Garten.

Sissinghurst Gardens, Sissinghurst, Near Cranbrook, Kent
Berühmter Garten, gestaltet von Vita-Sackville-West. Ein Teil davon ein formaler weißer Garten, der berühmteste weiße Garten überhaupt. Leider meist sehr überlaufen.

Frankreich

Clos de Coudray, Etaimpuis, nördlich von Rouen

Neuseeland

Gethsemane Gardens, Christchurch-Sumner
Der malerisch an einem Hang mit Blick aufs Meer gelegene Garten ist durch Pergolas in viele Gartenräume gegliedert, darunter auch ein weißer Garten. Die Pergolas sind vorwiegend mit weißblühenden Rosen überwachsen. Ein traumhaft gestalteter Garten.

Nancy Steen Garden, Parnell, Auckland
Weißer Garten als Teil eines öffentlichen Parks, insbesondere Alte Rosen und Kletterrosen mit Begleitpflanzen.

Register

Die grünen Ziffern zwischen den spitzen Klammern (Textziffern) verweisen auf die durchgehend numerierten Pflanzen in den einzelnen Kapiteln, **fett** gedruckte Ziffern verweisen auf Schwerpunkte, *kursive* Ziffern auf den Eintrag im Lexikonteil, ein Stern* neben der Seitenzahl verweist auf eine Abbildung.

A

Abeliophyllum distichum >2.34<, 26, 174*
Acidanthera bicolor siehe *Gladiolus callianthus*
Acorus gramineus >4.34<, **127**, *178*
Adiantum venustum 111
Aegopodium podagraria 'Variegatum' >2.62, 2.63<, **30**, *174*
Akelei siehe *Aquilegia*
Alisma plantago-aquatica >4.25<, 124, 126*, *174*
Allium triquetrum *174*
Alpenveilchen siehe *Cyclamen*
Alyssum maritimum siehe *Lobularia*
Amaryllis siehe *Hippeastrum*
Amelanchier asiatica >2.66<, **31**, *174*
Ampeln 146f
Anemone blanda >2.28<, **25**, *174*
– *japonica* 'Honorine Jobert' >2.269<, 84*, **85**
– –'Whirlwind' >2.270<, **85**, *174*
– *nemorosa* >2.78<, **32**, *174*
– *sylvestris* >2.29<, **25**, *174*
Anemonella thalictroides >2.79<, **32**, *174*
Angraecum sesquipedale >5.30<, 144f, 159
Anthericum *174*
Aponogeton distachyos >4.28<, 124, *174*
Aquilegia caerulea >2.138<, 46, *174*
– *flabellata* 'Nana Alba' >2.135<, 45*, *174*
– *vulgaris* 'Double White' >2.137<, 46*, *174*
– – 'Munstead White' >2.136<, 45, *174*
Arthropodium cirrhatum *174*
Arundo donax >3.1<, 110, 174L
Asplenium nidus 111
Aster dumosus >2.268<, **85**, *174*
Astilbe *174*
Astrantia 90*, *174*
ätherische Öle 157, 159
Azaleen siehe *Rhododendron*

B

Bacopa monnieri >2.109<, 39*, 135, **139**, *174*
Balkon 139f
Ballonglocke siehe *Platycodon*
Bartfaden siehe *Penstemon*
Becherblume siehe *Nierembergia*
Bellis perennis >2.44<, **27**, *174*
Bellium minutum >4.9<, **119**, *174*
Bergenia *174*
Betula pendula >2.64<, **30**, *174*
Blaustern siehe *Scilla*
Bleiwurz siehe *Plumbago*
Bluebell siehe *Hyacinthoides*
Blutpflaume siehe *Prunus cerasifera*
Blutwurz siehe *Sanguinaria*
Brugmansia × *candida* >5.12<, **140**, 175
– –'Knightii' >5.13<, **140**, *175**
– *suaveolens* 140*, *175*
Buddleja davidii >2.262 - 2.266<, **84**, *175*
– *fallowiana* >2.261<, **84**, *175*
Buschwindröschen siehe *Anemone*
Buxus >2.301 - 2.303<, **95**, 175

C

Calamintha *175*
Calla palustris >4.33<, **127**,*175*
Calluna vulgaris >2.277<, **88**
– – 'Kinlochruel' >2.276<, 87
Camellia 22ff, 147ff, 161f
– 'Bianco Natale' >5.44<, 91, **153**
– 'Charlotte de Rothschild' >2.16<, **22**
– 'China Clay' >2.20<, **23**, 24*
– 'Cornish Snow' >2.25<, 20, **24**
– *cuspidata* >5.46<, **153**
– 'Devonia' >2.17<, **23**
– 'Emmet Barnes' >2.23<, **23**
– 'Eric Baker' >5.51<, **154**
– *fraterna* >5.47<, **153**
– 'Hakurakuten' >2.18<, **23**
– *japonica* 154f
– 'K. Sawada' >5.54<, 116, 151*, **154**
– 'Lago dei Cigni' >5.41<, 91, **152**
– 'Little Liane' >5.45<, **153**
– 'Lovelight' >5.52<, **154**
– *lutchuensis* >5.49<, 99, **153**, 161
– 'Madame Lourmand' >2.19<, **23**
– 'Mary Costa' >2.24<, 23*, **24**
– 'Narumigata' >5.42<, 91, **152**, 164

– 'Nobilissima' >2.311<, 97
– *oleifera* 92f, 153
– 'Polar Ice' >2.296<, 93
– 'Quintessence' >5.38<, 147, 154
– *reticulata* 147
– 'Ryûge' >5.53<, 153*, 154
– *sasanqua* 91
– 'Scentuous' >5.50<, 152*, 153
– 'Setsugekka' >5.40<, 91, 152
– 'Shirobotan' >2.21<, 23, 167
– *sinensis* >2.283, 2.284<, 88
– 'Snow Flurry' >2.294<, 93
– 'Snowflake' ('Sawada') >5.43<, 153
– 'Snowman' >2.22<, 23
– Tabelle 148ff
– 'White Retic' >5.39<, 147, 154*
– 'Winter´s Snowman' >2.295<, 93
– *yuhsienensis* >5.48<, 153
Campanula >2.222 - 2.228<, 72
– Tabelle 72
Cardiocrinum giganteum 175
Carissa >5.23<, 143, 166, *175*
Carpinus betulus >4.2<, 116, *175*
Cattleya 144
Centaurea montana >2.171<, 57, *175*
Cerastium tomentosum >3.10<, 111, *175*
Chionodoxa forbesii >2.38<, 26, *175*
Chlorophytum comosum >3.8, 3.9<, 111, *175*
Choisya ternata >2.88<, 34, 85, *175**
Christrose siehe *Helleborus*
Chrysanthemum siehe *Tanacetum*
Cistus 175
Citrus limon >5.2<, 136*, *175*
Clematis 141ff, 142
– *armandii* >2.3<, 20, 120
– *flammula* >4.3<, 116
– *florida* 'Alba Plena' >5.16<, 141
– *montana* >4.5 - 4.7<, 119, 118*
– – 'Alexander' >6.2<, 157
– *recta* >2.172<, 57
– Sorten >5.17 - 5.19<, 142
– Tabelle 141
– *viticella* >4.8<, 119
Cobaea scandens >2.241<, 78, *175**
Codonopsis pilosula >2.286<, 88, *175*
Coelogyne cristata >5.35<, 146
Coffea arabica 176
Colchicum autumnale >2.285<, 89, *175*
Convallaria majalis >2.120 - 2.123<, 42, *175*
Cornus canadensis >2.134<, 44*, 45, *176*
– *controversa* >3.7<, 111, *176*
– *florida 176**
– *nuttallii* >2.67<, 30*, 31, *176*
Corydalis ochroleuca 176
Cosmos bipinnatus >2.271<, 85, 86*, *176*
Crassula socialis 176
Crinum × powellii 176
Crocus cartwrightianus >2.291<, 89, *176*
– *chrysanthus* >2.14<, 22, *176*
– *ochroleucus* >2.292<, 89, *176*
– *pulchellus* >2.290<, 89, *176*
– *speciosus* >2.289<, 89, 166, *176*
Cyclamen coum >2.10<, 22*, *176*
– – 'Maurice Dryden' >2.11<, 22, *176*
– *hederifolium* >2.267<, 85, *176*
Cymbalaria muralis >4.10 - 4.14<, 119, *176*
Cyperus longus >4.27<, 124, 126*, *176*

D

Daboecia cantabrica 'Snowdrift' >2.278<, 88
Dachgarten 139f
Daphne >2.12, 2.13<, 22, *176*
Datura siehe *Brugmansia*
Davidia 15*, *176*
Delphinium × belladonna >2.175, 2.176<, 57f, *176*
– *× cultorum* >2.174<, 57, *176*
Dendrobium >5.32, 5.33<, 144f
Deutzia scabra 177
Dianthus deltoides 177
Dicentra eximia >2.255<, 81, *177*
– *spectabilis* >2.65<, 31, *177*
Digitalis pupurea >2.168<, 56, *177*
Diplarrhena moraea >5.6<, 139, *177*
Dodecatheon meadia >2.139<, 46, *177*
Dregea sinensis >2.190<, 61, *177*
Dreimasterblume siehe *Tradescantia*
Duftblüte siehe *Osmanthus*
Duft 16, 116, 157f
– Tabelle duftende Weiße 158f
– Tabelle duftendes Laub 116
Duftstoffe 157f
Duftskala 159f
Duftsteinrich siehe *Lobularia*

E

Echinacea purpurea 162*, *177*
Eibe siehe *Taxus baccata*
Eiskeime (Maiglöckchen) 96
Elfenblume siehe *Epimedium*
Enzian siehe *Gentiana*
Epilobium glabellum 177
Epimedium × youngianum , 26, *177*
Erdbeere siehe *Fragaria*
Erica >2.279 - 2.281<, 97, 88
Erodium reichardii 177
Erythronium revolutum >2.35<, 26, *177*
Eucomis autumnalis >2.257<, 82, 89*, *177*
Euonymus fortunei >3.6<, 111, *177*
Exochorda 177

F

Fallopia siehe *Polygonum*
Farbakzente 163, 166
Farbkonzept 11f
Federbuschstrauch siehe *Fothergilla*
Felsenbirne siehe *Amelanchier*
Fensterbank 145f
Feuerdorn siehe *Pyracantha*
Filipendula 177
Fingerhut siehe *Digitalis*
Fingerkraut siehe *Potentilla*
Fleißiges Lieschen siehe *Impatiens*
Flieder siehe *Syringa*
Flockenblume siehe *Centaurea*
Fothergilla major >7.1<, 164, *177**
Fragaria >2.60<, 16*, 29, *177*
Fritillaria >2.36, 2.37<, 26, *177*
Froschbiß siehe *Hydrocharis*
Froschlöffel siehe *Alisma*
Früchte 164f
Frühlingsknotenblume siehe *Leucojum*
Fuchsia 'Annabel' >5.55<, 80*, 134*
– *magellanica* >2.246 - 2.248<, 80
– Sorten >5.55 - 5.64<, 155f
– Tabelle 79

G

Galanthus nivalis >2.4<, 21*, *178*
– *reginae-olgae* >2.293<, 91, *178*
Galium odoratum >2.115<, 40, *178*
Galtonia candicans 178
Gardenia augusta >2.258<, 83*, *178*
– *misteri* >2.259<, 83, *178*
Gartengestaltung 102, 105
Gartenschmuck 168f
Gaura lindheimeri >2.253<, 81, *178*
Geißblatt siehe *Lonicera*
Gelenkblume siehe *Physostegia*
Gentiana acaulis >2.132<, 44, *178*
– *clusii* >2.133<, 44, *178*
– *sinoornata* >2.287<, 89, *178*
Geranie siehe *Pelargonium*
Geraniol 160
Geranium >2.129 - 2.131<, 43f, *178**
Gewächshaus 142f
Giersch siehe *Aegopodium*
Gladiolus >2.272, 2.273<, 86, *178*
Glockenblume siehe *Campanula*
Glockenhyazinthe siehe *Hyacinthoides*
Glockenrebe siehe *Cobaea*
Glockenwinde siehe *Codonopsis*
Glyzine siehe *Wisteria*
Gordonia axillaris >5.1<, 97, 135*, *178*
Götterblume siehe *Dodecatheon*
Grabgestaltung 102, 103*
Graslilie siehe *Anthericum*
Grünlilie siehe *Chlorophytum*
Gypsophila 178

H

Hagebutten 165
Hakenlilie siehe *Crinum*
Halesia monticola 178
× Halimiocistus 178
Hartriegel siehe *Cornus*
Hasenglöckchen siehe *Hyacinthoides non-scripta*
Hebe >2.297<, 93, *178*
Hecken 55, 114ff
Hedera helix >3.2, 3.3<, 111, *178*
– – 'Arborescens' >5.36<, 147
Heidekräuter 89
Helleborus niger >2.1<, 20, 97, *179*
– *× nigercors* >2.309<, 97, *179*
Heloniopsis orientalis 179
Hemerocallis 'Gentle Shepherd' 179
Hepatica >2.26, 2.27<, 25, *179*
Herbstfärbung 164f
Herbstzeitlose siehe *Colchicum*
Hesperis matronalis >2.181 - 2.183<, 58, *179*
Heuchera × brizoides 179
Hippeastrum >2.308<, 96, *179*
Holunder siehe *Sambucus*
Hornkraut siehe *Cerastium*
Hornveilchen siehe *Viola cornuta*
Hortensie siehe *Hydrangea*
Hosta >2.243 - 2.245<, 78*, 79, *179*
Houttuynia cordata >4.35<, 127, *179*
Hundszahn siehe *Erythronium*
Hyacinthoides hispanica >2.118, 2.119< 42f, 43*, *179**
– *orientalis* >2.128<, 43, *179*
Hydrangea macrophylla >2.235 - 2.239<, 76*, 77, *179*
– *paniculata* >2.240<, 77, *179*
– *petiolaris* >2.186<, 59, 128*, 138, *180*
– *quercifolia* >2.237<, 77, *180*
– *serratifolia* >5.4<, 120, 138, *180*

Hydrocharis morsus-ranae >4.26<, 124, *180*
Hylotelephium siehe *Sedum*
Hymenocallis × festalis >2.180<, 58*, *180*
Hyssopus officinalis >4.47<, 130, *180*

I

*Iberis sempervirens 180**
Ilex aquifolium >7.4, 7.5<, 166, *180*
– – 'Silver Milkmaid' >3.5<, 111, *180*
Immergrüne Pflanzen 109
Impatiens >5.9<, 139, *180*
Ingwer siehe *Zingiber*
Iris germanica >2.313<, 98
– *innominata* >2.125 - 2.127<, 43
– *pumila* >2.70 - 2.75<, 31, 32*
– *reticulata* >2.312<, 98
– Tabelle 33
Ismene siehe *Hymenocallis*

J

Jasmin siehe *Philadelphus*
Jasminum polyanthum >2.298<, 94, *180*
– *sambac* >5.25<, 143, *180*
Jeffersonia diphylla >2.80<, 33, *180*
Juniperus procumbens >5.8<, 139, *180*

K

Kaffeestrauch siehe *Coffea*
Kalla siehe *Calla palustris*
Kalmia 180
Kalmus siehe *Acorus*
Kamelien siehe auch *Camellia*
– herbstblühende 151
– im Freiland 22ff
– in Töpfen 147f
– Tabelle 148ff
– Winterhärte 93
Kirschlorbeer siehe *Prunus laurocerasus*
Kleinklima 20
Kletterhilfen 121ff
Kletterhortensie siehe *Hydrangea petiolaris*
Klimazonen 61, 143
Kosmee siehe *Cosmos*
Kräutergarten 127f
Krötenlilie siehe *Tricyrtis*
Küchenschelle siehe *Pulsatilla*

L

Lamium maculatum >2.59<, 29, *180*
– – 'White Nancy' >2.58<, 29, 110*, *180*
Lampionblume siehe *Physalis*
Laub 107f
– Tabelle attraktives Laub 108
– Tabelle duftendes Laub 116
–, panaschiertes 110
Laurus nobilis >2.104<, 38, 135, *180*
Lavandula >4.49<, 130, *180*
Lavatera trimestris 180
Lavendelheide siehe *Pieris*
Leberblümchen siehe *Hepatica*
Ledum palustre 180
Leimkraut siehe *Silene*
Lerchensporn siehe *Corydalis*
Leucojum aestivum >2.76<, 32, *180*
Lewisia nevadensis 180
Libertia ixioides 180
Lilium 'Apollo' >2.230<, 73f *180*
– *candidum* >2.231<, 73, *181*
– *longiflorum* >2.232<, 74*, *181*
– *regale* >2.229<, 73*, 167, *181*
– *speciosum* >2.256<, 82, *181**
Liriope spicata 181
Lithodora diffusa 181
Lobelia erinus >2.173<, 57, 135, *181*
Lobularia maritima >6.1<, 157, *181*
Lonicera caprifolium >2.189<, 59, 159, 161, *18*
– *japonica 180*
– *periclymenum* >2.188<, 59, 159, *181*
– × *purpusii* >2.2<, 20, 31, 120, *181*
Lorbeer siehe *Laurus nobilis*
Lotosblume siehe *Nelumbo*
Lungenkraut siehe *Pulmonaria*

M

Mädesüß siehe *Filipendula*
Magnolia denudata >2.45<, 27, *181*
– *grandiflora* 161*, *181*
– × *soulangiana* >2.46, 2.47<, 27, *181*
– *stellata* >2.48<, 27, *181**
Maiglöckchen siehe *Convallaria*
Malus 'Professor Sprenger' >2.87<, 33, *181*
Malva moschata 181
Märzenbecher siehe *Leucojum*
Mauern 118f
Mazus reptans 181
Melissa officinalis >4.44<, 129, *181*
Mentha >4.45, 4.46<, 129, *181*
Menyanthes trifoliata >4.32<, 127, *181*
Mespilus germanica 181
Michelia figo >7.7<, 167, *181*
Milchstern siehe *Ornithogalum*
Miltonia roezlii >5.34<, 146
Minze siehe *Mentha*
Mispel siehe *Mespilus*
Monarda didyma >2.249<, 81, *181**
Muscari ambrosiacum >2.32<, 26, *182*
– *azureum* >2.31<, 25, 147, *182**
– *botryoides* >2.33<, 26, 147, *182*
Myosotis palustris >4.30<, 127, *182*
– *sylvatica* >4.31<, 127, *182*
Myrtus >5.14, 5.15<, 141, *182*

N

Nachtschatten siehe *Solanum*
Nachtviole siehe *Hesperis*
Narcissus, Einteilung 35
– Tabelle 36
– Sorten >2.89 – 2,100<, 35ff, 36*, 37*
– *poeticus* 35, 166*
– *tazetta* >2.307<, 35, 96
Nelke siehe *Dianthus*
Nelumbo nucifera >5.28, 5.29<, 144, *182*
Nerine >4.15, 4.16<, 120, *182*
Nerium oleander >5.3<, 60*, 135*, 137, *182*
Nestfarn siehe *Asplenium nidus*
Nicotiana alata 182
Nierembergia repens 182
Nordseite 130f
Nymphaea >4.21<, 123f, *182*
– 'Hermine' >4.20<, 125*, *182*

O

Odontoglossum pulchellum >5.31<, 145, *182*
Oleander siehe *Nerium oleander*
Orangenblume siehe *Choisya ternata*
Orchideen 144
Ornithogalum >2.116, 2.117<, 42, *182*
Osmanthus × burkwoodii >2.68<, 31, *182*
– *heterophyllus* >2.285<, 88, *182*

P

Pachysandra terminalis >2.40<, 26, 166, *182*
– – 'Variegata' 110
Paeonia lactiflora 51f
– – Sorten >2.157 - 2.166<, 44, 51f
– *suffruticosa* 50f
– – Sorten >2.152 - 2.156<, 50f, 52*, 136*, 182*
– Tabelle weiße Päonien 51
Papaver alpinum >2.179<, 57*, 58, *182*
Paradisea >2.299, 2.300<, 94, *182*
Parthenocissus >7.2, 7.3<, 165, *182*
Passiflora caerulea >2.242<, 78, 86, 120, *182**
Pelargonium >5.10, 5.11<, 140, *183*
Penstemon 183
Pfaffenhütchen siehe *Euonymus*
Pfefferminze siehe *Mentha*
Pfeifenstrauch siehe *Philadelphus*
Philadelphus 183
Phlox maculata 86, *183**
– *paniculata* >2.184, 2.185<, 59*, *183*
Physalis alkekengi 183
Physostegia >2.252<, 81, *183*
Picea glauca 183
Pieris 183
Pileostegia viburnoides >5.5<, 138, *183*
Pistia stratiotes >4.29<, 126, *183*
Platycodon grandiflorus 183
*Plumbago 183**
Plumeria >5.21, 5.22<, 143, *183*
Polianthes tuberosa >2.260<, 84, *184*
Polygonatum odoratum >7.8<, 167, *184*
Polygonum aubertii >4.4<, 118, *184*
Potentilla alba >2.254<, 81, *184*
Prachtkerze siehe *Gaura*
Prachtspiere siehe *Astilbe*
Primula denticulata >2.53<, 29*, *184*
– *japonica* >2.170<, 57, *184*
– *vulgaris* >2.54,2.55<, 29, *184*
Prunus cerasifera >2.49 - 2.51<, 27f, *184*
– *cerasus* >2.52<, 28, *184*
– *laurocerasus* >2.102, 2.103<, 38, *184*
Pulmonaria >2.57<, 29, 119, *184*
Pulsatilla vulgaris 184
Puschkinia scilloides 184
Pyracantha angustifolia 165*, 184

R

Rabatten 112*, 113
Reiherschnabel siehe *Erodium*
Reseda odorata >4.48<, 130, *184*
Rhododendron 46f, 47*, 50*, 164, 167
– Tabelle 48
– Sorten >2.140 - 2.151<, 46ff, 47*, 50*
– 'Hisako Geisha' (Azalee) >5.7<, *139*
Rhodohypoxis baurii >2.169<, 56, *184*
Riesenlilie siehe *Cardiocrinum*
Rittersporn siehe *Delphinium*

Ritterstern siehe *Hippeastrum*
Rosa 61ff, 95f, 101, 122
– ‘Aimée Vibert’ >2.233<, 75, 94, 164
– ‘Albéric Barbier’ >2.253<, 68, 96, 122
– *banksiae* >2.163<, 54, 115
– ‘Blanc Double de Coubert’ >2.164<, 54
– ‘Blanche Moreau’ >2.217<, 71
– ‘Bobbie James’ >2.206<, 18*, 69, 165
– ‘Cécile Brunner White’ >2.200<, 67
– ‘Francine Austin’ >2.194<, 62*
– ‘Frau Karl Druschki’ >2.215<, 70*
– ‘Glamis Castle’ >2.196<, 67
– ‘Gourmet Popcorn’ >2.212<, 70
– ‘Janet B. Wood’ >2.207<, 69
– ‘Karl Foerster’ >2.201<, 67
– ‘Kiftsgate’ >2.209<, 69, 95*, 127, 165
– ‘Kronprinzessin Viktoria’ >2.193<, 62
– ‘Little White Pet’ >2.220<, 71
– *longicuspis* >2.208<, 28, 69, 121
– ‘Margaret Merril’ >2.216<, 71
– ‘Marie Bugnet’ >2.221<, 71
– ‘Maxima’ >2.165<, 55, 164
– ‘Mme Hardy’ >2.167<, 55
– *moschata* >2.234<, 75*, 96, 120
– ‘Moonlight’ >2.199<, 17, 67, 68*
– *mulliganii* siehe *R. longicuspis*
– *multiflora* >4.37<, 127
– – ’Carnea’ >2.204<, 68
– ‘Nevada’ >2.166<, 55, 54*, 169*
– ‘Niphetos’ >5.20<, 143
– ‘Pax’ >4.17<, 121
– ‘Pearl Drift’ >2.213<, 70, 164
– ‘Popcorn’ >2.211<, 70, 184*
– ‘Purity’, 30, 96
– ‘Rambling Rector’ >2.202<, 28*, 67
– ‘Reine Blanche’ >2.218<, 71
– ‘Schneewittchen’ >2.191<, 61, 120*, 121*
– ‘Semiplena’ >2.205<, 69, 166
– *sempervirens* >4.18, 4.19<, 122
– ‘Snow Ballet’ >5.37<, 147
– ‘Snow Carpet’ >2.210<, 70, 119
– ‘Stanwell Perpetual’ >2.192<, 62
– ‘Swany’ >2.195<, 67, 75
– Tabelle weiße Rosen 63ff
– – für Hecken 55
– ‘White Bells’ >4.38<, 126*
– ‘White Cockade’ >2.198<, 67
– ‘Yvonne Rabier’ >2.214<, 70

S

Salbei siehe *Salvia*
Salomonssiegel siehe *Polygonatum*
Salvia >4.39 - 4.41<, 129, *184*
Sambucus nigra 184
Sanguinaria canadensis >2.56< 29, *184*, *185**
Sarcococca >2.315 - 2,137<, 98f, *185*
Saxifraga exarata 185
Scabiosa caucasica >2.250<, 81, *185**
Schachbrettblume siehe *Fritillaria*
Schattenmorelle siehe *Prunus cerasus*
Schizanthus pinnatus >2.110<, 38*, 39, *185*
Schizophragma hydrangeoides 59, 138, *185*
Schizostylis coccinea >2.274<, 87, *185*
Schleierkraut siehe *Gypsophila*
Schleifenblume siehe *Iberis*
Schmuckkörbchen siehe *Cosmos*
Schneeball siehe *Viburnum*
Schneeflöckchen siehe *Bacopa*
Schneeforsythie siehe *Abeliophyllum*
Schneeglanz siehe *Chionodoxa*
Schneeglöckchen siehe *Galanthus*
Schneeglöckchenbaum siehe *Halesia*
Schopflilie siehe *Eucomis*
Schwertlilie siehe *Iris*
Sciadopitys verticillata 133, *185*
Scilla siehe auch *Hyacinthoides*
– *siberica* >2.30<, 25, *185*
Sedum spectabile >2.282<, 88, *185*
Seerose siehe *Nymphaea*
Silene 185
Sissinghurst 11, 100*, 103
Sisyrinchium ‘Pole Star’ *185*
Skimmia >4.52 - 4.56<, 131, *185*
Solanum jasminoides 86, 144, 147, *185*
Sommermalve siehe *Lavatera*
Spiere siehe *Spiraea*
Spiraea thunbergii 185
Stechpalme siehe *Ilex*
Steinbrech siehe *Saxifraga*
Steinquendel siehe *Calamintha*
Steinsame siehe *Lithodora*
Stern von Bethlehem siehe *Ornithogalum*
Sternbergia candida >2.314<, 98, *185*
Sternjasmin siehe *Trachelospermum*
Sternmagnolie siehe *Magnolia stellata*
Storchschnabel siehe *Geranium*
Strauchveronika siehe *Hebe*
Sumpfkalla siehe *Calla palustris*
Sumpfklee siehe *Menyanthes*
Sumpfporst siehe *Ledum palustre*
Sumpfzone 126f
Symphoricarpos albus >7.6<, 166, *185*
Symphyandra 185
Syringa vulgaris >2.101<, 38, *156**, *185*

T

Tabakpflanze siehe *Nicotiana*
Tanacetum argenteum >3.11<, 111, 130, *185*
– *parthenium* >4.50<, 130
Taubenbaum siehe *Davidia*
Taubnessel siehe *Lamium*
Taxus baccata >4.1<, 111, 116, *185*
Terrasse 139f
Thymus >4.42<, 129, *186*
Töpfe 133ff
Trachelospermum >5.27<, 144, *186*
Tradescantia >2.177, 2.178<, 58, 186
Tränendes Herz siehe *Dicentra*
Traubenhyazinthe siehe *Muscari*
Treiberei 96f
Treppen 137f
Tricyrtis hirta >2.275<, 87, *186*
Trillium >2.105 - 2.108<, 39, *186*
Tuberose siehe *Polianthes tuberosa*
Tulipa pulchella >2.81<, 33, 186L
– Sorten >2.82 - 2.86<, 33, 34*, *186*
Türkenbundlilie siehe *Lilium martagon*

V

Veilchen siehe *Viola*
Veilchenwurzel siehe *Iris germanica*
Vergißmeinnicht siehe *Myosotis*
Vermehrung 171f
Viburnum × *bodnantense* 97, *186*
– × *burkwoodii* >2.77<, 32*, 164, 167, *186*
– *plicatum* >4.51<, 131, *186*
– *rhytidophyllum* >2.124<, 43, *186*
Viola cornuta >2.42<, 27, *186*
– *odorata* >2.41<, 26f, *186*
– *sororia* >2.43<, 27*, *186*
– *tricolor* >2.15<, 22, 186

W

Waldanemone siehe *Anemone sylvestris*
Walderdbeere siehe *Fragaria*
Waldmeister siehe *Galium odoratum*
Wände 118f
Wasser im Garten 121* 122f
Wasserähre siehe *Aponogeton*
Wassersalat siehe *Pistia*
Weidenröschen siehe *Epilobium*
Weiß, Symbolik 14, 17
Wilder Wein siehe *Parthenocissus*
Wintergarten 142f
Wisteria >2.111 - 2.113<, 40, *186*

Y

Ysander siehe *Pachysandra*
Ysop siehe *Hyssopus*

Z

Zantedeschia aethiopica >4.36<, 127, 134, *186*
– –‘Green Goddess’ >3.4<, 111, *186*
Zäune 115f
Zierapfel siehe *Malus*
Zierlauch siehe *Allium*
Ziertabak siehe *Nicotiana*
Zigadenus fremontii 186
Zingiber mioga >5.24<, 143, *186*
Zistrose siehe *Cistus*
Zitrone siehe *Citrus*
Zypergras siehe *Cyperus*